술로 풀어 보는

일본사

술로 풀어 보는

일본사

와카모리 타로 지음
이세연/송완범/정유경 옮김

이상

책을 펴내며

2010년에 출범한 동아시아비교문화연구회는 한국, 중국, 일본 등지의 역사, 문화 등 다양한 분야의 학문을 연구하는 연구자들의 모임입니다. 초대 송완범 회장을 중심으로 하여 시작된 연구회는 그동안 연구자들의 다양한 견해를 수렴하는 촉매제 역할을 해왔고, 연구회에서 논의가 된 내용은 이미 여러 학문 분야의 수준을 한 단계 높이는 데에 일조해왔습니다. 그래서 혹자는 저희 연구회를 기존의 매너리즘에 빠져 삶의 고단함을 느낄 때 누구든 잠시 발걸음을 멈추고 새로운 기운으로 목을 축일 수 있는 옹달샘 같은 곳이라고 표현하기도 합니다.

특히 동아시아비교문화연구회는 2016년에 들어 다양한 사업이 진행하였습니다. 우선 10월에는 한성백제박물관과 공동으로 '칠지도에 대한 새로운 이해'라는 주제로 국제학술대회를 개최하여 여러 언론에 소개되는 등 호평을 받기도 하였습니다.

또한 2016년 학술지가 발간되면서 동아시아비교문화연구회는 명실상부한 학회로서 발돋움을 하고 있습니다.

'술로 풀어보는 일본사'의 간행은 2013년 봄부터 번역작업을 시작하여 이후 회원들의 공동작업을 통해 진행되었습니다. 우선 각 연구자들의 면면을 살펴보면, 번역은 송완범(1~4장), 이세연(5~15장), 정유경(16~24장)이 맡았으며, 최종적으로 2016년 일본국제교류기금의 번역·출판 조성사업에 선정되어 발간이 이루어지게 되었습니다.

그럼에도 불구하고 아직 우리나라에는 일본의 역사나 문화에 생소한 부분이 없지 않습니다. 그래서 좀 더 우리 독자에게 쉽게 다가갈 수 있는 책으로 거듭나기 위해 내용과 형식 등에 대해 많은 논의를 거친 끝에 각 장마다 일본의 역사에 대한 시대 개관을 싣고 기존 원문에는 없었던 주요 용어에 대한 해설을 대폭 추가하였습니다. 또한 독자의 이해를 돕기 위해 중간 중간에 일본의 술과 관련한 삽화를 넣기도 하였습니다.

시대개관은 홍성화/송완범(고대), 이세연(중세), 편용우(근세), 최종길(근대)이 맡았으며, 주요용어 해설은 홍성화/송완범(고대), 이세연/신근영(중세), 편용우(근세), 최종길(근대)이 담당했습니다. 윤문 작업은 이세연, 홍성화, 최종길, 신근영, 장혜진이 담당했습니다. 또한 본서의 내용을 한눈에 알아볼 수 있게 해주는 삽화의 제작은 윤정원이 맡았고 이상 본서의 출판 작업 과정에서 필요했던 온갖 궂은일은 연구회의 총무 간사 신근영이 도맡았습니다. 전체 원고에 대한 감수는 본서 번역의 제안자인 방원기 고려대 명예교수가 맡아주셨습니다. 이외에 일일이 말씀드리지는 못했지만 책이 간행되기까지 많은 회원 연구자분들의 노고가 있었기에 이 책이 간행될 수 있었다고 생각합니다. 아울러 책의 번역과 출판을 지원해준 일본국제교류기금에 다시 한번 감사의 뜻을 전합니다.

끝으로 이 책의 출판을 허락해주신 이상미디어의 이상규 대표와 김훈태 편집장께도 감사의 말씀을 드립니다.

앞으로 술에 비춰진 일본의 역사를 살펴보면서 무엇보다도 오랫동안 술과 함께했던 우리의 역사를 살펴보는 것도 하나의 과제로 남기면서 본서의 간행을 계기로 동아시아비교문화연구회의 도약을 기대해봅니다.

동아시아비교문화연구회 회장 **홍 성 화**

옮긴이의 말

한국인이라면 누구나 술에 얽힌 이야깃거리 한 두 개쯤은 갖고 있기 마련이다. 누군가와 내기를 해서 술을 짝으로 놓고 먹었다는 둥, 밤새 술을 마신 뒤 새벽녘의 해장술에 또 흥이 올라 하룻밤 더 달렸다는 둥, 만취상태에서 시험을 봤는데 그 답안지를 옆에 앉은 누군가가 베껴 썼다는 둥, 우리의 일상 구석구석에서는 대개 반쯤은 부풀려진 그럴싸한 무용담들이 맥주거품처럼 흘러넘친다. 다른 이의 이야기도 아니다. 지인과 술내기를 하다 소주 17병을 마신 끝에 상대를 제압했다는 내 부친(칠순을 넘기셨다)의 의기양양한 고백을 접한 것도 불과 얼마 전의 일이다. 부친의 건강을 걱정하는 말보다 축하드린다는 말이 먼저 튀어나오고 만 것은 스스로 생각하기에도 참으로 민망하다. 여하튼 한국인들이 늘 세계적인 수준의 술 소비량을 유지하는 데에는 음주에 대한 묘한 자부심과 애착도 한몫하고 있음에 틀림없다.

그럼, 바다 건너 일본인들은 어떨까? 일본인들은 술에 약하다는 속설이 있다. 필자가 일본유학시절부터 이래저래 합을 맞춰본 바로는 위의 속설은 절반의 진실인 것 같다. 일반적으로 일본인들의 음주 횟수나 강도는 확실히 한국인들의 그것을 따라오지는 못한다. 소주를 언더락으로 마시는 것은 그렇다 치고, 소주에 물을 타서 마시는 모습을 처음 접했을 때 느꼈던 이질감은 지금도 생생하다.

하지만 술꾼과 취흥은 어디에나 있는 법. 한 수업에서 사료강독발표를 담당했던 날의 일이다. 수업시간까지 1시간쯤 남았을까, 문득 담당교수로부터 전화가 걸려왔다. 이렇다 할 인사말도 없이 다짜고짜 "이군, 오늘은 자네가 열심히 해 주어야겠네."라고 하더니, 담당교수는 이내 전화를 끊어버렸다. 영문도 모른 채 강의실에 들어섰는데, 나를 기다리고 있던 건 얼큰하게 술이 오른 담당교수였다. 어쩐지 전화 목소리가 좀 부은 것 같더라니. 친구와 점심 반주를 하다 흥이 올라 그만 술잔이 길어지고 말았다는 담당교수는 미안한 마음 반, 잘 부탁한다는 마음 반으로 내게 전화를 했던 모양이다. 휴강을 선언해도 좋으련만, 꾸역꾸역 3시간을 버텨내고 심지어 나의 발표에 대해 상세한 코멘트를 덧붙이는 담당교수의 모습은 무척 인상적이었다. 짧은 중간휴식시간에 복도가 떠나가도록 코를 골며 주무시기는 했지만 말이다.

필자는 유학시절 내내 한 호텔의 연회장에서 아르바이트를 했다. 단풍이 들 무렵이었던 것 같다. 통상적인 결혼피로연을 담당하던 어느 날 일손이 달린다는 이야기에 가고시마 향우회가 열리고 있던 연회장에 합류하게 되었다. 문을 열자마자 텁텁하고 진한 술 내음이 풍겨왔다. 가고시마 사람들은 술이 세기로 정평이 나 있는데, 정말이지 명불허전이었다. 연회가 시작된 지 1시간이나 지났을까, 연회장 곳곳에는 가고시마 특산인 고구마 소주의 빈병이 이미 옹기종기 늘어서 있었다. 호텔 연회장을 걸쭉한 선술집의 술판으로 만들어버린 가고시마 사람들은 일하고 있던 나와 내 동료들에게 참으로 집요하게도 술을 권했다. 평소 손님의 행복을 소중히 여기던 내가 캡틴의 눈을 피해 고구마 소주 한 잔을 몰래 입속에 털어 넣었는지 여부는 독자들의 상상에 맡기겠지만, 여하튼 그날의 술판은 어딘지 모르게 한국의 정취를 느끼게 했다.

본서는 이처럼 낮술을 즐기던 교수나 소주를 사랑해 마지않던 가고시마 사람들과 같은 일본의 술꾼과 취흥에 대해 역사적으로 조명한 책이다. 독자들은 본서에 연이어 등장하는 '역대급' 주당들의 음주백태에 실소를 금치 못하기도 할 테고, 때로는 동정심을 느낄 수도 있을 것이다. 그런 감정들이 오가는 사이에 일본의 역사와 문화에 대한 모종의 이미지가 독자들의 머릿속에 그려질 수 있다면 더 바랄 나위 없다.

본서의 원저자인 와카모리 다로는 평생에 걸쳐 역사학과 민속학의 접목을 궁리하며 서민들의 일상에 천착했던 종교사회사 분야의 대가이다. 『수험도사연구(修驗道史研究)』,『중세협동체의 연구(中世協同体の研究)』, 『역사연구와 민속학(歷史研究と民俗学)』등 그가 남긴 수많은 저작들은 오늘날 고전의 반열에 올라 있다. 본서는 와카모리가 연구자로서 원숙함을 더해가던 시기에 저술된 책으로, 본서를 관통하는 폭넓은 시야와 생동감 넘치는 필치는 원저자의 내공을 미루어 짐작케 한다. 이러한 내공은 원저자의 생활인으로서의 면모와 어우러져 한층 빛을 발하고 있다. 특히 머리말과 4장에서 확인할 수 있지만, 와카모리는 일상의 삶에서 취흥을 즐기던 술꾼이었다. 짐작건대, 원저자의 이런저런 현지조사에서 술은 빠뜨릴 수 없는 길동무였을 것이다. 전편의 행간에서 느껴지는 임장감의 연원도 다양한 지역의 사람들과 스스럼없이 술잔을 기울이던 원저자의 일상에서 찾을 수 있지 않을까 생각한다.

번역을 담당한 사람의 입장에서는 독자들이 뭔가 단단한 마음가짐을 가지고 도서관에 앉아 본서를 마주하기보다는 일상의 풍경이 보이는 어딘가에서 책장을 넘겼으면 한다. 아마 일반 독자들에게 본서는 단숨에 읽어 내려갈 만한 가벼운 책은 아닐 테지만, 그래도 도서관에 가두어 두기에는 아까운 이 책만의 독특한 식감과 맛이 있기 때문이다. 본서에서 우러나오는 감칠맛은 조금은 느긋하고 조금은 흐트러진 자세에서 잘 느껴지리라 생각한다.

본서의 독법과 관련하여 한 가지 더 말을 보태자면, 독자들은 1장부터 순서대로 읽어나가는 정공법을 굳이 고집할 필요도 없을 것이다. 메뉴판에서 안주 고르듯, 각자의 취향에 따라 목차에서 구미가 당기는 챕터들을 골라 지그재그로 내달리는 것도 한 방법이다. 다만, 어느 쪽으로 먼저 발걸음을 옮기든, 해당 시대를 개관한 해설문은 확인해 두기를 바란다. 본서의 원저는 일본인 독자들을 대상으로 한 것이기 때문에 일본인의 상식에 해당하는 이야기들은 대부분 생략되어 있다. 이런 태생의 한계로 인해 본서의 본문은 한국인 독자들에게 다소 불친절한 것일 수밖에 없다. 각 시대 앞머리의 시대개관 해설문은 바로 이 불친절함을 상쇄하기 위해 덧붙여진 것이므로, 각 챕터별로 마련된 주요용어에 대한 해설과 더불어 충분히 활용되었으면 한다.

일본의 역사와 문화를 다룬 책들은 제법 많이 늘어났지만, 스테레오타입화의 경향도 눈에 띈다. 이제는 좀 더 다양한 각도에서 일본사회의 '속살'을 들춰보는 글들, 일본사회에 대한 인식의 폭을 넓히는 글들이 필요하지 않을까 싶다. 나를 포함한 본서의 역자들은 이런 생각들을 공유하며 번역에 착수했다. 본서가 가늘고 길게 꾸준히 읽히는 책이 되기를 바랄 뿐이다.

번역자를 대표하여

이 세 연

머리말

종종 '술은 사람을 미치광이로 만드는 물'이라고들 하지만, 아전인수격으로 말하자면 술은 결코 그런 것이 아니다. 오히려 현대와 같이 국제적으로든 국내적으로든 여러 의미에서 광기가 눈에 띄는 세상에서는, 그 같은 광기를 진정시키고 인간관계를 되찾게 해주는 효과적인 음료라고 해도 좋을 것이다. 어디라고 할 것 없이 메마르고 가시 돋친 듯한 오늘날, 날카로워진 신경을 가라앉히고 인간관계를 매끄럽게 하는 데에 술만한 것이 없다고 생각한다.

원래 술은 혼자서 즐기는 것이 아니었다. 여러 사람이 둘러앉아 나눠 마시는 것이었다. 오래 전에는 제례의식이나 행사를 공동으로 치를 때, 주거니 받거니 하며 즐거움을 함께 맛보기 위한 것이었다. 그것이 구성원들의 인간관계를 한층 공고히 하고 새롭게도 했다. 이로 인해 신에 대한 신앙심이 옅어진 후세에 이르러서도 사람들은 신전에 올린다는 구실로 모여앉아 술을 즐겨 마셨고, 지금도 "한잔 같이 해."라며 친구간의 정을 두텁게 하려는 경향이 있다. 오늘날에는 혼자 저녁 반주를 즐기거나 술집에 가서도 바에 앉아 홀짝거리며 말없이 마시는 사람들이 확실히 늘어나고 있지만, 여전히 함께 하는 술자리를 즐기려는 사람들도 제법 많다.

그런 와중에 야단법석을 떨고 바보짓을 넘어 미치광이처럼 행동하는 경우도 있는데, 나 역시 그런 사람 중 하나일지도 모르겠다. 하지만 그래도 술이 사람을 미치게 하는 물이라고는 생각하지 않는다. 주위 사람들이 경멸하고 비웃는다 하더라도, 다른 이들에게 실질적인 피해를 주어 민폐를 끼치지 않는 이상 문제 삼을 일은 없지 않을까 싶다. 민폐라고 느끼는 사람이 한 명이라도 술자리에 끼어 있다고 여겨질 때에는 그런 '난잡함'을 보이지 않는다. 장소를 가려가며 술잔을 손에 쥐는 것이다. 그렇긴 하지만 사실 그런 식의 마음가짐으로는 진정한 취흥을 느낄 수 없다. 있는 그대로의 모습을 서로 가감 없이 내보이는 매개체가 술이라고 할 수 있을 텐데, 이를 틀어막아서는 술을 술답게 마실 수 없기 때문이다.

작게는 개인 간의 교제로부터 크게는 국가 간의 교제에 이르기까지, 현대사회는 실로 수많은 왜곡과 편향으로 점철되어 있다. 제각각 매우 강하게 자신의 존재감에 집착하고 있다. 그것은 인간의 진보를 위한 그 나름의 중요한 측면이므로 이를 일괄적으로 부정할 수는 없다. 하지만 아무래도 지나치게 강렬하다는 점이 여러모로 신경 쓰인다. 현대인들의 날카로운 신경을 무디게 하는 모종의 운동이라도 일으키고 싶은 심정이다. 그런 의미에서 술을 서로 권하는 운동 같은 게 있어도 좋지 않을까 생각한다.

작년 여름, 아들과 함께 소련(현 러시아)으로 여행 갔을 때, 과학아카데미의 토페하 씨 댁에 초대받았다. 토페하 씨는 메이지 이래의 일본노동운동사를 다루는 연구자로, 뛰어난 연구 성과를 올리고 있는 역사가이다. 그와 나는 전공영역도 역사관도 상당히 다른데, 이 점은 서로 익히 숙지하고 있던 바였다. 하지만 일전에 그가 일본에 왔을 때, 내가 일본학술회측 접대역할을 맡아 집에 초대했던 일이 있고 해서, 작년의 소련 여행 때 여러모로 폐를 끼쳤던 것이다. 그저 그뿐이었다면 이 학자의 인격, 나아가 우크라이나 민족의 됨됨이를 잘 알지는 못했을 것이라고 생각한다. 어느 날 저녁, 토페하 씨의 고마운 초대에 응하여 그의 아파트를 방문했다. 부인과도 만나 함께 보드카와 와인을 마시며 식사를 했는데, 밤이 깊어가는 것조차 잊었던 그때의 감흥은 잊기 어려운 인상으로 남았다. 부인은 문자 그대로 밑 빠진 독 마냥 보드카를 들이키는 술꾼이었다. 노래도 잘

하고 술도 잘 마시는, 정말이지 매우 유쾌한 여성이었다. 그러다보니 이쪽도 기세가 올라 즐거움에 겨워 이쓰키(五木)의 자장가(구마모토현 이쓰키 마을에 전해오는 자장가)인지 뭔지를 2-3개 읊조리며 춤을 췄다. 토페하 일가도 상당히 감명을 받은 듯, 기쁨이 넘치는 얼굴이었다. 헤어지기 아쉬워하며 발길을 돌렸는데, 귀국 후에는 이 날 밤의 일을 언급한 편지를 받기도 했다.

토페하 부인은 일본어는 물론 영어도 할 줄 몰랐지만, 그럼에도 불구하고 이 정도로 마음을 나눌 수 있었던 것은 어디까지나 술 덕분이었다. 사상적으로 거리를 느끼게 하는 사람은 인간 자체도 편협할 것이라는 인상을 주기 십상이지만, 의외로 그렇지 않다는 것은 국내의 여기저기를 여행하는 중에도 술을 통해 종종 체험하는 바이다. 그래도 이때만큼 인간의 동일성과 공통성을 생각하게 했던 경험은 거의 없다. 술을 마시면서 모종의 작위적인 태도를 취해서는 안 된다는 것을 새삼 느꼈던 것도 이때이다.

술과 인간에 대해 그러한 것들을 생각하던 차에 사사키 히사코(佐々木久子) 씨가 편집을 맡고 있는 잡지『술(酒)』로부터 집필의뢰가 들어왔다. 일본의 오랜 역사에서 술꾼들을 찾아 그들과 술을 실마리로 각 시대의 인물, 역사상을 그려 달라는 것이었다. 가볍게 받아들였지만, 좀처럼 정리된 문헌은 없었다. 술을 산업사의 측면에서 다룬 논저는 더러 있지만, 술꾼을 추적한 것은 없었다. 사료적으로도 사람들의 술 마시는 모양새를 기록한 것은 많지 않았다. 그래서 의외로 손이 많이 갔지만,『술』의 많은 분들이 도와주신 덕분에 2년에 걸친 연재를 통해 술로 풀어내는 일본사라 할 만한 것을 정리할 수 있었다. 이것을 약간 수정, 보충한 것이 이 책이다.

역사상 유명한 인물 가운데에는, 지레 짐작에 틀림없이 술을 많이 마셨을 것으로 짐작되는 사람도 있었다. 하지만 그런 상상을 바탕으로 어림 잡아 사료를 뒤져보아도 도무지 그럴 듯한 면모가 보이지 않기도 했고, 거꾸로 의외의 인물이 술꾼이기도 했다. 대체로 반골기질의 인물이라든 지, 학자, 예술가, 지식인 가운데 술꾼이 많았던 것 같다. 이런 자들은 고독감에 못 이겨 친구를 구하여 술을 마시고 정을 돈독히 하곤 했는데, 그들이 그럴 수 있었던 것은 비교적 많은 자유 시간을 가지고 있었기 때문이라고 여겨진다.

그밖에 이 테마를 조사하는 사이에 깨닫게 된 점도 여러모로 있어서, 이책의 집필이 단순한 취미활동에 그치지 않을 수 있게 되었다. 아무쪼록이 책이 술 좋아하는 사람들뿐만 아니라, 술을 불쾌하게 여기는 사람들에게도 술의 사회사적, 문화사적 의의를 이해하는 계기가 되기를 바란다.

1971년 3월
와카모리 다로

차 례

고대인들이 술빚는 모습

고대

고대 시대 개관

일본의 고대사서인 『고사기(古事記)』와 『일본서기(日本書紀)』는 일본의 신화로부터 시작되고 있다. 천지개벽 후 오누이 신인 이자나기노미코토와 이자나미노미코토가 하계에 내려와 둘이 결혼하여 일본열도를 낳고 많은 신을 낳는다. 결국 이자나기노미코토의 왼쪽 눈에서 아마테라스오미카미가, 오른쪽 눈에서는 쓰쿠요미노미코토, 코에서는 스사노오노미코토가 탄생한다.

1장에 등장하는 스사노오노미코토(素戔嗚尊)는 이후 신의 나라에서 추방당하여 지금의 시마네현인 이즈모(出雲)의 히이카와(斐伊川)로 가서 여덟 개의 머리와 꼬리가 달려 있는 야마타노오로치(八岐大蛇)라는 뱀을 퇴치한다. 잘 빚은 술이 담긴 큰 그릇 여덟 개를 각각 여덟 개의 선반에 놓아두자 야마타노오로치는 여덟 개의 머리를 각각의 술잔에 처박고 잠들어버렸고 이를 스사노오가 갈기갈기 찢어버렸다. 이때 스사노오는 거대한 뱀의 꼬리에서 칼 한 자루를 획득했다. 이 검이 2장에 등장하는 야마토타케루노미코토(日本武尊)가 동방 정벌 때 사용했던 일본 황실의 신기(神器) 중 하나라고 한다. 야마토타케루노미코토는 게이코(景行) 천황의 아들로 기록되어 있다. 실재성이 불분명한 인물이지만 문헌에 따르면 이즈모, 구마소를 평정했고 동국(일본열도의 동쪽)의 에미시를 평정했다고 한다. 『일본서기』에는 술에 취해 잠든 구마소노타케루를 죽인 후 규슈의 구마소를 정벌했다고 한다.

『일본서기』에는 태양신 아마테라스오미카미의 손자인 진무 천황이 규슈에서 정복활동을 전개하여 야마토 지역으로 들어와 처음으로 나라를 세우고 천황으로 즉위하였다고 기술되어 있다. 하지만 그 연대가 기원전 660년으로 거슬러 올라가는 것이어서 당시의 실제 사실로 생각하고 있지는 않다. 더군다나 1장에 나오는 진구 황후 및 그의 아들 오진 천황도 『일본서기』에서는 4~5세기의 인물로 설정되어 있지만, 상당 부분 전승과 전설로 이루어져 있을 뿐만 아니라 비현실적인 기사가 주를 이루고 있어서 이들의 실재성이나 전승 기록의 역사성에 대해서는 대체로 부정적인 견해가 많다. 『고사기』에는 오진 때 누룩에 의한 주조법이 처음 전래되었다고 하지만, 확실하지는 않다. 2장에서 필자는 중국에서 스스코리(須須許里)가 건너와 전해주었다고 했으나 함께 건너왔다고 하는 하타노미야쓰코(秦造)나 아야노아타이(漢直) 등에 대해서는 통상 한반도계 도래인으로 보고 있기 때문에 누룩도 한반도에서 전래된 것으로 판단된다.

특히 5세기의 경우 중국의 송(宋) 및 남조(南朝)의 기록에는 찬(讚), 진(珍), 제(濟), 흥(興), 무(武)라고 하는 5명의 소위 '왜5왕'이 등장하지만 이들 왜국왕과 『일본서기』의 천황의 계보가 서로 일치하지 않아 수수께끼의 세기로 불리기도 한다.

1장에 등장하는 인교(允恭) 천황을 왜5왕 중 왜왕 제(濟)에 비정하기도 하고 2장에 나오는 안코(安康) 천황을 왜왕 흥(興)에 비정하기도 하지만 이들의 혈통 관계가 맞는 것인지 의문이고 왜5왕이 야마토 왕권의 왕이 아니라는 설도 있는 등 다양한 견해가 있는 실정이다.

어쨌든 현재 학계에서는 2장에 나오는 세이네이(清寧) 천황(재위 444-484년)과 주지육림(酒池肉林)으로 무도한 행각을 일삼았던 부레쓰(武烈) 천황(재위 489-507년)을 지나 6세기에 등극한 게이타이(繼體) 천황을 기존 5세기의 왕가와는 다른 새로운 왕조로 보는 경향이 많다. 오늘날 천황의 계통을 따지고 올라가면 6세기 초 게이타이 이후의 혈통으로 이어지는 것으로 보고 있는 것이 대체적인 견해이다.

8세기초 다이호 율령의 제정으로 율령국가가 제도적으로 확립되자 이에 적합한 도성을 만들고자 하는 계획이 마련되어 겐메이(元明) 천황 때 후지와라쿄 북쪽 헤이조쿄(平城京)로 천도하였다. 이 시대를 나라 시대라고 하며 710년부터 헤이안쿄(平安京)로 이전하는 794년까지 일본의 도성으로 번영하였다. 나라 시대에는 예전에는 볼 수 없었던 화려한 문화가 헤이조쿄를 중심으로 꽃을 피웠다. 이 시대의 문화를 쇼무 천황 때 연호인 덴표(天平)를 따서 '덴표문화'라고 부른다. 덴표문화는 견당사(遣唐使), 견신라사(遣新羅使) 등이 자주 파견되어 국제적 색채가 짙은 문화였다. 국가 체제의 정비에 따라서 국사 편찬에도 착수해서 712년에 『고사기』가, 720년에는 『일본서기』가 편찬되었다.

고대 천황제 국가를 확립한 이 시기에는 제의와 연회를 통해 지배층 상호간에 질서를 세웠는데, 이때 술이 꼭 등장했다. 나라 시대에 편찬된 『만엽집』에도 2장에 등장하는 야마노우에노 오쿠라(山上憶良)가 가난한 사람들의 생활, 심정 및 술과 관련된 시를 남겼으며 나라 시대 최대의 술꾼이었던 3장의 오토모노 다비토(大伴旅人)에 의해 술과 관련한 시가 많이 남아 있다.

헤이안 시대는 지금의 나라시인 헤이조쿄에서 지금의 교토시인 헤이안쿄로 천도한 것이 가장 큰 특징이라 할 수 있다. 헤이안 시대 정치의 실질적인 지배자는 후지와라씨였다. 후지와라씨는 대개 남가, 북가, 식가, 경가의 네 집안으로 나뉘는데 헤이안 시대 전기는 식가가, 중기 이후는 북가가 주류를 차지한다.

4장의 후지와씨의 중심인물은 식가의 나카나리와 구스코의 오누이이다. 이들은 감무 천황 이후의 헤이제이(平城) 천황 시대를 좌지우지했다.

이후 사가(嵯峨) 천황기 이후의 안정기를 맞아 후지와라씨 중심의 중앙 정치는 궁중과 사원을 중심으로 한 의식의 수행에 주안점이 있었다. 그 와중에 술을 마시는 행위도 궁중 정치의 중요부분으로 여겨졌다. 그러다 보니 중앙정치 무대에서 귀족들의 음주행위는 정치적으로 해석되는 경우도 많았다. 그 중 비운의 정치가이자 대학자였던 스가와라노 미치자네(菅原道眞; 845-903년)는 당시 술의 정치라는 세태와 거리를 두고자 스스로 술을 좋아하지 않는다고 선언한 것이 아닐까. 또 이러한 홀로 독야청청하는 자세는 현실정치에서 미움을 사기에 충분한 것이기도 했으리라.

5장은 헤이안 중기를 다루는데 그 중 가장 탁월한 정치가이자 세도가가 후지와라노 미치나가(藤原道長: 966-1027년)였다는 사실에 이론은 없다. 미치나가는 헤이안 시대에 유일하게 한 집안에서 세 명의 천황에게 연속해서 딸들을 시집보내 세 명의 황후를 만든 집안으로 유명하다. 그 결과 고이치조(後一條)·고스자쿠(後朱雀)·고레이제이(後冷泉) 천황의 외조부에 해당하는 영예를 누렸다. 이러한 호사는 1018년에 그가 부른 유명한 노래 "이 세상을 내 세상이라고 생각하노라. 보름달에 기운 구석 하나 없음을 생각하니"에 절절히 담겨 있다. 이러한 보름달 같은 정치적 상황의 구현에 술이 빠질 리 없다. 당시의 술에 관한 숱한 일화와 함께 완벽한 정치적 장치는 섭정과 관백이었다. 섭정과 관백은 천황의 대리인이자 보좌 역할에 해당하며, 이를 수행하는 사람들은 후지와라씨 중에서도 북가의 일부였다. 그러다 보니 그들이 마련한 술자리는 어두운 구석이 한점 없는 유쾌한 것으로 술에 취한 추태가 설령 있더라도 그다지 눈에 띄지 않는 것이었다.

6장은 5장의 기분 좋게 술을 마시던 때에 비하면, 술을 강제로 권해 취하게 하는 기록이 고대 장편 이야기 집에 자주 등장한다. 지금도 쓰는 "진흙처럼 취했다"고 하는 표현은 그 이전의 철학을 담아 술을 마시는 시대가 아닌 술 마시는 문화가 일상적이고 보편화된 것을 의미한다. 그러다 보니 『우진보물어』를 위시해 여러 이야기 집에 술에 관한 에피소드가 여기 저기 등장한다. 한편 이 시기의 정치는 천황의 외조부라는 인연으로 천황의 대리인의 역할을 했던 섭정과 관백 체제가 종언을 고하고, 천황 스스로가 정치의 주체로서, 다만 현직 천황이 아닌 선대 천황이며 현 상황으로서 현실 정치에 개입하는 '원정' 체제가 성립했다. 특히 1086년의 시라카와(白河)상황 때부터 헤이케(平家)가 멸망하는 1185년경까지를 '원정 시대'라 부르기도 한다. 한편 당시의 농촌에서는 천황과 공경들의 질서에 도전하는 무사들이 대두하기 시작했는데 그들의 술 문화는 공경들의 그것에 비하자면 아직 검소한 것이었다. 이는 아마도 무사들이 자라고 성장한 농촌을 중심으로 한 서민사회의 반영이었으리라.

나라 시대가 중국 중심의 정치 체제인 율령체제의 계수와 문화이입이라는 시기인 것에 비해, 헤이안 시대(794-1185년 혹은 1192년)는 일본적인 문화의 체계가 자리잡아가는 시기이기도 했다. 이를 두고 '국풍문화'니 '궁정문화'의 시기라고 말해지기도 한다. 나아가 헤이안 중후기가 되면 점차 중앙의 문화가 수도 헤이안쿄를 떠나 일본 각지로 전파되기 시작한다.

주요 용어 해설

1 장

스사노오노미코토(素戔嗚尊)
일본의 신화에서 많은 신들의 시조인 이자나기노미코토(伊邪那岐命)가 마지막으로 낳은
세 기둥신 중 하나다. 신의 나라에서 추방당해 이즈모(出雲)로 가서 여덟 개의 머리와 꼬리
가 달려 있는 뱀, 야마타노 오로치(八岐大蛇)를 술이 취하게 한 후 처치한다.

진구(神功) 황후
진구 황후는 삼한을 정벌했다는 전설상의 인물이다. 그러나 상당 부분 전승과 전설로 이
루어져 있을 뿐더러 비현실적인 기사가 주를 이루고 있어 진구에 대한 실재성이나 전승
기록의 역사성에 대해서는 부정적인 견해가 많다.

오진(應神) 천황
오진 천황은 진구 황후의 아들로 실존 여부에 대해서는 논란이 있으나, 『일본서기』에 나
오는 당대 한반도와의 대외관계 기록과 관련해서는 4세기 말에서 5세기 초의 내용으로
판단하고 있다.

인교(允恭) 천황
닌토쿠 천황의 제4 황자로 어머니는 가쓰라기노 소쓰히코의 딸 · 이와노히메노미코토이
며, 리추 천황, 한제이 천황의 친동생이다.

2 장

야마토타케루노미코토(日本武尊)
게이코(景行) 천황의 아들로 기록되어 있는 일본의 전승적인 인물로서 이즈모, 구마소를

평정했고 동국(일본열도의 동쪽)의 에미시를 평정했다고 한다.

게이코(景行) 천황

재위 기간에는 아들 야마토다케루노미코토(日本武尊)가 서쪽으로 규슈를 평정하고 구마소와 동국 에미시를 정벌했다는 이야기가 대부분이지만, 그 행적에 대해서는 7세기 후반 무렵에 창작된 역사로 보고 있다.

안코(安康) 천황

『일본서기』를 통해 5세기 대 인물로 추정되며 인교 천황의 제2황자로서 황태자인 기나시노카루 황자가 죽이려고 군사를 모았지만 실패해 천황으로 즉위했다.

부레쓰 천황(武烈天皇, 489 – 507)

『일본서기』에 의하면 그는 재위 기간 중 임산부의 배를 가르고 연못 물받이로 사람을 흘려보내 창으로 찔러 죽인다거나 사람을 나무에 오르게 해 활로 쏘아죽이고 여자를 말과 성교하게 하는 등 엽기적인 행각을 일삼았다고 한다.

야마노우에노 오쿠라(山上憶良, 660?- 733)

『만엽집』의 저명한 가인 중에 한 명으로 701년 견당사(遣唐使)로 당나라에 가서 다수의 작품을 남겼으며 불교나 유교 사상에 경도되어 죽음과 빈곤, 병 등 민감한 사회적 모순을 예리하게 관찰하여 노래로 남겼다.

세이네이(淸寧) 천황(444 – 484)

유랴쿠(雄略) 천황의 아들로 부왕이 재위 23년만에 서거한 후 기비(吉備)씨를 외가로 두고 있던 이복 형제 호시카와노와카미야노미코(星川稚宮皇子)가 권세를 떨치자, 오토모노무로야(大伴室屋)와 야마도노아야노아타이쓰가(東漢直掬) 등이 물리쳐 즉위하게 된다.

고켄 천황(孝謙天皇, 718 – 770)

749년 아버지 쇼무 천황의 양위로 즉위했던 고켄 천황은 758년 준닌 천황에게 양위를 하지만 고묘 황후의 사망 이후 준닌 천황과의 권력 대립이 심화되었다. 764년에 준닌 천황은 후지와라노 나카마로의 난으로 국면을 타개하려 했지만, 사전에 발각되어 폐위되자 고켄 천황은 쇼토쿠 천황으로 다시 즉위하였다.

다치바나노 나라마로(橘奈良麻呂, 721?-757)

나라 시대의 귀족으로 756년 쇼무 태상 천황이 사망한 후 후지와라노 나카마로(藤原仲麻呂)가 권세를 강화하자 그를 제거하는 음모를 꾸몄으나 발각, 체포되어 옥중에서 사망한 것으로 알려졌다. 문인들과의 교류가 밀접해서 『만엽집』에 노래가 남아있다.

덴표(天平)문화

8세기 나라 시대에 헤이조쿄(平城京)를 중심으로 꽃을 피웠던 문화로 견당사(遣唐使), 견신라사(遣新羅使) 등이 자주 파견되어 국제적 색채가 짙은 문화였다. 이 시대의 문화를 쇼무 천황 때 연호인 덴표(天平)를 따서 '덴표문화'라고 부른다.

3 장

오토모노 다비토(大伴旅人, 675-731)

나라 시대 초기의 귀족으로 720년 하야토(隼人)의 반란을 진압하기도 하였으나 이후 다자이후(大宰府)에 부임해서 소외감과 망향의 정 등 인생의 애환을 노래했으며 야마노우에노 오쿠라(山上憶良)와 함께 쓰쿠시(筑紫) 가단(歌壇)을 형성하기도 하였다. 술을 찬양한 노래 13수가 남아 있으며 술을 더 없이 사랑했던 인물로 알려져 있다.

4 장

헤이안쿄(平安京)

794년 이후 일본의 수도로 기능했다. 당의 장안성을 모방하여 만들어졌으며 현재의 교토시 중심부에 해당한다. 헤이안쿄가 놓이고 가마쿠라막부가 성립하기까지의 400년간을 헤이안 시대라 부른다. 1869년에 신정부가 도쿄로 이전하면서 기능적인 수도의 의미는 잃게 된다.

후지와라씨(식가, 북가/남가, 경가)

후지와라노 가마타리(藤原鎌足)를 원조로 하는 씨족으로 아스카 시대부터 근세에 이르
기까지 많은 귀족과 관인을 배출한 명문씨족이다. 나라 시대에 남·북·식·경가로 나뉘
고, 헤이안 시대에 들어서서는 북가가 황실과 인척관계를 형성해 융성해 섭·관(攝政과
關白)정치를 주물렀다.

스가와라노 미치자네(菅原道真, 845~903)

헤이안 시대의 귀족, 학자, 시인, 정치가이다. 충신으로 이름이 높고 우다(宇多) 천황에게
중용되어 관평의 치(寬平의 治)를 지탱하였고 다이고(醍醐) 천황 대에서는 우대신으로까
지 승진했다. 그러나 좌대신 후지와라노 도키히라(藤原時平)의 참소를 받아 다자이후(大
宰府)에 좌천되어 그곳에서 생을 마감했다. 사후는 천만천신이라 하여 신앙의 대상이 되
고, 현재는 학문의 신으로 모셔진다.

5 장

후지와라노 미치나가(藤原道長, 966~1027)

아버지는 가네이에(兼家)로 5남이었지만 형들이 병사하자 좌대신으로 정권을 잡았다. 헤
이안 시대 중기의 공경으로 고이치조(後一條)·고스자쿠(後朱雀)·고레이제이(後冷泉) 천황
의 외조부에 해당한다. 한 집안에서 세 명의 황후를 만든 집안으로 유명하며 후지와라씨
최고의 극성기를 구가했다.

섭정과 관백; 미치타카, 나리토키, 도모미쓰, 다메미쓰

헤이안 중기 율령제 체제의 동요에 따라 후지와라씨가 섭정과 관백으로서 정권을 장악했
다. 특히 후지와라 북가가 중심이 되어 황실과 인척관계를 맺는 것에 의해 타 씨족을 배척
하였다. 요시후사는 세이와(淸和) 천황의 외척으로 최초의 섭정이다. 요시후사의 양자인
모토쓰네는 요제이(陽成) 천황의 외척으로 섭정과 관백을 역임했다.

6 장

우진보물어(宇津保物語)

 헤이안 중기에 성립한 일본문학상 가장 오래된 장편 이야기책으로 20권 구성이다. 당시의 귀족에게 있어 교양의 일부이기도 했던 가야금 음악에 대한 이야기로 전개되며, 당시의 연중행사를 기록한 일기적인 기술이 많은 점이 특징이다.

원정

헤이안 후기가 되자 후지와라씨와 인척관계를 갖지 않은 천황이 출현하고 그들이 상황이 되는 정치가 시작된다. 재위하는 천황의 직계존속인 상황이 천황을 대신하여 정무를 직접 행한다. 상황을 '원'이라고 불렀기 때문에 '원정'이라고 한다. 보통 1086년의 시라카와(白河)상황 때부터 헤이케(平家)가 멸망하는 1185년경까지를 '원정 시대'라 부른다.

1장. 술의 원시적 의미

액신을 항복하게 하는 술

보르네오, 수마트라에 서식하는 오랑우탄을 현지인이 잡는 방식에 대해 오카다 아키오(岡田章雄) 교수로부터 들은 적이 있다. 나무 위에 있는 오랑우탄을 우선 지상으로 유도하기 위해 처음에는 나무 밑에 물통을 준비해 둔다. 그러면 오랑우탄은 이 물을 마시러 내려오고, 마시고는 다시 나무 위로 올라간다. 이를 2-3회 반복한 후에 물통에 조금씩 술을 섞어둔다. 몇 번이고 반복한 후에는 통에 술만 채워둔다.

오랑우탄은 물에서 맛있는 물, 그리고 술에 익숙해지는 셈이다. 이처럼 시나브로 맛있는 것을 접하면서 완전히 좋은 기분이 되어 취하게 된다. 그리고 얼굴은 빨갛게 홍조를 띠고 만다. 이렇게 술에 취하게 해서 잡는다고 한다. 일본에서 오랑우탄을 성성(猩猩)[1] 이라고 부르는 이유가 여기에 있다.

물론 누군가가 만들어낸 말로 빨간 체모의 유인원의 이야기를 전하는 데 지나지 않을 것이다. 하지만 원시인들이 무서운 것이나 잡기 어려운 것을 잡는 데 술을 사용한 것은 아닌가 짐작케 하는 이야기이다.

술은 인류의 역사, 특히 농경문화와 더불어 오래된 것이다. 곡물과 과실을 먹거리로 저장하는 중에 자연발효가 이루어졌으며, 사람들은 술을 인지하게 되었다.

일본에서도 지금으로부터 약 2천 년 정도 전에 벼농사 문화를 중심으로 하는 야요이(弥生) 문화의 발달에 따라 술이 알려지게 되었으며, 사람들은 이를 적극적으로 만들게 되었다. 쌀을 입에 넣고 씹는 과정을 통해 빚어내게 된 것이다. 술이 곧잘 환상에 빠지게 한다는 것을 알게 된 여명기 고대 일본인들은, 무서운 마귀나 인생에 재액을 주는 액신을 잡고 억누르기 위해서는 그들에게 술을 마시게 하는 것이 효과적이라고 생각하게 된 것은 아닐까 싶다. 오랑우탄을 잡는 보르네오, 수마트라 사람들처럼 말이다.

술의 연원이 오미키(お神酒)까지 거슬러 올라간다는 것은 오늘날 상식이다. 고대인들은 초인적인 위력을 가진 것을 모두 신이라고 칭했다. 고대인들은 신을 두려워하면서도 한편으로는 이를 극복하고자 노력했다. 무서운 신을 억누르기 위해 인간 쪽으로 끌어들였으며, 나아가 친하게 교류하면 인생은 행복해졌다. 이를 위해 액신에게 술을 올렸던 것이다. 일본인에게 신은 두 종류가 있었다. 즉, 액신, 그리고 평화로운 행복을 보장하는 행운신이 그것이다. 하지만 인간이 최초로 의식한 것은 재액을 가져오는 무서운 신이었다. 불운, 불행감이 먼저 있고나서 행운과 행복감을 절실히 맛보는 것이다. 따라서 신이라고 해도 다정하게 사랑받는 신보다는 액신이 먼저 의식되었던 것이다. 이윽고 액신을 억누르면서 이를

행운신으로 전환시키기도 한 결과, 두려운 액신과 숭배되는 행운신이라는 두 가지 이미지의 신들을 생각하게 되었다. 하지만 처음에 신은 모두 액신이었다. 술을 그들에게 바치는 것은 액신을 항복하게 하는 수단이었던 것이다.

지금도 편하게 말하기 어려운 사람을 상대할 때는, 술에 취하게 한 다음 인간적으로 서로 편하게 이야기를 나누기도 한다. 또 술은 인간관계를 깊이 하는 데에도 도움이 된다. 예컨대, 평소에 친한 동료와도 술을 매개로 하여 더 친해지는 식으로 말이다. 먼 고대의 경우, 신에게 술을 바치는 의식이 그런 느낌이었다고 해도 좋을 것이다.

야마타노오로치(八岐大蛇) 신화[2]는 액신을 억누르는 데 술을 바쳐 제사를 행했다는 사실에 근거한 신화이다. 요즘도 그렇지만 이즈모(出雲) 지방에는 산간에 액신이라 부르는 나무가 있다. 그 나무에 짚으로 만든 두터운 새끼줄을 칭칭 동여매서 제물을 꽂고, 나무 밑에는 술병을 두는데 여기에 오미키를 넣어둔다. 이 두터운 새끼줄은 언뜻 보아 뱀이 똬리를 틀고 있는 형상이다.

민간에서는 이런 액신 제사를 행하여 비바람 등 자연 재해의 근원을 단절하고, 마을을 평화로이 지켜온 것이다. 이런 제사의 유래를 민간 차원에서 설명할 때 만들어진 이야기들이 야마타노오로치 신화의 골격을 이

---

1 원래는 중국 전설상의 동물로, 사람의 말을 잘 이해하고 술을 좋아하며, 붉은 얼굴에 붉은 털로 뒤덮인 유인원을 이른다.

2 일본 신화 속에 등장하는 머리와 꼬리가 8개씩인 거대한 뱀. 이즈모(出雲) 히노가와(簸川) 상류에 살았으며, 술을 좋아하는 이 뱀에게 매년 처녀를 바쳤다고 한다. 스사노오노미코토(素戔嗚尊)가 뱀을 퇴치하고 구시나가히메(奇稲田姫)를 구출했으며, 그 꼬리를 잘라 아메노무라쿠모노쓰루기(天叢雲剣)라는 검을 얻었다.

루는 것이다. 그것이 스사노오노미코토(素戔嗚尊)³를 주역으로 하는 영웅신화로 발전하고, 일본의 신화체계에서 중요한 부분을 차지하기에 이르지만, 원래는 액신을 둘러싼 소박한 민간신앙과 민속적 제의에 근거한 전설이었던 것이다. 미코토가 야마타노오로치를 술에 취하게 하여 퇴치했다는 신화는 옛사람들이 액신을 억누르는 데 술을 준비했던 습속에 근거한 것이라고 생각한다.

협동연대를 위해

고대 일본인은 벼농사를 지으며 술 빚는 법을 알게 되었다. 두려운 신을 진압하는 수단으로 술을 사용하게 되자, 그들은 인간을 취하게 하고 좋은 기분을 자아내는 술에 대해 신비한 느낌을 갖게 되었다. 그 점에서 술은 정말 영험한 물건이었다.

『고사기(古事記)』의 진구황후에 관한 이야기 가운데, 쓰루가(敦賀)의 게히노오카미(氣比大神)에게 술을 바치며 부른 사카구라(酒樂; 사케호가이)의 노래가 있다. 황후, 즉 오키나가타라시히메(気長足姫, 훗날의 진구황후)가 '마치자케(待酒)'를 빚어 바쳤다. 마치자케라는 것은 와야 할 사람이 무사히 도착하도록 비는 술이라는 것이 통설이지만, 혹은 단순히 '제주(祭酒)'일지도 모른다. '마쓰리'는 종종 '마치'라고도 하기 때문이다. 어쨌든 마치자케를 봉헌하면서,

이 술은 내가 만든 술이 아닙니다. 술의 신으로 황천국에 계신 바위와 같은 반석인 스쿠나비코나(スクナビコナ)신 ⁴이 축복하기 위해 오셔서 춤

을 추시면서 하사하신 술입니다. 쭉 한 번에 들이키세요. 어서 어서.

 라고 노래했다 한다. 위 인용문에서 술은 '구시'라고 일컬어지고 있다. 그리고 이 구스시키술은 일본의 국토 경영에 오나무치(大己貴)의 신, 즉 오쿠니누시(大國主神)[5]와 협력한 스쿠나비코나신이 축복하는 제사 때 가져온 것이라는 신앙이 있었음을 알 수 있다.
 술의 기원을 스쿠나비코나신과 결부시켜 전한 자들은, 동해(東海) 연안에서 활동하면서 오키나가타라시히메처럼 빼어난 무녀를 신앙하고 있던 바다사람들로 보인다. 이에 비해 일찍부터 야마토(大和) 미와(三輪)산 자락에서 정치권력을 키우고 있던 유력 집단에서는 대물주신(大物主神) 즉 오나무치를 술을 만드는 원조인 것처럼 이야기하고 있었다. 더욱이 대물주신을 제사지내는 오미와(大神) 신사가 예부터 양조가가 받드는 신사였던 관계로, 일반적으로는 술과 대물주신의 결합이 잘 알려져 있다. 요시노(吉野)의 삼나무가 통용되기 전에 미와산의 삼나무가 술통으로 중시되

---

3 일본 신화의 신으로, 이자나기노미코토(伊奘諾尊)·이자나미노미코토(伊奘冉尊)의 아들이자 아마테라스 오미카미(天照大神)의 동생. 매우 난폭했기 때문에 아마테라스 오미카미가 노하여 하늘 바위 사이에 가두고 다카마노하라(高天原)로부터 추방했다. 이즈모에 내려와 야마타노오로치를 퇴치했다.

4 스쿠나비코나(少名毘古那/須久那美迦微/少彦名/少日子根)는 일본신화의 신격. 『고사기』에서는 가미무스비노카미(神皇産霊神)의 아들로 등장하며, 『일본서기(日本書紀)』에서는 다카미무스비노카미(高皇産霊神)의 아들로 등장한다.

5 『일본서기』 본문에 의하면 스사노의 아들. 또한 『고사기』, 『일본서기』나 『신천성씨록(新撰姓氏録)』에 의하면, 사사노의 6세손. 한편 『일본서기』의 별서에는 7세손이라고도 한다. 스사노 이후에 스쿠나비코나(スクナビコナ)와 협력해 일본을 다스리고, 형벌(禁厭)과 의약(医薬) 등을 가르쳐 아시하라노 나카쓰쿠니(葦原中国)의 건국을 완성했다.

었던 사정도 있었을 것이다.

 '우마자케(味酒)'라는 말은 '미와'의 와카(和歌)에 보이는 관용어이며, '대물주가 빚은 술'이라는 노래 구절도 있다.

 입으로 빚는 술(口嚼酒)의 제조는 누룩[6]의 이용으로 갑자기 진전되었다. 누룩을 언제부터 일본인이 이용하게 되었는지는 확실치 않다. 『고사기』의 오진 천황(應神天皇) 조에 "하타노미야쓰코(秦造)의 조상과 아야노아타이(漢直)의 조상, 그리고 술 빚는 법을 아는 재이름이 니호 혹은 스스코리라고 한다]"가 내조했다고 보인다. 그 헌상한 술을 대왕이 마시고 기분이 좋아져, "스스코리가 빚은 술로 내가 취하고, 액막이주 혹은 맛있는 술(笑酒)에 내가 취하고" 라고 노래한 것이다. 이 '맛있는 술'을 스스코리[7]라는 인물이 빚었다는 것인데, 술 누룩 사용법은 이 과정에서 전해진 것이 아닐까 싶다. 5세기 무렵의 일이다. 이후 나라(奈良) 시대, 헤이안(平安) 시대가 되면 일본인 자신이 대륙에서 전래된 누룩을 넘어선 우수한 누룩 제조에도 성공하게 된다.

 오미키가 액신이나 행운신의 강한 위력을 누그러뜨려 인간 쪽으로 가까이 다가오게 하기 위한 것이라는 맥락에서, 제사(마쓰리)는 신과 사람이 술을 마시면서 사이좋게 교류하는 형태로 이루어졌다. 제사는 참가자들이 서로 화목하고 친해지는 계기도 되었다. 제사는 술을 매개로 하여 함께 제사지내는 동료들과의 협동, 결속을 꾀하는 기회였던 셈이다.

 따라서 고대 이래로 인간은 주종관계, 친구관계를 공고히 하기 위해 항상 술을 준비했다. 대왕과 천황에 대해 술을 헌상하는 사례는 대단히 많다. 요시노(吉野)방면에 있으면서 왕권에 저항하던 구즈(國栖/國樔/國巢)[8]들이 절구(橫臼)[9]를 만들어 술을 빚고 이를 오진 천황에게 헌상했다고 하는 것도 그들이 술을 복종의 서약으로 삼았기 때문이다.

왕권을 두려워하던 구즈들에게 술은 지배자를 조금이라도 기분 좋게 하는 수단이었을 것이다. 술은 점점 사람들로 하여금 연대감을 갖게 만드는 것으로 통용되었다.

신을 모시는 데 술이 필요했다는 점, 그리고 혼례에 술이 필요했다는 점은 예나 지금이나 다를 바 없다. 남녀가 영원한 결합을 맹세하는 결혼이다 보니, 술을 나눠 마시고 취기를 불러일으켜 친근한 정을 깊게 하려고 한 것이다.

『고사기』에 보이는 바이지만, 오쿠니누시노미코토의 여성편력에 괴로워하고 질투하던 처 스세리히메에 대해, 오쿠니누시가 식어가는 기분을 추어올리는 사랑의 노래를 불렀을 때, 스세리히메는 술잔을 들고 바치면서 노래를 불렀다고 한다. 그 노래는 "당신은 남자이기에 여기저기 여자를 취하는 것이겠지요. 나는 여자이기에 당신 말고는 다른 사람이 없어요. 부드럽고 하얀 마로 된 침구라도, 거친 꾸지나무의 실로 만든 침구라도, 언제나 함께 가슴과 팔에 의지하고 싶어요. 어서 술을 드셔주세요."라는 내용이다. 이렇게 노래하면서 목을 손으로 감싸고 다짐하는 술잔을 교환하자 그녀의 질투는 잠잠해졌다고 『고사기』는 기록하고 있다.

'우키유이'란 술잔을 서로 주고받는 것이다. 술잔을 서로 주고받아 남녀

---

6 일본의 누룩(こうじ, 麹)은 쌀, 보리, 콩 등의 곡물에 누룩곰팡이의 발효에 유효한 곰팡이류를 번식시킨 것인데, 우리의 누룩과 유사하나 동일하지는 않다.

7 스스코리는 한반도에서 온 것으로 보고 있다.

8 야마토국 요시노가와 상류의 산 속에 살았던 부족. 또는 그 촌락이 있던 지명.

9 낮고 밑이 편편한 납작한 절구.

의 강한 서약을 맹세하는 것이다. '우나가케리'는 서로 목을 껴안는 행위이다. 오쿠니누시와 스세리히메의 경우 신혼은 아니고 구혼이지만, 새삼스레 다시 맹세를 하는 표시로 술잔을 주고받으며 마신 것이다. 서로의 애정확인에 술이 필요했던 것이다. 물론, 처음 정을 나눌 때도 필요했다. 오키나와(沖繩)의 민속전승에서는 신랑과 신부가 동시에 하나의 잔에 입을 대고 마시는 일이 관례이다. 이른바 조코(猪口)라는 작은 술잔은 에도시대 이전에는 없었기 때문에, 협동연대를 맹세하는 사이라면 하나의 잔으로 함께 술을 나누어 마시는 것이 자연스런 방법이었다. 아마도 고대 일본인이 서약을 위해 술을 마시는 방법도 비슷하지 않았을까 싶다.

손님을 응대하는 술과 여자

고대인에게 있어 신이라는 것은 자신들의 집락이나 마을 안에 항상 머무르고 있는 것은 아니었다. 특히 마을 생활을 엉망으로 만드는 재액은 밖에 있는 액신이 가져오는 것으로 인식되었다. 따라서 이를 친애하고 숭경할 만한 신으로 전환시킨 경우에도, 그 신은 외부에 존재했다. 그런 의미에서 신들은 모두 외부에서 방문해오는 객인(客人) 신이었다. 제사라는 것은 외부의 신을 맞아들여 비위를 맞추고 사람들과 일체가 되게끔 하는 일이었다.

이처럼 외부에서 방문해오는 외래신(客神)에 대해 술을 향응하는 역할이 여성에게 주어졌던 것 같다. 술과 여성의 관계는 오래 전부터 형성된 것이지만, 본래 여성이 외래신을 맞아들여 술을 대접했다는 사정을 감안하면, 양자의 관계는 숙명과도 같은 것이라 하겠다.

주부는 예부터 도지(刀自)라 불렸다. 하지만 『일본서기』 인교 천황(允恭天皇) 2년 조에는 후비인 오시사카노오나카쓰히메(忍坂大中姬)가 아직 모친 슬하에 있던 때의 일로 다음과 같은 일화가 실려 있다. 즉, 혼자 놀고 있는 여자아이에게 쓰게(鬪鷄)의 국조(國造)가 말을 타고 담 옆을 지나가면서 "잠깐 도지(戶母)여 밭의 달래를 하나 다오"라고 상당히 무례한 말투로 불렀다고 한다.

여기서는 어머니와 함께 살고 있던 어린 여자아이에게 말을 거는 호칭이 도지이므로, 도지는 주부를 의미한다고도 할 수 없을 것 같다. 같은 『일본서기』의 덴치 천황(天智天皇) 9년 조에 법륭사(法隆寺)가 한 채도 남김없이 불에 탔다고 하는 동요(정치풍자의 유행가)가 실려 있다. 즉, 어느 여성의 한이 이 이상한 화재를 부른 것이라는 것을 전제로 "다마테(玉手) 집의 야에코(八重子)의 도지(刀自)여, 나오세요. 다리 근처에서 모두 다 즐겁게 노는 곳으로 나오세요."라는 노래가 있다. 이 '야에코의 도지'도 앞의 노래에 나오는 소녀와 비슷한 존재로 여겨진다.

그러므로 도지가 반드시 주부라고 해석할 필요는 없다. 이 도지라는 말이 후세에 술을 만드는 도지(杜氏)로 통용되었다는 것은, 집에 있는 여성이 쌀을 씹어 술을 빚었음을 시사하는 것이다. 신을 모시는 여성은 젊은 아가씨인 경우도 있고, 노파인 경우도 있다. 이는 신을 모시는 데 연령은 상관없었다는 것을 의미한다.

요컨대, 여성만이 지니고 있는 생리적·심리적 성질 때문에 신내림의 흥분상태로 빠져드는 것이 무녀로서의 적성이었기 때문이다.

앞에서 언급한 진구 황후가 게히노오카미 앞에서 '마치자케'를 빚은 것도 외래의 신을 기다렸다 모시는 술이라고 해도 좋을 것이다. 이 황후에게는 무녀적 성질이 상당히 강하게 있었던 것이다.

집에 머무르며 남성을 집밖으로 내보내고 경건한 제사에 봉사하는 여성의 면모는 니이나메사이(新嘗祭)를 떠올리게 한다. 『만엽집(萬葉集)』과 『히타치풍토기(常陸風土記)』에 보이는 대로이다. 니이나메의 밤에는 여성이 새로 수확한 쌀을 외래의 신에게 바치는데, 새로 수확한 쌀로 빚은 술을 바치는 것도 불가결한 행사였다. 훗날의 궁정에도 니이나메사이에는 사카쓰코(造酒童女)라는 것이 있었다.

이처럼 외래의 신을 맞아 접대하는 데 여성의 역할은 매우 중요했다. 그 바탕에는 신내림을 잘 받는 여성이 무녀가 될 수 있었다는 점이 깔려 있었다. 그리고 그런 특성이 신에게 바치는 술을 빚는 역할도 여성이 담당하도록 이끌었던 것이다. 율령 시대에 미키노쓰카사(造酒司)라는 관청이 있었는데, 그곳의 큰 항아리를 도지(刀自, 나이든 여성의 경칭. 여사님)라고 부른 것도 이와 같은 맥락이 있기 때문이다. 술을 빚는 남성 전문가가 도지로 불리는 까닭도 여기에 있었던 것이다.

술은 점차 신에 대한 제물이라는 성격을 넘어서 인간 상호의 결합을 공고하게 해주는 것으로 자리매김되기 시작한다. 이때 술은 우선 외부의 방문자를 위해 준비되었다. 즉, 술은 외부의 방문자와 내부 구성원 사이에 유대관계를 형성해 주는 것으로 특히 중시되었다.

야마토타케루노미코토(日本武尊)가 오와리(尾張)로 들어와 미야즈히메(宮簀媛)[10]와 만나는 장면은 『고사기』와 『일본서기』에 모두 보이는데, 전자에서는 그때 마치 외래의 신을 접대하는 것처럼 '대어식(大御食)'과 함께 '대어주잔(大御酒盞)'을 바쳤다고 서술되어 있다. 그리고 생리중이던 여성이기는 했지만, 고대하고 있던 여성과 군이 관계를 맺는다. 그리고서 미코토는 이부키야마(伊吹山)로 유유히 떠나간다.

그밖에 외래인 특히 신처럼 존귀한 신분의 사람에 대해, 술을 대접하면서 여성이 몸을 맡긴다는 이야기는 매우 많다. 아무나 상대하는 유녀와도 닮았다고 한다면 『고사기』와 『일본서기』에 등장하는 고귀한 신분의 사람들에게 실례일지도 모르지만, 손님-술-여자의 삼각관계는 서로 상통하고 있다고 봐야 할 것이다.

---

10 야마토타케루노미코토의 비. 오와리 호족의 딸. 야마토타케루노미코토는 동쪽 정벌 후 귀경하던 길에 공주를 취하고 구사나기노쓰루기(草薙劍)를 맡겼다. 다케루 사후 공주는 이 검을 받들어 신사를 세웠는데, 이것이 아쓰타신궁(熱田神宮)의 기원이라고 전한다.

2장. 고대 귀인의 술, 민중의 술

술로 인한 실수

술로 인해 실수를 하는 일은 예부터 지금까지 셀 수 없을 정도로 많다. 오늘날에는 술에 취해 불의의 교통사고를 당하고 그로 인해 일생을 망쳐 버리는 사례가 많을 테지만, 옛날에는 술에 취한 나머지 무기를 들고 다투다 목숨을 잃은 사례가 많았다.

야마토타케루(日本武尊)라는 이름은 일군의 집단을 표상한다. 4세기 무렵 야마토왕권이 점차 강성해지던 때에는 용맹한 왕자나 영웅이 종종 등장하여 활약했음에 틀림없다. 그런 자들의 이미지가 집약되어, 고대 전승에서는 한 사람의 뛰어난 용사 이야기로 전해지고 있다. 야마토타케루노미코토라고 불리고 있는 인물은 일반적으로 오우스노미코토(小碓命)라고 알려져 있다. 하지만 『히타치풍토기』등에 나오는 '야마토타케루스메라미코토(倭武天皇)'의 이미지는 게이코 천황(景行天皇)의 황자인 오우스노미코토 같은 부류의 야마토타케루가 아니라 오히려 게이코 천황 자신의 이미지와 겹친다.

요컨대, 야마토왕권 측에 있던 인물들로 사방으로 무략을 전개하고 위세를 떨친 자들이 야마토타케루였다. 이 야먀토타케루가 규슈의 남쪽에서 야마토에 완강히 저항하고 있던 구마소(熊襲)를 제압한 이야기는 누구나 아는 바이다. 『고사기』에서는 그 주역이 오우스노미코토라고 서술되어 있다. 오우스노미코토가 아름다운 소녀로 분장하여 구마소의 수장인 '구마소타케루(熊曾建)' 형제의 연회 중에 다른 여성들과 섞여 들어가 품속의 칼로 가슴을 찔렀다고 하는 이야기이다. 그때 훌륭한 젊은이라고 감탄한 구마소타케루가 미코토의 정체를 알고는, 앞으로 야마토타케루라고 부르도록 하라며 죽었다고 한다.

그 무렵의 구마소정벌에 대해 『일본서기』는 달리 표현한다. 게이코 천황 자신이 휴가(日向)까지 가서는 구마소의 다케루를 치려고 꾸미고 있을 때, 종자 하나가 "상대는 이름난 강자이기 때문에 계략을 써서 치는 수밖에 없습니다. 적인 다케루의 아름다운 두 딸을 천황이 우선 재화를 많이 주어 불러들여 사랑해 주십시오. 그런 뒤에…"라고 천황에게 진언했다. 천황은 그에 따랐다. 천황의 총애를 받은 언니가 천황을 위해 아버지를 속이기로 약속하고, 본가로 돌아가서는 엄청나게 많은 "술을 빚어 아버지에게 마시게 하자 술에 취해 잠이 들었다." 그때 몰래 아버지의 화살줄을 끊어 두고, 천황 측에서 온 병사 한 사람이 구마소타케루를 죽였다. 천황은 이 성공에 만족했지만, 아버지를 팔아넘긴 여자의 불효를 책망해 언니를 죽였다고 한다.

이야기의 역사적 진상은 여하튼, 야마토 조정의 세력 확장기에 각지에서 완강히 저항하고 있던 여러 부족을 공략하고 정복해 가는 과정에서 속임수의 하나로 술에 취하게 하여 목적을 달성한다는 것은 실제로 빈번히 일어났던 일이 아닐까 싶다. 『일본서기』의 기술에는 경우에 따라 중국사상의 윤색이 많다. 천황의 위엄이나 효도라는 덕목을 강조하는 부분에 후대의 생각이 들어있다. 『고사기』는 그 점에서 순수한 전승을 나타낸다. 여하튼 구마소의 다케루를 술에 취하게 해 실력을 빼앗은 것이지만, 『고사기』에서는 오우스노미코토가 아름다운 소녀로 분장한 미인계와 술이 어우러져 구마소타케루의 이성을 뒤흔든 것으로 서술되어 있다. 아무리 용맹해도 술과 여자의 양쪽에서 흔들면 무너진다는 진리를 전승자는 여러 가지 경험을 통해 알고 있었던 것 같다.

또한 구마소타케루의 언니가 친가로 돌아가 "빚은 술로 연회를 준비했다"는 서술은 예부터 여성이 술을 빚고 술을 바치는 관리자였다는 사정도 반영하고 있다.

용맹한 용사는 술을 좋아한다는 이미지도 고금에 걸쳐 변함없는 것이다. 구마소타케루도 그 중의 한 사람인 것이지만, 야마토타케루를 엄청난 술꾼이라고 전하는 이야기는 없다. 단지 앞에서 서술한 것처럼 이 미코토가 오와리로 들어가 미야즈히메와 만나 결혼하게 되고, 그 여성이 술과 함께 '대어주잔(大御酒盞)'을 바쳤다고 일컬어진다. 이 큰 잔의 술이라는 것이 그가 술꾼이라는 것을 의미하는 것인지, 단순히 귀인을 접대하고 맹약하는 경우에 쓰이는 관용구에 불과한 것인지는 명확히 알 수 없지만, 아마도 후자가 아닐까 싶다.

술독에 빠지다

술을 마시면 큰 해방감이 밀려온다. 말해서는 안 될 것도 그만 발설해 버리고 만다. 누구에게나 있는 일이다. 내 자신도 낭패한 일이 많고 부끄러운 일도 있다.

5세기 무렵의 대왕, 즉 훗날 천황의 하나로 손꼽히는 자로 아나호(穴穗)라 불리던 안코 천황(安康天皇)이 있다. 이 천황이 즉위한 것은 라이벌인 황태자 기나시노카루노미코(木梨輕太子)를 꺾은 후의 일이지만 상당히 인망은 있었던 것 같다. 그런데 어느 신하의 비방을 곧이들어 숙부인 오쿠사카노미코(大草香皇子)를 살해했다. 그도 정적이었던 것 같다. 더욱이 그의 처였던 숙모를 후비로 삼았는데, 이를 자책했던 모양이다. 즉위 후 3년 쯤 지나 산속 온천에 갔을 때, 높은 망루에서 주위를 살펴보는 중에 마음이 들떠 성대한 술자리를 열었다. 거기서 "마음이 해이해져 크게 취하여 말하기를"(『일본서기』권14, 웅략 천황 즉위전기), 자신은 아무래도 마요와노오키미(眉輪王)가 한을 품고 있는 것 같아 신경이 쓰여 죽겠다고 왕비에게 이야기했다. 마요와노오키미는 오쿠사카노미코의 남은 아들이었다. 그때 아직 어린 나이였지만, 대왕이 취해 어머니에게 말하고 있는 것을 마루 밑에서 듣고 말았다. 모든 것을 눈치 챈 마요와노오키미는 대왕이 왕비의 무릎을 베고 술이 취해 깊이 잠든 것을 틈타 단숨에 대왕을 찔러 죽여 버렸다.

술에 취한 나머지 내뱉은 말로 엄청난 파탄을 불러오는 것을 넘어 목숨까지 잃은 예라 하겠다. 『고사기』에도 같은 이야기가 실려 있기는 하지만, 대왕이 술에 취했다고까지는 서술되어 있지 않다. 또 왕비의 무릎을 벴다고도 보이지 않는다. 단지, 침상에 들어 낮잠 자는 사이에 왕비에게 이야기했다고 되어 있다. 뭔가 언짢은 일이라도 있는가 하고 묻자, 왕비는 "이런 두터운 환대를 받고 있는데 무슨 불만이 있으리오."라고 대답한다. 나중에 마요와노오키미(眉輪王, 目弱王이라고도 함)가 어른이 되어 경위를 알게 되면, 자신을 적시할 것이라고 말한 것이 일곱 살 나이의 오키미(王)의 귀에 들어갔다는 것이다. 술이 원수가 되었다는 것은 『일본서기』편자의 독자적인 사관일지도 모르겠다.

『일본서기』의 역사관, 특히 역대 천황에 대한 평가는 다분히 중국 전래의 사상에서 영향을 받았다. 『일본서기』를 편집한 나라 시대의 지식인은 중국 고대왕조의 천자에 대한 여러 이야기를 알고 있었다. 그 결과 특히 군주가 인자한지, 포악한지를 구별하는 서술이 자주 눈에 띈다. 예를 들면, 닌토쿠 천황(仁德天皇)과 부레쓰 천황(武烈天皇)의 대비에서 잘 보이듯이, 인자한 군주와 포악한 군주에 대해 매우 극단적으로 평가를 내리고 있다. 어느 쪽이든 매우 과장된 표현으로 각자의 성격을 나타내고 있다. 부레쓰 천황의 경우는 매우 심하다. 중국 하나라 마지막 왕인 걸왕, 은나라 마지막 왕인 주왕은 중국에서는 요, 순과 대비되는 악독한 왕의 대표이지만, 부레쓰를 그것에 빗대는 것이다. 아마도 기존의 왕통이 여기서 단절되고 게이타이 천황(繼体天皇)의 왕통이 그에 대신한다는 인식에 따라, 전기 왜왕조의 마지막 대왕으로서 심히 포악한 사람으로 묘사한 것으로 여겨진다.

때문에 『일본서기』가 언급하는 부레쓰에 대해서는 정신을 바짝 차리고 읽어야 한다. 이 대왕은 이른바 주지육림에 빠져 생활한 것처럼 묘사되어 있다. 여기에 옮겨 적기는 곤란한 여성에 대한 변태행위, 자신의 욕심을 위해 천하의 굶주림을 외면하는 것이라든지, 음란한 음악으로 이상한 춤을 추었다는 서술에 이어, "밤낮으로 궁의 여인들과 술에 빠져 비단옷을 걸치고" 잠자리에 들었다고 보인다.

『일본서기』와 비교하면 『고사기』의 부레쓰 천황관은 실로 담백하여 나쁜 인상은 없다. 『일본서기』의 편집자에게는 위정자인 군주와 술에 얽힌 일 전반에 꽤나 선입관이 있었던 듯하다. 안코, 부레쓰 두 왕의 불행한 최후를 술에 탐닉한 것으로 묘사하지 않으면 성에 차지 않았던 모양이다.

『고사기』든 『일본서기』든 8세기의 나라 시대에 만들어진 역사서이기에, 두 역사서를 통해 그로부터 200-300년 전 시대의 실정에 대해 살펴보는 것은 쉽지 않다. 누가 유명한 술꾼이었고 어떤 방법으로 마셨는지는 명확히 알 수 없다. 신을 제사지내기 위해 술을 빚어 바치고, 신이라고 일컬어지는 강하고 용감한 임금에게 술을 바친다. 그리고 신과 임금을 중심으로 이를 따르는 사람들이 함께 술잔을 나눈다. 이를 통해 신과 임금 사이의 일체감을 맛보고 모두의 협동성을 새롭게 하고 서로 맹세한다. 이것이 술 마시는 모습인 것이다. 주빈이 신이기도 하고 임금이기도 한 것이라면, 제일 많이 술을 마시는 것은 결국 권력과 권위를 갖춘 임금이고 대장인 것이다.

가스유자케(糟湯酒)[11]를 홀짝이다

『고사기』와 『일본서기』가 편집된 나라 시대는 어떤 시기였을까? 이 시대는 천황을 중추로 하는 귀족과 관인(官人)층의 전국 지배가 강력했던 시기이다. 율령제도를 비롯하여 수와 당에서 배워온 중앙집권체제 하에서 헤이조쿄(平城京, 710년부터 784년까지의 수도로 지금의 나라시 서쪽 교외에 있었음)의 지배자들과 지방 민중 간의 문화에는 큰 격차가 있었다.

---

11 술의 찌꺼기(지게미)를 뜨거운 물에 녹여 마시는 음료.

일반민중은 신을 제사지내는 자리에서만 술을 입에 댈 수 있었다. 하지만 그런 세상일수록 권력의 수탈에 대응하는 노동은 고달프기 마련이다. 피로를 풀어주는 술이 필요하다. 제사용 술을 만들면 술의 찌꺼기인 지게미가 남는다. 이 지게미를 피로할 때 뜨거운 물에 풀어 마시는 것이 그나마 허락된 즐거움이었다.

당시에 너무나도 유명했던 야마노우에노 오쿠라(山上憶良)의 〈빈궁문답가(貧窮問答歌)〉(『만엽집』권5, 892)는 나라 시대 가난한 자들의 생활과 심정을 극명하게 묘사하고 있는데, 거기에 가스유자케가 나온다.

비바람 치는 밤이나 눈비 오는 밤은 너무나 추워, 소금을 핥고 술지게미를 홀짝이면서 기침과 코를 훌쩍이고는 삐져나온 수염을 매만지면서…

로 시작하는 이 노래는 추운 겨울 밤, 씽씽 불어대는 찬바람에 떨면서 소금을 안주 삼아 술 냄새가 약간 남아있는 술지게미를 마시지만, 감기에 걸린 것인지, 기침에 콧물을 들이키고 정리되지 않은 수염을 매만진다며 자신의 빈궁함을 절절히 노래하고 있다.

사실 나는 어렸을 때부터 이 술지게미를 좋아해서, 요즘도 술지게미가 생기면 추운 밤에는 차 대신 마시고 있다. 〈빈궁문답가〉에서 노래하는 것 같은 비참한 술이 아니라, 오히려 사치스럽고 맛좋은 음료라고 생각한다. 물론 보통 술을 마시려고 하면 언제라도 마실 수 있기에, 만엽 시대의 빈민들이 술다운 술을 가까이 할 수 없어서 술지게미로 대신했던 그 심경을 쉽게 맛 볼 수 있는 것은 아니다. 게다가 술지게미라 하더라도 지금 시판되는 술 찌꺼기로 만든 그것과 나라 시대에 각 집마다 만든 탁주의 침전물로서의 술지게미는 질도 다를 것이다.

헤이조의 궁정사람들과 술

말하자면 고대천황제국가를 확립하려고 한 나라 시대에는 천황을 중심으로 귀족관인이 서로 어울려 연회를 개최하는 일이 종종 있었다. 이런 체제 하에서는 조정에서의 의식과 연회란, 지배층 상호간에 질서를 세우는 데 중요한 의미를 갖고 있었다. 연회는 달리 주연이라고도 했다. 연회 뒤에 녹을 받는 일도 동반되었다. 730년 정월 16일의 궁중연회에서는 히네리후미(단적[短籍]이라고 표기한다. 복권과 같은 것)를 준비하여 각각 인・의・예・지・신 중 어느 한 글자를 적어두고, 여기에 참가하는 관인들에게 뽑게 했다. 인을 뽑은 자에게는 시(絁), 의에는 사(糸), 예에는 면(綿), 지에는 포(布), 신에는 상포(常布) 1단을 주었다고 한다(『속일본기(續日本紀)』). 정월 혹은 3월의 '곡수(曲水)의 연회'[12] 라든가, 천장절(天長節, 천황의 탄생일)과 셋쿠(節供[句], 명절), 연중행사 등의 축하 행사 때마다 술이 나오는 것은 당연한 일이다. 그 대신에 흉황(凶荒), 즉 역병이 만연한다든가 기근이 들 때에는 금주령이 내려졌다. 죄인에 대한 은사와 함께 술과 안주를 금하여 근신하게 한 것이다.

죄인이라고 하면, 이 시대에도 술을 마시고 신랄하게 체제와 세상사를 비판했다는 이유로 처벌된 사례가 있다.

763년 12월 19일, 예부소보(禮部少輔) 종5위(從五位)의 하(下)인 나카토미노아손 이카마로(中臣朝臣伊加麻呂)와 조동대사판관(造東大寺判

---

12 곡수류상(曲水流觴). 굽어진 수로의 상류에서 술잔을 흘려보내, 눈앞을 지나가는 동안 시가를 읊고 술을 마시는 놀이.

官) 정6위(政六位)의 상(上)인 후지이노무라지 네미치(葛井連根道)라는 관리, 그리고 이카마로의 아들 마스케(眞助) 등 세 사람은 술을 마시며 이야기를 나누던 가운데 화제가 '당시의 기휘(忌諱)'[13]에 이르렀던 까닭에, 이카마로는 지금의 규슈 미야자키현(宮崎県)에 해당하는 오스미국(大隅國)의 책임자로 좌천되고, 네미치는 오키(隱岐)로 유배되었으며, 마스케는 도사(土佐)로 유배되었다. 이를 밀고한 것은 무위무관의 두 사람으로, 모두 관위를 받고 미관말직이기는 하지만 관리로도 임명되었다. 세 사람이 술을 주거니 받거니 하면서 술기운에 권력자의 험담이라도 한 것인지, 그것을 지나가다 들었는지 어떤지는 알 수 없지만 엿들은 비밀을 밀고한 것이다. 술을 마시고 몽롱해져 경계심이 풀어지는 것은 옛사람도 다를 바 없었던 것이다.

생각나는 대로 이런저런 담소를 나누던 세 사람이 어디서 술을 마셨는지는 『속일본기』에 보이지 않는다. 세 사람 중의 누군가의 집이었을까? 당시 술가게 같은 장소가 이미 있었는지 모른다. 같은 『속일본기』에 의하면 761년, 그러니까 위에서 언급한 사건으로부터 2년 전의 일인데, 황족으로 엄청난 주호였던 하키하라(芽原)왕이 사람을 죽인 사건이 발생했다. 이 왕은 천성이 흉악하여 자주 '슈시(酒肆)'에 갔다 한다. 슈시는 주점을 이르는 말로, 술을 팔기도 하고 거기서 마실 수도 있었던 모양이다. 그 슈시에서 어떤 사람과 마시다가, "술을 많이 마시고는 화를 내어 사람을 칼로 찔러 죽였다"고 한다. 살상 방법도 기록하고는 있지만, 매우 잔인한 것이었다. 그 결과 황족이라는 것을 고려하여 왕의 이름을 제하고, 다네가시마(種子島)로 유배되었다고 기록되어 있다.

역시 술은 사람의 마음을 흩트려 놓는다. 때문에 본성이 나쁜 인간이 술에 취했을 때는 무섭다. 758년에 조칙이 내려졌다. 그 내용은 요즘 민간에서 술자리를 자주 하고 자칫하면 탈이 나고 서로 어울려 음란하게 된다. 또는 술에 취하여 질서가 없고 싸움에 이른다. 이런 것은 도리에 어긋난 것이다. 그래서 그 대응방안을 생각한 결과, 지금부터 왕공 이하 모두는 신을 섬기는 제사 때와 병을 치료하는 약용 이외는 술 마시는 것을 금지한다는 엄한 내용으로 위법자에 대한 처벌을 제시하고 있다.

연회주

　일본의 마쓰리는 크든 작든 집단행사였기 때문에, 오미키에서 유래하는 술도 두 사람 이상이 모여서 마시는 것이었다. 술은 본래 사회성을 지닌 것이다. 남녀가 서로 만나 새로운 가정을 이루고 작은 사회를 만들 때 마시는 혼례의 술을 비롯하여, 술은 언제나 구성원 전체가 즐기는 것이었고 서로의 친교를 깊게 하기 위한 수단이었다. 홀로 마시는 일은 없었다. 『만엽집』의 작자 오토모노 다비토(大伴旅人)의 노래 중에는 다지히노아가타모리(丹比縣守)가 민부경(民部卿)으로 승진하여 상경하는 바람에 함께 마셔야 할 술을 혼자서 마시게 되었다며 슬퍼하는 노래가 있다.

　그대와 마시려고 만들어 놓은 이 술을 그대가 안 계시니 야스의 들판(安野)에서 혼자서 마시게 되었구나(권5, 555)

---

13 꺼리어 싫어함. 두려워 피함.

라는 것이다. 야스의 들판은 오늘날의 후쿠오카현(福岡県) 아사쿠라군(朝倉郡) 내에 위치한 곳인데, 여하튼 본래 혼자 마시는 술이 아닌 '마치자케' 였기에 이 노래에 의미가 있는 것이다.

따라서 술은 일찍부터 연회주로 자리하고 있었다. 그렇긴 해도 고대인들이 현대인처럼 아무 때나 연회를 개최하지는 않았다. 연회라는 것은 실은 제의에 동반하는 것으로, 비일상적인 행사였다. 예를 들면 집을 신축할 때 그 가장에게 찬가를 부르면서 낮부터 밤까지 술을 마시고 춤을 추는 일이 있었다. 신축에 대한 축하의 사례로는 『일본서기』겐소 천황(顯宗天皇) 조에 전대인 세이네이 천황(淸寧天皇) 때의 사례가 보인다.

어쨌든 주연이라는 것은 고대국가에서 궁정귀족이 제의에 동반하여 개최하는 것이었다. 그 때문에 미키노쓰카사(造酒司)라는 관청까지 생겨났다. 지방에서 징수하는 조세 중에는 '양주료(醸酒料)'라고 하여, 예를 들면 에치젠국(越前國)에서는 양주료를 내기 위해, 뉴군(丹生郡), 아스와군(足羽郡), 오노군(大野郡), 에누마군(江沼郡), 가가군(加賀郡)으로부터 각각 17속의 벼를 거두고 있다(733년). 이런 사례는 오와리국(尾張國)과 붕고(豊後), 사쓰마(薩摩) 등 규슈의 여러 지방에서도 보인다. 이것들이 모여 상류계급들의 제의, 연회 때의 술이 된 것이다.

당시에 이런 용도의 술로는 시로키(白酒)와 구로키(黑酒)의 두 종류가 있었다. 시로키는 거친 포로 자루를 만들어 손으로 짜서 찌꺼기를 제거한 흰색의 흐릿한 술이라고 하며, 여기에 누리장나무의 뿌리를 삶아 구운 후에 남은 재를 섞은 것이 구로키라고 한다. 이것에는 이설도 있다. 백미로 빚은 술이 시로키, 현미로 빚은 술이 구로키라는 설이다. 어느 설이 옳든 세간에서 말하는 것처럼 시로키는 탁주가 아니라는 것이다. 여하튼 찌꺼기는 제거하고 있다. 술 찌꺼기에 미지근한 물을 더하는 것은 야마노우에노 오쿠라의 노래에 있는 것처럼 가스유자케이다. 가난한 사람은 이것으로 술 마신 기분을 내는 것 이상은 할 수 없었고, 통상적으로 술은 특권계급의 독점물이었다.

나라, 헤이안 시대의 귀족국가에서 신에 대한 제사와 고셋쿠(五節供)[14] 등에서 성대한 주연을 의식으로서 개최하는 것은 귀족이 귀족다움을 내보이는 기회가 되었다. 명절날의 술자리에서는 천황이 주인이 되어 일정 자격의 관위를 지닌 친왕과 공경을 손님으로 삼아 응대하여 대접했다. 그 사이에 축가와 춤이 행해지고, 옷과 포의 녹을 선물로 주는 것이다. 그때의 술잔 돌리는 방식은 까다로웠다. 큰 잔이 집회의 자리를 한 바퀴 도는 동안이 일헌(一献)이고, 잔을 바꾸면서 삼헌 혹은 오헌 등의 의식이 행해졌다. 각 개인의 상 위에 잔이 놓이는데, 긴 손잡이가 달린 용기로 술을 따르고 이를 마시게 하는 것이 '한 번의 권배(勸盃, 잔을 내밀어 술을 권하는 것)'이다. 정식으로 삼헌, 오헌으로 진행될 때마다 춤을 연행한다. 그것은 모두 엄숙하게 행해졌으며 자세를 흩트릴 수 없었다. 이와 같은 술자리를 '엔자(宴座)'라 하여 제1부에 해당했으며, 제2부는 '온자(穩座)'[15]라는 것이 있다. 2부는 말하자면 신분이나 지위를 무시하고 행하는 연회(無禮講)로 예능을 펼치는 것도 제멋대로였다.

고대의 궁정 귀족이 모두 술에 강한 것은 아니었다. '한 번의 권배'로 자신을 가눌 수 없을 경우에 주인 측의 술을 권하며 도는 남성이 이를 대신 마시기도 하고, 좌우에 앉은 이에게서 도움을 받는 경우도 있었다.

---

14 1월 7일, 3월 3일, 5월 5일, 7월 7일, 9월 9일의 다섯 명절.

15 정식의 연회 후에 열리는 허물없는 자리를 의미

궁중에서 베풀어지는 연회를 엔즈이(淵醉)라고 부를 정도로 주연은 역시 참석한 모든 사람이 공동의 흥분을 맛보는 것을 목적으로 한 것이라고 해도 좋다. 매년 11월 중 축일(丑日), 인일(寅日), 묘일(卯日) 3일간에 걸친 고세치(五節) 의식에서 천황은 고세치의 춤을 본 후, '조다이(帳台)의 식'[16]이라 하여 다섯 무희들이 휴식하는 곳을 방문했다. 이 의식을 치른 다음 날인 인일(寅日)에 펼쳐진 것이 '전상(殿上)의 엔즈이'였다. 천황으로부터 술을 하사받는 연회였는데, 공경들은 꽤나 자유로운 복장이었다. 거기에 더하여 '고세치의 가타누기(肩脫)'라 불리는 것처럼 상의의 한쪽 어깨를 드러내고 구석구석 서로 밀면서 돌아다니는 풍습도 있었다. "밀어서 왔소."라고 노래하면서 고세치의 무희들이 있는 방으로 몰려가기도 한다. 엔즈이에는 '온자' 이상의 약간은 술에 취해 주사를 부리는 것 같은 분위기가 있었다. 삼헌까지는 몰라도 그 정도를 넘으면 '난무(亂舞)'가 되는 것은 관례로 인정되어, 휘청거리며 경내를 걸어 다니는 것이었다.

모의의 술

　고켄(孝謙) 여제의 말기, 즉 준닌 천황(淳仁天皇)이 즉위하기 직전은 정치적, 사회적으로 매우 불온한 시기였다. 이 시기에는 술자리에서 세상사 비판이나 난투, 혹은 모반의 논의도 비일비재했다.

그 전 해에는 다치바나노 나라마로(橘奈良麻呂)의 모반사건이 일어났다. 나라마로는 덴표(天平) 시대의 권신으로 좌대신이 되었던 모로에(諸兄)의 아들이다. 모로에가 만년의 정치적 파탄으로 인해 후지와라노 나카마로(藤原仲麻呂)에게 권력을 빼앗긴 뒤, 나라마로는 반(反) 후지와라씨의 입장을 취하고 있던 전통의 명문 오토모(大伴)씨 일족과 어울리며 세력 만회를 꾀했다. 나카마로가 옹립하고 있던 황태자 오이왕(大炊王, 훗날의 준닌 천황)의 폐위를 계획했던 듯하다. 그것이 사전에 발각되어 나라마로는 제거되었다. 이에 동참하여 '역당'으로 불린 자들은 꽤 있었던 것 같다. 사후의 조사는 상당히 엄했던 모양으로, 모의 상황에 대해 심문하는 중에 어느 장소에 모여 술을 마신 것뿐이라는 말이 보인다. 주연을 핑계대고 모의했음을 알 수 있다.

나라마로의 부친인 다치바나노 모로에는 점차 나카마로에게 압도되자, 세상살이가 즐겁지 않았던 모양이다. "모로에는 술자리에서 말투가 무례했다. 다소 모반의 기미가 있다."고 주위에 있던 자가 쇼무상황(聖武上皇)에게 밀고했다. 이는 755년의 일로, 『속일본기』덴표호지(天平寶字) 원년(757) 조에 보인다. 당시 상황은 이 밀고를 의식하지는 않았지만, 나중에 조사해 보니 아들인 나라마로가 병기를 모아 나카마로의 저택을 공격하고자 준비했던 것이 발각되었다.

모로에가 우울하고 즐겁지 않아, 술을 마시며 불평불만을 늘어놓았다는 것은 있을 법한 일이다. 그것이 모반으로 이어지는 것은 아닌가 하고 주위로 하여금 생각하게 했던 것이다. 그 결과가 아들 나라마로의 적극적인 모반으로 나타난 것이 아닐까 한다.

이처럼 덴표 후기에 접어들면서 지배 권력을 둘러싼 음습한 대립은 여러 술자리에서 노골적으로 표출되기도 했을 것이다. 노골적인 표출까지는 아니더라도 술은 사람을 담대하게 만든다. 묘한 자부심이 일어나 자신감이 강해지고, 터무니없는 생각을 하며 한번 해보지 뭐 라는 식으로 말이다. 모의의 술이란 그런 것이다. 진정한 정치의 길은 그런 곳에서 열리지 않는다. 민중생활을 안정시키는 정치 따위는 당시 그들의 안중에는 없었다. 농민이 본적을 이탈해 도주하는 경향은 당시에 드문 일이 아니었다. 율령제의 본줄기인 공지공민(公地公民) 체계[17]는 무너져 내리고 있었다.

술은 마시고 싶지만 술은 없고

관리나 주인에게서 노예 취급을 받고 착취당해 인생에 꿈을 가질 수 없다. 윗사람들만 술을 마시고 술을 마신 기세로 자신들을 학대하고 마음대로 부린다는 기분이 든다.

실컷 욕을 얻어먹는 구마키(熊木) 도가의 멍청한 녀석 데리고 나와 도와줄거나 바보 같은 녀석(『만엽집』권16, 3879)

노토(能登) 가시마군(鹿島郡) 구마키촌(熊木村)(현 나카지마정[中島町])에도 술도가가 있었던 모양이다. 거기서 일하고 있던 녀석이 주인에게 실컷 욕을 얻어먹고 있었다. 주인은 술을 마신 것일까, 정말이지 난폭하다. 불쌍한 그 녀석을 끌고 왔으면 좋았을 것을. 그렇게 욕을 얻어먹던 그 녀석은 지금 어떻게 되었을까 라는 노래이다.

노동하는 사람, 특히 매일 똑같은 일을 반복하는 노동이 강제되는 사람에게는 술이 최고의 보약이다. 그런 술은 마시고 싶지만, 그렇게 마시기 어려운 사람들이 나라 시대에는 많이 있었던 것이다.

덴표문화(天平文化)는 불교문화가 중심이었다. 국력을 기울인 불교 진흥은 공적인 사업으로 경전을 베끼는 일이 많았다. 관설, 공설, 사설의 사경사(寫經司), 사경소(寫經所)가 설치되어, 경사(經師)라든가 교생(校生)이라든가 장황(裝潢, 서화의 표구 기술자) 같은 기술자가 모여들어 경문을 베끼는 일에 힘썼다. 그들은 물론 문자를 쓰는 일에는 익숙했기에 남겨진 서류는 매우 많다. 휴가를 바라는 문서 등도 많이 남아 있는데 그 중에 여러 요구를 들이대면서 노동 조건의 개선을 바라는 사례도 있다.

739년 무렵의 것으로 일컬어지지만, 정확한 연대는 알 수 없는 문서가 있다. 작업복을 새것으로 바꾸어 달라, 매월 5일에는 휴가를 달라, 매일 보리를 급식으로 달라는 등의 내용이 적혀 있는데, 그밖에도 책상에 오래 앉아 작업을 하다 보면 가슴이 아프고 무릎은 저려오니 피로회복용으로 3일에 한번은 술을 달라는 내용도 적혀 있다. 표제에 "바라건대, 경사들에게 약용으로 술을"이라고 했으니, 노동자들에게는 술이야말로 백약의 으뜸이었던 것이다.

하지만 하층사회에는 술의 배급이 없고, 모든 권력과 마찬가지로 술도 소수의 상류사회에 집중되고 있었다.

이런 희망사항을 사경생들이 모여 요구했을 때에도 그들은 술의 힘을 빌려 말한 것은 아닐까? 사경생들이 술자리에 모여앉아 세밀한 경문을 베끼는 일의 피로를 푸는 약으로 술이 필요하니 상부에 요구하자고 투덜투덜 웅성대며 모의하는 풍경이 떠오른다. 술은 '동지'를 결속시키는 매개체이기도 했다.

술꾼의 한명이었던 오토모노 다비토(大伴旅人)는 불평보다는 한 잔의 탁주를 마시는 편이 낫다며, "고민해도 방법이 없는 것은 생각 말고, 한 잔

---

17 일본의 율령제가 구축되는 과정에서 발생된 것으로 토지와 인민은 천황에 귀속되어 있다는 제도

의 탁주를 마시는 편이 더 낫다"(『만엽집』권3, 338)라고 했지만, 실제로 술잔을 만질 수 있는 민중은 그리 많지 않았던 것이다.

오토모노 다비토가 술마시는 모습

3장. 술로 인생을 달관한
오토모노 다비토(大伴旅人)

허무의 술꾼, 다비토

나라, 헤이안 시대의 술꾼들에 대해 몇 사람의 예를 들었지만, 만엽 가인 중 제일의 술꾼 중의 한 사람일 다비토에 대해서는 아직 제대로 언급하지 않았다.

다비토에게는 〈술을 찬양하는 노래〉 13수(『만엽집』 권3, 338-350)가 있어 너무나도 유명하다.

다비토의 술 마시는 법은 대개 허무주의적이다. 13수의 첫 수 "고민해도 방법이 없는 것은"이라는 앞에서 인용한 노래도 그 한 예이다. 아무리 생각해도 뾰족한 수가 없을 때는 결국 제대로 된 결과가 나올 리가 없다. 그런 소모적인 생각보다는 외려 술이라도 마시는 편이 낫다. 그런 심경으로 술을 마시는 사람은 지금 세상에도 꽤 있을 것이다. 술은 마음을 편안하게 해주다 보니, 자포자기식으로 술을 마시는 경우도 있다. 술맛이 제대로 느껴질 리 없다. 그저 술이 마음을 대범하게 해준다는 점에 기댄 것이라 할 수 있다.

다비토는 왜 그런 심경으로 술을 찬양하게 되었을까? 열 번째 노래에서도 다비토는 "세상의 노는 일 중에 서늘한 것은 술 마시고 취해 우는 것이리라"라고 읊는다. 아마도 역시 욕구불만의 나날을 보내고 있던 다비토의 심정을 토로한 것으로 여겨진다. '노는 일'이 그에게 뭘 의미했는지는 명확하지 않다. 활기차게 꿈꾸는 것 같은 생활일 것이다. 즐겁다며 마냥 마음이 편안해지지는 못한다. '서늘한'이라고 보이듯이 어딘가 황량한 기분이 남는다. 그런 상태라면 술 마시고 우는 울보처럼, 취해서 확 울어버리는 편이 오히려 더 낫다. 자 어서 마셔, 마시라고, 라고 뇌까리는 듯하다.

다비토의 이런 심경은 어디에서 연유한 것일까? 잠시 그의 삶을 나라 시대의 정치 사회 정세와 연관지어 살펴보도록 하자.

다비토의 입장

다비토가 태어난 것은 665년으로, 다이카개신(大化改新)[18] 후에 혁명파와 보수파가 어둠 속에서 서로 대치하고 있던 때이다. 양자의 대립은 수년 후 임신(壬申)의 난[19]을 통해 폭발한다. 대외적으로는 고구려, 신라와 긴장관계에 놓여 있었다. 백제가 멸망한 직후여서 일본의 대(對) 한반도 외교는 총체적인 난국에 처해 있었다. 더욱이 당과의 관계도 불안하여 쓰쿠시(筑紫)의 미즈키(水城) 등 규슈 북부의 방비에 박차가 가해지고 있었던 터라 다자이후(大宰府)에는 황망한 공기가 가득했다.

다자이후는 다바토와도 관계가 깊다. 다비토는 728년 무렵, 다자이후의 장관인 소치(帥)에 임명되어 현지에 부임했다. 그런 까닭에 다비토는 『만엽집』에 소치노 오토모경(帥大伴卿)이라는 통칭으로 등장한다.

관인으로서 다비토의 입신 과정은 당초 무인 혹은 외교관으로서의 직을 거치고 있다. 특히 720년에 규슈 남부의 하야토(隼人)가 모반을 일으켰을 때, 하야토를 정벌하는 지절대장군(持節大將軍)에 임명되어 그 본거지를 절멸시키자, 조정은 사자를 파견하여 치하했다. 이 공로로 인해 그는 정3위에 봉해졌으며, 나아가 다자이후의 책임자인 소치가 되었다. 730년에 대납언(大納言)이 되어 상경했으며, 이듬해에는 종2위가 되었고 그해 60세의 나이로 사망했다. 『만엽집』에 실린 그의 노래는 대부분 다자이후 재임 중에 읊어진 것들이다.

예로부터 군사씨족으로서 천황을 섬겨온 오토모씨의 발자취를 감안하면, 위와 같은 생애에 대해 불평불만이 있었을 리 없다고 여겨질 지도 모르겠다. 하지만 이 시대에 태정관이라는 정치기구가 정비되자, 무인 혹은 장군의 사회적 지위는 상대적으로 하락했다. 즉, 아스카·나라 시대 이전, 그러니까 야마토조정의 발흥기 때처럼 당당한 사회의 중추였다고는 보기 어렵다.

다비토의 첩의 아들인 야카모치(家持)에 이르러 오토모 씨족은 한층 세력을 잃었다. 일족의 명문의식을 앙양하고 결속을 격려하고 있지만, 야카

---

18 일본 아스카 시대(飛鳥時代)의 고토쿠 오키미(孝德大王) 2년. 일본 연호로 다이카(大化) 2년(646년) 봄 정월 갑자 초하루(1일)에 발호된 〈개신(改新)의 조(詔)〉를 토대로 한 정치개혁 운동.

19 672년에 일어난 고대 일본사 최대의 내란. 덴치 천황의 태자 오토모 황자에 맞서, 황제(皇弟) 오아마 황자가 지방 호족들을 규합해 반기를 든 사건.

모치의 노래에 노골적으로 나타나는 것은 천황과 오토모씨의 밀접한 관계가 역사의 전통이라는 의식이다. 이 천황 숭앙의 기분은 야카모치만이 아니라 다비토에게도 강했을 것이다.

다자이후 장관의 시름

다비토는 710년 정월 좌장군으로서 신년하례식 때 기병을 이끌고 예식에 임했으며, 그로부터 5년 후 중무경(中務卿)이 되었다. 그때 나이 51살이었다. 후지와라씨(藤原氏) 일족에 비하면 늦은 출세였다. 중무성의 장관이 된 것이지만, 그 재임 중에 겐메이(元明) 여제로부터 겐세이(元正) 여제로의 양위가 있었다. 중무경은 이런 때의 조칙을 다루는 책임자이다. 다비토가 겐세이 천황 즉위의 조(詔)에 '선(宣)' 자를 덧붙임으로써 즉위 준비를 갖추고 태정관에 회부하여 발포했다.

다비토는 이처럼 천황을 가까이서 모시는 것에 자부심과 영광을 느끼는 성격이었다. "늦은 봄날에 요시노의 이궁에 행차했을 때 중납언 오토모경이 칙을 받들어 지은 노래"가 『만엽집』(권3, 315-6)에 실려 있다. 718년 무렵, 겐세이 여제를 수행하여 요시노의 이궁(離宮)에 들렀을 때의 작품으로, 그저 이궁을 찬미하고 축하한 노래에 지나지 않는다. 그가 중앙정부에서 이러한 지위에 안주하고 있었을 때는, 히토마로(人麻呂) 류의 장가(長歌)를 모방한 수준의 노래만 읊었다.

가인 다비토의 진면목은 멀고먼 다자이후에 부임하고 난 후, 그러니까 그로서는 썩 달갑지 않았던 부임 이후에 드러난다. 〈술을 찬미하는 노래〉는 다자이후 시대의 것이다.

다자이후의 장관 자리는 당시의 율령체제에서는 훌륭한 관직이었을 테지만, 실제로 그 자리에 임명되어 규슈로 가는 당사자는 마치 좌천되는 것처럼 느껴졌을 지도 모른다. '대왕의 먼 조정'이라 불린 지쿠젠(筑前)의 다자이후는 규슈의 여러 지방을 관할하는 위치였지만, 자리는 낮아도 중무경 정도에 머무는 편이 흡족했을 것이다.

다비토는 덴표 시대에 야마토노카미(大和守)로 좌천된 후 다자이후의 차관인 쇼니(少弐)로 전락했던 후지와라노 히로쓰구(藤原廣嗣)-이윽고 불만을 갖고 중앙에 반기를 들었다 - 와는 달리, 영전의 형태를 띠고 쇼니보다 2등급이나 위인 소치에 임명되었다. 하지만 상당 수준의 교양도 있고 무엇보다 천황 측근 가문 출신이라는 자부심을 지니고 있던 차에, 서쪽 변방으로 내쳐진 것이 만년이기도 하여 내심 만족스럽지 못했을 것이다. 중무경 시대부터 임금의 명령인 조(詔)를 내어 전하는 매개자로서 천황 측근에 있었고, 귀족의 저택으로 천황의 의사를 전달하러 다니곤 했던 다비토였다. 그런 다비토의 입장에서 볼 때, 천황으로부터 멀리 떨어진 다자이후는 마음 내키는 곳이 아니었다.

더욱이 다자이후의 차관으로 술친구로 여기던 다자이후 다이니 다지히노 아가타모리(大宰大弐 丹比縣守)가 민부경으로 승진하여 상경한 데 이르러서는 정말이지 낙담하고 있다. 그래서 앞에서 인용한 '기다리는 술-마치자케'를 "홀로 마시리라" 운운의 노래로 읊었던 것이다(본고 10쪽). 다비토에게도 술이란 본래 친한 사람들과 함께 마시는 '마치자케'였던 것이다.

'나가야왕(長屋王)의 변'과 다비토

다비토가 다자이후 장관으로 규슈에 머물렀던 기간은 3-4년에 불과하지만, 그 사이에 중앙 정계에서는 거대한 음모사건이 발생했다. 즉 729년 좌대신 나가야왕이 반역의 음모를 꾸민다는 소문이 떠돌았다. 나가야왕은 덴무 천황(天武天皇)의 황손이었다. 후지와라노 후히토(藤原不比等)의 딸이자 쇼무 천황(聖武天皇)의 부인이었던 고묘시(光明子)의 처우문제가 불거졌을 때, 비(妃)를 건너뛰어 황후로 삼고자 했던 후지와라씨에 반대하기도 했던 성격이 강직하여 자기의 의지를 굽히지 않는 사람이다. 더욱이 문화인 살롱을 경영하고, 교양 있는 귀족관인을 초대하여 기품 있는 연회를 개최한 적이 많았던 대신이었다. 물론 연회를 좋아한 나가야왕은 다비토와도 친근한 사이였다.

이런 나가야왕에 대해 후지와라씨는 반감을 가졌다. 그래서 원래 후지와라씨와 죽이 맞지 않았던 오토모씨의 다비토를 다자이후로 보내버리고, 중위부(中衛府)라는 궁정 경호를 위한 관청을 설립하여 후지와라씨가 그 자리를 독점했다. 이런 움직임은 나가야왕에 대한 공격의 전제였다.

그런 와중에 나가야왕의 약점을 잡고자 했던 후지와라씨는 고묘시가 낳은 모토이왕(基王)-태 어나자마자 황태자가 되었다-이 만 한 살의 나이로 죽자, 이는 나가야왕의 저주 탓이라고 소문내기 시작했다. 이 핏덩이 황태자의 죽음은 어렵사리 고묘시를 황후로 만들고자 했던 후지와라씨에게 너무나도 아쉬운 일이었다. 당시 후지와라씨 일문이라 하면 후히토의 자식인 후사사키(房前), 무치마로(武智麻呂) 등이다. 그러는 중에 천황의 또 한 명의 부인인 아가타노 이누카이히로토지(県犬養廣刀自)가 아사카친왕(安積親王)을 낳았다. 고묘시에게는 다른 남아의 출산을 기대할 수 없었다. 후지와라씨는 애가 타게 된다.

아무리 생각해도 나가야왕은 방해가 되는 인물이었다. 그래서 왕자를 저주해 죽였다는 유언비어를 퍼뜨리고, 나가야왕이 반역을 꾀하고 있다고 선전했다.

규슈에 있던 다비토는 이 유언비어를 참을 수 없는 기분으로 전해 들었을 것이다. 오토모씨의 입장에서 보자면, 급성장한 후지와라씨가 주제넘게 암약하는 모양새였다. 도저히 견디기 힘든 부분이 있었을 것이다. 다자이후에 좌천되었다는 기분을 느낀 것도 그런 정치 정세에서는 당연한 귀결이라 할 것이다.

자신의 집안이야말로 궁정의 경호를 담당해야 할 터인데, 후지와라 일족이 차지한 중위부의 군사가 나가야왕의 저택으로 몰려가서 죄를 물었다. 나가야왕의 숙부인 도네리(舍人)와 니이타노베(新田部) 두 친왕이 후지와라노 무치마로와 함께 중위부의 군사를 이끌고 있었다.

나가야왕은 이것이 습격에 다름 아니라고 인식했다. 도저히 당해낼 수 없었다. 왕은 자살하고 그 부인과 왕자들도 목을 매 죽었다. 정말이지 비참한 최후였다. 후지와라씨와 인연이 있었던 혈육, 즉 후히토의 딸과 나가야왕 사이에서 태어난 아이만은 사면되었다.

나가야왕 사건을 거쳐 무치마로는 대납언이 되었다. 본래 다자이후 장관에서 대납언으로 옮기는 것이 통상적인 코스였다. 하지만 다비토는 그대로 남고, 무치마로는 나가야왕을 공격한 공로로 크게 출세했다. 무치마로의 동생인 마로(麻呂)도 종3위에 올랐다. 3위 이상은 공경의 반열에 들어간다.

이리하여 나가야왕의 세력을 중앙에서 제거하는 데 성공한 후지와라씨는 고묘시를 황후로 삼았다. 그리고 "천왕귀평(天王貴平)하여 백년을 안다" 운운의 상서로운 문구를 짊어진 거북이 출현했다는 소문을 내고는 그 문구를 딴 덴표(天平)의 연호를 사용하게 되었다. 여기서 덴표란 어디까지나 후지와라씨의 입장에게 보았을 때의 덴표였다. 반 후지와라씨와 민중들에게는 어울리지 않는 문구였던 것이다.

더욱이 다비토가 다자이후에 있는 동안 천황마저도 계속해서 후지와라씨 일문과 고묘황후 세력에게 밀리고 있었다. 쇼무 천황은 여러모로 위엄과 권위를 상실한 모양새가 되었다. 정치의 실권만이 아니라 나가야왕 시대에 즐겨했던 각처로의 여행, 이궁으로의 행차, 연회 등도 황후 중심으로 진행되었으며, 천황은 배제되었다.

천황을 좋아하고 염려하던 다비토는 그런 일로도 마음이 편치 않았을 것이다. 마침내 733년 "천황이 조정에 나가 처음으로 정사를 보았다"고 일컬어진다. 후지와라씨 정권은 안심을 넘어 자신감을 얻었던 모양이다. 그들은 관용을 보이기 시작했다. 그때 다비토는 이미 대납언이 되어 상경했지만, 상경 후 8개월 후에 사망하고 만다. 그를 추월하고 있던 무치마로는 곧 우대신의 자리에 오르게 된다.

술독(酒壺)이 되고 싶다

이러한 진키(神龜)-덴표 연간(724-749)의 중앙 정계를 염두에 두면, 다자이후에서 술에 절어 술을 찬미하는 노래를 만든 다비토의 심경을 잘 알 수 있다.

 나가야왕과 마찬가지로 교양이 있었고, 높은 지성을 자랑삼았던 것으로 보이는 다비토에게는 탐욕스런 정치적 음모로 지새우는 후지와라씨 무리는 속된 인간으로 보였다.

 『만엽집』341의 노래는 현인인척하며 훌륭한 것처럼 말하기보다도, 술 마시고 취해서 우는 쪽이 얼마나 더 멋진 일인가, 라는 뜻이지만 거의 같은 의미의 다른 노래 한 수, 『만엽집』350이 있다. 이 노래는 훌륭한 척하며 침묵을 지키기보다는 하고 싶은 말을 하고, 술을 마시고는 분하면 분한대로 술과 함께 울면 좋은 게 아닌가, 라고 이야기한다. 술로 마음을 확실하게 하자는 심경일 것이다.

 이처럼 술에 취한 인생을 맛보지 않으면, 무척이나 현명한 척하면서 술에 취한 사람들을 얼간이라고 경멸하기도 하겠지만, 그 쪽이야말로 인간이 아니고, 원숭이 같은 것이라는 그런 생각도 다비토에게 있었던 것 같다.

 "저 추한 자를 보게. 잘난 척하면서 술을 마시지 않는 녀석이라니. 완전히 원숭이일세."(『만엽집』344)라는 노래도 다비토가 정치적으로 계산하는 사람들을 꽤나 경멸하고 있었음을 짐작케 한다.

 불우한 처지와 비운에 울기도 하고, 같은 생각을 가진 친구와 작별했던 자로서 술 없이 무슨 재미로 사느냐는 기분이 다비토에게는 강했던 것이다. 『만엽집』342는 뭐라 표현할 도리가 없을 만큼 술은 감사하고 귀한 것이라고 노래한다. 다비토는 이렇듯 술에 흠뻑 빠져 있었던 것이다.

 술은 원래 신과 함께 마시는 것, 오미키(お神酒)가 술의 본령이다. 이것은 나라 시대에도 일반적인 상식이었다. 술과 함께 있는 것은 신과 함께 있는 것이라고 생각했다. 그것은 중국에서 청주를 성인, 탁주를 현인이라

고 칭한 고사와도 통하는 견해이다. 중국 위나라 서막(徐邈)이라는 사람은 황제 태조가 금주령을 내렸을 때, 아무리해도 술을 끊을 수 없어 몰래 마시다가 체포되었다. 그때 그는 성인과 함께 있었다고 했다. 태조는 화를 냈지만, 청주를 성인이라고 하는 관행이 있는 것을 알고 그 죄를 면해 주었다고 하는 이야기이다.

다비토는 그 고사를 알고 있었다. 그래서 『만엽집』 340은 유명한 진나라의 완함(阮咸) 이하 7인의 죽림 7현이 거문고와 술을 즐기면서 청담을 나눈 고사에 빗댄 찬미가이다.

다비토는 한적(漢籍)에 관한 지식이 상당했던 것 같다. 중국의 고사에 대해 상당히 아는 바가 많다. 『만엽집』 343의 노래는 어중간한 사람이기보다는 과감하게 술독이 되면 좋겠다는 의미로, 이 역시 『조옥집(琱玉集)』 권14의 〈기주편(嗜酒篇)〉에 보이는 고사에 빗댄 것이다. 진군(陳郡) 사람 정천(鄭泉)은 술을 지독히도 좋아했다. 언제나 탄식하며 말하기를, 바라건대 30석의 배에 술을 채우고 그 속에서 지내며, 술을 마시면서 술이 줄어들 때마다 보충하고 싶다고 했다. 술독이 되고 싶다는 다비토의 감회는 그런 지식에 근거한 것은 아닐까? 술 마시기의 최고봉은 아마도 그런 것일 것이다.

술이야말로 절대적인 보물

다비토는 한적에만 밝았던 것은 아니다. 불교에도 꽤 조예가 깊었던 것 같다. 그가 다자이후의 책임자로 부임한지 얼마 되지 않았을 때인데, 처인 오토모 이라쓰메(郞女)가 병이 들어 사망했다. 이것도 그에게 인생의

비애를 통감시킨 것이지만 그 소식을 듣고 읊었다는

세상일이란 허무한 것임을 알게 됨에 더더욱 슬픔이 깊어져만 가네(『만엽집』 793)

라는 노래는 너무나도 유명하다. "세상일이란 허무한 것임을 알게 됨에"라는 말에서 성덕태자의 '세간허가(世間虛假)'라는 말이 떠오른다. 그는 말로 표현하기 어려운 슬픔이라고 전제하며 이 노래를 읊은 것이다. '세간허가'라는 달관은 『유마경(維摩經)』에서 얻은 듯하다. 이 노래의 주에 붙은 문구도 불교에 능통하고 불교신앙에 자극받은 인생관을 떠올리게 한다.

생과 사의 시작과 끝은 꿈처럼 모두 허망한 것이라고 쓰면서 생사를 알 수 없는 무상함을 한탄한다. 끝에는 "이 이승을 떠나 진심으로 정토에 생을 맡기고 싶다."고 토로한다.

때 묻은 현실세계를 떠나 저 세상의 정토에 몸을 맡기고 싶다는 궁극의 소망을 드러낸다. 사랑하는 아내의 불행을 만난 다비토가 "아아 이 세상은 덧없구나 하고 느낄 때 더더욱 슬프다."고 하면서 쓰러진다. 이 다비토의 뇌리를 스치는 것이 바로 위의 주와 같은 사상일 것이다. 부인의 죽음에 대해 야마노우에노 오쿠라(山上憶良)가 친구 다비토의 심정을 헤아리며 그 마음을 대신하여 부른 만가가 유명하다.

다비토와 오쿠라의 교유는 다자이후 관리 시대의 다비토가 한층 더 성숙한 서정 시인으로 성장하는 데 큰 역할을 한 것 같다. 처의 죽음과 정치적인 불우함을 경험하는 중에 그는 술 맛을 기억했을 뿐 아니라 불교에 대한 이해를 성숙시켰던 것이다.

역시 술을 찬양하는 노래 12수 째에,

 살아있는 것은 언젠가 죽을 것이니 살아있는 동안은 즐겁게 살아가자
(『만엽집』349)

 라고 보인다. 술이라는 단어가 들어있지 않은 노래이지만, "술을 찬양하는 노래"로서 묶어진 것을 감안하면, 살아있는 것은 언젠가는 죽는 것이기에 살아 있는 동안만이라도 즐겁게 있고 싶다고 이야기하는 노래라 할 것이다. 이 즐거움이란 술과 함께 하는 즐거움이었음에 틀림없다. 더욱이 이 '생자필멸'의 달관이 불교이해와 무관하지는 않을 것이다. 혹은 이 노래의 한 수 앞에 있는,

 현세에서 즐겁게 살 수 있다면, 내세에서는 벌레나 새라도 좋다(『만엽집』348)

 라는 노래에도 불교적인 윤회관이 잠재해 있다. 지금 현실적으로 술을 마시면서 즐겁게 살 수 있다면 내세에서 비록 축생, 즉 벌레나 새로 태어나더라도 후회는 없다고 할 정도로 술을 마시는 현실을 절대시한다. 다비토에 있어서는 그렇게라도 하지 않으면 해볼 도리가 없는 인생이었던 것이다.
 그에게 있어 술은 공동 모의 등의 나쁜 짓을 꾸미는 연회에서의 술과는 다른, 그런 수단으로서의 술이 아니었던 것이다. 나라 시대의 상류사회란 그런 경향의 술이 많았지만, 그는 이를 지루하게 여겼다. 술은 자신의 마음 속 우울함을 없애주는 그것만으로도 좋았던 것이다.

밤에 빛나는 구슬과 같은 보물이라도 술을 마시며 마음의 근심을 씻는 일
에 어찌 미칠 수 있을까(『만엽집』 346)

　라는 것은 중국에서 훌륭한 보물처럼 밤에 빛나는 야광주라도, 정말 그
런 보석이라도 술이 훨씬 좋다는 태도이다. 같은 기분을 불교에서 말하
는 '값으로 칠 수 없는 여의주', 즉 평가하기 어려운 그만큼 적극적이고 절
대의 가치보다도 술은 더 귀중하다고 노래하고 있는 것이다. 다시 말해,

가치를 매길 수 없을 정도의 보물이라 하더라도 한잔의 탁주에 어떻게 비
교할 수 있단 말인가(『만엽집』 345)

　라는 노래는 다비토가 말을 돌리지 않고, 술의 절대가치를 거침없이 말
해버린 것이다.

4장. 연회를 즐기는 궁정 사람들

백성에 대한 금주령

헤이안쿄(平安京)로 천도하고 나서 삼대 째에 해당하는 사가 천황(嵯峨天皇)이 재위하던 811년 5월. '농부(農人)'가 고기를 잡고 술을 마시는 것에 대해 엄한 금제(禁制)가 내려졌다. 이때 처음으로 금지한 것은 아니다. 이 금제는 상당히 오래전부터 있어 왔지만, 국사가 느슨해져 감독하지 않기에 농부가 이를 얕보고 제멋대로 하고 있다는 것이었다. 그로부터 감독사찰을 위한 사자를 중앙에서 지방으로 파견하고, 국사가 그 감독에 힘쓰게끔 했다. 그리고 만약 법을 어겨 술과 고기를 입에 대는 자나 그것을 주는 자가 있거든 그자를 구금하고 사자가 현지에 갔을 때에 벌에 처하도록 확인하고 있다.

농부란 당시 서민의 대부분에 해당한다. 그들이 고기와 술을 입에 대는 것은 신분을 벗어난 일로서 율령제 하의 정치에서는 규제하고 있는 것이다. 특히 그런 서민생활을 본체만체하는 지방관을 적발하여 엄히 처벌하고 있는 것을 알 수 있다.

간무(桓武), 헤이제이(平城), 사가로 이어진 헤이안 시대 초기의 천황정치는 지방관, 특히 국사의 감찰을 엄하게 하고자 했던 점에서는 상통한다. 말할 것도 없이 에미시(蝦夷)[20] 정벌과 다른 대사업으로 막대한 재원이 필요한 시기였다. 지방정치를 쇄신하여 각지 관리의 근무를 감독하면서 토지세나 노역의 징수를 충분히 확보해야했다.

따라서 지방관을 엄하게 단속하는 일은 자연스레 농부 등의 공민을 엄하게 단속하는 일로 연결될 수밖에 없었다. 고기를 먹고 술을 마시는 일은 그들의 일상생활이 아니었다. 이른바 축제나 연중행사 같은 기회에 맛볼 뿐이었다. 더욱이 그것마저 인정하지 않은 것이다. 어찌 되었든 생산에 박차를 가해 공납물을 채우는 일이 정부의 주된 과제였다.

농민의 일상에 윤기가 없었던 점에서는 에도 시대의 봉건제도 저리가라였던 셈이다. 하지만 지방관이 중앙에 대해 얼마나 고분고분했는지는 매우 수상쩍다. 마찬가지로 농민이 과연 고기와 술에 대한 금지령을 지켰는지, 그 역시 꽤 미심쩍다.

거꾸로 말하자면 농민이라고 해도 헤이안 초기에는 1년에 몇 번 정도는 양껏 고기와 술을 먹고 마시는 즐거움을 갖고자 하는 생활로 나아가고 있었다고 할 수 있다.

---

20 에미시 혹은 에조. 일본의 도호쿠 지방 및 홋카이도 지역에 살면서 일본인(야마토 민족)에 의해 이민족시되었던 민족집단을 일컫는 말. 시대에 따라 그 지칭범위가 다른데, 일반적으로 근세의 에조는 특히 아이누 민족을 일컫는다. 에조는 일본 북부지역 뿐만 아니라 쿠릴 열도, 남사할린, 심지어는 캄차카 지방의 남쪽 끝에까지 정착해 살았다고 한다.

술버릇이 고약했던 후지와라노 나카나리(藤原仲成)

이처럼 농민생활을 속박하며 국가재정의 재건을 꾀한 정계 수뇌부의 움직임은 어땠을까? 사가 천황의 치세에는 앞의 헤이제이 천황이 상황으로서 일종의 반동적인 정치노선을 걷고 있었다. 이 상황도 천황 시대에는 6도에 관찰사를 파견하여 지방의 관인들에 대한 사찰을 강화하고 있었다. 그것은 간무 천황 이래의 정책을 계승한 것에 다름 아니었는데, 헤이제이 천황 시대에는 후지와라노 나카나리가 버팀목이 되어 정치를 좌지우지하고 있었다. 나카나리는 헤이안쿄 천도의 실현 이전에 현안이었던 나가오카경(長岡京) 건설의 총책임자 후지와라노 다네쓰구(藤原種繼)의 아들이다.

나가오카경의 건설은, 다네쓰구가 후지와라씨에 적대하고 있던 오토모씨의 음모로 암살되었기 때문에 좌절되었다. 그 사건에 연좌되어 오토모씨의 세력은 그 후 정계에서 크게 후퇴한다.

그럼 여기서 후지와라 일족이 결속했는가 하면 그렇지도 않다. 당시 후지와라씨라고 해도 북가(北家), 남가(南家), 경가(京家), 식가(式家)의 네 집안으로 나뉘어, 서로 권력 싸움에 열중하고 있었다. 다네쓰구와 나카나리 부자는 식가이고, 우대신 우치마로(內麻呂)는 북가였다. 나카나리는 먼 장래까지 멀리 보는 사람으로 남가 출신인 이요친왕(伊予親王)이 황위를 노리고 있다는 유언비어를 뿌렸다. 당시 별로 주목받지 못했던 북가의 무네나리(宗成)가 이요친왕의 황위 등극을 획책했다고 소문을 냈으며, 아울러 대납언이었던 남가의 가쓰토모(雄友)의 죄도 묻게 했던 것이다. 결국, 우치마로 우대신이 이 사건에 관여하여 이요친왕과 그 어머니가 죽음에 이르게 되었으며, 무네나리는 귀양을 가고 가쓰토모도 실각하게 되었다. 이리하여 나카나리는 헤이제이 천황과 보다 친근한 관계를 맺게 되었고, 북가의 후지와라노 우치마로는 그 노선에서 이탈하여 황태제인 가미노친왕(神野親王)과 가까워지게 되었는데 이 친왕이 나중의 사가 천황이다.

나카나리의 여동생 구스코(藥子)는 뛰어난 미인이었던 모양으로, 헤이제이 천황을 완전히 사로잡아 궁정의 실권을 쥐고 흔들었다. 나카나리는 동생의 도움으로 헤이제이 천황을 조종했다. 헤이제이가 상황이 된 이후에도 제멋대로 정사를 농단했으며, 나라의 헤이조궁(平城宮)으로 돌아와서는 여기로 도읍을 옮기고자 사가 천황에게 상황의 명령을 전하기도 했다. 이런 상황에서, 나카나리, 구스코의 연계를 극도로 싫어했던 사가 천황과 우치마로는 은밀히 천황의 정치를 담당할 구로도도코로(藏人所)라는 측근기밀정치기관을 설치하여 우치마로의 아들인 후유쓰구(冬嗣)를 그 우두머리로 삼았다. 이어서 일종의 쿠데타를 일으켜 일거에 나카나리와 구스코를 추방하고 상황 측에 군대를 보내 그 세력을 일소했다.

이 사건을 '구스코의 난'이라고 부르는데, 구스코는 독약을 마시고 자살했다. 구스코의 오빠 나카나리는 지독한 야심가로 술버릇이 나쁜 남자였다고 『일본후기(日本後紀)』에 기록되어 있다. 구체적인 것은 알 수 없으나, 술 좋아하는 사람에게 나쁜 인간은 없다고 생각하는 우리들의 입장에서 보자면, 나카나리는 술을 좋아하는 술꾼 정도의 레벨은 아니었던 모양이다. 아마도 어두운 곳에서 혼자 틀어박혀 마시는 스타일로 미움을 받았던 것은 아닐까 생각한다.

천황에게 술을 바치고 출세하다

구스코의 난 이후 사가 천황의 시대는 문화적으로 왕성한 시대로, 중국 풍의 문예활동이 궁정인들 사이에서 크게 유행했다. 시문과 학문에 뛰어난 사람들이 계속해서 배출되었다. 당풍의 스타일도 크게 유행했다. 풍류를 상찬하고 주연을 베푸는 행사와 잔치도 종종 행해졌다. 궁정인을 중심으로 한 문화 살롱이 크게 인기를 끌었다.

때문에 정계의 수뇌를 차지하고 있던 자에게는 음주의 기회가 종종 있었을 것이다. 앞에서 이야기한 초대 구로도의 우두머리인 후유쓰구는 이후 후지와라씨의 중추로서 섭정과 관백을 독점하는 북가의 유력자가 되었다. 이 후유쓰구가 정4위(正四位)의 하(下)인 좌근위(左近衛) 대장이었을 때, 사가 천황을 영접해 그 저택에서 연회를 베풀었다. 천황은 몹시도 기분이 좋아져 시를 짓고, 기쁜 나머지 후유쓰구를 종3위로 승진시키고 부인 미쓰시(美都子)에게는 종5위(從五位)의 하(下)를 내려주었다고 『일본기략(日本紀略)』에 쓰여 있다.

이 입신출세에는 사가 천황에 대한 접대주가 작용했을지 모른다. 후유쓰구는 아주 온화한 사람으로 문예에도 겸비하고 있었다고 전해지므로 그렇게까지 손을 쓰지 않더라도 승진했을지 모른다. 하지만 사가 천황이 술을 좋아하고, 연회를 좋아하는 기질로 초대에 응해 기분이 좋았던 것은 사실이다. 부인에게까지 지금의 도지사급에 해당하는 5위를 내렸다고 하는 것은 커다란 수확이었다고 할 수 있을 것이다. 후유쓰구 본인이 얼마나 술을 마시는 사람이었는가는 알 수는 없다. 아마도 격의 없이 사람들과 교우하고 술을 권하는 사람이었을 것이다.

이 시대의 공경, 관인에게는 꽤나 술이 친숙했던 모양이다. 예컨대 나카나리의 동생 아야마로(緤麻呂)는 성정이 영리하지 못했지만 일족의 도움으로 4위에까지 승진했는데, 요컨대 그저 술과 여색에 빠진 사람이었다고 일컬어진다. 여하튼 나카나리 형제는 술과 관련해서는 평판이 좋지 않다.

사가 천황이 동생에게 양위하고 상황이 되자, 준나 천황(淳和天皇)의 세상이 되었는데 『유취국사(類聚國史)』의 권32를 보면 이 천황의 재위 중에 열린 주연의 사례가 눈에 띈다. 당시 정부와 궁정의 재정은 결코 좋지 않았다. 중국의 동북부에서는 발해가 빈번히 사절을 파견해 왔는데, 그 접대비용이 만만치 않았다. 당시 일본 조정은 재정적자에 시달리고 있었기 때문에 824년에는 12년마다 한 번씩 일본에 오는 것으로 정했지만, 이 듬해도 그 이듬해에도 발해의 사절은 일본에 왔다. 그때마다 연회가 열려 손해가 막심했던 모양이다.

지방관을 독려하여 생산과 공납에 힘을 쏟게 한 것은 변함없는 사실이지만, 사가 천황 시대 이래로 궁정의 과소비 관행은 계속되고 있다. 연회에서 음악을 연주하고 시를 짓는 행위는 문화의 발달에는 다소 도움이 되었으나, 술 탓으로 분위기가 거칠어질 때도 있었다. "군신들이 술에 취했다."는 예도 보인다. "천황으로부터 받은 술이 몇 잔째인지 잘 모름"이라는 식으로 끝없이 천황으로부터 술잔을 받아 술을 마음껏 마신 모양이다. 831년의 예이다.

해가 바뀌어 832년 4월 15일의 연회에서는 "음악을 서로 연주하고 가무가 몇 차례이고 베풀어져 군신들이 서로 취해 춤을 추되 좌우분간을 못했다."고 보인다. 일종의 난무가 아수라장에까지 이른 모양이다.

이런 경향은 다음의 닌묘 천황(仁明天皇) 시대에도 계속되었다. 따라서 공경 관인층에게 술은 일상적인 것이 되었으며, 여러 가지 술버릇이 사람들의 인격평가와 관련하여 화제가 되었다. 죽을 때까지 술과 매(鷹)를 사랑한 후지와라노 미치쓰구(藤原道繼), 술에 빠져 산 다치바나노 하세마로(橘長谷麻呂), 술을 너무 많이 마셔 젊은 나이에 죽은 사카노우에노 히로노(坂上廣野), 좋은 관리로서 유명한 후지와라노 사다누시(藤原貞主)가 집무 중에도 '음주의 흥'을 버리지 않았던 일, 술만 마시면 우는 버릇이 있던 훈야노 아키쓰(文室秋津) 등, 나중에 『유취국사』에서 인용해 소개하듯이 모두 이 시대의 사람들이다.

모여서 마시는 술을 금하다

누구라도 말하는 것이지만, 헤이안 시대의 중앙정치는 궁중과 사원의식의 수행에 중점을 두고 있다. 매년 반복되고 관행화한 의식을 짜 맞춘 틀처럼 행하는 것이 과제였다. 공경들이 가장 중요하게 신경 쓰는 것이기에, 지방에서 일어나는 새로운 움직임이 갖는 정치적 의미를 용이하게 포착하는 일은 쉽지 않았다.

농촌에서 무사가 머리를 쳐들고 귀족이 지배하는 체제에 달려드는 사태를 바르게 평가하고 그것에 대처하는 일은 공가(公家)로서는 불가능했다. 의식정치의 반복을 스스럼없이 행하고, 자연스럽게 관례에 따라 행하면 좋다고 하는 태도가 헤이안 중기의 섭정(攝政)과 관백(關白) 정치의 가장 두드러진 모습이었다.

의식이 있으면 반드시 주연이 있고, 상품으로 녹(祿, 포상, 봉록)을 각각 해당자에게 나누어주었다. 연회 그 자체가 의식이어서 정해진 규칙에 따라 행해졌는데, 이는 '엔자(宴座)'라 하여 말하자면 제1부에 해당했다. 제2부의 '온자(穩座)'에서는 긴장을 풀고 서로 크게 어울리는 것이 보통이었다.

9세기 중반 무렵부터 후지와라노 요시후사(藤原良房), 모토쓰네(基經)와 후지와라씨 북가 출신의 섭정·관백 정치가 굳어진다. 특히 모토쓰네의 전횡으로 인해 우다 천황(宇多天皇) 시대부터 천황의 권력과 권위가 크게 흔들리기 시작했다.

모토쓰네의 아버지 요시후사는 세이와 천황(淸和天皇)이 어렸을 때 섭정이었는데, 천황이 어른이 되자 사직했다. 그렇지만 866년에 '응천문(應天門)의 사건[21]'이 일어나자, 다시금 섭정이 되었다.

이 해에는 "모든 관청의 사람들이 승진을 축하하기 위해 술을 마시다 서로 욕하고, 또 무리를 지어 마시는 행위를 금지"한다는 태정관부(太政官符)가 발표되었다. 정월 23일 아직 응천문의 사건이 일어나기 전이었지만, 모종의 불온한 소문들이 유포되고 있었던 것이다.
그런 세태와도 관련된 금제(禁制)라 할 수 있는데, 자세한 내용은 다음과 같다.

대개 나라(奈良) 시대의 758년 2월 20일의 칙서에서 민간이 연회를 하여 걸핏하면 질서가 흐트러져, 혹은 서로 무리를 이루어 함부로 싸우고 혹

---

21 866년에 일어난 정치사건. 궁궐의 문 가운데 하나인 응천문(應天門)이 방화되자, 도모노 요시오(伴善男)는 미나모토노 마코토(源信)의 소행이라고 고발했다. 그러나 후지와라노 요시후사(藤原良房)의 주장에 다라 마코토는 무죄 방면되었으며, 오히려 요시오 부자가 혐의를 받아 유배형에 처해졌다. 일반적으로 후지와라씨가 벌인 타 씨족 배척사건의 하나로 손꼽힌다.

은 술에 취하여 절도를 잃는다. 처음엔 말싸움으로 시작되나 점차 도리에
어긋나게 된다. 술은 왕공 이하 제사에 바치고, 병을 낫게 하는 약으로 사
용하는 것 이외는 마셔서는 안 되는 것으로서 금지되었다. 그런데 그 이
후 여러 해가 지나자 흐트러져서 관청의 관리들이 새로이 관직에 나가거
나 처음 출사할 때, 중국의 진사급제의 축하연인 '소미(燒尾)' 혹은 마음
대로 어울리는 '황진(荒鎭)'이라고 하여 빈번히 술을 마셔 소란스럽게 되
는 습관이 있다. 이런 폐습이 쌓여 술을 취하는데 금도가 없다. 초대한 주
인 측은 재산을 소모하게 되고, 초대받은 손님도 따로 이익이 있는 것도
아니다. 모임이 약속대로 진행되지 않는 경우에는 싸움이 되기 쉽고, 주
인 측이 마련한 음식에 만족하지 못하면 서로 노려보고 비방하기도 한다.
이런 논쟁의 원인이 될 뿐만 아니라 난투의 까닭이 되기에 이전 칙문(勅
文, 천황의 질문)대로 음주행위를 금지하고자 한다. 혹 인정하는 경우라
도 18인 이하의 집회여야 하고, 음주가 지나치지 않도록 조심해야 한다.
또한 많은 관리들이 신에게 제사지내는 연회에서, 여러 관청의 하급관리
들이 술을 마음대로 마시고 물건에 손을 대기도 한다. 더욱이 주인의 초
대에 의한 것이 아니면서 손님을 가장하고는 마음대로 들이닥쳐 시혜를
구하고, 거절당하면 욕을 해대고 신이 노한다는 등 주인을 공갈하기까지
하는 경우가 있다. 이런 행위는 도적과 다를 바가 없는 짓이니, 금후 엄히
처벌하도록 한다.

  이 금제에서 알 수 있듯이, 후지와라씨의 전제체제가 확립되던 무렵에
는 엽관운동이 격렬해지고 입신출세주의의 경향이 강해졌던 터라, 출세
하여 임관한 자의 기쁨은 한층 커서 '소미'입네 '황진'입네 하며 술을 들이
키고는 소란을 피우는 풍조가 생겨났던 것이다. 또 이를 핑계로 실은 질

투하거나 미워하는 자들이 들이닥쳐 음식을 강요하는 경우가 있었다. 이와 같은 엉망진창의 모임을 초래하는 여럿이 마시는 음주행위가 정치적으로 이용되는 경우가 있었던 것이다.

그렇지만 천황이 중심이 되어 여러 신하를 부르고 왁자하게 연회를 개최하는 일은 위의 금제가 나온 후에도 계속된다.

역시 응천문사건의 직전이지만, 866년 윤3월 1일(응천문이 도모노 요시오(伴善男)의 모략으로 소실된 것은 그달 10일)에 세이와 천황은 태정대신 요시후사의 저택에 들러 벚꽃을 감상하고 문 밖에서 농부들이 논밭을 가는 것을 구경했다. 그때의 가무음악은 정말로 화려하고 성대했다. "하루 종일 황은에 감격하여 군신 모두 술에 취했다."라고 한다.

이런 경향은 모토쓰네의 시대에도 이어졌다.

스가와라노 미치자네의 술

모토쓰네가 만50세의 연회를 개최한 것은 885년 초였다. 그가 태정대신, 관백으로서 고코 천황(光孝天皇)의 측근이었을 때이다. 이미 그해 4월에는 천황이 각 절을 방문하고 대반야경을 강독하게 하여 모토쓰네의 '만50세'를 축하하고, '장수를 축하'했다.

이와 같은 천황의 지극정성은 축하연에서도 매한가지로 연출되었다. 축하연은 천황의 명령으로 내전에서 열리게 되었다. '배안정화(杯案精華)'와 『삼대실록(三代實錄)』에 보이듯이, 술잔이 놓인 탁자 위의 음식들은 정말이지 훌륭했다. 밤새 계속된 축하연은 담소하며 마시고 환대를 극진히 한 것이었다.

이때의 일인지, 아니면 다른 날이었는지 분명치는 않지만, 문장박사(文章博士) 스가와라노 미치자네(菅原道真)는 친한 사이였던 우근위중장(右近衛中將) 다이라노 마사노리(平正範)가 한 무리를 이끌고 축하하러 왔을 때 그의 소망대로 시를 짓게 되었다. 그 가운데, 봄날의 술, 즉 불로장생의 선약이랄 수 있는 술을 마시며 영원의 수명을 온전히 하자, 여기에 선녀가 등장할 여지는 없다, 아무리 아름다운 여성이라도 술 취한 천국의 사람들에게 비할 바가 못 될 것이다, 라는 취지의 시로, 〈도사(道士) 상춘에 술을 권함에 감사〉라는 제목의 시가 있다. 병풍의 발제로 지은 것이다. 『관가문장(菅家文章)』의 권2에 수록되어 있다.

모토쓰네를 위시해 자리를 함께 한 공경관인은 모두 술을 잘 마시는 사람들이었던 모양인데, 미치자네도 상당히 술을 좋아했다. 대개 그는 "성정이 술을 좋아하지는 않았다."고 하지만 사실은 그렇지 않다. 술을 상찬하는 시도 있다. 다만, 술에 취해 우울한 기분을 푸는 정도까지는 바랄 수 없는 성격이었다.

그리 생각하면 모토쓰네의 50세 연회에 바친 시는 꽤 가공한 느낌이 든다. 술이 불로장생의 선약과 같다는 지식에 의존하여 만든 시이다. 어떤 실감을 통해 만든 것은 아닌 것이다. 다만, 미치자네는 친구와 서로 술잔을 주고받으며 시를 짓는 기회를 갖는 것은 좋아한 모양이다.

모토쓰네 같은 권세가에게는 두드러지게 반항은 하지 않지만, 그의 행사를 축하하는 시를 짓는 일에는 흥미가 없었던 모양이다. 따라서 그와 같은 축하연의 술을 그다지 즐기지 않았다는 것이 "성정은 술을 좋아하지는 않았다."라는 식으로 표현된 것으로 여겨진다.

866년의 금제에서 천황의 행차도 없이 많은 사람이 모여 연회를 열어 왁자지껄 마시는 것은 실은 꺼려지는 일이었다. 따라서 원래 미치자네 자신의 성정에 맞지 않는 일이기도 하여 많은 사람이 모여 마시는 것은 피했지만, 친한 친구들과 술잔을 주고받으며 시를 짓는 것은 본인의 취미에도 들어맞는 것이었다.

그의 〈늦겨울에 문랑중(文郎中)을 지나 정원의 때 이른 매화를 감상하다〉는 시의 서문(『관가문장』권1)에,

요즘 조정에 금제가 내려져 술 마시는 것을 금했다. 법령이 시행된 뒤로 이를 어긴 자가 없다. 만약 옛 친구를 방문하여 위로하지 않는다면, 유쾌하게 마시고 마음가는대로 시구를 짓는 일은 없을 것이다.

라고 이야기하는 바와 같다. 당시의 그로서는 친구 간에 술을 마시는 일이 시작 연습을 하는 중요한 기회였던 것이다.

모토쓰네의 만 50세 축하연이 행해진 이듬해의 정월, 모토쓰네의 장남이자 훗날 미치자네의 적이 되는 도키히라(時平)가 16살의 나이로 성인식을 치렀다. 고코 천황이 직접 도키히라의 머리에 관을 씌어주었다.

그로부터 2주 후에 미치자네는 식부소보(式部少輔), 문장박사, 가가노카미(加賀守) 지위에서 해직되고, 사누키노카미(讃岐守)가 되어 임지에 부임했다. 뭔가 정략적인 좌천의 냄새가 난다.

사누키노카미 자리는 미치자네가 바라던 바가 아니었음에 틀림없다. 망향의 심정에는 한이 담겨 있다. 부임한 886년 9월 9일의 중양절 때 술을 마시면서 지은 시 〈중양의 날 청사에서 조금 마시다〉(『관가문장』권3) 중에,

잔을 멈추고 잠시 말한다. 세금을 거두는 법, 붓을 놀려 그냥 쓴다. 고소

장을 판단한다. 18세에 등과하여 처음에 연회를 열었는데 금년은 홀로 있네. 바닷가의 구름같이.

 라는 글귀가 있다.

 주위에 많은 부하 관리와 국화주가 있지만, 문득 잔을 내려놓고서 어떻게 하면 세금을 확실하게 거두어들일 수 있을지 논한다. 오늘 밤 만약 교토에 있었다면 연회에서 시를 짓고 있을 터인데, 이런 시골에 처박혀 있는 자기로서는 붓을 들면 백성의 고소를 판결하는 문장이나 쓰지 다른 일은 없다. 생각해 보면 18살 때 문장생(文章生)의 자격을 얻은 이래, 궁중의 중양절 연회에 갔는데, 금년은 혼자서 쓸쓸히 남해의 바닷가에서 구름을 마주하고 있는 신세이다.

 대략 이런 의미의 시이다. 지방관으로서의 책무를 성실하게 수행하다가 중양절이 되어 술을 마시고 있자니 우러나오는 시정을 참을 수 없게 된 것이다. 이 시에는 교토의 궁정에 출입하던 때를 사무치게 그리워하는 심경이 충분히 나타나 있다.

 4년의 임기를 마치고 귀경한 미치자네는 모토쓰네가 죽고 난 후 어린 나이에 참의(參議)가 된 도키히라를 뒤쫓듯 우다 천황의 총애를 입어 점점 관위가 높아진다. 또한 장녀를 궁궐에 들여보내기도 하여 897년에는 권대납언(權大納言), 우대장(右大將)에 임명되었다. 다이고 천황(醍醐天皇) 치하에서는 899년 도키히라가 좌대신이 되었을 때 미치자네는 우대신이 되었다. 그 후의 일은 잘 알려진 바와 같다.[22]

데이지원(亭子院)의 술 시합

술겨루기 같은 행사는 자주 개최되었다. 가장 성대한 행사로는 나중에 서술하는 1816년 3월 23일 에도(江戶) 료고쿠(兩國)에서 개최된 것을 들 수 있다. 이런 행사에 참가하는 사람들의 세상은 지극히 태평하다. 분카(文化)·분세이(文政) 시대는 객관적으로는 막번체제의 봉건적 연대감이 느슨해진 무가의 쇠락기였다. 하지만 주관적으로 보자면 태평한 분위기에 취해있던 도시민들이 적지 않았던 때이다. 비슷한 상황은 헤이안 시대의 이른바 '엔기·덴랴쿠(延喜天曆)'의 시대에서도 확인된다.

엔기·덴랴쿠 시기는 천황으로 따지자면 다이고와 무라카미 천황의 시대로, 10세기 초이다. 예로부터 '엔기·덴랴쿠의 치'라 하여 공가의 귀족정치 입장에서 말하자면, 좋았던 그 시절로 회상된다. 그리 보자면 율령체제의 재강화를 위해 노력한 면도 없는 것은 아니다. 하지만 이 무렵 지방에서는 다이라노 마사카도(平將門)의 난[23]과 후지와라노 스미토모(藤原純友)의 난[24]이 일어났으며, 중앙정부의 재정난과 지방 관리의 문란이 불거지는 등, 동요와 불안이 이어지고 있었다. 객관적으로는 태평성대를 노

---

22 미치자네의 딸이 황자의 아내가 되어 그의 권세는 최고에 올랐다. 하지만 901년 정적인 후지와라 도키히라(藤原時平)의 참소로 좌천된 뒤 903년 사망했다. 그가 사망한 뒤 황족과 귀족들이 잇달아 사망하자 사람들은 한맺힌 미치자네의 원혼이 복수한 것이라고 믿었고, 그를 덴진(天神)으로 추앙하여 신격화했다.

23 939년 다이라노 마사카도(平將門)가 간토지역 8개 국부(國府)를 점령하고 자신을 신황(新皇)으로 칭한 반란 사건.

24 936~941년 후지와라노 스미토모(藤原純友)라는 해적 토벌 담당 무사가 해적의 두령이 되어 관군을 습격하고 약탈을 자행한 사건.

래하는 시대는 아니었지만, 주관적으로는 번영 무드에 취해 있는 귀족들도 있었다. 그런 시대 분위기는 분카·분세이(文化 文政) 시대와도 같고, 조금은 오늘날과도 닮은 구석이 있다.

이와 같은 '엔기·덴랴쿠' 시대에 데이지원(亭子院)에서 술 겨루기가 펼쳐졌다. 911년의 일이다. 우다 천황의 이궁인 데이지원에서는 귀족의 노래 부르기 행사 등도 종종 있었는데, 여기서 참의 후지와라노 나카히라(藤原仲平), 병부대보(兵部大輔) 미나모토노 쓰구(源嗣), 우근위소장(右近衛小將) 후지와라노 가네모리(藤原兼茂) 등, 모두 8명이 한 자리에 모여 큰 잔으로 술내기를 한 것이다. 그때의 모습은 『본조문수(本朝文粹)』권12의 〈정자원사음기(亭子院賜飮記)〉에 상세하다.

그해 6월 15일의 일인데, 법황(法皇)[25]은 "술꾼(大戶)을 불러 담근 술로 대접했다."고 한다. 대호는 이른바 술을 잘 마시는 사람이다.

술을 잘 마시고 못 마시는 것을 뜻하는 상호(上戶), 하호(下戶)는 본래 집의 등급을 나타내는 말이었다. 『일본서기』에 의하면 691년에 우대신 이하 여러 관인들에게 관위에 상당하는 택지를 주었다고 한다. 또한 관위가 없는 사람들에게는 각 호구마다 상호에는 1정(町), 중호에는 1/2정, 하호에는 1/4정을 주었다고 보인다. 이것을 보자면 가족 수가 많은 것이 상호라는 뜻이다.

가족의 수가 많다는 것은 사람의 입이 많다는 것이다. 음식을 넣는 입이 많이 있으면 상호이다. "밥 먹는 입을 줄이기 위해 딸을 도시로 보낸다."라는 말도 있지만, 사람 숫자에 의해 집의 등급이 정해졌던 것으로, 이는 고대 율령제국가의 행정상 하나의 기준이 되었다. 그것은 과역(課役, 할당한 부역, 옛날 조세제도의 하나)을 부담하는 기준이기도 했다.

때문에 나라 시대·헤이안 시대에는 상호와 하호라는 말은 꽤 익숙한 표현이었을 것이다. 그것이 가족으로서의 식구수가 아니라, 한 사람이 술잔을 입에 대는 빈도에 의해 상호와 하호라는 식으로 적용하는 데 이른 것은 아닐까? 그리 생각하면 상호를 대호라고 부른 것은 있을 법한 일이다. 그때 데이지원에 선발된 8인은 술로서는 "모두 비교할 자가 없을 정도였다. 술을 마시면 1석은 가뿐하게 마치 물을 마시는 것 같았다."라고 전해진다. 칙령에 의해 20잔을 한도로 술 겨루기가 시작되었다. 술잔에는 먹으로 표시를 해서 어느 잔이나 붓는 양을 같도록 하고 잔을 돌렸다.

드디어 '마음대로 마시기' 술잔이 6-7회 도는 사이에 모든 이가 취해서 모두 동서를 분간하지 못할 정도가 되어 주위가 시끄러워졌다. 산위(散位) 다이라노 마레요(平希世) 같은 이는 문밖으로 나가떨어지고, 참의(參議) 나카히라는 술자리에서 그대로 구토했으며, 나머지 무리들은 모두 정신을 잃어 그저 흔들흔들 시끄럽게 중얼거렸지만 무슨 말을 하는지 알 수 없게 되었다.

처음에는 꽤나 유쾌한 자리였지만, 마지막에는 모두 심하게 토하고 기묘한 소리를 내고 있었다. 그나마 태연히 있던 이는 좌병위좌(左兵衛佐) 후지와라노 고레히라(藤原伊衡)뿐이었다. 우다 법황이 '이제 그만'이라고 시합을 끝내고, 고레히라는 상을 받았는데 준마 한 필이었다. 이 술 시합은 10잔, 즉 10번 술잔이 돈 것으로 끝이 났다.

여기서 가장 중요한 술잔의 크기가 기록되지 않은 것은 아쉽지만, 『연희식(延喜式)』의 예를 보자면 석 되(升, 약 1.8 리터)의 잔이 가장 큰 것이었

---

25 불문(佛門)에 귀의한 상황(上皇). 본문에서는 다이고(醍醐) 천황의 아버지 우다(宇多) 법황을 말함.

다고 생각되기에, 그 정도의 잔이었지 않나 싶다.

술꾼의 등장

하지만 큰 술잔에 대한 기록은 대개 궁중이나 공가사회의 제의(祭儀)에 동반하는 것으로, 보통 그런 큰 잔에 술을 부어 돌려 마시는 일은 거의 없었다고 해도 좋다. 옛날이면 더더욱 술 마시기 대회라는 것은 생각조차 할 수 없는 일이었다. 원래 어디까지나 '오미키(お神酒)'로서의 술이었기에 엄숙히 마셔야하는 것이 보통이었다.

때문에 술 마시기 시합은 '엔기·덴랴쿠' 시대에 시작되었다고 할 수 있는 것으로, 그 이전에는 절대로 있을 수 없었다. 에도 시대의 분카·분세이 연간(1804-1830)이라면 큰 잔을 각자 손에 들고 마실 수 있는 만큼 마시며 경쟁했을 테지만, 엔기 연간(901-923)의 귀족들은 큰 잔 하나로 돌려 마셨던 것이다. 거기에 오미키를 음복(直會, 제사를 지내고 난 후에 제사에 사용된 술을 나누어 마시기)하는 전통의 잔영이 남아 있었다.

하나의 잔에 담긴 술을 신과 인간이 함께 마신다는 것이 나무리아이, 나우리아이, 나오라이라는 식으로 조금씩 변화했다고 볼 수 있다. 이 나오라이라는 뒤풀이가 신과 사람이 서로 마신다는 의식에서 사람들이 서로 하나의 잔으로 마심으로써 정의를 두텁게 한다는 뜻으로 변했다. 결국에는 제의가 끝난 후 자리를 다시 정돈하고 위로의 연회를 여는 것이 나오라이라는 뒤풀이가 되었던 것이다. 거기까지 변하게 되자, 나오라이의 술 마시는 법도나 규칙이 무너졌다. 마시고 싶을 만큼 마시는 식이 되어, 술 자리는 흐트러지기 쉬웠다.

상호, 대호라고 하여 술 잘 마시는 것을 다투는 풍조가 나타난 것은 그런 단계의 일이었을 것이다. 헤이안기 궁정의식의 하나였던 세치에(節會) 때의 연회에서도 그런 풍조가 나타난다. 앞서 언급한 바와 같이 이 연회는 제1부 엔자, 제2부 온자로 나뉜다. 엔자는 어디까지나 예의로서 세 잔 째, 다섯 잔 째 하는 순서로 좌중에 술잔을 돌리면서 예의에 맞게 받는다. 이를 처음 받는 것이 '첫 번째의 권배(勸杯)'이며, 이를 두 세 차례 거듭했다. 이 권배 도중에 이미 취하는 자도 있었지만, 여하튼 그 동안은 모두 참고 있던 것이다. 이것으로는 부족하다고 여기는 자들은 제2부인 온자에서 마음껏 마신다. 그때는 자신의 재주를 자랑하는 것도 자유였다. 그런 온자의 풍조가 술 마시기 시합으로 연결된 것은 아닐까? 이런 놀이 문화는 역시 헤이안조 귀족사회의 소산이었다고 하지 않을 수 없다.

헤이안 귀족들의 분위기가 여러 사람들에게 술 잘 마시는 것을 자랑하게끔 만들고, 또한 서로의 인물평가의 하나로 그는 술을 얼만큼 마시는지, 술버릇은 어떤지 하는 식으로 나타났다. 요즘도 세상에서는 인물론의 하나로 술 마시는 정도 혹은 취한 자세를 문제 삼기도 하는데, 이 역시 헤이안 시대 이래의 풍조일 것이다. 시험 삼아 미치자네가 편찬한 『유취국사』의 〈인부(人部) 홍졸(薨卒)전〉 가운데 4위(四位) 상당의 인물들을 다룬 부분을 살펴보자.

헤이안 초기의 술꾼

헤이안 초기인 9세기 초에 56살로 사망한 동궁학사(東宮學士) 종4위(從四位)의 하(下) 가미쓰케누 에이토(上毛野潁人)는 서기로서, 특히 일본과

당의 교제에서 통역으로 뛰어난 재능을 보였지만, "만년에 술에 빠져 생을 마치다."라고 일컬어진다.

또한 같은 시기에 54살의 나이로 사망한 종4위의 하 후지와라노 아야마로(藤原縄麻呂)는 나가오카경(長岡京)의 건설 도중에 반 후지와라씨의 입장에 있던 오토모씨 일족에게 암살당한 다네쓰구의 아들이었다. 성정은 우둔하고 무엇 하나 잘 하는 것 없이 부친의 위광으로 관직에 나아갔지만, 확실한 공도 없고 그저 술과 여자를 밝힐 뿐으로 "언급할 만한 것이 없다."고 혹평되기도 했다. 대정치가의 자식이지만 연줄을 통해 잘난 체하는 무능한 플레이보이에 지나지 않는다는 평가는 요즘에도 없지는 않다. 술 좋아하는 사람이 여자도 좋아한다는 통념은 어느 시대에나 있다. 우리들 술꾼의 입장에서 보자면 민폐도 이만저만이 아닌 이야기이지만, 아야마로는 실제로 술과 여자 밖에 장점이 없었던 것 같다.

술과 여자가 아니라 술과 매(鷹)를 좋아하는 용맹한 인물도 이 시기에 있었다. 역시 9세기 초에 사망한 산위(散位) 종4위의 하 후지와라노아손 미치쓰구(藤原朝臣道繼)가 그러했다. 이 무렵의 인물평판은 매우 신랄한데, 그에 대해서는 증(贈) 종2위 대납언(大納言) 고구로마로(小黒麻呂)의 둘째 아들인데 명문 출신이라는 이유로 높은 자리에 올랐지만 "재능은 없고, 무예도 별 것이 없으며, 술과 매를 좋아했는데 나이가 들어 더욱 심해졌다."라고 기록되어 있다. 67세로 사망했다.

824년에 46세의 나이로 사망한 탄정대필(弾正大弼) 종4위의 하 다치바나노아손 하세마로(橘朝臣長谷麻呂)는 중급관인 중의 상위계급이었는데, 젊은 때부터 공부를 열심히 하여 많은 사서와 한적에 통달했으며, 온유한 성격으로 일에 있어서는 강한 결단력을 가진 사람이었다. 매우 성실한 인간이었던 터라 정신적인 번민도 많았던 것 같고, "술을 많이 마셔 괴로움을 잊으려 했지만, 결국 병이 들어 죽었다."고 한다. 인텔리 중의 한사람인 그가 어떤 일로 고민이 많았는지는 잘 모르겠지만, 걱정을 잊기 위해 술을 마신 모습을 엿볼 수 있다.

그리고 그밖에 젊은 나이에 사망한 자들도 눈에 띈다. 역시 덴초(天長) 연간(824-834)에 42세의 운수가 사나운 해에 사망한 사카노우에노 히로노(板上廣野)도 술을 너무 많이 마신 탓에 죽은 경우이다. 그는 에미시 정벌에 큰 공을 세운 사카노우에노 다무라마로(板上田村麻呂)의 둘째 아들로, 역시 군인의 길을 걸어 우근위(右近衛) 소장에까지 오른 뒤, 동북지방인 무쓰(陸奧)의 장관으로 나간 후에 훗날 우병위독(右兵衛督)까지 올랐다. 아버지를 닮아 무명은 높았지만, "다른 재능은 없었다."고 한다. 무인에 어울리게 성격은 강직하고, 이치에 맞지 않는 일을 싫어해 "절조 있으면서도 술을 지나치게 마셔 병이 들어 죽었다."고 한다.

술꾼은 수없이 많지만, 오늘날에도 그렇듯 술을 마시면 마실수록 더욱 머리가 맑아지는 사람들도 있었다. 오미국(近江國)의 관리로 종4위의 후지와라노 사다누시(藤原貞主)는 뛰어난 관리로서 어떤 일을 맡아도 치적을 남기는 사람이었다. 지방관으로서 아주 바쁜 중에도, 문서가 산을 이루고 잡무가 쌓여 있어도 "음주의 흥은 쉬지 못하겠다."고 했다. 즉, 집무 중에도 술을 놓지 않았을 뿐 아니라, "마시고 나서의 일처리는 명쾌"하고, 재결처리는 물 흐르는 것 같았다. 그 때문에 다른 관리들이 그를 속이지 않았다. 사다누시는 70세까지 건강하게 잘 살다가 834년에 사망했다.

『유취국사』의 인물전에는 너무 술에 약한 사람들에 대한 이야기도 실려 있다. 물론 『유취국사』의 인물전은 술꾼에 대한 열전이 아니다. 귀족관인의 일반적 전기이므로, 각각의 술에 대해 쓰는 것을 목적으로 한 것은 아니다. 따라서 각 인물의 인품을 엿볼 수 있는 근거의 하나로 술을 언급하고 있는 것으로 이해하면 될 것이다.

술을 마시는 중에 울기 시작해 엉엉 울면서 눈물을 쏟는 경우는 지금도 있다. 그런 울보 중에 인상적인 인물이 『속일본후기(續日本後紀)』나 『유취국사』에 나온다. 예를 들면 이즈모국(出雲國)의 관리 종4위의 하 훈야노 아키쓰(文室秋津)는 입신출세하여 우위문독(右衛門督)에 이른 사람인데, 관리들의 비위를 매우 엄격하게 감찰했다. 무예도 뛰어나 칭송받을 만했지만, 술자리에서는 "장부가 아닌 듯했다. 술 서너 잔에 이르면 반드시 우는 버릇이 있었다."라 하여 일상적인 용장의 면모에 대비되는 모습으로 화제가 되었다. 또한 이 사람은 도모노 고와미네(伴健岑)가 다치바나노 하야나리(橘逸勢)와 함께 모반을 꾀했을 때 연좌되었다. 정원 외의 관리인 이즈모 노카미로 좌천, 유배되어 결국은 죽음에 이르고 있다.

스가와라노 미치자네의 겸손

이상의 전기를 전하고 있는 『유취국사』의 편찬에 즈음하여 관찬 정사의 기초자료가 된 여러 기록들을 분류하고 묶었던 스가와라노 미치자네에 대해서는, 그의 사후 40년 정도 지나 만들어진 『북야천신어전(北野天神御傳)』에 "성정은 술을 좋아하지 않았다."라고 보인다.

하지만 사카모토 다로(坂本太郎)가 저술한 『관공(菅公)과 술』[26]에 의하면, 미치자네 역시 술자리에 꽤 자주 참석했고, 당시 문인그룹의 살롱적인 모임에서는 술을 주고받으면서 한시를 읊는 일이 종종 있었다고 한다.

오늘날 고치현(高知県, 시코쿠(四國) 남쪽에 위치한 지역) 사람들 사이에서는 술을 약간 마신다고 하면 한 되 정도는 가뿐하게 마시는 사람을 이른다. 술이 조금 세다고 하면 한 두 되 정도는 마실 수 있는 사람으로 생각한다. 일찍이 우리들의 동료가 고치현의 사료를 찾으러 갔을 때, 현지의 향토사가가 중심이 되어 성대한 환영 준비를 해주었다. 우리들 일행 한 사람 한 사람에 대해, 누구는 어느 정도 술을 마시는지 현지에 당도하기 전부터 예비조사를 조용히 행한 모양이다. 도쿄의 역사가들과 연락하여 술에 관한 평판을 메모하여 받은 것 같다.

이 예비조사에서 나는 상당한 술꾼이라는 평판을 얻었던 모양이다. 우리들은 그런 사실을 모르고 고치에 들어간 것이다. 점심 때의 사료연구에서도 꽤 협력적으로 열심히 도와준 것도 감사했는데, 저녁에는 최고급 요정에서 성대한 환영 연회가 개최되었다.

그 훌륭한 대접과 현 측의 두터운 환대에 계속해서 감사했지만, 우리들의 주량에 대한 예비조사를 근거로 계속해서 술을 마시게 했던 것에는 완전히 위압감을 느끼지 않을 수 없었다. 특히 나에게는 더 마실 것이다, 더 마실 수 있다며 술을 강요하다시피 했다. 아니 정말 술 마시는 사람은 저쪽에 있다고 동료인 모씨를 가리키며 사양했지만, 아니 자신들은 확실히 조사했기 때문에 잘 알고 있다고 대답했다.

그래서 알게 된 사실이지만 도쿄에서 우리들이 마시는 양이 7내지 8홉(1홉, 0.18 리터)이라고 하면 도사(土佐, 고치의 옛 이름)에서는 두세 되 정도의 실력으로 평가하는 것이다. 겸양으로 정말 불과 한 두잔 정도라고 말하면서 4홉이나 5홉 정도 마시는 것이 도사식인 것이다. 나에 대해 그

---

26 坂本太郎, 『菅公と酒-歴史随想』, 中央公論新社, 1982.

저 소문정도로 밖에 알지 못하는 사람이 엉뚱한 정보를 흘린 데다 주량이 도사식으로 환산되었던 것이니, 나로서는 환장할 노릇이었다.

드디어 완전히 취해서 색다르고 재미있는 장기를 자랑하기도 하고, 급기야는 기생과 야구권(野球拳)[27]인가 뭔가 내기를 하여 그녀를 속옷 한 장만 남긴 상태로 만들어 버렸다. 그 이후 나는 고치에 가는 것이 부끄럽기 짝이 없다.

쓸데없는 내용을 썼지만 미치자네가 "성정이 술을 좋아하지 않는다."라고 말하면서도 꽤 술을 마실 줄 알았다는 것을 보고, 나는 미치자네식으로 행동하지 않으면 안 된다고 생각하게 되었다. 그는 술을 마셔도, 술에 취하는 것은 싫어했던 것 같다. 당시의 공가사회에서 술꾼들이 많았던 것에 내심 반발하고 있었던 것은 아닐까?

앞에서 이야기한 데이지원의 술 마시기 시합은 미치자네가 죽고 난 얼마 뒤에 있었던 일이다. 만약 그가 생전에 알았다면 졸도할 정도로 놀랐을 것이다. 그런 술주정뱅이들 사이에서 확실히 그의 성정은 술을 좋아하지 않는 인물이었다고 할 수 있을 것이다.

---

27 진 사람이 옷을 벗는 게임

5장. 헤이안 보름달 아래 술은 익어가고

헤이안쿄(平安京) 사람들의 술

음주에 관해 '술꾼(上戶)', '술이 약한 사람(下戶)'이라는 말이 이미 정착해 있던 헤이안 시대에는 술을 잘 마시는 사람으로 명성이 자자한 자들이 있었다. 후지와라노 미치타카(藤原道隆)도 그런 부류의 하나이지만, 아무리 마셔도 흐트러지지 않는다는 점에서 평판이 높았던 것은 닌묘 천황(仁明天皇) 무렵의 후지와라노 사다누시(藤原貞主)이다. 그는 지방관에 불과했지만, 술을 마셔도 결코 일을 소홀히 하는 일이 없었고, 진지하고 명쾌하게 업무를 처리한 까닭에 신망을 얻었다고 한다.

궁정에서 사용되는 술은 미키노쓰카사(造酒司)에서 빚어졌지만, 일반 귀족과 관인들이 종종 술을 즐기는 모습에서 미루어 짐작할 수 있듯이, 헤이안쿄에는 일찍부터 술집이 생겨났다. 헤이안쿄에 거주하는 위사(衛士), 사정(仕丁) 등이 장사하는 것은 일반적으로 금지되었다. 하지만 술과

음식을 제공하는 가게는 제한하지 않는다는 규정에서 알 수 있듯이, 술집은 수입이 짭짤하다는 이유에서 이른 시기부터 눈에 띄게 번성했다. 특히 헤이안쿄 도시건축의 유력한 조력자라고 할 수 있는 하타씨(秦氏) 일족 가운데에는 술집을 경영하는 자가 적지 않았던 것 같다. 예컨대, 하타 나가나리(秦永成)라는 자가 택지를 다른 사람과 교환했을 때, 관련 문서에는 주거 내역의 하나로 "술집 한 채"가 표기되어 있었다. 말하자면, 술을 빚기 위한 양조장이 한 칸 포함되어 있었다는 이야기이다.

하타씨의 선조인 하타 이미키 도리(秦忌寸都理)가 701년에 모셨다고 하는 마쓰오신사(松尾神社)는 헤이안 시대에 크게 번창했는데, 이 신사는 지금도 전국의 주조업자들의 존경과 신뢰를 받고 있는 유명신사이다. 마쓰오신사의 신이 강림한 것은 3월 3일이라고 일컬어진다. 고대 귀족사회에서 3월 3일은 곡수(曲水)의 연회가 개최되는 상사(上巳)의 명절날이기도 했다. 3월 상사일이 언제부터인가 3일로 고정되었던 것이다. 이 명절날에는 작은 물줄기에 술잔을 띄워 흘려보내고, 곳곳에 배석한 공경들이 자신의 앞으로 술잔이 지나치지 않는 사이에 각자 시를 한 수 읊고 술잔을 들어 마신다는 실로 우아한 놀이가 펼쳐졌다.

이와 같은 곡수의 연회가 개최되는 날에 마쓰오의 신이 강림했다고 전해지고 있는 것은, 이 신이 일찍이 술과 인연이 있는 신으로 인식되었기 때문은 아닐까 싶다. 여하튼 헤이안 시대에도 민간의 주조에서는 도래인 계통의 하타씨가 크게 활약했던 것으로 보인다. 귀족관인사회에서 술에 대한 수요가 증가하자 술집이 번창했으며, 후대에도 부자하면 술집이 먼저 손꼽힐 정도가 되는 것이다. 그리고 부호라 할 만한 이들 술집의 입장에서 최고의 단골손님은 섭관가(攝關家)[28]를 중심으로 한 공경들이었던 것이다.

'보름달' 아래의 술자리

헤이안 시대 중엽, 세기로 말하자면 10-11세기는 후지와라씨를 중심으로 하는 귀족사회 내에서 특히 섭관가의 전제 지배력이 정점을 찍은 시기이다.

후지와라씨의 섭관정치 혹은 후지와라씨의 영화라고 하면, 가장 먼저 떠오르는 것이 미치나가(道長)일 것이다. 미치나가는 이치조(一條), 산조(三條), 고이치조(後一條)로 이어지는 천황 3대의 후비를 자신의 딸로 채워 넣어, 예의 "이 세상을 내 세상이라고 생각하노라. 보름달에 이운 구석 하나 없음을 생각하면"이라는 시를 읊었다. 이 시는 보름달이 뜬 1018년 10월 16일의 축하연회 자리에서 읊어진 것이다. 셋째 딸 이시(威子)가 후궁에서 중궁으로 승격한 것을 축하하는 자리였다. 이날 미치나가의 저택에서 화려하고 성대한 축하연회가 펼쳐진 모습은 『소우기(小右記)』에 기록되어 있다. 『소우기』는 미치나가 파벌의 라이벌이라고 할 수 있는 오노노미야(小野宮) 가문의 후지와라노 사네스케(藤原實資)가 쓴 일기이다. 사네스케의 조부이자 양부이기도 했던 사네요리(實賴)는 동생 모로스케(師輔)와 골육상쟁의 음습한 싸움을 계속하고 있었다. 모로스케는 구조(九條) 가문의 선조로, 미치나가는 그의 손자였다.

그런 관계로 인해 사네스케는 미치나가를 그다지 긍정적으로 묘사하고 있지 않다. 미치나가는 축하연회 석상에서 "보름달에-"라는 노래에 대한 답가를 사네스케에게 요청했으며-사네스케는 거절했다-그밖에 동석한

---

28 헤이안 시대 대대로 섭정과 관백을 지냈던 후지와라(藤原) 일족을 일컬음.

사람들에게도 몇 번이고 이 노래에 대해 답가를 부르게 했다.

여하튼 이날 밤의 술자리에서는 술잔이 미치나가와 그 아들인 섭정 요리미치(賴通), 좌대신 아쓰미쓰(敦光), 우대신 기미스에(公季), 기타 술상 사이를 몇 순배고 끊임없이 돌았으며, 연회는 달 밝은 심야에 이르러 마무리되었다고 기록되어 있다.

『소우기』에는 당시 미치나가가 태합(太閤)이라고 불렸던 것처럼 기록되어 있다. 그렇다면 미치나가는 이전에 관백(關白)이었다는 이야기가 된다. 더군다나 미치나가 자신의 일기로 『어당관백기(御堂關白記)』라는 것도 있으니, 정말로 그랬던 것처럼 보이기 십상이다. 하지만 사실 미치나가는 관백이었던 적이 없다. 섭정도 단기간이었다. 태정대신(太政大臣)이 되기는 했지만 그 재직기간 역시 3개월에 불과했다.

그렇기는 하지만 이치조 천황을 섬겨 내람(內覽)[29] 선지(宣旨)를 받기는 했다. 관백에 준하는 좌대신으로서의 입장이었다. 여하튼 당시부터 미치나가는 관백일 것이라고 여기던 사람이 많았다. 사네스케도 그런 사람의 하나였다. 그만큼 실력자로 인지되고 있었던 것이다. 사네스케는 "당시의(지금이라는 의미) 태합은 덕이 제왕과 같으며, 세상의 흥망은 오로지 그의 심중에 있다."고 적고 있다.

이런 미치나가였기에 뜻하던 바를 손에 넣으면, 공경들을 불러 모아 성대한 잔칫상을 베풀었다. 공경들의 하인들에게도 파격적인 대우를 했다. 예컨대, 자신의 태정대신 취임을 축하하는 술자리가 무르익어갈 무렵, 미치나가는 사네스케의 수행원을 관인으로 발탁하겠다고 선언하여 주인인 사네스케와 당사자를 당혹케 한 일도 있다. 그것은 본인이 바라는 바도 아니고, 또 조만간 지방에 내려간다는 사정을 들며, 사네스케는 다른 공경 한 둘을 통해 철회를 요청했다.

아마도 미치나가는 술을 벌컥벌컥 들이키다가 기분이 좋아져서 세상사 모든 일이 내 마음대로 된다는 듯 그런 말을 했을 것이다. 짐작건대, 미치나가라는 사내는 그리 술이 세지는 않았을 것이다.

여하튼 당시의 공경 궁정인들은 종종 술자리를 가졌으며, 그것은 언제나 문란해지기 십상이었다. 서민들은 여전히 술 마실 기회가 적었지만, 공경들은 정부의 관청인 조주사로부터 수시로 술을 배급받기도 했다.

플레이보이 가네이에(兼家)의 여자와 술

어당관백이라고 불린 미치나가의 형으로 미치타카(道隆), 미치카네(道兼)라는 자들이 있었다. 모두 관백이 된 인물들이다. 이 가운데 미치타카는 술고래로 유명했다.

이들 삼형제의 부친이 후지와라노 가네이에이다. 가네이에가 사소설에 가까운 여류 일기문학의 명작 『가게로 일기(かげろふの日記)』의 필자를 상대했던 플레이보이라는 사실은 잘 알려진 바와 같다. 단도직입적으로 말해서 가네이에가 밤이슬을 밟으며 만난 여성은 그저 몇 명 수준이 아니었다. 미치타카 등 세 명의 아이를 낳은 도키히메(時姫)는 첫 번째 상대였다고 할 수 있는데, 가네이에는 딱히 이 여성과 동거생활을 하지는 않았다. 그 다음이 사랑과 증오 사이를 격렬하게 오간 끝에 『가게로 일기』를

---

29 천황에게 출납하는 문서를 사전에 열람하고 정무를 처리하는 일. 혹은 그 일을 하는 사람. 이 직무 혹은 권한은 섭정, 관백에게 부여되는 것이 통례였지만, 특정 대신에게 내람의 권한을 부여하는 선지, 즉 천황의 명령서를 내리는 경우도 있었다.

집필한 여성. 즉, 후지와라노 도모야스(藤原倫寧)의 딸이자 미치쓰나(道綱)의 모친이다. 세 번째가 '골목길의 여자'라고 불리던 여성인데, 짐작건대 이 여성은 유녀(遊女)였던 것 같다. 이 여성에게도 연애편지를 보내거나 하며 결국 회임하게 했다. 물론 다른 남성의 아이일 가능성도 있지만. 네 번째가 후지와라노 구니아키(藤原國章)의 딸로 '오미(近江)'라 불린 여성. 다섯 번째가 무라카미 천황(村上天皇)의 황녀 '산노미야(三の宮)'. 이 여성은 좀처럼 다루기 어려운 여성이었던 듯, 가네이에는 이윽고 진저리치고 만다. 이 여성이 애간장을 태우다 요절한 야스코 내친왕(保子內親王, 산노미야와 동일인)이다. 그밖에 후지와라노 다다모토(藤原忠幹)의 딸이라든가 미나모토노 가네타다(源兼忠)의 딸, 혹은 후지와라노 가네타다(藤原懷忠)의 딸, 스케노다유 등이 상대 여성으로 알려져 있다.

가네이에는 형 가네미치(兼通)와 사이가 나빴다. 가네미치가 위독해지자, 가네이에는 다음 관백은 자기 차지라는 듯이 갑작스레 입궐했다. 그러자 본래 무능하면서도 무리하게 관백이 되었던 가네미치는 동생에게 양보할 수 없다 하여 심술궂게도 라이벌인 오노노미야 가문의 후지와라노 요리타다(藤原賴忠)에게 관백직을 넘겨주었다. 요리타다는 사네스케의 백부로, 가네미치·가네이에의 사촌형에 해당한다.

가네이에가 마침내 권좌에 오른 것은 986년 6월의 일이었다. 57살이 된 가네이에는 외손자인 이치조 천황(一條天皇)조의 섭정이 되었다.

이후 가네이에는 맹렬한 기세로 자식들의 관위를 끌어올렸다. 또 조금이라도 연고가 있어서 자신을 따르는 자가 있으면, 그네들의 승진도 무리하게 강행했다. 사네스케의 『소우기』 같은 기록은 천하의 공권을 사물화하는 가네이에를 적나라하게 비판하고 있다.

헤이안 시대의 귀족이 출세, 승진, 저택신축 등의 이유로 주연을 개최한 예는 일일이 열거할 수 없을 만큼 많았다. 가네이에도 예외는 아니었는데, 한 가지 주의를 끄는 것은 연회에 유녀를 불러 술을 따르게 하고 예능을 펼치게 한 점이다.

예컨대, 988년 9월 16일, 가네이에는 새로 지은 니조 교코쿠(二條京極)의 저택에서 주연을 가졌다. 좌우대신 이하 여러 사람이 모여 예의 신덴즈쿠리(寢殿造)[30] 건물의 쓰리도노(釣殿)에서 앞뜰의 연못을 내려다보며 '술 몇 순배'를 돌리고 시구를 읊고 가곡을 부르는 이럭저럭 우아한 회합이었다. 이 술자리는 "가야(河陽)의 유녀들이 군집"한 점에서 "오늘의 놀이는 세상에 보기 드문 것이었다."라고 일컬어졌다.

가야라는 것은 일반적으로 말하자면 가모가와(賀茂川)의 남쪽으로, 그곳에서 유녀를 불러들였다는 이야기가 된다. 당시의 기록에는 가야관(河陽館)이라는 시설이 보이는데, 이곳은 멀리서 상경한 자들의 숙박시설 겸 응접시설이었던 모양이다. 그런 시설에 이미 유녀가 군집해서 손님들을 접대하고 있었던 것으로 보인다. 다만 유녀라고 해도 에도 시대 혹은 오늘날의 우리가 떠올리는 흔해빠진 유녀와는 품격도 교양도 차원이 다른 여성들이었던 것 같다.

귀족의 사저로 호출되어 술자리의 흥을 돋우는 유녀 같은 자로는 헤이안 후기의 시라뵤시(白拍子)[31]가 알려져 있다. 이것에 가까운 유녀들이 섭정 가네이에 주최의 술자리에서 호스테스로 근무했던 것으로 여겨진다. 앞

---

30 귀족 저택의 건축양식. 주요 거처인 신덴(寢殿)을 중심으로 와타도노(渡殿), 쓰리도노(釣殿) 등의 각종 부속건물이 늘어서고, 부지 남쪽에는 인공연못이 설치되었다.

31 노래와 춤을 업으로 삼았던 여성 예능인. 헤이안~가마쿠라 시대에 활약했다.

서 이야기한 가네이에를 둘러싼 9명의 여성 가운데 하나인 '거리 골목길의 여자'는 어디서 사귀게 된 여성인지는 모르지만, 가야의 유녀처럼 정기적으로 공식적인 장소에 나가는 여성은 아니었던 것 같다. 그렇기는 하지만, 아무래도 가네이에가 어느 술자리에 손님으로 불려나갔을 때 가까워진 여성이 아닐까 싶다.

본래 술과 여자의 관계는, 술이 신사에 바쳐지는 것이고 무녀가 술을 따른다든가 쌀을 씹어서 올리는 일을 했다는 식으로 그 연원이 깊다. 하지만 술자리에서 시중드는 여성으로 접대역할을 하는 자들이 등장하는 것은 이 시기부터이다.

후지와라 섭관가의 권력과 기세를 귀족사회 내에서 특별히 강력한 것으로 만든 것은 가네이에였다고 해야 할 것이다. 9세기 말의 요시후사(良房), 모토쓰네(基經) 이래로 후지와라씨는 섭관가로서 정계를 좌지우지하게 되었고, 스가와라노 미치자네(菅原道眞)를 쫓아낸 도키히라(時平)·다다히라(忠平) 무렵에 그 입지를 공고히 했지만, 가네이에 시대처럼 독재적이고 안하무인격의 행동은 취할 수 없었다. 아들인 미치나가 시대는 확실히 황실의 후궁을 한 손에 틀어쥐었다는 점에서 권세의 정점을 찍은 시대라고 할 수 있다. 하지만 그 기세를 살펴보자면, 미치나가 시대 이후 후지와라씨는 영락해 간다. 지방을 기반으로 하는 무문(武門) 토호의 움직임도 귀족, 섭관가가 감당할 수 없게 된다.

술주정뱅이였던 중관백(中關白) 미치타카

후지와라씨의 권력이 가네이에로부터 미치나가로 이어지는 과정에서 관백, 섭정이 되었던 미치타카는 중관백이라고 불렸다. 부친 가네이에를 통상 오도노(大殿)라고 칭하고 미치나가를 어당관백이라 칭한 것에 대해, 세인들이 미치타카를 그 중간에서 세를 떨친 사내라 하여 중관백이라고 칭했던 것이다.

가네이에는 988년에 환갑연을 성대하게 치렀으며, 이듬해에는 태정대신이라는 숙원도 이루어 쌀 60석을 주작문(朱雀門) 앞에서 베풀기도 했다. 그 다음 해에는 자택에서 동자 56명을 동행으로 삼아 삭발 출가했으며, 얼마 지나지 않아 그 해에 여한 없이 죽었다.

가네이에는 임종 시에 장자인 미치타카에게 관백 임명서가 내려지는 것을 지켜보았다.

미치타카의 아우 미치카네는 그 이전에 가잔 천황(花山天皇)을 속임수로 출가시켜, 일문 영달의 길이 열리는 데 일조한 자이다. 따라서 부친의 서거 후에는 틀림없이 자신이 관백이 되리라 지레 짐작하고 있었던 모양이다. 그런 그였기에 형 미치타카가 관백에 선임된 것이 못마땅했고, 이에 복상(服喪)도 제대로 하지 않고 놀고 있었다고 한다.

미치타카는 상당한 미남으로, 부친처럼 방탕한 생활로 소문이 자자했다. 그가 목표로 정하여 밤이슬을 밟은 상대는 학재의 전통으로 평판이 있었던 다카시나(高階) 가문의 재원 기시(貴子)였다. 기시의 부친 나리타다(成忠)는 이 통혼을 인정하지 않으리라 생각했지만, 미치타카가 좀 특이한 인물임을 보고 용인했다고 한다.

다카시나 가문은 술꾼이며 칠칠치 못했던 미치타카를 자신들의 일문 번성에 이용하고자 했던 것 같다. 미치타카·기시 사이에서 태어난 딸 데이시(定子)는 15살 때 11살 난 이치조 천황의 비로 입궐한다. 이 입궐은 가네이에의 사후 얼마 지나지 않은 시기에 이루어졌던 까닭에, 얼토당토않은 짓을 하는 자라고 아우인 미치나가를 비롯하여 세인들이 비난했다. 이처럼 무리한 행동을 하게 한 것이 기시와 그 배후의 다카시나 일족이라는 사실은 누구나 알고 있었다.

미치타카는 재주 많고 영특한 기시에게 기세가 눌린 채 조정당하고 있었다. 둘 사이에서 태어난 데이시를 비롯하여 고레치카(伊周)나 다카이에(隆家) 역시 센스가 있었으며, 아무런 걱정 없다는 듯 행동하는 쾌활한 아이들이었다. 데이시의 곁에는 이윽고 세이쇼나곤(淸少納言)이 등장하여 궁정여인들의 전성기를 이루어간다. 그 중심에 미치타카의 딸을 둘러싼 여성들이 자리잡고 있었던 것이다.

데이시의 여동생으로 시게이샤노기미(淑景舍君) 혹은 기리쓰보노기미(桐壺君)라고 불렸던 여성은 훗날 산조 천황(三條天皇)의 후궁이 되었다. 빼어난 미녀로 센스도 있었던 모양이다. 다른 여동생(산노기미)도 아쓰미치친왕(敦道親王)의 아내가 되었다.

궁정에서 인기 있는 자녀들을 품 안에 두고 있었던 미치타카 · 기시는 상당히 의기양양하여 늘 쾌활하게 떠들어대고 있었다. 『침초자(枕草子)』에는 그 모습이 잘 묘사되어 있다.

관백 미치타카가 42살이던 994년 2월 1일, 미치타카가 예전부터 중궁 데이시를 위해 자택의 북쪽 인근에 짓고 있던 니조(二條)의 궁으로 데이시가 이사했다. 다음날 미치타카는 이곳을 방문하여 세이쇼나곤 등 여관들의 아름다움을 격찬하고 매우 기분이 좋아져서 그들에게 손수 선물을 건네주었다. 여자들이 좋아하는 아름다운 의복류였다.

미치타카에게 "안주도 있고 하니 취기가 오르시게 하고 싶지만", 즉 술한 잔 올리고 싶지만 오늘은 "중요한 행사가 있으니, 주인이시여 용서하소서."라고 식부승(式部丞)이 '대납언도노(大納言殿)'에게 인사한 까닭에 그대로 돌아갔다고 한다. 당시의 '대납언'이라고 하면 미치타카의 술친구인 후지와라노 나리토키(藤原濟時), 도모미쓰(朝光) 두 사람이 해당하므로, 이들 대납언에게 술상을 내지 않는 것에 대해 양해를 구한 것이라고 여겨지기도 한다. 하지만 이 자리에 그들이 있었다고 하는 것은 부자연스럽다. 오히려 미치타카의 혈육을 가리키는 것으로 여겨지는데, 그렇다면 권대납언(權大納言)이었던 장남 고레치카를 의미하는 것은 아닐까 싶다. 여하튼 미치타카가 술고래라는 점은 누구나 알고 있는 사실이었다. 그래서 술상을 내고 싶지만 뒷수습이 번거로워질 테니 행사에 참가할 예정인 미치타카를 위해 삼가겠다고 이야기한 것이었다.

죽어도 마시고 싶다

"이 대신은 엄청난 술고래였다."라며 『대경(大鏡)』의 작자도 어이없어할 정도였던 미치타카는 죽기 직전까지도 술 마실 궁리를 했던 것 같다. 이제 곧 숨을 거둘 지도 모르는 순간에 주위 사람들은 당시 귀족사회의 관례에 따라 서방 아미타정토로의 왕생을 기약하게 하고자 서쪽을 향해 "염불을 외우세요."라고 권했다. 하지만 미치타카는 그저 "나리토키, 도모미쓰 같은 자들이 극락에는 있을까 라고 말씀하시니 딱한 노릇이었다." 라고 보인다.

그렇다, 나리토키, 도모미쓰 같은 술친구가 서방극락정토에도 있을까, 있다면 한 잔 하고 싶다, 없다면 서쪽을 향해 염불을 하더라도 소용없다, 이렇게 이야기했던 것이다.

미치타카는 전염병이 크게 유행하던 995년 4월 10일에 세상을 떠났으며,

도모미쓰는 그보다 20일 앞서 서거했다. 『대경』에서는 미치타카가 전염병에 걸린 것이 아니라 "폭주하셨다."라고 하여 지나친 음주가 사인이라고 이야기한다. 한편 나리토키는 4월 23일에 죽었다. 사실에 어긋나는 이야기가 될 지도 모르지만, 미치타카는 도모미쓰가 앞서 죽고 또 나리토키도 전염병에 걸려 시름시름 앓고 있다는 것을 알고 있었기에 극락에서세 사람이 만났으면 좋겠다고 생각하여 그렇게 말한 것으로 짐작된다.

미치타카, 나리토키, 도모미쓰 세 사람이 "온종일 술을 마신" 사례는 『소우기』 985년 5월 28일의 기사에도 보인다. 꽤나 죽이 맞는 사이였던 것 같다.

『대경』은 "사내는 술 잘 마시는 것을 흥취의 하나로 삼을 수 있지만 지나치면 곤란하다."라고 하고, 그 예로 미치타카가 관백의 직무인 가모마쓰리(賀茂祭) 감독을 위해 고이치조(小一條) 대장 나리토키, 간인(閑院) 대장 도모미쓰와 같은 수레를 타고 무라시키노(紫野) 근처에 갔을 때의 일화를 전한다.

까마귀가 서 있는 듯한 형상으로 술병을 만들게 하고는 재밌어 하고, 여기에 술을 넣어 계속해서 주거니 받거니 술을 마셨다. 점점 마셔가는 사이에 수레 앞뒤의 발을 모두 열어젖히고 상투를 풀어헤친 채 모자도 쓰지 않고 정수리를 드러내어 행인들이 보게 했던 것이다. 사람들이 실로 꼴사나운 모습으로 여겼다고 한다.

나리토키, 도모미쓰가 미치타카 앞에 등장하는 장면에서 작자는 정말이지 질려버렸던 모양이다. 흡족하게 충분히 취하지 않은 상태에서 돌아가는 것은 안 될 일이라고 했던 것이다. 미치타카는 취하는 것도 빠르지만, 술이 깨는 것도 빠른 사내였던 것 같다.

미치타카가 가모(賀茂)신사 앞에서 신에게 바치는 술을 3헌(獻, 술잔을 올리는 횟수) 받게 되었을 때, 신관도 사정을 잘 알고 있었던 터라 일반적인 것보다 큰 술잔을 주었다. 미치타카는 세 번은 말할 것도 없이 일고여덟 번 술잔을 비워버렸다. 그리고는 상단의 신사로 옮기는 도중에 벌러덩 누워 수레 끝부분을 베개 삼아 앞뒤 분간도 못한 채 잠들어 버렸다. 아우인 대납언 미치나가 등이 눈치 채고 흔들어 깨웠다. 상당히 애를 먹었지만, 미치타카는 한 번 눈을 뜨고 일어난 후로는 실로 단정하여 태도가 좋았다고 『대경』의 작자는 비평하고 있다.

"사내는 술 잘 마시는 것을 흥취의 하나로 삼을 수 있지만"이라 하여, 사내로서 술꾼인 것은 하나의 장점일 수는 있지만 지나치면 곤란하다고 『대경』의 작자는 이야기하고 있는 것이다. 하지만 당시 일반적으로 술꾼이라 할 때, 어느 정도의 주량을 이야기하는 것인지는 알 수 없다.

술꾼이라든가 주호라고 평하더라도, 그것은 상대적인 것이어서 일률적인 평가기준이 있는 것은 아니었다. 몇 잔을 마셨다고는 쓰여 있어도, 술잔의 크기가 구태여 기록되는 일은 거의 없기 때문에 10잔 마셨다고 쓰여 있어도 그다지 실감이 나지 않는다. 오늘날의 작은 술잔이 아니라는 점은 분명하지만.

유쾌한 술자리 풍경

부친으로 가네이에, 형으로 미치타카와 같은, 오늘날의 기준에서 보자면 노는 것에 도가 튼 가족을 최고권력자인 관백으로 떠받들고 있었던 미치나가였기에, 그가 권세를 거머쥐어 가는 과정에서 술과 여자를 가까이 한 것은 지극히 자연스러워 보인다. 다만, 미치나가가 비교적 쉬이 취하

는 스타일이었던 것 같다는 점은 앞에서도 추측한 대로이다. 미치나가와
그 주변 인물들의 술 취한 행태에 대해서는 예컨대 『무라사키시키부일
기(紫式部日記)』에서도 엿볼 수 있다.

미치나가는 22살이던 해에 좌대신 미나모토노 마사노부(源雅信)의 딸
린시(倫子)에게 구혼했다. 린시는 두 살 연상이었다. 연하인 미치나가를
린시의 부친은 꺼렸던 것 같다. 마사노부는 황실에 들어갈 가능성이 있던
린시를 미치나가 같은 청년과 짝지어주는 것은 아깝다고 생각했던 모양
이다. 그 당시에는 미치나가가 얼마 지나지 않아 섭정, 태정대신의 자리
에 오르리라고는 상상도 못했던 것 같다.

여하튼 결혼 후에 거침없이 출세하여 영화를 누린 미치나가이지만, 린시
에 대해서는 마음 한 구석에 응어리를 지니고 있었던 것 같다.

딸 쇼시(彰子)가 이치조 천황과의 사이에서 황자를 낳은 뒤 50일째 되던
날, 이를 축하하는 연회가 미치나가의 저택에서 개최되었다. 그 모습이
『무라사키시키부일기』에 상세하게 기록되어 있다. 그에 따르면, 미치나
가는 쇼시에게 "이렇듯 황자가 태어나서 대만족일 게다, 네 엄마 린시도
행복에 겨워하고 있을 게다."라고 취중에 농 섞인 이야기를 했다고 한다.
자신에 대한 빈정거림으로 생각한 린시는 듣기 거북한 말을 하는 남편이
라는 듯 자리를 박차고 나갔다. 미치나가는 "환송해주지 않는다 하여 엄
마를 원망해서는 안 돼요."라며 휘청휘청 일어나서는 공처가인 양 린시
의 뒤를 좇았다고 한다. 1008년 11월 1일의 일이다. 황자 탄생 50일 축하
연은 전체적으로 난잡한 술판이었던 것 같다.

미치타카가 섭정이었던 991-992년 무렵에 태정대신 후자와라노 다메미
쓰(藤原爲光)라는 자가 있었다. 그는 후지와라 구조 모로스케의 아홉 번
째 아들로, 딸 기시(低子)는 가잔원(花山院)의 후궁이었다.

현재 읽히고 있는 『대경』에 따르면, "상당한 술고래였다. 이 관백도노(關白殿)의 새해 임시 연회의 손님으로 갔다가, 너무 취하여 자리에서 제대로 일어나지도 못하고 구토하셨다. 그 유명한 히로타카(弘高)가 그린 낙풍(樂風) 병풍에 토사물이 튀어 병풍이 망가졌다."고 한다.

이것이 과연 다메미쓰에 관한 일화인지 논란의 여지가 있는데, 학계에서는 부정적인 견해가 많다. 다메미쓰는 관백이 된 일이 없으므로 문장에 보이는 '이 관백도노'란 요리미치(賴通)를 가리킨다고 일컬어지기도 한다. 하지만 요리미치에게는 '술꾼'의 면모가 없다. 그래서 오히려 '중관백도노(中關白殿)'인 미치타카로 보아야 한다는 견해도 있다. 즉, 본래 『대경』 권4에 있었던 미치타카에 관한 삽화가 여기에 섞여 들어갔다는 것이다.

하지만 나는 위 문장을 본래 『대경』 권3의 〈태정대신 다메미쓰〉 항목에 들어있었던 것으로 보아야 하며, 따라서 "상당한 술고래였다"는 인물은 역시 다메미쓰를 가리킨다고 생각한다. 다메미쓰가 "관백도노의 새해 임시 연회의 손님", 즉 정월 2일 섭관가에서 대신, 공경을 불러들여 개최한 축하연에 손님으로 갔을 때의 일이라고 생각한다. 다메미쓰가 초대받은 당시의 관백으로는 요리타다(賴忠)나 가네이에 혹은 중관백 미치타카가 있다. 그 중 누구인지 단언할 수는 없지만, 아마도 미치타카라고 보아야 하지 않을까 싶다.

여하튼 정월의 신년 축하연에서 지독히도 과음하여 좋지 않은 기분이 되었고, 이에 앉은 채로 구토하여 『백씨문집(白氏文集)』의 신락부(神樂府)에서 소재를 취한 고세노 히로타카(巨勢弘高)의 그림이 그려진 병풍을 다메미쓰가 더럽히고 말았다는 것이다. 『금석물어집(今昔物語集)』에 따르면 고세노 히로타카는 이치조 천황 시대의 화가이므로, 관백으로는 미치타카 이래의 인물이 아니면 안 된다. 게다가 다메미쓰가 죽기 전이라는 조건을 생각하면, 역시 위 인용문에 보이는 관백은 미치타카라는 결론에 이른다.

술고래 대신이 평소 술을 즐기는 미치타카의 저택을 방문하자, 자연히 상당한 술 접대가 이루어졌고, 이에 다메미쓰는 과음하게 된 것이 아닐까 생각한다.

969년 좌대신 미나모토노 다카아키라(源高明) 추방사건[32], 986년 가잔 천황 강제 퇴위 등 쿠데타에 가까운 사변이 있기는 했지만, 이후 가네이에, 미치타카, 미치나가의 섭관 시대에는 그런 일도 없었다. 후지와라씨의 입장에서 볼 때 천하태평의 세상이었다.

무문의 미나모토노 미쓰나카(源滿仲)나 요리미쓰(賴光)를 이용하는 경향이 시나브로 나타나고 있기는 했지만, 여전히 공가귀족과 지방무사의 격차는 컸으며, 귀족들의 권좌에 흔들림은 없었다.

그런 시대였던 만큼 이 무렵 귀족들의 술자리 풍경은 유쾌했으며 음울한 구석이 없다. 난잡한 소동을 천진난만하게 전개하는 술자리가 이어졌으며, 심한 추태를 보여도 딱히 부끄러워하지 않는 모양새였다.

---

32 이른바 안나(安和)의 변을 가리킨다. 969년 미나모토노 미쓰나카(源滿仲) 등의 밀고로 모반 사건이 불거졌다. 이 사건에 연루되어 좌대신 미나모토노 다카아키라는 규슈로 좌천되었으며, 후지와라씨의 권력은 한층 강화되었다. 이 사건의 진상은 명확히 밝혀진 바 없지만, 대체로 다카아키라의 권력을 견제하고 있던 후지와라씨가 획책한 정치극으로 이해되고 있다.

6장. 술을 강권하여 사람을 휘어잡다

『우진보물어(宇津保物語)』와 술

진흙처럼 취함(泥醉, 만취의 의미)이라는 말은 오늘날에도 곧잘 쓰인다. 당의 시성(詩聖) 두보의 시에 "술을 마셔 진흙처럼 취했네."라는 문구도 있으니, 헤이안 시대의 사람들에게는 일찍부터 사용되었을 성싶다. 10세기 후반에 성립한 것으로 알려진 『우진보물어』는 세이쇼나곤(清少納言)과 무라사키 시키부(紫式部)도 읽은 책이다. 이 이야기의 〈구라비라키(蔵開)〉 단(段)에 "이리하여 모두 진흙처럼 취하여 발을 분주히 놀리며 이리저리 비틀비틀 각자의 집으로 돌아가셨다."라고 보인다.

이 이야기의 어떤 이본(異本)에는 "평소와 달리 취하여"라고도 보여, 처음부터 "진흙처럼 취하여"라고 표기되어 있었던 것인지 의문스럽기도 하다. 하지만 연구자들이 정본이라고 인정하는 『우진보물어』에는 그렇게 쓰여 있다. 두보가 사용한 말이니, 10세기에 성립한 이야기에 이 표현이 나타나도 이상할 것은 없다.

위 구절은 나카타다(仲忠)를 주인공으로 하여 이야기가 전개되는 부분에 등장한다. 나카타다는 거문고(琴)의 명수 도시카게(俊蔭)의 딸과 태정대신(太政大臣)의 아들인 고와카기미 가네마사(小若君兼雅) 사이에서 태어났다. 나카타다는 중납언(中納言)이던 25살 때, 18살의 기타노가타 이치노미야(北の方 一の宮)와의 사이에서 딸을 낳는다. 딸이 태어난 지 7일째 되는 밤의 축하의식이 조정의 여느 행사보다 성대하게 치러지는데, 위 구절은 이 때 벌어진 일을 묘사하고 있다.

강권된 술잔이 오가는 가운데 춤과 음악이 와자지껄하게 연출되었다. 참석자들은 갖가지 "손님용 선물"을 나눠받는다. 그 후 "진흙처럼 취하여" 갈지자로 비틀거리며 돌아갔다는 것이다.

나카타다의 부친인 우대장 가네마사가 비틀거리며 걸어가자, 나카타다도 "곤드레만드레 취하여 서쪽 집으로 안내하며, '술을 마시고 마셔 취해'라고 매우 재미난 목소리로 노래 부르며" 배웅했다고 한다. 사이바라(催馬樂)[33]의 〈술을 마시고〉를 노래 부르며 따라간 모양새다.

이는 이야기 속의 허구이지만, 작자는 궁정사람들의 술 취한 모습을 기억해두었다가 묘사했음에 틀림없다. 이 이야기에서는 술이 도처에 등장한다. 예컨대, 술을 즐긴 천황은 사카도노(酒殿)[34]로부터 술을 가져오게 하고는 "글은 술이 있어야 잘 나간다.", 즉 글을 읽는 데에는 술이 가장 효과적이라고 너스레를 떨었다는 식으로 말이다.

그런가 하면, 천황이 옛 서적의 "술을 좋아하고 여색을 좋아한다."라는 문구를 들어 인생을 망치는 주도와 색도라며 탄식하는 장면도 있다. 『우진보물어』의 작자는 남자인데, 상당한 애주가로 술에 대해 이런저런 생각을 해 본 인물인 듯싶다.

헤이안 시대, 특히 섭관[35]의 전제정치가 전개된 시대에는 애주가 혹은 술 주정뱅이 공경이 심심찮게 보이는데, 교양인이었던 그들은 이런저런 논리를 대며 술을 삼가기도 했던 것 같다. 하지만 만엽(萬葉) 시대의 오토모노다비토(大伴旅人)처럼 술꾼의 경지에서 자연스레 배어 나오는 술의 철학 같은 것은 등장하지 않았던 것 같다. 술의 논리도 결국은 한시한문의 고전으로부터 수박 겉핥기식으로 대충 원용된 것에 불과했다.

또한 이 이야기는 허구이면서도 역사적으로 실재한 인물들을 상당수 실명으로 등장시키고 있어서, 실화소설 같은 인상도 남는다. 예컨대, 이야기의 앞부분에서 주인공으로 등장하는 도시카게와 관련해서는 다음과 같은 역사적 사실이 전해지고 있다. 9월 9일은 통상 국화를 감상하며 주연을 즐기는 조정의 공식연회가 있는 날이지만, 913년에는 전국적으로 풍수해가 심해 연회가 중지되었다. 하지만 한편으로 시종(侍從) 이상의 공경에게는 항례에 따라 다이고 천황(醍醐天皇)으로부터 국화주가 하사되었는데, 우소장(右少將) 도시카게 아손(俊蔭朝臣)에게는 빙어 한 마리를 굽이 높은 그릇에 얹어주었다. 이어서 시키부경 친왕(式部卿 親王)이 손수 잔을 들어 도시카게에게 주고, 술을 일곱 잔 마시게 했다는 사실이 『서궁기(西宮記)』,『북산초(北山抄)』등 당시의 의식(儀式) 관련 범례집이라 할 만한 서책에 보인다. 역사상의 도시카게가 이야기 속 도시카게의

---

33 궁정가요의 하나. 일본 고래의 가요를 당악(唐樂)의 박자, 선율에 맞춰 편곡한 것임.

34 술을 빚기 위해 지어진 건물. 궁정의 사카도노는 조주사(造酒司)에서 관리했다. 『서궁기(西宮記)』에는 외기청(外記廳)의 동쪽에 위치했다고 적혀 있다.

35 섭정(攝政)과 관백(關白)을 한데 묶어 이르는 말

실제 모델인지 여부는 차치하더라도, 이야기의 시대배경을 보건대, 작자는 역사상의 도시카게에 대해 어느 정도 인지하고 있었던 것으로 여겨진다.

913년 중양(重陽)의 연회에서 왜 도시카게에게만 술을 일곱 잔이나 마시게 한 것일까? 물론 여기서 말하는 술잔은 현대의 작은 술잔과는 비교도 되지 않는 큰 술잔이다. 이야기 속의 도시카게는 기요하라왕(淸原王)이라는 귀족의 아들로 묘사되지만, 역사상의 도시카게는 후지와라씨 가운데서도 방계 출신이었다. 공경의 반열에 오르지 못하고 종5위에 머문 사내였지만, 독특한 개성으로 인해 궁정에서 주목받은 인물이었던 것 같다. 천황은 아마도 재미삼아 술자리 동석을 하명했을 것이다. 도시카게는 주당으로서의 평판도 높았을 것이라고 여겨진다.

큰 술잔으로 열 잔을 태연히 마시다

가마쿠라 시대의 『속고사담(續古事談)』이라는 설화집에 "우대장 미치후사(通房)가 임시제(臨時祭)에서 마이비토(舞人, 춤추는 사람)를 맡게 되었다. 우지도노(宇治殿)에서 박자에 맞춰 춤을 추는 예행연습을 하게 되어 사람들이 모여들었다. 춤 사범인 다케가타(武方)에게 사례를 했다. 술을 주거니 받거니 하여 사람들이 모두 취했다. 하리마노카미 유키토 아손(播磨守行任朝臣)을 덴조비토(殿上人)[36]의 좌석에 불러 술을 마시게 했다. 커다란 그릇으로 열 잔을 마셨다. 엄청난 주당이라고 사람들이 말했다."라는 내용이 보인다. 미치후사라는 인물은 관백 요리미치(賴通)의 아들로 1044년에 20살의 나이로 죽었다. 우대장까지 오른 명문자제이며, 재주꾼이기도 했다.

 미치후사의 생존 중에 하리마노곤노카미(播磨權守)를 역임한 자로는 후지와라노 쓰네토(藤原經任)를 들 수 있다. 『속고사담』에 보이는 유키토라는 인명은, 작자가 쓰네토를 잘못 들은 데에서 기인한 것이 아닌가 싶다. 하지만 하리마노곤노카미가 아닌 하리마노카미 유키토 아손을 특별히 "덴조비토의 좌석에" 부른 것이니, 다른 사람일지도 모른다. 우대장 미치후사가 용감하게도 임시제에서 춤을 담당하게 되어 예행연습을 하고, 지도사범인 다케가타를 사례의 의미로 향연에 맞이했을 때, 즐거운 분위기 속에서 술이 몇 순배나 돌았다. 그때 하리마노곤노카미이자 참의(參議)였던 쓰네토도 술자리에 있었을 것이다. 쓰네토와 유키토가 서로 다른 사람이라면, 현지에 부임하지 않고 수도에 머물고 있던 하리마노곤노카미 쓰네토와의 인연으로 말미암아, 하리마노카미 유키토가 "덴조비토의 좌석"에 특별히 초대된 것인지도 모르겠다.

 그렇다고 한다면, 유키토는 본거지를 수도에서 시골로 옮긴 자일 텐데, 이런 유키토에게 미치후사는 배터지도록 술을 권하고 유키토는 또 이를 기꺼워하며 마신 모양이다.

 술의 강권은 오늘날에도 시골에서 손님을 접대하는 방식의 하나로 전해져오고 있다. 술을 강권하는 풍조는 당시 궁정인 사이에서도 극히 일반적이었던 것 같다. 이와 같은 상당히 일본적인 술자리 풍경은 불과 얼마 전까지도 폐습으로 남아 있었다.

 상대방의 마음을 완전히 장악해버리자, 옴짝달싹 못하게 하여 내 것으

---

36 4위, 5위의 관인 가운데, 궁궐의 청량전(淸涼殿)에 오르는 것이 허락된 자.

로 만들어 버리자는 마음으로 술을 강권하는 것이다. 술을 주고받는 것은 공동의 흥분을 맛봄으로써 일체감을 깊이 하는 점에 그 본질이 존재한다. 그 일체감을 자신과 상대방의 평형관계에서가 아니라, 상대방을 자기 안으로 삼켜버리는 형태로 얻고자 한다면, 아무래도 "자, 한 잔, 아니 한 잔 더"라며 권하게 된다. 무리하게 강권하는 술이 되어가는 것이다.

이렇게 상대방을 장악함으로써 훗날의 교섭을 유리하게 하고자 하는 의도가 엿보인다. 걸핏하면 무리하게 술을 강권하여 평소의 인간관계를 호전시키고자 하는 경향이 있다. 정치꾼들이 종종 행한 극히 일본적인 악풍(惡風)인 듯하다.

미치후사가 춤 사범의 노고를 치하하는 술자리에 왜 참의, 하리마노곤노카미와는 별도로 하리마노카미 유키토가 불려 나온 것인지 그 이유는 알 수 없다. 단순히 그 지방관은 주당이니 부르라는 식으로 불러들인 것은 아닐 것이다. 이 기회에 뭔가 하리마노카미에게 부탁할 일이 있었을 지도 모른다. 이 인물은 특별히 불려 나와, 스스로 큰 술잔을 열 번이나 기울인 것은 아닐까? 아마도 그곳에서 만난 공경들 혹은 그 중 누군가가 괴롭힐 요량으로 술을 마시게 했던 것이리라.

하지만 그는 열 잔을 비우고도 태연했던 탓에, 이 일이 잠시 동안 회자되었던 것으로 여겨진다. 때는 바야흐로 미치나가 시대를 지나 후지와라 섭관가의 위력에 조락의 기미가 보이기 시작하던 요리미치 시대였다. 실제로 현지에 부임하는 국사(國司)를 수령(受領)이라고 하는데, 이들 수령에 대한 대책이 중앙의 권문세가에게 난제로 떠오르던 시기이다. 수령들은 섭관가에 대해 순순히 고개를 숙이지 않았을 뿐더러 지방행정관으로서의 공무에도 철저하지 않았다. 그들은 새로운 계열의 실력자로서 개인소유의 토지와 인민을 늘려나갔다. 장원제에 기반을 두고 있는 후지와라씨 입장에서 볼 때, 그들은 지극히 곤혹스러운 존재였다.

이런 정세 하에서 요리미치의 아들 미치후사가 하리마노카미를 초대했던 것이니, 거기에 특별한 의미가 있었던 것은 아닌지 생각하게 되는 것이다.

술꾼, 원(院)의 근신

국사 수령층의 진출을 배경으로 중앙에서 새로운 권력을 형성하고 있었던 것은 천황의 부계, 달리 말하자면 원(院)[37]에서 천황을 후견하는 상황 혹은 법황이었다. 섭관정치에 대신하여 원정(院政)이 조직적으로 행해졌으며, 이내 섭관정치를 압도해 나갔다. 11세기 말에서 12세기 전반기에 이르는 시라카와(白河), 호리카와(堀河), 도바(鳥羽), 고시라카와라(後白河)의 4대는 특히 원정이 힘을 발휘한 시기였다.

이런 원정시대에 도바 천황의 어전에서 주연이 펼쳐진 이야기가 『고사담(古事談)』에 실려 있다. 이 이야기에는 "재상 중장 노부미치(中將信通)(총애하는 사람이었음)는 술고래였다. 하지만 한두 잔 마시고는 고사했다."고 보인다. 노부미치는 섭정 미치나가의 증손이기는 했지만, 당시 섭관가의 본류는 아니었다. 시라카와 법황과 도바 천황의 측근 정신(廷臣)으로서, 원사(院司)로 활약하고 있었다. "총애하는 사람이었음"이라고 『고사담』에 주석이 달려 있는 것은 원의 근신 그룹의 일원으로서 신뢰받

---

37 은퇴한 천황 즉 상황이 거처하던 곳을 가리키는 말. 원정은 원에서 행한 정치라는 의미임.

고 있었다는 의미일 것이다.

술고래로 알려진 노부미치가 도바원의 어전에서 펼쳐진 주연에 참가했다는 기사는 도바 상(법)황의 앞에서, 라는 식으로 이해된다. 하지만 나카미카도 무네타다(中御門宗忠)의 일기 『중우기(中右記)』에 따르면, 노부미치는 도바 천황이 재위 중이고 시라카와 상황이 원정 중이던 1120년에 29살의 나이로 서거했다. 비파를 타고 횡적(橫笛)을 부는 재예가 뛰어난 인물이라고 기록되어 있으며, 사이바라(催馬樂)를 조금 전수받았다고도 진술되어 있다.

거기에는 술에 강했다고는 보이지 않지만, 『고사담』이 전하는 바와 같은 평판은 존재했을 것이다. "한두 잔"을 받은 다음 아무리 해도 더 마시는 것을 거부하여, "계속 강권하셨다."라고 보인다. 무리해서라도 마시게 하자고 생각했던 모양인데, 그때 노부미치가 말했다. 관이 이마를 꽉 죄어 아무래도 잔을 받들기가 어렵다고. 말하는 기색이 실로 "불편"한 모양새였다. 그러자 상황은 자신이 쓰고 있던 에보시(烏帽子)[38]를 벗으며 이걸 쓰라고 말했다. 이에 당시 어전에 있던 좌대신 미나모토노 도시후사(源俊房)가 몸 둘 바를 몰라 하며 대신 자신의 에보시를 사용하라며 이를 씌워주었다고 보인다. 단편적이기는 하지만, 이 이야기를 통해 상황이 노부미치를 마음에 들어 하고 있었음을 잘 알 수 있다.

이후 노부미치가 술고래답게 계속해서 마셔댔는지는 기록되어 있지 않다. 아마도 좌대신의 에보시를 쓰고는 기분 좋게 마셨을 것이다. 음악에도 정통했던 그는 자신의 재예를 펼쳤을 지도 모르겠다.

그렇다 하더라도 햇수로 29살의 죽음은 지나치게 이르다. 술병이라도 났던 것일까? 마셔, 마셔 하며 "강권"하는 모습은 이 경우에도 드러나고 있지만, 무리하게 강권하는 술 하면 떠오르는 것은 남북조 시대에 성립한 겐코(兼好) 법사의 『도연초(徒然草)』175단에 보이는 다음 문장이다.

세상에는 영문을 알 수 없는 일이 많다. 곧잘 눈에 띄는 것은 무엇보다 무리하게 술을 강권하여 마시게 하고는 흥거워하는 일이다. 무슨 영문인지도 알 수 없다. 마시는 사람은 심히 참기 어려운 듯 눈살을 찌푸리고 사람 눈을 피해 술을 버리고 도망치려 한다. 그런 사람을 또 붙잡아 머물게 하고는 무턱대고 술을 마시게 한다. 그리 하면, 사랑스러운 사람도 돌연 미친 사람으로 변하여 흉물스럽게 되고, 건강한 사람도 눈앞에 큰 병을 지닌 사람처럼 되어 앞뒤도 분간 못하고 꼬꾸라진다.

성가실 정도로 술의 죄목을 열거하고 있다. "백약 가운데 으뜸이라고는 하지만, 모든 병은 술에서 비롯된다."라고 적고 있다.

하지만 『도연초』의 작자도 술의 공덕을 덧붙이는 것을 잊지 않았다. 심히 민폐라는 듯이 술을 거부하는 사람이 "강권 받아 조금 마시는 것은 매우 좋다."라든가, 또 "아직 잔을 비우지 않았어요."라고 말을 거는 것도 "기쁘다."라든가 혹은 "친해지고 싶은 사람이 주당이라 급속히 친숙해지는 것도 또한 기쁘다."라는 식으로 이야기한다. 예전부터 친해지고 싶었던 사람이 주당인 덕에 서로 친분을 쌓는 관계가 되는 것도 좋다는 것이다.

겐코의 말은 모순인 듯 보이지만, 요컨대 정도의 문제라고 말하고 싶었던 것 같다. 섭관정치 그리고 원정이 지배적이었던 시대에 각 권세가에 밀착하고 있었던 중견층 가운데는 앞서 살펴본 유키토라든가 노부미치

---

38 성인 남성이 예복을 갖춰 입었을 때 쓰던 모자.

와 같이 주당이라는 점을 활용하여 신뢰를 얻은 자들도 있었을 것이다.

정치가의 공동모의가 술자리에서 행해지는 것은 현대에도 이래저래 빈축을 사는 바이다. 정치가뿐만 아니라 술을 매개로 무리한 사안에 대해 상담하는 것은 어디에나 있는 일로, 찬동하기 어려운 행태이다. 하지만 개개인의 차이를 줄이고 평균화시킴으로써 허심탄회한 대화가 가능하게 만든다는 점에서, 술은 공통의 불평불만을 토로하고 모종의 공동의식을 이끌어내는 계기가 되기도 한다.

후지와라씨 가운데서도 섭관정치를 좌지우지하는 계통이 고정화되었으며, 후지와라 일문이라 해도 간단히 관계(官界)에서 입신양명할 수 없었다. 하물며 기타 귀족들은 이래저래 찬밥신세가 되어가고 있었다. 이와 같은 헤이안 중기에는 귀족들이 술자리에서 파벌 대항적인 대화를 하는 경우가 많았다.

모의라고 하면, 다음 일화를 빼놓을 수 없다. 헤이케(平家)가 권력을 쥐고 있던 무렵, 교토 히가시야마(東山) 시시가다니(鹿ヶ谷)의 깊은 곳에 있던 홋쇼사(法勝寺) 순칸(俊寛) 승도(僧都)[39]의 산장에서는 고시라카와 상황을 섬기던 근신 사이코(西光) 등이 중심이 되어 헤이케 타도가 논의되고 있었다. 다이라노 기요모리(平淸盛)로 인해 근위대장(近衛大將)이 되지 못한 후지와라노 나리치카(藤原成親) 등, 헤이케에 원한을 품은 자들도 합세했다. 1177년의 일이었다. 이 회합에는 법황[40]도 종종 참가했다. 이 역시 술을 주거니 받거니 하며 하는 모의였다. 어느 날 서로 대화를 나누던 중, 나리치카가 불쑥 일어서자 법황의 앞에 놓여 있던 술병(甁子, 일본어 발음 '헤이지')이 가리기누(狩衣) 소매에 걸려 넘어졌다. 법황이 "아, 이거 큰일 났네."라고 하자, 나리치카 대납언(大納言)이 뒤돌아보며 "헤이시(平氏)[41]가 꼬꾸라졌습니다."라고 했다. 이에 완전히 기분이 좋아진 법황은 모두 어울려 식사하고 사루가쿠(猿樂)라도 하라고 명했다. 사루가쿠라 해도 그 무렵의 것은 해학적인 흉내 내기나 아크로바트 같은 것으로, 즉흥적으로 펼쳐지는 예능이었다.

이때, 헤이 호간 야스요리(平判官康賴)가 "아, 술병이 너무나 많아서 완전히 취해 버렸다."라고 농을 치자 슌칸은 "그럼 어쩌죠."라고 받았다. 이에 사이코가 "목을 치는 게 가장 좋겠다."라고 말하며 술병의 목을 꺾어서 부러뜨리고는 밖으로 나갔다. 그 자리에 있던 조켄(浄憲) 법사라는 승려는 상황이 마음에 들어 하던 상담역이었는데, 이 모의에 비판적이었던 만큼 아연실색하여 그저 묵묵히 이 광경을 냉담하게 바라보고 있었다고 『평가물어(平家物語)』는 전한다.

요리나가(賴長), 국화주를 마시지 않다

공가의 세상이 막다른 길에 들어서고 무사의 세상이 도래한 것을 뚜렷하게 보여준 내란, 즉 호겐(保元)의 난과 헤이지(平治)의 난이 교토 어소(御所)[42]를 중심으로 일어난 것은 지금으로부터 800년도 전의 일이다.

---

39 승강(僧綱)이라 불린 승려의 관직체계에서 승정(僧正)과 율사(律師) 사이에 위치한 관직.

40 상황 가운데 특히 출가한 자를 가리키는 말. 고시라카와 상황은 1169년에 출가했다.

41 '瓶子'와'平氏'의 일본어 발음이 비슷한 점을 이용해 농을 친 것임. 아래의 인용문도 동일한 맥락의 것임.

42 천황의 거처 혹은 기타 신분이 높은 사람들의 거처.

우선 호겐의 난은 스토쿠상황(崇德上皇)에 대한 도바 법황의 증오에 가득 찬 냉대에서 비롯되었다. 원정시대의 중추부에서 발생한 권력다툼이었다고도 할 수 있다. 섭관가 측에서도 관백 다다자네(忠實)의 두 아들, 즉 다다미치(忠通)와 요리나가(賴長)의 사이가 좋지 않았다. 부친은 학문에 재능이 있고 성격이 정직해 보이는 요리나가를 총애하여, 늘 형보다도 요리나가를 중히 쓰고자 했다.

실제로 그는 형인 다다미치에 비해 학식이 뛰어났으며, 재기도 충분했다. 그런 소질이 일반 공가 가운데서 빛나는 것이었음은 그의 일기 『태기(台記)』를 통해서도 엿볼 수 있다.

처음 도바 법황의 신임을 얻고 있던 무렵, 부친의 막후 공작도 있어서 형이 관백으로 재임하고 있음에도 불구하고 흡사 이를 무시하듯 내람(內覽) 선지를 받았다. 내람이라는 것은 태정관의 공문서를 천황에게 주상하기에 앞서 살펴볼 수 있는 권한을 지닌 직위이다.

그러자 얌전한 다다미치도 화가 났던 것 같다. 다다미치는, 요리나가가 법황·천황에 대해 좋지 않은 꿍꿍이속을 가지고 있다고 참소했다. 법황은 이 이야기를 진지하게 받아들였던 듯, 이후 요리나가를 경계하는 태도를 취했다. 내람의 자격을 취하하는 모양새가 되었다.

부친 다다미치는 후지와라 섭관가의 우지(氏) 장자라는 지위를 요리나가에게 양보하도록 다다미치를 압박했다. 다다미치로서는 요리나가의 권력이 구축되어가는 것은 참을 수 없는 일이었다.

법황은 다다미치를 한층 가까이 했다. 고노에 천황(近衛天皇)이 요절했을 때, 다다자네, 요리나가가 저주하여 죽인 것이 아닌가라는 소문도 퍼졌기 때문에, 법황은 이들을 더욱 멀리 했다. 요리나가는 오로지 내람의 권한 부활만을 꿈꾸며 기도에 빠져 있었다. 그 무렵의 일기는 이 사안에 관한 이야기들로 가득 차 있다. 하지만 법황의 신뢰는 도저히 회복하지 못했다. 법황은 오히려 스토쿠상황과 다다자네, 요리나가를 격렬하게 증오했다. 게다가 병을 핑계로 미나모토노 요시토모(源義朝) 등에게 고시라카와 천황과 도바도노(鳥羽殿)의 경위를 맡기며 전투태세를 갖춰가는 도중에 서거했다. 이에 스토쿠상황·요리나가 측에서 거병하여 호겐의 난에 이른 것이다. 도바상황 전제 하의 원정에 섭관가도 압도되고, 법황의 의향 여하에 따라 섭관의 자리가 좌우되는 상황에 처한 요리나가의 초조함을 살펴보면, 후지와라씨 세력이 쇠퇴하는 시대의 변화상을 뼈저리게 느낄 수 있다.

요리나가의 초조함은 예컨대, 1153년 중양절 때 "국화주를 마시지 않았다. 장수(長壽)를 바라지 않기 때문이다."라는 감회를 일기에 적고 있는 점에서도 엿볼 수 있다. 국화주는 국화를 띄운 술잔을 의미하는데, 훗날 요곡(謠曲) 간단(邯鄲)에도 "수명은 천 년이로세, 국화주"라고 보이듯이, 이 술을 마시면 장수한다고 일컬어졌다.

술자리에 종종 참석하고 있는 것으로 보아 요리나가는 술을 못 마시는 축은 아니었지만, 술을 마시는 시간과 장소에는 신경질적이었던 것 같다.

도바법황·요리나가, 에이산(叡山)에서 술을 마시다

요리나가는 27살이던 1146년 5월 10일, 도바 법황을 시종하여 히에이산(比叡山)에 오른 후 그 곳에 머물러 있었다. 5월 15일 최승강(最勝講)[43]을 시작한지 3일째에 해당하는 17일, 천태좌주(天台座主, 천태종의 우두머리)가 이르기를, "산의 안개는 사람에게 독을 품고 있지만, 음주는 이것을 해소한다고 합니다. 중당(근본중당)에서 술을 금하는 것은 취하는 것을 금하는 것입니다. 바라건대, 법황께서 이것을 드시길"이라며 묘한 논리를 펼쳤다. 요컨대, 취하지 않는다면 법요를 펼치는 와중이라도 술을 드셔도 좋다며 아첨했던 것이다.

애주가였던 도바법황은 기뻐했다. 상황의 근신이었던 후지와라노 다다타카(藤原忠隆)는 법황의 사원 순행에 부단히 따라다니며 출세한 자인데, 이때의 술자리에도 법황은 다다타카를 동반했다.

법황이 술을 다 마신 후, 다다타카는 법황으로부터의 잔이라며 당시 내대신이었던 요리나가에게 술잔을 돌렸다. 요리나가는 술을 하사받는다면 다른 잔으로 받겠다고 말했다. 그는 일기에 "예법으로 알고 있다."라고 주를 달았다. 법황이 입을 댄 술잔을 받는 것은 황송하다, 예에 어긋난다, 라고 실제로 생각했던 것으로 보인다.

하지만 법황은 술잔을 바꿔서는 안 된다, 이것으로 마시라고 말했다. 그래서 요리나가는 술잔에 입을 대고 한 모금 마셨다. 법황은 더 마시라, 더 마시라며 요리나가에게 술을 강권했다. 요리나가는 "신은 체질상 본래 술을 못 마십니다."라고 아뢰었다. 그러자 겨우 "법황께서 이를 허락하셨다."라고 보인다.

그 당시 요리나가를 바라보는 법황의 시각을 직접적으로는 확인할 길이 없지만, 뭔가 거북하고 풍류가 없는 자라고 생각했음에 틀림없다. 진지한 자라는 점에서 일종의 신뢰를 얻은 요리나가이지만, 서로 속내를 드러낼 수 없는 거리가 두 사람 사이에 존재했다고 여겨진다. 그로부터 5년이 흘러 과연 내람 선지는 받았지만 다다쓰네의 참언 같은 이야기에 법황이 문득 동요하기 시작했다는 것도 요리나가와의 관계가 그다지 긴밀하지는 않았다는 사정을 상상케 한다.

그렇다고는 하더라도, 최승강이 19일에 마무리되는 상황에서 그 이틀 전에 경내에서 술을 마셨다는 것은 놀랄 만한 일이다. 당시 에이산은 영지문제로 이래저래 무리한 요구를 상황에게 밀어붙이고 집단무력시위를 벌이며 법황들을 괴롭히던 중이었다. 고후쿠사(興福寺)도 마찬가지였다. 에이산과 고후쿠사 승병들의 움직임에 원정은 그저 농락당할 뿐이었다. 그런 형세 속에서 천태좌주가 도바상황에게 술을 권한 것이다. 뭔가 순수하지 못한 점이 느껴진다.

그런데 당시에 주거니 받거니 마시던 술은 찬 술이었을까, 데운 술이었을까? 신에 대한 제례 등에 수반하는 술은 대부분 찬 술이었을 것으로 생각하지만, 손님 접대 등에 제공하는 술은 데웠던 것 같다. 『우진보물어』의 〈구라비라키(藏開)〉 하권에 예의 나카타다(仲忠)의 부친인 애주가 가네마사(兼雅)가 등장한다. 가네마사는 예전에 빈번하게 드나들던 온나산노미야(女三宮)의 시녀 사콘(左近)에게 옛 정을 생각해서 더운 물에 밥 한술 말아달라고 청한다.

이에 사콘은 밥과 반찬을 준비하여 술과 함께 내밀고는, "만도코로(政所)로부터 숯을 많이 꺼내와 곳곳에 불을 피워" 추운 겨울의 방문을 위로한다. 수레를 좇으며 시종한 사람들에게도 떡과 말린 음식을 내주었는데, "술통에 넣어 두고 그릇(鋺)에 데워 마시게 했다."고 보인다. 여기서 말하는 그릇은 조개로 만든 그릇인 듯한데, 여기에 술을 붓고 불을 가해 데

---

43 매년 5월에 길일을 택하여 5일간 궁중에서 펼쳐진 법회.

웠던 것이다.

『우치습유물어(宇治拾遺物語)』의 〈도둑 다이타로(大太郎) 이야기〉에도 다이타로가 예전에 곧잘 드나들던 집을 방문했을 때 환대받고 향응을 제공받았다는 이야기가 나온다. "술잔을 가져오게 하여", "술을 데우고 검은 술잔 큰 것을 다이타로에게 주고는, 그 집의 주인하고 단 둘이 술잔을 주고받았다."라고 보인다. 여기에서도 데운 술을 술잔에 부어 접대하는 모습이 확인된다.

의례에서는 여하튼, 일반적인 손님접대, 특히 추운 겨울 밤 등에는 헤이안 중기 이래로 데운 술을 내오는 것이 이미 일반화했다고 여겨진다. 술이 신사, 행사 등 비일상의 장에 한정되지 않고, 접객에 필요한 것으로 인식되고 있었다는 점을 보여주는 것이다.

공경들과 술의 인연이 깊었던 헤이안 시대의 농촌에서는 무사가 대두했으며, 이윽고 그 우두머리들이 교토의 귀족들에게 접근하며 정계를 뒤흔들기에 이르렀다. 신사신앙을 매개로 무사단의 결속은 강고해졌기에 그들은 술에 익숙했을 터이고, 주종의 맹약 역시 술잔을 주고받으며 맺어지는 경우는 있었다.

하지만 퍼붓듯이 술을 마셨다든지, 주호로 평판이 자자했다는 식의 이야기는 이 시대 무사사회에는 의외로 적다. 당시에 술을 풍족하게 마실 수 있었던 것은 중앙의 귀족관인 또는 상인들이었을 것이다. 수도에 살면서 수은 행상을 하던 자 가운데는 평소 벌에게 잔뜩 술을 먹여 키우는 자도 있었다고 『금석물어집』은 전한다. 그런 여유를 헤이안 말기 교토의 상인은 가질 정도가 되었던 것이다. 하지만 시골 무사는 여전히 예의바르게 깎듯이 술을 마시는 관습을 유지했으며, 일탈된 음주행위는 등장하지 않았던 것 같다.

강력한 권력을 구축했던 아시카가 요시미쓰

중세

중세 시대 개관

일본의 중세는 일반적으로 12세기 중반-16세기 후반의 시기를 가리킨다. 중세의 시작과 종료시점에 대해서는 여전히 많은 논의가 이루어지고 있는 실정이지만, 중세의 주역이 무사와 그들이 세운 막부라는 점에는 이견이 없다.

일반적으로 무사는 귀족에 비해 술이 셌다고 일컬어진다. 실제로 당시의 기록을 살펴보면, 쇼군과의 술자리를 곤혹스러워하는 귀족들의 고백을 심심찮게 발견할 수 있으며, 술내 진동하는 무사들의 술자리도 어렵지 않게 확인할 수 있다. 하지만 무사들의 술판이 애초부터 화려하고 호기로웠던 것은 아니다. 7장에서 보이듯, 전란기에 술은 패전, 나아가 죽음을 초래할 수 있는 마물로 경계되어야 했다. 또 지역사회의 제사의식에서 신전에 바쳐지는 술에 익숙했던 무사들에게, 술은 그저 벌컥벌컥 마셔대기에는 묘하게 경건한 어떤 것이기도 했다. 이러한 요인들로 인해, 가마쿠라 시대 중기에 이르기까지 무사들의 술상에는 소박함이 살아 있었다. 그러나 막부의 위상이 확고해지고, 또 훗날 막부의 거점 자체가 교토로 옮겨지면서 무사의 술상에는 시나브로 귀족 술상의 화려함이 곁들여지게 된다.

엄밀하게 따지자면, 일본 역사상 최초의 무사정권은 1167년에 성립한 헤이시(平氏) 정권이지만, 명실상부 무사의, 무사에 의한, 무사를 위한 최초의 정권은 가마쿠라막부였다. 가마쿠라막부는 헤이시 정권의 폭주에 대한 반발에서 비롯된 1180년대의 내란을 통해 성립했다. 가마쿠라막부의 주인공은 으레 쇼군일 것으로 예상될 테지만, 실제로는 그렇지 않다.

우선 쇼군가의 변천과정을 간략히 짚어보자. 막부를 세운 미나모토노 요리토모(源賴朝)의 사후, 그의 아들 요리이에(賴家)와 사네토모(實朝)가 쇼군이 되지만, 겐지(源氏) 쇼군은 이들 삼부자를 끝으로 명맥이 끊겼다. 이후에는 귀족과 황족 출신자들이 형식상의 쇼군으로 받아들여졌다. 막부의 실권을 장악한 것은 겐지 쇼군의 외척 호조씨(北條氏)였다. 8장과 9장에 걸쳐 호조씨의 주요 인물들이 등장하는데, 좀처럼 술을 끊지 못한 야스토키(泰時), 금주령을 내리고 소박한 술상을 즐긴 도키요리(時賴), 멋들어진 활솜씨를 뽐낸 도키무네(時宗), 주지육림의 술판에 빠져 몰락을 자초한 다카토키(高時)는 호조씨의 성쇠를 상징하는 인물들이다.

그런데, 막부는 본래 전투상황에서 쇼군이 머무는 임시 막사를 의미한다. 따라서 막부는 전투상황이 종료되면 소멸되는 것이 원칙이었다. 당대의 시각에서 바라보자면, 가마쿠라의 막부가 장기 지속하는 것은 선례가 없는 매우 특이한 현상이었다. 교토의 조정이 호시탐탐 막부의 소멸을 노린 것은 자연스러운 움직임이었다.

1221년의 조큐(承久)의 난 이후 조정의 막부 타도운동은 1320년대에 접어들어 다시 한 번 본격화한다. 이를 주도한 인물이 바로 9장에 등장하는 고다이고 천황(後醍醐天皇)과 구스노키 마사시게(楠木正成)이다. 고다이고 천황은 신분질서를 풀어헤친 호방한 술판을 벌이며 친위세력을 키워나가는 수완을 발휘하기도 했다. 결국 고다이고 천황 등의 운동은 성공을 거두어, 1333년에 막부는 소멸하고 그에 대신하여 천황이 직접 정치를 주관하는 정권이 등장한다.

그러나 고다이고 천황의 정치는 무사들의 지지를 얻는 데 실패했다. 10장에서 다루어지고 있지만, 무사들이 일본사회의 주역으로 확고부동한 자리를 차지하고 있던 상황에서, 천황이 모든 권력을 틀어쥐는 정치 형태는 시대착오적이었던 것이다. 이제 무사들은 다시금 자신들의 이해관계를 충족시켜줄 막부의 재건을 향해 움직이기 시작한다.

새로운 막부는 교토의 무로마치(室町)에 들어섰다. 그러나 무로마치막부는 이내 크나큰 난제에 봉착하고 만다. 고다이고 천황이 교토의 남쪽 요시노(吉野)로 탈출하여 독자의 조정을 꾸렸기 때문이다. 교토의 조정과 요시노의 조정, 이렇게 두 개의 조정이 대립하는 남북조 시대는 약 60년간 지속되었다.

두 개의 조정을 하나로 만든 것은 무로마치막부의 3대 쇼군 아시카가 요시미쓰(足利義滿)였다. 10장에서 상세히 소개될 텐데, 요시미쓰는 정치, 경제, 문화, 외교 등 여러 방면에서 큰 족적을 남긴 인물이었다. 당대의 특수한 정치 환경도 작용하여, 요시미쓰는 지존을 방불케 하는 강력한 정치권력을 행사했다. 교토의 화려한 술판도 자연히 요시미쓰를 중심으로 펼쳐졌다.

그러나 무로마치 시대의 쇼군 권력을 통틀어 보았을 때, 요시미쓰는 예외에 속했다. 당시 쇼군의 권력은 유력한 무사들의 합의에 근거한 것이었다. 10장에서는 4대 쇼군 요시모치(義持)가 후계자 지명을 신에게 미룬 해프닝이 소개되고 있는데, 이는 무로마치 쇼군 권력의 본질을 잘 보여주는 사례라고 하겠다.

무로마치 쇼군 권력은 1460-70년대에 교토를 중심으로 벌어진 오닌(應仁)·분메이(文明)의 난을 거치며 유명무실화한다. 11-13장에서 소개되고 있듯이 10년간의 전란 끝에 교토가 초토화하고 구심점이 되는 정치권력이 사라지자 화려한 술판은 점차 지방으로 옮겨졌다. 이제 일본사회는 각 지역의 정치권력이 각축을 벌이는 실력본위의 센고쿠(戰國) 시대로 접어든다.

센고쿠 시대의 유력 무사, 즉 센고쿠 다이묘(大名)는 각 지역의 공권력으로 기능했는데, 이를 상징하는 것이 가법(家法) 혹은 분국법(分國法)이었다. 각 지역별로 독자적인 법체계가 존재했던 셈인데, 14장에서 다루어지고 있듯이 그런 법체계 속에서도 음주에 대한 갖가지 규정을 발견할 수 있다.

한편, 1540년대에 접어들어 일본사회는 외부로부터 큰 자극을 받는다. 포르투갈, 스페인 상인들에 의해 화승총이 전래되었으며, 기독교 선교사들 역시 일본열도에 발을 내딛었다. 후자와 관련해서는 14장에 규슈(九州) 북부의 패자 오토모 소린(大友宗麟)이 소개되고 있다. 소린은 기독교 왕국 건설을 꿈꾼 다이묘로, 로마 교황에게 사신을 파견하기도 했다. 신무기 화승총은 전란의 추이에 결정적인 영향을 주었다. 적장의 수급을 안주삼아 술을 즐기기도 했던 오다 노부나가(織田信長)는 화승총 전법을 사용하여 당대 최강이라 일컬어지던 다케다씨(武田氏)의 기마군단을 격파했다.

노부나가의 뒤를 이어 일본열도 통일에 박차를 가한 것은 도요토미 히데요시(豊臣秀吉)였다. 15장에서 다루어지고 있듯이, 히데요시는 여타 다이묘들에 대해 군사적 압박을 가하는 한편 조정의 권위를 활용하는 지혜를 갖추고 있었다. 변변치 않은 집안 출신인 히데요시가 권력의 정점에 설 수 있었던 것은, 이처럼 현실사회를 꿰뚫어보는 나름의 혜안을 지니고 있었기 때문이다.

전란의 시대였던 중세에는 〈파괴→융합→창조〉라는 사이클이 존재했다. 무너져버린 갖가지 경계선 너머로 다양한 층위의 사람들이 교류하기 시작했고, 종횡으로 얽힌 그 복잡한 관계망 속에서 일본사회의 '전통'이라 할 만한 것들이 가다듬어져갔다. 무로마치막부를 매개로 서민문화와 귀족문화가 뒤섞인 끝에 노(能)라는 예능이 형성된 것도 우연은 아니다. 무사와 귀족이 술자리를 함께 하고, 쇼군과 천황이 한데 어울려 술잔을 기울이는 풍경 속에서도 중세의 맛과 정취를 느낄 수 있을 것이다.

주주요 용어 해설

7장

미나모토노 요리모토(源賴朝, 1147 – 1199)

가마쿠라막부의 1대 쇼군. 1180년 이즈국(시즈오카현 이즈반도)에서 거병하여 라이벌 무사가문인 헤이시를 무너뜨리고, 가마쿠라에 거점을 두는 무사정권을 수립했다.

미나모토노 요리마사(源賴政, 1104 – 1180)

중세 초기의 무사. 1180년 모치히토왕과 연계하여 거병, 헤이시 타도를 도모하지만, 실패한다. 상당한 교양의 소유자였으며, 누에라는 괴조를 퇴치한 것으로도 저명하다.

미나모토노 요시토모(源義朝, 1123 – 1160)

중세 초기 겐지의 우두머리. 1156년 호겐의 난을 통해 중앙정계에 진출하지만, 1160년 헤이지의 난에서 다이라노 기요모리에게 패배, 몰락한다. 쇼군 요리토모의 부친.

모치히토왕(以仁王, 1151 – 1180)

1180년 헤이시에 대항해 거병하지만 실패하고 전사한다. 그러나 헤이시에 대항해 거병하라는 왕의 명령서는 일본열도 전역에 유포되어, 1180년대의 장기 전란을 이끌었다.

다이라노 시게모리(平重盛, 1138 – 1179)

중세 초기의 무사. 뛰어난 인품과 교양의 소유자로, 많은 사람들의 신망을 얻었다. 부친 기요모리를 뒤이을 헤이시의 우두머리로 촉망받았지만, 42살의 젊은 나이로 병사한다.

미나모토노 요시쓰네(源義經, 1159 –1189)

중세 초기의 무사. 1180년대의 내란기에 많은 전공을 세웠다. 가마쿠라막부의 성립 이후에는 형 요리토모와 대립하여, 도피처인 오슈에서 비극적인 최후를 맞이했다.

호조 마사코(北條政子, 1157 –1225)

중세 초기의 여성. 1199년 남편 요리토모의 죽음 이후, 막부 내에서 실질적인 쇼군으로 군림했다. 이른 나이에 세상을 떠난 2대 쇼군 요리이에, 3대 쇼군 사네토모의 친모이다.

야스다 요시사다(安田義定, 1134 - 1194)

중세 초기의 무사. 요리토모를 도와 가마쿠라막부가 성립하는 데 크게 공헌했다. 그러나 겐지 일족의 세력을 삭감하려는 요리토모의 의도 하에, 모반의 혐의를 받고 처형되었다.

가지와라 가게모치(梶原景茂, 1167 - 1200)

중세 초기의 무사. 1180년대의 내란기 이래로 많은 전공을 세웠다. 요리토모 사후 부친 가게토키가 정치적으로 몰락하는 가운데, 스루가국(시즈오카현 중부)에서 전사했다.

지바 쓰네타네(千葉常胤, 1118 - 1201)

중세 초기의 무사. 1156년 호겐의 난 이래 겐지의 부하 장수로 활약했다. 1180년 요리토모의 거병에도 적극 호응했으며, 막부 성립 후에는 무사로서 최상의 대우를 받았다.

소가 형제(曽我 兄弟)

중세 초기의 무사. 소가 스케나리(형, 1172-1193), 도키무네(동생, 1174-1193) 형제는 1193년 구도 스케쓰네를 암살하여 부친의 원수를 갚았다.

와다 요시모리(和田義盛, 1147 - 1213)

중세 초기의 무사. 겐지 쇼군 3대에 걸쳐 가마쿠라막부의 중진으로 활약했다. 그러나 호조씨와 갈등을 빚은 끝에 거병했으며, 가마쿠라에서의 치열한 시가전 끝에 전사한다.

8장

미나모토노 요리이에(源賴家, 1182 - 1204)

가마쿠라막부의 2대 쇼군. 부친 요리토모를 이어 쇼군 주도의 정치를 도모했으나, 유력 무사들의 반발에 부딪혀 실패했다. 급기야 한 사찰에 유폐된 뒤 암살당하고 만다

미나모토노 사네토모(源實朝, 1192 - 1219)

가마쿠라막부의 3대 쇼군. 어려서부터 예지력을 갖추고 있었던 것으로 보이는데, 말년에는 교토문화와 불교에 심취하여 현실정치를 등한시했다. 1219년 조카인 구교에게 참살당했다.

가지와라 가게토키(梶原景時, ?- 1200)

중세 초기의 무사. 요리토모의 책사로 크게 활약했다. 2대 쇼군 요리이에의 측근으로도 암약하지만, 여타 무사들과 갈등을 빚은 끝에 스루가국(시즈오카현 중부)에서 전사했다.

호조 도키마사(北條時政, 1138 - 1215)

가마쿠라막부의 1대 집권. 쇼군 요리토모의 장인이다. 막부 성립 후 줄곧 권력의 중추에 있었지만, 말년에는 아들과 딸에게 정치적으로 숙청당하여 고향에서 최후를 맞이했다.

호조 요시토키(北條義時, 1163 - 1224)

가마쿠라막부의 2대 집권. 와다 요시모리의 난, 조큐의 난 등 막부 내외의 전란을 평정하여 호조씨의 정치권력을 반석 위에 올려놓은 인물이다. 냉철한 정치가로서의 면모가 강하다.

오에 히로모토(大江廣元, 1148 - 1225)

가마쿠라막부의 행정관료. 1180년대의 내란기 때 교토에서 내려온 이래 줄곧 막부의 핵심 관료로 활약했다. 특히 막부 통치기구의 정비, 문서 관리에 많은 노력을 기울였다.

호조 야스토키(北條泰時, 1183 - 1242)

가마쿠라막부의 3대 집권. 막부 독자의 법률을 제정하는 등, 막부가 통치 권력으로 자리잡는 데 크게 기여했다. 야스토키 시대를 거치면서 호조씨의 정치권력도 확고부동해진다.

에이사이(榮西, 1141 - 1215)

중세 초기의 선승. 일본사회에 선종과 차 문화를 소개한 승려로 저명하다. 가마쿠라와 교토를 오가며 선종을 널리 퍼뜨리는 데 힘을 기울였다.

고토바상황(後鳥羽上皇, 1180 - 1239)

82대 천황. 1198년 퇴위 후 상황으로 군림했다. 1221년 가마쿠라막부를 타도하고자 했으나 실패하고 오키 섬에 유배되었다. 교토로 돌아오지 못한 채 현지에서 생을 마감했다.

미우라 야스무라(三浦泰村, 1184 – 1247)
가마쿠라 시대의 무사. 유력 무사 가문 가운데 하나인 미우라씨의 우두머리였다. 막부 권력을 두고 호조씨와 가마쿠라에서 시가전을 벌이지만, 패배하여 자결한다.

호조 도키요리(北條時頼, 1227 – 1263)
가마쿠라막부의 5대 집권. 막부 구성원들 간의 합의정치를 존중하면서도 호조씨의 권력 기반을 강화하는 데 부심했다. 가마쿠라에 금주령을 내린 인물로도 저명하다.

9장

구조 요리쓰네(九條賴經, 1218 – 1256)
가마쿠라막부의 4대 쇼군. 귀족가문인 구조가 출신이다. 겐지 쇼군 3대에 이어, 1226년 쇼군에 임명되었다. 1246년 쇼군 주도의 정치를 도모하다 실패하고, 교토로 추방되었다.

구조 요리쓰구(九條賴嗣, 1239 – 1256)
가마쿠라막부의 5대 쇼군. 부친 요리쓰네의 뒤를 이어 쇼군위에 올랐다. 시종일관 꼭두각시 쇼군 노릇을 하다, 1252년 모반사건에 연루되어 교토로 추방되었다.

무네타카친왕(宗尊親王, 1242 – 1274)
가마쿠라막부의 6대 쇼군. 막부 최초의 황족 쇼군이다. 정치적 권한은 없었으며, 주로 문예 면에서 두드러진 활약을 보였다. 1266년 모반의 혐의를 받아 교토로 추방되었다.

호조 도키무네(北條時宗, 1251 – 1284)
가마쿠라막부의 8대 집권. 여몽연합군의 일본 침공 때 막부를 이끈 인물이다. 강력한 무력을 바탕으로 전제정치를 추구했다. 선종과 율종을 비호한 것으로도 저명하다.

호조 다카토키(北條高時, 1304 – 1333)

가마쿠라막부의 14대 집권. 가마쿠라막부 멸망 당시, 막부의 최고 실력자였다. 한평생 음주가무에 빠져 살았으며, 정치는 수하인 나가사키씨에게 일임했다.

나가사키 다카스케(長崎高資, ?- 1333)

가마쿠라 말기의 무사. 호조 다카토키의 집사 역할을 하며 막부의 실권을 장악했다. 오슈 안도씨의 내분사태를 부적절하게 처리하여 막부의 위신을 떨어뜨렸다.

고다이고 천황(後醍醐天皇, 1288 - 1339)

96대 천황. 가마쿠라막부를 무너뜨리고 천황 중심의 정치를 구현하려 했지만, 무사들의 폭넓은 지지를 얻지 못해 실패했다. 요시노에 독자의 조정을 세워 남북조 시대를 열었다.

히노 스케토모(日野資朝, 1290 -1332)

가마쿠라 말기의 공경. 1324년 고다이고 천황의 막부타도운동에 관여하여 사도 섬으로 유배되었다. 1331년에 다시금 불거진 막부타도운동의 여파로, 이듬해 사도 섬에서 처형 되었다.

구스노키 마사시게(楠木正成, ? - 1336)

가마쿠라 말기-남북조 시대의 무사. 시종일관 고다이고 천황에게 충성을 바친 인물이다. 1336년 미나토가와 전투에서 패하여 전사했다. 사후에 충신의 상징으로 크게 현창되었다.

모리요시친왕(護良親王, ?- 1335)

가마쿠라 말기-건무 신정기 때 활약한 황족. 고다이고 천황의 황자로, 무장으로서의 면 모가 강한 인물이다. 모반의 혐의를 받고 가마쿠라에 유폐된 후, 그곳에서 살해되었다.

10장

아시카가 다카우지(足利尊氏, 1305 - 1358)

무로마치막부의 1대 쇼군. 고다이고 천황의 복고정치에 반발하는 무사들을 기반으로 삼 아 무로마치막부를 세웠다. 교토의 조정(북조)을 지지하여 요시노의 조정(남조)과 대립했다.

아시카가 다다요시(足利直義, 1306 – 1352)

가마쿠라 말기-남북조 시대의 무사. 형 다카우지를 도와 무로마치막부를 세웠으며, 막부의 행정권을 장악했다. 그러나 이내 다카우지와 충돌하여 가마쿠라에서 살해되었다.

고노 모로나오(高師直, ? – 1351)

가마쿠라 말기-남북조 시대의 무사. 아시카가 다카우지의 측근으로 크게 활약했다. 1351년, 다카우지와 충돌한 다다요시 측에 사로잡혀 처형되었다. 주색을 탐닉한 인물로도 저명하다.

사사키 도요(佐々木道誉, 1296 – 1373)

남북조 시대의 무사. 아시카가 다카우지, 요시아키라 부자의 신뢰를 받으며 무로마치막부의 중진으로 크게 활약했다. 파격적인 언행을 일삼은 것으로 저명하다.

아시카가 요시아키라(足利義詮, 1330 – 1367)

무로마치막부의 2대 쇼군. 한평생 가마쿠라, 교토 등지를 오가며 남조와의 전투에 분주했다. 말년에는 남조와의 강화협상을 진행하는 등, 남북조 통일의 물꼬를 트고자 했다.

호소카와 요리유키(細川賴之, 1329 – 1392)

무로마치 시대의 무사. 무로마치막부의 3대 쇼군 아시카가 요시미쓰를 보좌하며 쇼군 권력을 반석 위에 올려놓았다. 수준 높은 교양인으로도 저명하다.

아시카가 요시미쓰(足利義満, 1358 – 1408)

무로마치막부의 3대 쇼군. 무사와 귀족을 아우르는 막강한 정치권력을 구축했다. 대외적으로는 '일본국왕'을 자처하고 명의 승인을 받아, 대중국 무역의 이익을 독점하기도 했다.

아시카가 요시모치(足利義持, 1386 – 1428)

무로마치막부의 4대 쇼군. 유력 무사들의 이해관계를 조정하며 쇼군 권력을 부동의 것으로 만드는 데 부심했다. 자신의 후계자 선정을 신의 선택에 맡기는 파격적인 조치를 취했다.

아시카가 모치우지(足利持氏, 1398 – 1439)

4대 가마쿠라쿠보. 아시카가 쇼군가의 일족으로, 동국 일대의 통치를 위임받았다. 교토의 쇼군과 심심찮게 대립한 결과, 막부군의 공격을 받고 가마쿠라에서 자결한다.

우에스기 젠슈(上杉禅秀,? - 1417)

무로마치 시대의 무사. 주군인 아시카가 모치우지와 대립하여 군사적으로 충돌했다. 일단 승리를 거두었으나, 막부군의 공격을 받아 가마쿠라에서 자결했다.

아시카가 요시카즈(足利義量, 1407 - 1425)

무로마치막부의 5대 쇼군. 병약했던 데다 폭음을 즐겨 스스로 건강을 해쳤다. 1425년 급사했는데, 당시에 죽음의 원인으로는 폭음과 함께 원혼들의 해코지가 회자되었다.

아시카가 요시노리(足利義教, 1394 - 1441)

무로마치막부의 6대 쇼군. 신전에서의 제비뽑기를 통해 쇼군이 되었다. 공포정치를 펼치던 와중에 한 연회석상에서 부하장수의 칼날에 비명횡사했다.

11장

아시카가 요시마사(足利義政, 1436 - 1490)

무로마치막부 8대 쇼군. 가독 승계를 둘러싼 유력 무사간의 이해관계를 적절히 조정하는 데 실패하여, 오닌의 난을 불러일으켰다. 선종에 조예가 깊었다.

히노 도미코(日野富子, 1440 - 1496)

아시카가 요시마사의 부인. 아들 요시히사를 쇼군으로 삼고자 하여 분란을 일으켰다. 전란 상황에서도 사리사욕을 추구하여 사람들의 빈축을 샀다.

고하나조노 천황(後花園天皇, 1419 - 1470)

102대 천황. 천황기를 둘러싼 복잡한 정치상황 속에서 우연찮게 황위에 올랐다. 문예에 조예가 깊었으며, 요시마사를 타이르는 한시를 지은 일은 특히 저명하다.

아시카가 요시미(足利義視, 1439 - 1491)

무로마치 시대의 무사. 쇼군직을 놓고 조카 요시히사와 경쟁했다. 오닌의 난 때에는 쇼군에 진배없는 권력자로 군림하기도 했으나, 정식으로 쇼군이 된 적은 없다.

아시카가 요시히사(足利義尚, 1465 - 1489)

무로마치막부의 9대 쇼군. 쇼군의 권위 회복에 부심했다. 그러나 주색을 탐닉하여, 출진 중에 요절했다.

호소카와 가쓰모토(細川勝元, 1430 - 1473)

무로마치 시대의 무사. 오닌의 난에서 동군의 총대장이었다. 정치적인 수완이 뛰어났던 인물로 알려져 있으며, 각종 문예에도 조예가 깊었다.

야마나 소젠(山名宗全, 1404 - 1473)

무로마치 시대의 무사. 소젠은 법명이고, 본래 이름은 모치토요이다. 오닌의 난에서 서군의 총대장이었다.

잇큐(一休, 1394 - 1481)

무로마치 시대의 승려. 교토 다이도쿠사(大德寺)의 주지. 기성 교단의 부패에 저항하여 기행을 일삼았다. 문예에도 조예가 깊었다.

산조니시 사네타카(三條西實隆, 1455 - 1537)

무로마치 후기의 귀족. 폭넓은 교우관계의 소유자였다. 사네타카의 일기인 『實隆公記』에서는 격동기의 귀족들의 삶과 음주행태를 잘 엿볼 수 있다.

12장

고노에 마사이에(近衛政家, 1444 - 1505)

무로마치 후기의 귀족. 마사이에의 일기 『後法興政家記』에는 전란에도 아랑곳하지 않고 만취하곤 했던 상급 귀족들의 모습이 여과 없이 기록되어 있다.

이치조 가네라(一條兼良, 1402 - 1481)

무로마치 후기의 귀족. 당대 최고의 학자이자 문화인이었다. 전례는 물론, 문학, 음악 등 다방면에 걸쳐 뛰어난 식견을 갖추고 있었다.

13장

야마시나 도키쓰구(山科言繼, 1507 - 1579)
센고쿠 시대의 귀족. 유력 무사들과 친밀한 관계를 맺고 있었다. 그가 남긴 일기『言繼卿記』는 센고쿠 시대 귀족사회의 음주백태를 가감 없이 보여준다.

다이지코인(大慈光院, ? - ?)
센고쿠 시대의 황녀. 고나라 천황의 여동생. 도키쓰구의 일기『言繼卿記』에 따르면, 그녀는 상당한 술꾼이었던 것으로 보인다.

이마가와 요시모토(今川義元, 1519 - 1560)
센고쿠 시대의 무사. 동해도(일본열도 동쪽의 태평양 연안 지방) 일대에서 위세를 떨쳤지만, 오다 노부나가와의 전투에서 패하고 전사한다.

14장

유키 마사카쓰(結城政勝, 1504 - 1559)
센고쿠 시대의 무사. 시모사(下總) 유키성의 성주로, 간토 일대에서 위세를 떨쳤다. 통치영역을 확대한 것과 더불어 이른바 분국법을 제정한 것으로 저명하다.

조소가베 모토치카(長宗我部元親, 1539 - 1599)
센고쿠 시대의 무사. 한때는 시코쿠 최대의 판도를 장악했다. 그러나 말년에는 군사적인 실패와 가문의 내분으로 인해 고초를 겪었다.

모리 모토나리(毛利元就, 1497 - 1571)

센고쿠 시대의 무사. 주고쿠 지방(혼슈의 서쪽 끝 일대)의 패자로, 한때는 규슈를 넘보기도 했다. 문예에도 조예가 깊었다.

오토모 소린(大友宗麟, 1530 – 1587)

센고쿠 시대의 무사. 소린은 출가후의 법명이고, 본명은 요시시게(義鎭)이다. 대외무역에 힘을 기울였으며, 기톨릭에 귀의하여 로마 교황에게 사신을 파견하기도 했다.

우에스기 겐신(上杉謙信, 1530 – 1578)

센고쿠 시대의 무사. 에치고 지역의 패자였다. 일생에 걸쳐 금욕적인 생활을 견지했으며, 내치에 힘을 기울였다. 용장으로 이름을 드날렸다.

다케다 신겐(武田信玄, 1521 – 1573)

센고쿠 시대의 무사. 센고쿠 시대 최강으로 일컬어진 기마병단을 길러낸 장본인이다. 화려한 여성관계에 비해 술에 얽힌 에피소드는 그다지 전하지 않는다.

우사미 사다미쓰(宇佐美定満, 1489 – 1564)

센고쿠 시대의 무사. 우에스기 겐신의 책사로 크게 활약했다. 1564년 나가오 마사카게와 함께 익사하는데, 그 구체적인 내막은 분명치 않다. 여전히 베일에 가려진 인물이다.

나가오 마사카게(長尾政景, 1526 – 1564)

센고쿠 시대의 무사. 우에스기 겐신에 대해 절대 충성을 바치지 않고, 일정한 거리를 유지했던 인물이다. 1564년 익사하는데, 피살설이 유력하다.

15장

오다 노부나가(織田信長, 1534 – 1582)

센고쿠·아즈치 모모야마 시대의 무사. 기발한 발상과 군사적 수완을 겸비했던 인물이다. 일본열도의 통일을 꾀하던 와중에 부하 장수의 습격을 받아 자살했다.

아시카가 요시아키(足利義昭, 1537 – 1597)

무로마치막부 최후의 쇼군. 오다 노부나가의 추대를 받아 쇼군이 되었으나, 이윽고 사이가 벌어져 1573년 교토에서 쫓겨났다. 이에 무로마치막부는 소멸되었다.

아사쿠라 요시카게(朝倉義景, 1533 – 1573)

센고쿠 시대의 무사. 일생에 걸쳐 일향종 세력과 반목, 타협을 거듭했다. 말년에는 오다 노부나가와의 전투에서 대패하여 아사쿠라 가문 멸망의 빌미를 제공했다.

아케치 미쓰히데(明智光秀, 1528 – 1582)

아즈치 모모야마 시대의 무사. 애초에 오다 노부나가의 심복으로 크게 활약했으나, 1582년 주군 노부나가에게 칼을 겨눴다. 히데요시와 대립하던 와중에 비명횡사했다.

도요토미 히데요시(豊臣秀吉, 1536 – 1598)

아즈치 모모야마 시대의 무사, 정치가. 한미한 가문 출신임에도 불구하고, 남다른 수완을 발휘하여 최고 권력자로 군림하였다. 임진전쟁을 일으킨 장본인이다.

시마즈 요시히사(島津義久, 1533 – 1611)

아즈치 모모야마 시대의 무사. 규슈지역의 패자로서 무명을 떨쳤다. 히데요시에게 뒤늦게 굴복하여, 영지를 대폭 삭감당했다. 임진전쟁에도 참전했다.

후쿠시마 마사노리(福島正則, 1561 – 1624)

아즈치 모모야마-에도 시대의 무사. 히데요시, 이어서 이에야스를 주인으로 섬겼다. 막부의 허가 없이 성을 수축한 죄로 불우한 말년을 보냈다.

우키다 히데이에(宇喜田秀家, 1572 – 1655)

아즈치 모모야마-에도시대의 무사. 히데요시의 측근으로 크게 활약했다. 세키가하라 전투에서도 서군에 속했으며, 그로 인해 하치조지마에 유배된 후, 현지에서 생을 마감했다.

7장. 중세 여명기 무사들의 음주풍경

술을 마시던 중 습격당하다

1180년 미나모토노 요리토모(源賴朝)는 이즈(伊豆)에서 거병하여, 그해 가을에는 후지가와(富士川)에서 헤이시(平氏) 군대를 패주시켰다. 그 사이 기소(木曾)에서 미나모토노 요시나카(源義仲)가 거병했다는 전갈이 교토에 전해졌는데, 이곳은 교토에서 가까웠던 만큼 헤이케(平家)는 몹시 당황했다. 이듬해에는 규슈로부터 전령이 도착하여, 붕고(豊後)의 오가타 사부로(緖方三郞)를 비롯하여 "우스키(臼杵), 헤쓰기(戶次), 마쓰라당(松浦党)에 이르기까지 모두 헤이케를 배반하고 겐지(源氏)와 뜻을 같이 했다."는 소식을 전했다.

설상가상이라는 생각에 그저 원통해하고 놀랄 따름이었다. 그런 상황에서 시코쿠(四國)의 이요(伊予)로부터 전령이 도착했다. 그에 따르면, "고노 미치키요(河野通淸)를 비롯하여 시코쿠의 무리들이 모두 헤이케를 배반하고 겐지와 뜻을 같이" 했다. 오직 한 사람 헤이케에게 깊이 마음을 주고 있던 빙고(備後) 누카(額)의 입도세이자쿠(入道西寂, 재가 출가자)가 이요로 건너가 고노 미치키요를 토벌했다. 미치키요의 자식인 시로 미치노부(四郎通信)는 무슨 일이 있어도 부친의 원수인 세이자쿠를 치고자 기회를 엿보고 있었다.

세이자쿠는 "시코쿠의 폭도들을 잠재운 후, 금년 정월 15일에 빙고 도모(鞆)에 건너가 유녀와 창녀들을 불러 모아서 놀고 즐기며 술을 마셨다. 앞뒤 분간 없이 취한 상황에서 고노 시로가 결심이 굳센 무리 100여명을 끌어들여 단번에 밀고 들어갔다."

이리하여 고노 시로(河野四郎)는 세이자쿠의 방심을 틈타 순조롭게 세이자쿠를 사로잡고, 부친 미치키요가 토벌된 성까지 끌고 가서는 거기서 톱으로 목을 베었다고도, 책형(磔刑)에 처했다고도 한다. 전령의 보고는 이상과 같았다.

이 이야기는 『평가물어』권6에 실려 있다. 세이자쿠(西寂)라는 입도(入道)는 이른바 술을 즐기는 호걸이었던 것 같다. 하지만 흡사 야마토타케루노미코토에게 살해되었던 구마소타케루처럼, 술에 흠뻑 취해 있는 사이에 뜻밖의 최후를 맞이했다. 유녀 등을 상대로 틀림없이 의기양양하게 술을 마셨을 것이다.

술로 인해 언제 머리가 베일지 모르는 겐페이(源平) 쟁란의 시대였다. 대체로 술이 셌던 무사들이지만, 그만큼 술에 취하는 것을 애써 경계하고 자중하는 기색이 있었다.

사실 지금까지는 일본 역사상의 술꾼들을 추적하여 고대의 공가사회, 특히 궁정인들을 중심으로 술자리의 양상을 살펴보았던 것이고, 이제 무사가 세상을 지배하는 시대가 되었기 때문에 틀림없이 무사출신의 주호·

취한(醉漢)과 빈번하게 마주치리라 생각했다.

하지만 의외로 음주에 관한 기록은 적으며, 고대의 공가 취한과 같은 인물은 보이지 않는다. 앞서도 다이라노 마사카도(平將門)라든가 후지와라노 스미토모(藤原純友), 혹은 이른바 겐페이 대두기의 무사가 술에 관한 일화를 남기지 않았다는 점을 지적했지만, 가마쿠라 시대에 들어서도 그런 경향은 얼마간 이어진다.

무사가 술에 강하니까 그다지 눈에 띄는 음주행태, 취태를 보이지 않았던 것이라고 여겨질 지도 모르지만, 실은 그렇지 않다. 헤이안 시대 무렵의 무사는 아직 시골스러운 순박함을 지니고 있어서 술에 대해서는 옛 풍속을 지키고 있었다. 여기서 말하는 옛 풍속이란, 시간과 장소를 가리지 않고 무턱대고 술을 마시는 일 없이 축제나 중요한 축하자리의 연회에서 예의바르게 마신다는 것을 의미한다.

공경 등 궁정인들에게는 이미 술친구라 할 만한 관계가 생겨서 시도 때도 없이 술잔을 기울였다. 하지만 당시의 무사에게는 그런 면모가 없었다. 또한 술자리 핑계를 대고 공동모의를 하는 일이 종종 있었던 공가사회였지만, 그런 모임이 무사들만으로 구성되는 일은 없었다. 시시가다니(鹿ヶ谷) 사건처럼 상황 근신층(近臣層)의 반 헤이케(反平家)그룹이 주최한 모의의 술자리에 무사 몇몇이 연루된 정도이다. 마치 술에서 비롯되는 위험한 상황에 마주치지 않겠다는 마음가짐이 있었던 것처럼 말이다. 이처럼 무예와 전투에 종사하는 자들은 옛 풍속에 따른 주도에 충실했는데, 술은 방심을 초래한다는 경계심 같은 것도 작용했던 것으로 보인다. 그렇게 행동하지 않으면, 세이자쿠와 같이 다대한 공적에 작은 빈틈이 생길 우려가 있었기 때문이다.

술에서 파멸로

시시가다니 사건의 주모자는 후지와라노 나리치카(藤原成親)였다. 근위대장 자리를 놓고 다이라노 시게모리(平重盛)와 경쟁하여 패하고, 한 발 승진이 늦은 자이다. 대체로 원래부터 헤이케를 싫어했다. 고시라카와상황의 근신 가운데 한 사람으로, 상황으로부터는 총애를 받고 있었던 것 같다.

나리치카가 미노노카미(美濃守) 자리에 있었을 때의 일이다. 다만, 당시에는 요임(遙任) 국사라 하여 현지에 부임하지 않는 자들이 많았다. 나리치카도 예외는 아니었다. 말하자면 봉록만 받는 국사로, 실제 업무는 모쿠다이(目代)였던 우위문위(右衛門尉) 마사토모(正友, 政友라고도 했다)가 담당하고 있었다.

그런데 미노국에는 당시 횡포하기 짝이 없던 산문(山門), 즉 히에이산(比叡山) 엔랴쿠사(延曆寺)의 장원이 소재해 있었다. 즉, 히라노장(平野庄)이라는 장원이 안파치군(安八郡) 내에 있었다. 히라노장에는 산문에 종사하는 신인(神人)이 있었다. 산문의 진수(鎭守)인 오미(近江) 사카모토(坂本)의 히에신사(日吉神社)의 신인이었다. 이 신인이 모쿠다이 마사토모에게 와서는 갈포(葛布)를 사지 않겠느냐고 이야기했다.

마사토모는 취해 있었다. 물건에 대해 트집을 잡으며 가격이 비싸다느니 좀 더 쌀 것이라느니, 비웃는 듯한 어조로 주거니 받거니 하는 사이에 싸움이 벌어졌다. 결국 마사토모는 먹을 갈포에 문질러 더럽히고 말았다. 신인은 물론 화가 났다. 본가인 엔랴쿠사에 이 일을 호소했다. 얼마 지나지 않아 일군의 신인 무리가 모쿠다이에게 몰려들어 난입사건이 발생했다.

모쿠다이 측은 열심히 응전한 바, 죽고 죽이는 상황이 되어 신인들도 10여명 살해되고 말았다. 그래서 산문에서는 대중 승병이 분개, 대거 봉기하여 국사인 나리치카를 유죄에 처하라, 모쿠다이 마사토모를 투옥하라며 집단적인 무력시위를 펼치기에 이르렀다.

법황은 곤혹스러웠다. 일단 산문의 요구를 물리치려 했지만, 산문과 기요모리(淸盛)가 합심한 힘에는 저항하지 못했다. 나리치카는 빗추(備中)에 유배되게 되었다. 1169년의 일이었다.

이처럼 휘하에 술버릇 나쁜 모쿠다이를 데리고 있었다는 이유만으로 나리치카는 뜻하지 않은 상황에 직면했던 것이다. 기요모리에 대한 나리치카의 원한은 한층 깊어졌다. 훗날 사면되어 1175년에는 권대납언(權大納言)이 되었는데, 우대장이 되고자 야망을 펼치려던 차에 이번에는 다이라노 무네모리(平宗盛)에 의해 앞길이 막혔다. 그와 같은 원한이 겹쳐서 앞서 이야기한 바와 같이 슌칸 승도의 시시가다니 산장의 술자리에서 헤이케 타도의 음모를 획책하기에 이른 것이다. 그리고 술이 들어가면서 점차 헤이케 타도의 기세는 강해지고, 통도 커져갔다.

그 자리에 있으면서도 허장성세 가득한 비밀회의에 정나미가 떨어진 다다겐지(多田源氏) 유키쓰나(行綱)는 기요모리에게 밀의의 상황을 폭로해버렸다. 그로 인해 돌연 나리치카가 체포되고, 참가자 일동이 엄벌에 처해진 것은 잘 알려진 바와 같다.

치밀한 계략을 세우는 데 술은 삼가지 않으면 안 된다. 그런 교훈을 헤이케에게 반감을 품고 있던 다른 자들에게 준 셈이 되었다. 헤이케 타도의 계략을 다듬던 겐 삼위 요리마사(源三位賴政) 등은 교활하다 싶을 정도로 면밀하게 계획을 추진했다. 그로 인해 기요모리는 마지막 순간까지 요리마사를 적대자로 여기지 않았다.

술이 약했던 요리마사·시게모리, 마지막 순간의 술

미 나모토노 요리마사는 헤이지의 난[44] 때, 미나모토노 요시토모(源義朝)
의 부름에 응하지 않고, 오히려 기요모리 측에 가담했기 때문에 그에 대
한 기요모리의 평가는 좋았다. 하지만 그는 역시 겐지(源氏)의 일원으로,
마음으로부터 기요모리에 복종할 만한 사람은 아니었다.

결국 고시라카와법황의 황자 모치히토왕(以仁王)을 꾀어 헤이시를 토
벌하라는 영지(令旨)를 발급하게 하고, 전국의 겐지에게 궐기를 촉구했
다. 그 자신은 거병 후 결국 패하여 우지(宇治) 보도원(平等院)에 들어가
자결했다.

요리마사에 대한 평가는 예전부터 각양각색이었다. "교와라와(京童)"들
의 전승에서는 그가 "풍류가 있지만 술에 약한 사람"이었다는 점에서 기
량이 부족하다고 일컬어졌다.

요리마사가 "풍류"인이었다는 것은 그가 바사라를 좋아했다고 일컬어진
것과 관계가 있다. 바사라라는 것은 중세무가사회에서 종종 일컬어지는
것인데, 예컨대 다른 사람을 놀라게 할 정도로 한껏 멋을 낸 의상을 입는
등, 사치스럽게 멋 부리는 것을 좋아하는 것이 바사라이다.

또한 그는 노래도 곧잘 읊었으며, 학문에도 조예가 있었다. 그래서 궁정
의 공경과도 교제가 많았던 듯하다. 하지만 당시의 궁정에는 고시라카와
법황을 비롯하여 상당한 주호들이 많았다. 그런 사람들 입장에서 볼 때,
요리마사라는 인물은 "술이 약한 사람", 재미없는 사내였던 것 같다.

하지만 바로 그런 이유로 인해 기요모리를 마지막 순간까지 속일 수 있
었을 것이다. 술을 벌컥벌컥 마셔대는 술꾼이었다면, 어디에선가 문득 본
심을 토로해버렸을지 모른다. 혹시 요리마사는 의식적으로 "술이 약한 사

람"이고자 했던 것은 아닐까.

당시 겐페이 무장들은 시골 무사의 틀에서 벗어나 있었다. 특히 헤이케 등은 긴다치(公達, 상류귀족의 자제들)라고 일컬어진 바와 같이, 공가사 회의 문화에 상당히 익숙해져 있었다. 요리마사의 경우에도 그에 가깝다. 그들은 서로 상대하여 곧잘 술잔을 주고받았다. 지금이다 싶은 중대하고 긴장된 상황에서는 특히 그러했다. 『평가물어』라는 책에는 대체로 음울 한 이야기가 많이 등장하는데, 이런 이야기도 실려 있다. 다이라노 시게 모리가 꿈을 통해 죽음이 다가오고 있는 것을 깨닫고는 자식인 소장(少 將) 고레모리(維盛)에게 이를 암시하고, 장의용 칼로 손잡이에 장식을 붙 이지 않은 문양 없는 칼을 주었다.

그때 시게모리는 "소장에게 술을 권하라."며 자신의 수하인 사다요시(貞 能)를 불렀다. 술을 따르기 위해 사다요시가 나타나자, "이 술잔을 우선 소 장에게 주고 싶지만, 절대 부모에 앞서 마시지 않을 터이니, 나 시게모리 가 먼저 들고 소장에게 줄 것이다."라며 아홉 잔을 자신이 마시고, 이어서 소장 고레모리에게 아홉 잔 마시게 했다. 그리고 "자, 사다요시, 접대용 물 품을 하사하라."라고 하며 예의 문양 없는 칼을 주어 고레모리를 놀라게 하고, 슬픔에 빠뜨렸다는 이야기이다. 이는 이별의 술잔으로, 시게모리는 얼마 지나지 않아 부친 기요모리에 앞서 타계한다.

시게모리가 죽은 이듬해인 1180년, 헤이케 일족으로 때마침 이즈에 유 배 가서 야미기향(山木鄕)을 중심으로 현지에서 권세를 떨치고 있던 야

---

44 1160년. 고시라카와상황의 근신세력들 간의 상호 대립에 의해 발생한 전란. 이 전란을 거 치며 겐지가 몰락하고 헤이케가 크게 부상한다.

마기(다이라) 가네타카(兼隆)는 기요모리의 위세를 빌어 거드름을 피우고 있었다. 게다가 "주연영곡(酒宴郢曲)"으로 환락을 다하고 들뜬 분위기에 취해 있었다. 미나모토노 요리토모(源賴朝)는 야마기의 거처와 그 주변의 지세 등에 대한 상세한 그림지도를 입수하고, 이곳에 대한 공격을 시작으로 단번에 헤이케 토벌을 위해 거병한다는 생각을 가지고 은밀히 준비 작업에 들어갔다.

야마기에 대한 공격이 성공한 이후 요리토모의 정력적인 활동이 시작되는 것이다. 술에 빠져 있던 가네타카는 결국 겐지 재흥의 돌파구를 요리토모에게 열어준 셈이 되었다.

미나모토노 요리토모의 술

요리토모는 기회 있을 때마다 술을 입에 대고 있다. 술꾼이라 할 정도는 아니었지만, 제법 그럴싸한 상대를 불러 술을 주고받았다.

1186년 요리토모는 동생 요시쓰네(義經)의 애첩 시즈카(靜)를 사로잡아 가마쿠라로 데려오게 했다. 요리토모는 시즈카에게 요시쓰네의 도피처를 물었지만 답을 얻지 못했다. 쓰루가오카 하치만궁(鶴岡八幡宮)에 아내 마사코(政子)와 참배했을 때, 회랑에서 시즈카에게 춤을 추게 한 것은 너무나도 유명한 일화이다.

그 무렵 요리토모의 머릿속은 온통 요시쓰네 일행에 대한 수색으로 가득 차 있었다.

시즈카가 춤을 춘 지 2주가 채 지나지 않은 어느 날, 도토미노카미(遠江守) 야스다 요시사다(安田義定)가 요시쓰네를 찾으러 다닌 경위를 보고 하러 가마쿠라에 돌아왔다.

요리토모는 요시사다를 불러들여 술을 대접하며 이런저런 잡담을 나누었다. 도토미국에서 뭔가 특이한 일은 없었느냐고 요리토모가 물었다. 그러자 요시사다는 만취한 김에 떠들어대기 시작하여 가쓰타 사부로 시게나가(勝田三郎成長)가 고케닌(御家人)[45]이면서 교토로부터 현번조(玄蕃助)에 임명되었다, 대단한 일이다, 라고 말했다. 요리토모는 계속해서 요시사다의 말을 유도했다. 요시사다는 후타마타산(二俣山)에서 사냥을 하고 있을 때 자신의 앞을 달리던 아홉 마리 사슴 무리에 활을 쏘아 모두 잡았다며 사슴 가죽을 진상하겠다고 말했다. 요시사다는 요리토모에게 5장, 와카기미(若君)에게 3장, 그 자리에서 술시중을 들고 있던 오야마 시치로 도모미쓰(小山七郎朝光)에게 1장을 선물했다.

요리토모는 상당히 기분이 좋아져서 가쓰타 시게나가의 임관 같은 것은 언급하지 않을 것이라고 여겨졌지만, 다시 한 번 그 일을 화제로 삼았다. 고케닌이면서 자신에게 아무런 연락 없이 제멋대로 교토의 공가로부터 관직을 받는 것은 심히 해괴한 일이다, 신속히 따져 묻지 않으면 안 된다며 처분하겠다는 분위기를 풍겼다.

요시쓰네가 고시라카와상황의 조종으로 제멋대로 임관했다는 사실이 요리토모와 요시쓰네 형제의 사이를 갈라놓았다는 점은 잘 알려진 바와 같다. 무사를 위한, 무사에 의한 정권을 확립하여 무사본위로 구심력을 갖춰나간다는 일념을 지니고 있던 요리토모는 고케닌 무사가 교토의 관리로 임명되는 것에 큰 반감을 품고 있었다.

---

45 쇼군과 직접적으로 주종관계를 맺은 유력무사.

그런 요리토모의 성격과 사고방식을 잘 알고 있었을 터인 야스다 요시사다는 술을 마시는 와중에 무심코 가쓰타 시게나가의 건을 떠벌리고 말았던 것이었다. 『오처경(吾妻經)』은 화가 난 요리토모의 말을 듣고 요시사다는 얼굴이 새빨개졌고 분별없이 말을 지나치게 한 것에 대해 후회하는 기색이 있었다고 전한다.

요리토모의 술에는 그런 일종의 교활함이 있었다. 지금도 술을 마시게 하면서 이래저래 떠들게 하고는 적당히 분위기를 띄워주는 척 하면서 상대방의 거리낌 없는 솔직한 이야기를 유도하여 그것을 자신의 마음속에 담아두는 질 나쁜 자들이 있다.

커뮤니케이션의 범위가 현저히 좁고, 그런 기회가 적었던 시대이다. 멀리서 온 사람을 불러들여 술을 마시게 하고 여러 가지 일을 이야기하게 함으로써, 다른 곳에서는 얻기 어려운 정보를 얻을 수 있었던 것이다. 요리토모는 술을 마시게 함으로써 그런 편의를 제공받았던 셈이다. 상대방 입장에서 보면 방심할 수 없는 술자리이다.

여기서 시즈카고젠(靜御前)의 이야기로 돌아가 보자. 앞서 언급한 일이 있었던 다음 달, 구도 스케쓰네(工藤祐經), 가지와라 가게시게(梶原景茂), 지바 쓰네히데(千葉常秀), 핫타 도모시게(八田朝重), 후지와라 구니미치(藤原邦通) 등의 고케닌은 아마도 요리토모의 지시를 받아 감시 겸 시즈카의 숙소를 방문했다.

하지만 미녀 시즈카의 요염함에 홀린 그들은 술을 대접받고 기분이 좋아졌다. 결국 술판을 벌여 음악을 연주하고 시즈카의 모친인 이소노선사(磯の禪師)도 기예를 선보이는 등 와자지껄 시간을 보냈다.

그런 와중에 가지와라 가게시게는 몇 잔이고 술을 마시고 취해버려 "염언(艶言)을 시즈카에게 건네기에" 이르렀다. 즉, 구애하는 말을 건넨 것이다. 그러자 시즈카는 눈물을 흘리며 "요시쓰네님은 가마쿠라도노의 아우이시고, 저는 그 첩입니다. 당신 같은 고케닌의 몸으로 어찌 일반 남녀의 관계를 맺을 수 있겠습니까? 요시쓰네가 지금처럼 쫓기는 비운이 없었더라면, 당신과 제가 이렇게 대면하는 일 같은 것은 있을 수 없습니다. 실례되는 말을 하지 마세요."라며 완강히 거절했다.

시즈카라는 여성의 기질을 잘 알 수 있는 일화이다. 그녀는 상당히 기품이 있었으며 요시쓰네의 애첩이라는 사실에 자긍심을 지니고 있었다. 본래 미천한 시라뵤시(白拍子, 가무를 추는 유녀) 출신이라는 것은 상관없다는 듯 의연한 자세를 유지하고 있었던 것이다.
체면이 구겨진 가지와라 가게시게는 술기운이 단번에 깼을 것이라 생각한다.

오반(椀飯)과 고케닌의 술

1186년 정월. 이미 전 해에 요리토모는 고케닌을 제국(諸國)에 배치하여 슈고(守護)[46]로 임명하고, 사유지와 공유지를 불문하고 지토(地頭)[47]를 둔다는 칙허를 받아냈다. 무사를 매개로 한 전국 지배체제를 확고히 하고 있었던 것이다. 그런 까닭에 이해의 정월은, 요시쓰네를 포획하지 못했다는 점에서 실망스럽기는 했지만, 요리토모로서는 대체로 밝은 정월이었다.

2일, 요리토모는 마사코와 함께 아마나와 신명궁(甘繩神明宮)에 참배했으며, 3일에는 유력 고케닌과 함께 쓰루가오카 하치만궁에 참배했다. 그 봉폐의례가 끝난 후 "오반(椀飯)"이 있었다.

2년이 지난 1188년 이후, 가마쿠라막부의 신년행사로 정례화되었다. 요컨대, 신년 연회인데, 고케닌이 매해 윤번제로 돌아가며 쇼군에게 오반을 바치고 술을 몇 순배 마셨다. "오반부루마이(椀飯振(る)舞い, 성대한 향연)"라는 말의 유래는 여기에 있다.

가마쿠라막부의 경우, 고케닌이 신하로서 쇼군에 대해 향응을 제공하는 것이었다. 1191년 정월 1일의 행사에서는 특히 지바 쓰네타네(千葉常胤)가 첫 번째로 쇼군의 방문을 받은 집 주인으로서 엄숙하고 화려하게 헌상했다. 그리고 진상품으로 지바 쓰네타네로부터 칼, 신스케 다네마사(新介胤正)로부터 활이 바쳐졌다. 사금(砂金)을 진상하는 자도 있었다. 이런 정월의 오반이 신년에 하루하루 쇼군을 접대하는 집주인을 바꿔가며 수일에 걸쳐 진행되었다. 말도 끌고 와서 헌상했다. 어느 날의 헌상품이 또 다른 날의 오반 때 쇼군의 하사품으로 고케닌에게 넘어가는 식이었다. 오반 음식의 중심은 뭐니 뭐니 해도 술로, 큰 잔을 돌려가며 마셨다. 오반이 진행되는 사이에 활터(弓場)에서는 유미하지메(弓始め)[48] 의식이 반드시 거행되었다. 가무가 펼쳐진 해도 있었다.

주연 자리의 앉는 순서, 즉 고케닌들이 모여 앉는 순서에 대해 요리토모는 신경질적이었던 것 같다. 1193년에는 그가 자필로 순서를 써서 공표했다. 무사정권을 확립함에 있어서, 그 중추부에 출입하는 중요한 사람인 고케닌 상호간의 질서에 세심한 주의를 기울였던 것이다. 공가사회처럼 시시콜콜한 부분은 생각하지 않았다 하더라도, 술자리 회합을 통해 주종관계, 무사 상호간에 신분격차 의식을 각인시키고자 했던 것으로 여겨진다. 요리토모라는 인간은 부하들에게 곧잘 술을 마시게 했지만, 단순히 마시고 즐기게 하는 것에 그치지 않았다. 고케닌 통제에 관한 속뜻을 지닌 음주 방식을 취했다. 요리토모는 그런 사람이었다.

그해 5월, 후지(富士) 스소노(裾野)에서 몰이사냥이 펼쳐졌다. 예의 소가 주로(曾我十郞), 고로(五郞) 형제가 구도 스케쓰네(工藤祐經)를 죽인 복수사건이 일어난 때이다. 몰이사냥이 한창일 때에도 사냥감의 포획 방식 여하에 따라 포상의 의미에서 술을 마시게 했다. 상당한 양의 술을 마신 듯, "모두 술에 취했다"라는 식으로 『오처경』에 기록되어 있다.

가마쿠라 무사는 특히 초기에는 모두 술에 강했다. 다만 술독에 빠지거나, 술로 인해 몸을 상하게 하는 일은 피하고자 했다. 주종, 동료의 결속을 다지기 위해 친근감을 유도하는 정도의 음주에 그쳤다.

소가형제의 복수담에서 떠오르는 일화가 있다. 와다 요시모리(和田義盛) 일행이 주로(十郞)의 애인인 유녀 오이소의 도라(大磯の虎)의 평판을 듣고는 가마쿠라에서 시모쓰케(下野)로 향하던 도중에, 어떻게든 그곳에 들러 술을 마시고 싶다고 이야기했다는 일화가 있다.

와다 요시모리라는 유력 고케닌의 일족 80여명이다. 도라에 뒤지지 않는 아름다운 유녀 30여명이 술자리에서 이들을 크게 환대했지만, 요시모리가 마음에 두고 있던 도라는 좀처럼 자리로 나오지 않았다. 신경이 곤두서서 도라의 모친을 통해 재촉했지만, 주로에 마음을 두고 있던 그녀는 엎드려 울며 모습을 드러내지 않았다.『증아물어(曾我物語)』는 그런

---

46 기본적으로 국 단위로 임명되었던 막부의 지방관. 살인범의 추토 등 세 가지 권한을 지님.

47 각 단위 토지에 배치된 고케닌들. 애초에 치안유지의 명목 하에 배치되었던 이들은 점차 해당 토지에 대한 권한을 확대해갔음.

48 정월에 펼쳐졌던 막부의 연중행사. 마토하지메(的始)라고도 했음. 조정에서 펼쳐졌던 자라이(射禮)를 모방한 것으로, 새해벽두에 길흉을 점치고 사악한 기운을 물리친다는 취지의 행사로 알려짐.

도라의 괴로운 속내를 세심하게 파헤치고 있다. 결국 소가 주로가 여기에 있기 때문이라는 사실이 들통 났다. 주로가 도라를 독점하고 있는 것은 괘씸하다 하여, 술자리에는 돌연 긴장감이 감돌고 한바탕 소란이 일어날 것 같았다.

주로 역시 그 상황을 분명하게 인지했으므로, 미완의 복수전에 미련을 남기면서도 죽음을 각오하고 칼을 빼들었다. '미우라(三浦) 무리들-요시모리 일행-이여!, 할 테면 해보라'는 식으로 크게 소리지르며 응전의 자세를 취했다. 결국 요시모리의 자식으로 명석했던 아사히나 요시히데(朝比奈義秀)의 인사가 정중했으므로, 주로도 생각을 고쳐먹고 요시모리를 대면하기 위해 자리로 나아갔으며, 도라도 이에 함께 했다. 술잔을 몇 번이고 주고받으며 크게 기분을 풀기에 이르렀다. 하지만 나중에 와서 합류한 동생 고로와, 주로, 도라도 모두 그 자리를 벗어나 소가로 향했다고 한다. 오이소의 도라를 노리고 많은 술을 마시며 상당한 시간을 보냈지만, 가마쿠라시대의 유녀는 상당히 완고하여, 그 생각을 뒤집는 일은 권세를 갖춘 와다 요시모리라 해도 불가능했던 것이다.

8장. 명집권(名執權)과 술

와다 요시모리, 술자리를 덮치다

소가 주로 스케나리(曾我十郞祐成)의 애인인 오이소의 도라고젠(大磯の虎御前)을 연모하여 혼들린 남자, 와다 요시모리는 상당한 술꾼이었다. 그는 가마쿠라막부의 초대 사무라이도코로(侍所)[49] 별당(別當)이었다. 활쏘기의 명수로 알려져 있다. 미우라씨 출신으로, 일찍부터 요리토모에게 충성을 다하여 헤이시를 공략하고, 오슈(奧州) 히라이즈미(平泉)의 후지와라씨를 멸망시키는 과정에서 크게 활약했다.

2대 쇼군 요리이에(賴家) 아래에서도 원훈으로 일했으며, 3대 쇼군 사네토모(實朝)에게도 중시되었다. 그렇기는 해도 요리이에는 개성이 강

---

49 군사 · 경찰업무를 담당한 막부의 조직. 별당은 이 조직의 장관을 의미.

한 독재자 스타일의 쇼군으로, 요시모리와는 궁합이 맞지 않았다. 그래서 정적 가지와라 가게토키(梶原景時)를 배척할 때에는 요리이에와 호흡을 맞췄지만, 요리이에로부터 호조 도키마사(北條時政) 추토를 명령받았을 때는 말을 듣지 않았다. 오히려 호조씨에 내응하여, 요리이에를 슈젠사(修禪寺)에 가두는 모의에 참여했다. 요리이에는 허망하게 몰락했다. 3대 쇼군 사네토모의 옹립에도 힘을 다했기 때문에, 와다 요시모리는 쇼군이나 호조씨로부터 호감을 얻고 있었다. 그런 와중에 요시모리의 자식인 시로 요시나오(四郎義直), 고로 요시시게(五郎義重), 조카인 다네나가(胤長) 등이 모반사건에 연루되었다. 요리이에의 아들 센주(千手)를 받들어 반란을 일으키고자 했던 이즈미 지카히라(泉親衡)의 음모에 이들이 가담했던 것이다.

1213년 2월 중순의 일이었다.

이때의 음모에는 2~300명의 병력 동원이 준비되었다는 사실이 알려져, 막부 측은 매우 긴장하며 엄중한 경계태세를 취했다. 와다 요시모리는 자신의 일족이 이 모반에 가담했다는 사실에 놀라 가즈사국(上總國) 이호쿠장(伊北庄)의 거처에서 가마쿠라로 달려왔다. 요시모리는 막부에 출두하여 쇼군과 호조 요시토키(北條義時)[50] 집권의 기분을 살폈다. 그 결과, 근년 이래로 쌓아온 요시모리의 훈공에 의해 자식 요시나오와 요시시게의 죄는 상쇄되었다.

요시모리는 조카 다네나가를 구하고자 다시금 일족 98명을 이끌고 쇼군 앞으로 가서 연좌하고 강력하게 사면을 요청했다. 하지만 오에 히로모토(大江廣元)가 나와 다네나가는 이번 모반사건의 장본인이므로 사면될 수 없다고 전했다. 또 일족과 부하의 앞에서 면박을 당해 요시모리는 심히 체면을 구겼다.

『오처경』에 따르면, 이 탄원이 받아들여지지 않았던 것이 요시모리가 역심을 품은 계기라고 한다. 다네나가는 오슈로 유배되었다. 그 저택부지도 몰수되었다.

가마쿠라는 뭔가 일어날 듯한 기분 나쁜 분위기에 휩싸였다. 4월 7일, 막부에서는 시녀들을 불러 모아 주연을 베풀었다. 참고로 이 시대에는 공적인 주연에서도 봉사하는 시녀들이 동석하여 술잔을 주고받았다. 그때 쇼군 사네토모(實朝)는 고케닌 두 사람에게 묘한 말을 하여 간담을 서늘케 했다. 야마노우치 좌위문위(山內左衛門尉)와 지쿠고 시로 병위위(筑後四郎兵衛尉)가 막부의 담과 중문 부근에서 배회하고 있었다. 거동이 수상하다 하여 쇼군 어전의 가장자리로 불러들여 술잔을 주고 "두 사람 모두 함께 목숨을 잃을 일이 가깝도다."라고 말했던 것이다.

와다 일족의 동요는 상당하여, 쇼군의 측근으로 총애를 받아온 요시모리의 손자 와다 도모모리(和田朝盛) 같은 자는 어찌할 바를 몰라 출가한 후, 실아미타불(實阿彌陀佛)이라 칭하고 상경해버렸다.

사네토모는 도모모리의 행동을 양해했다. 하지만 조부 요시모리는 도모모리가 사네토모를 생각하여 취한 이 행동에 격노했다. 추적하여 데려오라고 요시나오에게 명령했다. 도모모리의 무용을 아까워하여 어떻게든 휘하에 두고 싶었기 때문이다.

여러 가지 유언비어가 횡행했다. 요시모리가 수년 동안 귀의해온 이세국(伊勢國) 출신의 승려를 가마쿠라에서 쫓아내버렸는데, 이를 둘러싸고

---

50 막부의 정무기관인 만도코로(政所)의 장관 가운데 유력자를 가리키는 말. 쇼군을 보좌하며 막부의 정치를 총괄하는 직책으로, 겐지 쇼군가의 외척인 호조씨가 세습.

모반이 드디어 실행되기 때문이다, 아니다, 이세의 대신궁에 뭔가 기도하라고 보낸 것일 것이다, 등등 소문이 퍼졌다. 『오처경』에는 "세상이 점차 불온해졌다."라고 기록되어 있다.

그런 기사가 있었던 다음 날인 4월 27일, 사네토모는 사자를 요시모리의 저택에 보냈다. 그 본심을 엿보기 위해서였다. 사자가 기다리고 있는 곳에 요시모리가 나타났는데, 에보시를 벗어들고는 사자 앞에서 떨어뜨리고 말았다.

이 모습을 본 사자는, 만약 이 요시모리에게 모반의 마음이 있다면 참수형을 받아 주벌을 받겠다는 의향의 표명이라고 생각했다고 한다. 어쨌든 요시모리의 이야기를 들었다. 요시모리는 요리토모 이래의 깊은 인연을 이야기하며 모반의 의사가 없음을 밝혔다. 하지만 주위에는 일족의 용사가 늘어앉아 있고 무구도 갖춰져 있었다.

이 모습이 쇼군에게 보고된 후, 당시 요시모리와 사이가 좋지 않았던 집권 호조 요시토키가 쇼군에게 와서 가마쿠라에 머물고 있는 고케닌을 불러 모았다고 보고했다. 단, 아직 갑옷을 입게 하지는 않았다고 했다. 막부에서는 다시 한 번 확인을 위해 사자를 요시모리 저택에 보냈다. 모반 거행의 생각을 멈추고 쇼군의 조치를 기다리라고 말했던 것이다.

하지만 요시모리는, 자신은 쇼군에 대해서는 어떤 원한도 없다, 다만 요시토키가 방약무인하게 막부를 움직이는 것이 견딜 수 없는 것이다, 일족의 젊은이들은 모두 그것을 분하게 여기고 있다, 한 번 몰려가서 사정 이야기를 듣고 싶다고 말하는 등 불온하다, 자신이 타이르며 멈추려 해도 말을 듣지 않는다, 이렇게 된 이상 어찌할 방도가 없다, 라고 대답했다.

앞서 사네토모로부터 기분 나쁜 말을 들으며 의심받았던 두 사람 가운데 한 사람인 지쿠고 시로 병위위는 와다 요시모리 저택 근처에 살고 있었는데, 5월 1일 요시모리의 저택에 무수한 군병이 모여들어 전투준비를 하고 있는 모습을 발견했다. 그래서 막부의 중신인 오에 히로모토(大江廣元)에게 이를 전달하려 길을 나섰다.

히로모토는 귀한 손님을 맞이하여 "술자리가 실로 한창 흥에 겨운" 가운데 있었다. 막부는 즉시 응전 준비에 들어갔다.

2일 오전 4시경, 요시모리는 일족, 부하를 이끌고 거병했다. 150명의 병력을 셋으로 나누어 막부와 요시토키 저택, 히로모토 저택 등을 공격했다. 오에 저택에서는 "만취한 사무라이들이 패군하여 죽었다."고 한다. 술에 취해 제대로 싸움도 하지 못한 병사들이 많이 있었던 것이다.

가마쿠라 각지에서 격전이 계속되었지만, 특히 요시토키의 아들 야스토키(泰時)의 분투, 가마쿠라 근방에 거주하는 고케닌들의 증강도 있어서 다음 날인 3일에는 요시모리 등은 완전히 멸망했다.

술을 완전히 끊지 못하는 야스토키

가마쿠라 무사 가운데서도 전형적인 무사라 할 수 있는 술꾼 와다 요시모리 일족의 멸망을 계기로 집권 호조(北條)씨의 입지는 안정되었다. 쇼군 사네토모를 수중에 장악한 모양새가 되었다.

요시모리가 죽은 그날 저녁에는 많은 무사들이 거듭 축하한다며 호조씨에게 아첨을 떨었다. 호조씨의 자제 야스토키(北條泰時)에게도 사람들이 많이 모여들었다. 당연히 술을 내어 대접을 하게 되었다. 그때 야스토키는 손님들을 앞에 두고 다소 비꼬는 것으로도 들리는 이야기를 시작했다. 자신은 앞으로 절대 술을 마시지 않을 것이다. 그 이유는, 5월 1일 밤부터 줄곧 술을 마셨는데, 한밤중이 되어 요시모리 등이 습격해왔다. 2일에도 여전히 술기운이 남아 있었다. 힘을 내어 갑옷을 입고 말에 탔지만, "술기운이 남아 멍한 상태"였던 것을 후회한다. 그래서 앞으로는 반드시 술을 끊을 것이라고 맹세하면서 싸웠는데, 취기가 돈 후라서 더더욱 목이 탔다. 물을 마시고자 찾던 중에 무사시(武藏)의 무사 가사이 로쿠로(葛西六郎)가 전장용 수통을 가지고 와서 잔을 내어주었다.

이것을 꿀꺽 마셨을 때 목의 촉촉한 느낌이 비할 바 없이 좋았다. 하지만 그건 술이었다. 모처럼 했던 맹세와 결의는 어딘가로 사라져버린 것이다. 사람의 본성이라는 것은 그런 것으로, 심히 믿을 바가 못 된다. 재미있는 일이라고 생각한다. 하지만, 어쨌든 앞으로는 "과음은 즐기지 않을 것이다."라고 말했다.

술을 끊지는 못하더라도, 과음은 그만두겠다고 손님들 앞에서 굳이 말함으로써 자신을 속박하고자 했던 마음가짐이 엿보인다. 이를 보면, 야스토키는 상당한 술꾼이었던 것 같다. 가마쿠라 무사 사이에서 그것으로 정평이 나 있었던 모양이다.

금주 선언을 다른 이에게 말하는 사람은 대체로 의지가 약한 사람이다. 친구들을 이른바 감시자로 세워두고 공약에 위배되는 일을 하여 비웃음 당하지 않으리라는 의도이다. 자신의 힘으로 스스로를 통제하는 것이 불가능한, 의지가 약한 사람일수록 금주했다고 다른 이에게 말을 하고 다닌다.

야스토키는 한 번은 자기 자신에 대한 맹세를 했다. 순식간에 무가로서는 금물이라며 술을 끊을 것을 결의했지만, 그것이 맥없이 깨지자 전승 축하의 술자리에서 이를 공개하기까지 했다. 하지만 술꾼이 금주의 맹세 따위를 지킬 리 없다고 스스로 자각하고 있었기 때문에, "사람의 본성은 때에 따라 다른 것이다. 재미있는 일이다."라며 혼잣말처럼 자조하고 있는 것이다. 사실 그 후로도 야스토키가 술과의 인연을 끊은 모습은 보이지 않는다.

사네토모의 숙취와 차

야스토키 뿐만 아니라, 와다 요시모리 자신도 그렇고, 많은 무사들이 주연을 좋아했다. 요시모리의 습격으로 허둥댄 것은 야스토키만이 아니었다. 앞서 이야기한 바와 같이, 오에 히로모토 저택에서 술을 마시고 있던 무사들도 완전히 방심하여 쓴 맛을 보았다.

하지만 모두 좀처럼 반성할 줄 모른다. 변함없이 잘도 마신다. 『오처경』에는 무사들의 술판이 종종 등장한다. 그 점은 무사 발흥기의 모습과는 다르다.

1214년 정월 3일, 쇼군 사네토모를 둘러싸고 무사들의 큰 술자리가 벌어졌다. "상하가 몇 순배 술을 돌렸다. 아름다움을 다했다. 밤새도록 여러 사람이 만취했다."라고 보인다. 하지만 다음 날인 4일에 "쇼군께서 다소 병환"이셨다. 여러 사람이 걱정하여 이리저리 분주히 다니며 열심히 간호했다고 한다. 이 병은 "간밤에 만취하신 술기운이 남은 것인가"라고 하여 숙취일 것이라고도 추측되었다.

승려들에게 기도도 올리게 했는데, 여기서 등장한 것이 임제선(臨濟禪)의 고승인 요조방 에이사이 승정(葉上房榮西僧正)이었다. 그는 이 병에 듣는 좋은 약이 있다고 하며 본사로부터 차 한 잔을 가져오게 했다. 또한 차의 덕이 어디에 있는지를 서술한 책을 헌상했다. 이것이 곧 전 해에 집필한 『끽차양생기(喫茶養生記)』이다.

에이사이의 소개로 일본에서도 차를 마시게 되었다는 점은 누구나 잘 알고 있는 바이지만, 그 보급의 계기가 사네토모의 숙취에 있었다는 점에 주의하고자 한다. 실제로 술에 취한 후에 마시는 진한 차의 맛은 비할 바 없이 좋은 것이다.

한편, 사네토모 시대에는 여전히 요리토모의 미망인 마사코(政子)가 건재했다. 호조씨 출신인 만큼 요시토키 등과 결탁하고 있는 것으로 보이는 의심스러운 언동이 없지 않았다. 요리이에의 감금, 사네토모의 타락에 마사코는 일정하게 관계하고 있었던 것으로 보인다. 사네토모가 공가풍의 문화에 깊이 빠져 들어간 배경에는, 마사코의 이면 공작이라고까지는 할 수 없더라도, 그런 취향을 알고도 못 본 척 방치하면서 이것으로 되었다는 듯한 마사코의 독특한 전망이 깔려 있었던 것으로 여겨진다.

그런 까닭에 만년의 마사코 주변은 무척 어수선했다. 이른바 무거운 관직을 줌으로써 수명을 단축시킨다는 책략에 따라, 사네토모의 관직은 드높아져 우대신에 이르렀다. 그 축하행사를 위해 쓰루가오카 하치만궁으로 향한 1219년 정월, 사네토모는 요리이에의 아들, 하치만궁(八幡宮)의 별당(別當) 아자리 구교(阿闍梨公曉)에게 암살되었다. 이에 겐지 정통은 멸망하고, 마사코·요시토키 라인의 세력은 돌연 강대해졌던 것이다.

마사코나 요시토키·야스토키 부자가 요리토모 이래로 쇼군가(將軍家)를 섬겨온 유력 무사들을 쫓아내거나 회유하던 상황에서 요리이에와 사네토모는 비참한 최후를 맞이했던 것이며, 구교(公曉)역시 몰락하게 되었다. 이에 완전히 호조 일문의 천하가 되었다고 해도 과언이 아니었다. 예전부터 무사세력의 발흥으로 인해 많은 고통을 겪어왔던 조정은 사네토모의 비명횡사를 세력만회의 호재로 여겼다. 하지만 겐지 정통의 단절을 간토 무사들의 와해로 파악한 점이 착각이었다. 조정의 입장에서 볼 때, 쇼군가의 단절은 가마쿠라에 상당한 혼란을 초래할 것으로 전망되었지만, 실상은 그렇지 않았다. 호조씨를 중심으로 일정 수준까지 무사들의 결속이 다져지기에 이르렀던 것이다.

고토바상황(後鳥羽上皇)이 끌어 모은 무력은 호조씨의 무력 앞에 무릎 꿇었다. 조큐(承久)의 난이다. 이 전란을 계기로 호조씨의 입지는 도리어 강화되었다. 집권 야스토키의 선정이 후세까지 구가될 정도가 되었다.

야스토키는 가마쿠라막부 고케닌들의 입지를 확고히 하고자 그 영지 등의 권리를 보호할 요량으로 1232년, 교토의 율령법과는 사뭇 다른 어성패식목(御成敗式目)[51]을 제정했다.

막부의 힘을 착착 충실히 키워나갔다는 점에서, 야스토키는 호조씨 가운데 가장 평판이 좋은 인물이다.

가마쿠라의 선술집에서 싸움이 벌어지다

야스토키가 만년에 접어든 1241년 11월 29일, 가마쿠라의 와카미야대로 (若宮大路), 게게바 다리(下々馬橋) 부근에서 사건이 발생했다. 서쪽 선술집에서 고케닌 미우라 야스무라(三浦泰村) 일족이 술을 마시고 있었다. 한편 동쪽 선술집에서는 유키 도모히로(結城朝廣)와 오야마 나가무라(小

---

51 가마쿠라 시대에 무사 정권을 위한 법령.

山長村) 이하 일족이 술을 마시고 있었다. 이 선술집을 "호색가"라고 기록하고 있는 것으로 보아, 작부도 있는 가게였을 것이다. 가마쿠라에는 그 시대에 이미 주색 서비스를 파는 가게가 생겨났던 것이다.

동쪽에 있던 유키, 오야마의 일행으로 유키 도모히로의 동생인 우에노 주로 도모무라(上野十郎朝村)가 유이가해변(由比ヶ浜)에 도카사가케(遠笠懸)[52]를 하러 간다며 자리에서 일어나 문을 나섰는데, 곧바로 활을 쏘고 말았다. 그것을 개에게 쫓게 하려고 했다. 하지만 상당히 취했었는지 손놀림이 잘못되어 화살은 서쪽 선술집에서 "주연난무(酒宴亂舞)"의 흥을 즐기고 있던 미우라 일족의 자리로 날아가 버렸다.

우에노 도모무라는 원래 미우라씨와는 사이가 좋은 편으로, 어떤 원한도 없었다. 자신이 사과하러 가면 좋았을 것을, 종복 같은 하인을 보내 화살을 돌려달라고 교섭하도록 했다. 하지만, 역시 화가 난 미우라씨 일행은 화살을 돌려주지 않은 채 갖은 폭언을 퍼부었다. 이에 유키, 오야마 일족도 참지 못하고 무리끼리 큰 싸움이 벌어져, 전투로 비화될 지도 모르는 분위기가 되었다.

가마쿠라의 저잣거리에서 큰 소동이 벌어진 것을 야스토키가 전해 듣고는, 사도 모토쓰나(佐渡基綱)와 다이라 모리쓰나(平盛綱) 등을 보내 양쪽을 달래 진정시켰다고 한다. 그리고 다툼을 벌인 양쪽을 똑같이 처벌한다는 겐카료세이바이(喧譁兩成敗)의 원칙에 따라 미우라 일족의 이에무라(家村)와 우에노 도모무라의 출사를 6일간 정지시켰다. 한편 이 다툼이 벌어졌을 때, 야스토키의 손자 쓰네토키(經時)는 곧바로 무장한 수하를 미우라 쪽에 보냈는데, 그 경솔함을 책망 받아 역시 출사를 정지당하고 말았다. 같은 야스토키의 손자로 쓰네토키의 동생인 도키요리(時賴)는 차분하게 상황을 지켜볼 뿐이었다. 소중한 후견역인 고케닌들 사이에서 무익한 칼부림이 나지 않도록 하겠다는 태도가 훌륭했다고 일컬어졌다. 언젠가 후한 상을 내릴 것이라고 야스토키가 말했다.

가마쿠라에는 "호색가" 등으로 불린 선술집들이 고케닌을 상대로 장사가 될 정도로 번창했다. 야스토키도 변함없이 곧잘 술을 즐겼다. 하지만 추태는 없었던 것 같다. 언젠가는 자택에서 주연을 베풀고 손자인 쓰네토키를 불러 글공부를 즐기고 무가의 정치를 잘 도우라는 등 설교를 했다. 그리고 당시 가마쿠라의 문화인으로 알려져 있었던 독서가 호조 사네토키(北條實時)와 잘 상담하라고 타일렀다. 쓰네토키는 다음의 집권으로 예정되어 있었던 인물이었기 때문이다.

일이 있을 때마다 술을 마시는 야스토키 밑에서 고케닌들도 술에는 사족을 못 썼다.

예전처럼 술을 마시는 방식도 소박하지는 않았다. 선술집이 생기면 아무래도 그리 되기 마련이었다. 자신의 집안에서 술을 마신다 해도, 술안주나 주위의 설비, 장식에도 이런저런 사치스러움과 화려함이 드러나도록 고심했다.

이런 풍토가 일반화하면, 막부를 지지하는 고케닌의 기개는 자연히 떨어진다. 야스토키는 문사를 존중했지만, 그것은 어디까지나 무문의 진흥을 위한 것이었다. 이른바 문약에 의한 경제상의 낭비는 훈계했다.

그런 까닭에 미우라, 유키·오야마 사건 직후인 12월 1일, 쇼군가의 어소를 제외하고, "술자리를 벌이기"에 앞서 혹 멋을 낸 고급 술안주를 준비한

---

52 말을 달리며 활로 표적을 맞히는 무예. 표적과의 거리가 비교적 짧은 고카사가케(小笠懸)에 대비하여 쓰는 말.

다든지, 칸막이병풍 같은 것에 아름다운 그림을 그리는 것을 금했다. 당시에 사치를 "과차(過差)"라 했는데, 술자리와 관련해서도 사치를 금했던 것이다.

도키요리, 술 판매를 금지하다

다만, 여전히 술 자체를 금하지는 않았다. 하지만 야스토키가 죽은 후 쓰네토키의 시대를 거쳐 집권 도키요리(時賴)가 등장하는 13세기 중반이 되자, 경제발달에 적응하지 못한 가마쿠라 고케닌들의 생활은 궁핍해졌다.

고케닌이라 해도 오반야쿠(大番役)[53]로 인해 돌아가며 교토에 체재했기 때문에, 상경하여 현지에서 생활하는 것에 익숙해져 있었다. 무사들은 여러 가지 화려한 것에 이끌려 생활수준을 향상시켰다. 한 번 사치에 익숙해지자, 동국으로 돌아간 이후에도 좀처럼 원래의 간소한 생활로 돌아갈 수 없었다. 상품유통도 점차 활발해져, 무사를 유혹하는 물품도 늘어났다. 한 순간을 버티기 위해 의지했을 터인 대출의 악순환에 농락당하기도 했다.

고케닌의 핵심적인 기반인 영지로서의 토지도 상기한 바와 같은 융통의 영향으로 온전하게 확보되지 못하는 상황이 벌어졌다. 또한 하인(예속민)과 농민들의 성장이 현저해진 시대였던 까닭에, 그들을 만족시킬 만한 실력이 없으면 그들로부터 버림받기도 했다. 이로 인해 토지를 함부로 침탈당하거나 경제적인 권리를 박탈당하기도 했다. 이런 환경의 변화에 괴로워하는 고케닌 무사가 속출한 것이 이 시대이다.

그래서 집권 도키요리는 1252년 10월 30일, 금제(禁制)를 발포하여 가마쿠라에서의 술 판매를 금지했다. 그 시행을 보(保)라고 칭하는 가마쿠라의 지역별 블록을 담당하던 봉행인들에게 명령했다. 그 당시 가마쿠라의 민가에 있던 술은, 항아리 개수로 37,274개였다고 한다. 어느 정도 크기의 술독이었는지는 알 수 없지만, 2-3두(斗, 1두는 약 18리터)는 들어가는 술독이었을 것이다. 가마쿠라의 발전상을 이로부터도 알 수 있다. 이 정도 술의 양이라면, 가마쿠라 사람들은 상당히 자주 술 마실 기회가 있었을 것으로 짐작된다.

어쨌든 이 "술 판매 금제"로 가마쿠라의 술집은 대공황에 직면했다. 그에 그치지 않고 여러 지방(諸國) 시장의 술도 전부 정지한다는 방침이었다고 일컬어진다. 물론 여러 지방이라 하더라도 가마쿠라막부의 슈고(守護)가 제대로 관리할 수 있었던 지방에서의 일이기는 하지만.

그 해 10월 6일의 『오처경』에 따르면, 술 판매 금제 이후 술독은 모두 파손되었다. 단, 한 집에 술독 하나는 허용되었다고 보인다. 하지만 그 역시 "다른 일에 사용해야 한다."는 조건이었다. 신사(神事), 제례용 등으로 면제된 것으로 여겨진다. 일반적인 견지에서 보았을 때 실로 혹독한 금주령으로, 술장사는 이로 인해 한풀 꺾이지 않을 수 없게 되었다. 만약 금제를 어기는 자들이 있으면 처벌할 것이라고 단단히 규정되었다.

이와 같은 조치가 언제까지고 철저하게 지켜졌을 리 없다. 인간의 자연스러운 욕구, 사회의 필연적인 발전은 금주를 좀처럼 허용치 않았다. 그래서 다시 예전 상태로 돌아가지만, 긴축정치로서 일정한 효과는 거두었다.

---

53 고케닌이 정기적으로 교토에 머물며 치안유지를 담당하던 일.

집권 도키요리는 야스토키와 함께 명군으로 일컬어져왔는데, 그는 시종 일관 검약가였다. 그의 시대는 야스토키의 시대와는 달리, 가마쿠라막부가 고케닌 통제에 특히 힘을 기울여야했던 시대이다. 무엇보다 경제성장은 예전 같은 고케닌 생활을 유지하기 어렵게 했다. 그런 고케닌들을 계속해서 막부의 휘하에 묶어두면서 본래의 힘을 발휘하게 하기 위해서는 고도의 정치가 필요하다. 사실 도키요리는 여러 가지 면에서 고케닌 체제를 재정립했다. 술 판매의 금지도 그런 노력의 일환이었다.

『도연초』에는 다음과 같은 유명한 일화가 실려 있다. 재가 출가한 도키요리가 어느 날 밤 다이라(平, 오사라기[大佛]) 노부토키(宣時)를 호출했다. 히타타레(直垂)[54]도 없어 우물쭈물하고 있는 데 재촉하는 사자가 와서 어떤 복장이어도 상관없다고 했다. 그래서 그대로 길을 나섰는데, 도키요리는 술병과 술잔을 갖추어 내놓고 "술을 혼자 마시기도 허전하여 불렀습니다. 안주도 없는데, 뭔가 있을 지도 모르겠네요. 하인들은 모두 잠들었으니, 적당한 것을 찾아보세요."라고 했다. 그래서 부엌의 찬장에서 발견한 된장을 가지고 왔더니 도키요리는 좋다고 했다. 그래서 된장을 찍어먹으며 기분 좋게 여러 잔을 마시고 흥에 겨워했다. 이 일화는 술집을 없애버린 도키요리의 면모를 보여주는 이야기라 하겠다.

---

54 무사들이 출사할 때 착용했던 의복.

9장. 술잔 따라 가마쿠라 막부도 기울다

스모를 술안주로 삼다

호조 도키요리(北條時賴)가 가마쿠라막부의 집권(執權)으로 활약하던 시기에 쇼군은 후지와라씨에서 황족 쇼군(宮將軍)으로 바뀌었다. 1252년 4월, 교토에서 고사가 천황(後嵯峨天皇)의 황자 무네타카친왕(宗尊親王)이 내려와 6대 쇼군이 되었던 것이다.

예전에 겐지(源氏) 쇼군이 3대로 끝난 후, 집권 호조씨는 자신들의 괴뢰 쇼군으로 황족을 맞아들이고자 교토 조정과 협상을 벌인 일이 있다. 이 제안은 거부되었다. 이에 황족에 준하는 후지와라 섭관가로부터 요리쓰네(賴經), 요리쓰구(賴嗣)를 맞아들여 4대, 5대 쇼군으로 삼았던 것이다. 1252년 2월, 전 관백 구조 미치이에(九條道家)가 60살의 나이로 세상을 떠났다. 미치이에는 요리쓰네의 부친이자 요리쓰구의 조부였다. 그러자 가마쿠라 측에서 모종의 책략을 세우고 있는 것은 아닌가, 라는 소문이 교토 사람들 사이에서 널리 퍼졌다. 과연 가마쿠라에서는 미치이에의 죽음 직전에 쇼군 요리쓰구를 폐하고 황족쇼군을 맞이하고 싶다는 바람을 은밀히 내비치고 있었던 것이다.

그 바람이 이루어져 무네타카친왕이 30살의 나이로 가마쿠라에 내려왔으므로, 호조 도키요리 등은 크게 만족했다. 가마쿠라의 술 판매에 대해 일제 단속을 강행하고, 술 주조를 엄금한 것은 그 해 10월의 일이다. 그것의 정치사적 의미는 앞서 서술한 대로이지만, 쇼군을 둘러싼 막부 요인들의 술자리는 여전히 지속되었다.

2년 후인 1254년 윤5월 1일, 도키요리 등은 쇼군가를 방문했다. 쇼군이 어소의 넓은 방으로 나와 "주연에서 여러 잔이 오고갔다. 측근들이 호출되어 제각각 취기가 올랐다."라고 『오처경』에 기록되어 있다. 그때 도키요리가 말하기를, "근년에 무예가 쇠퇴하여 실로 유감입니다. 가까운 시일 안에 궁마의 기예를 겨루는 기회를 갖고자 합니다만, 오늘은 우선 스모를 개최하고자 합니다. 어떠십니까?"라고 했다. 쇼군은 이를 듣고 매우 흥미로워했다. 그러자 주위에 있던 고케닌 무사들은 도망가거나, 나는 도저히 못하겠다, 라며 고사했다. 이에, 여기서 도망가고 거부하는 자에 대해서는 영원히 출사를 금할 것이라고 위협하며 재촉했다. 결국 12명이 마지못해 스모를 하게 되었다.

실제로 그 무렵의 가마쿠라 무사는 상당히 문약해져서 무예를 꺼려했다. 오사다 효에 다로(長田兵衛太郎)가 "대대로 내려오는 스모꾼"이라는 이유로 호출되어 심판을 맡게 되었다. 시합이 시작되었다. "의상을 치우지 않았다."라고 주기되어 있으므로, 알몸이 아닌 상태의 스모였던 것 같은데, 6차례 시합이 벌어졌다. 승패가 갈린 것은 두 시합뿐, 나머지는 모두 "모치(持)"였다. "모치"라는 것은 옛날에 무승부 스모를 일컫는 말이었다.

지구전에 들어가 승패가 갈리지 않는 것을 무승부로 한 것이었다.

그 후 승자, 그리고 승부를 가리지 못한 자들을 쇼군 앞으로 불러 칼과 옷을 하사했다. 패자에게는 "큰 그릇으로 각각 술을 세 번 하사했다. 쇼군의 일문(一門), 제대부(諸大夫) 등이 술을 따랐다. 대체로 흥취가 있었다. 한창 때의 장관(壯觀)이었다."라고 하여, 벌주를 무리하게 마시게 했음을 알 수 있다. 그처럼 폭음할 기회는 당시 그다지 없었을 지도 모르겠다. "한창 때의 장관"이라는 문구는, 예전에는 이런 때도 있었다는 회고일 것이다.

투견을 보며 술을 마시다

막부를 지탱하는 고케닌들이 사치스러운 삶에 익숙해져 무사다움이 사라져가던 가마쿠라 후기, 호조 도키요리(北條時賴)는 초조함을 느끼고 있었다. 하지만 이미 가마쿠라막부 성립기와 같은 무사의 기풍을 되돌릴 수 있는 시대의 흐름이 아니었다.

스모나 무예를 장려해도 뭔가 제대로 진행되지 않았다. 도키요리가 은퇴한 후 나가토키(長時)가 집권이었던 1261년, 가마쿠라 고쿠라쿠사(極樂寺)의 호조 시게토키(北條重時) 저택에서 쇼군 무네타카친왕을 맞이하여 고카사가케(小笠懸)[55]를 개최하게 되었다. 많은 고케닌이 꽁무니를 빼는 가운데, 11살의 나이였던 도키요리의 아들 도키무네(時宗)가 단 한발

---

55 말을 달리며 활로 표적을 맞히는 무예. 도카사가케(遠笠懸)에 비해 표적까지의 거리가 짧았음.

로 멋지게 과녁을 맞춘 것은 유명한 일화이다.

도키무네라고 하면, 배짱 두둑한 호걸이라는 인상이 강하다. 두 번에 걸친 여몽연합군의 침입을 격퇴하고 고려정벌을 하고자 했다는 점에서, 문화면(文化面)은 어쨌든 정말이지 가마쿠라 무사의 사기를 진작시킨 인물로 전해온다. 분명 무인기질을 지닌 사람이기는 했던 것 같다. 따라서 술에 관한 이야기가 뭔가 남아 있을 것 같지만, 실상 이렇다 할 만 한 것은 보이지 않는다. 공가 측에서는 당시에도 이따금 주연을 개최하고 있지만, 무가 측에는 그런 기록이 보이지 않는다. 국난의 긴장감 때문에 술 마실 겨를이 없었을 지도 모르겠다.

가마쿠라막부의 말기증상을 뚜렷하게 보여준 집권으로는 도키무네의 손자 다카토키(高時)를 들 수 있다.

집권으로는 도키무네가 8대이며, 다카토키는 14대에 해당한다. 14세기 초기의 일이다.

다카토키에 대해서는 우둔한 사내의 대표라는 식의 평가가 생전에도 보인다. 비정상적인 성격이었던 듯, 모든 행동이 도를 넘어섰다. 종종 발작적으로 흥분하는 일도 있었다.

그런 다카토키를 지탱하고 있었던 것은 내관령(内管領)[56]이라는 지위에 있었던 승려 엔키(円喜)였다. 속명 나가사키 다카쓰나(長崎高綱)이다. 우매한 다카토키를 지지한 이유는, 자신의 권세욕을 채우는 데 다카토키라면 적당하다고 보았기 때문으로 여겨진다. 이런 경향은 그 아들인 다카스케(高資)에 이르러 한층 가속화했으며, 자의적인 행동이 계속되었다. 무쓰(陸奥)의 고케닌 안도씨(安藤氏)가 두 파벌로 나뉘어 영지문제로 다투게 되었다. 그 때 다카스케는 양 측으로부터 뇌물만 받고 아무 것도 해결하지 않았다.

당연한 일이지만, 안도씨의 두 파벌 모두 다카스케를 원망하여 결국 격렬하게 전투를 벌이기에 이르렀다. 다카스케와 다카토키는 아무 관계없다는 태도로 밤낮없이 주연에 파묻혔고, 개를 많이 모아 투견을 시키고 기뻐했다. 제대로 된 막부정치는 거의 이루어지지 않는 상태였다.

다카토키는 상당한 애주가였던 모양으로, 밤낮없이 줄기차게 술을 마셔 댔다고 한다. 술안주로 개의 겨루기, 즉 투견을 애호했다. 언젠가 정원에서 개가 서로 엉켜 놀고 있는 것을 보고는 재미있다고 느껴, 전국 각지에 명하여 개를 징발하고 이를 가마쿠라에 보내도록 했다. 그리고 주위의 무사들에게 개들을 사육하도록 했다.

말을 타고 길을 가던 무사도 개와 마주치면 말에서 내려 옆으로 비키는 상황이었다고 한다. 에도 시대의 5대 쇼군 쓰나요시(綱吉)와 유사하지만, 쓰나요시는 편집증이었고 생명체를 가엾게 여긴다는 관점에서 특히 개의 보호에 정신이 팔렸던 것이다. 다카토키의 사례는 온전한 광기로, 개인적인 악취미였을 뿐이었다. 그저 홀로 이를 안주삼아 술을 즐긴다는 성질의 것이었다. 이누쿠보(犬公方)[57]도 분명 사건의 전말이 좋지 않았지만, 다카토키의 경우는 무엇 하나 용서할 만한 것이 없다.

------

56 집권 호조씨의 가독이었던 이른바 득종가(得宗家)의 집사.

57 에도막부의 5대 쇼군 쓰나요시의 별명. 구보(公方)는 가마쿠라 시대 이래로 공권력을 가리키는 용어로 사용되었음.

곤드레만드레가 된 다카토키의 악몽

호조 다카토키는 대단한 덴가쿠(田樂)[58] 애호가로도 유명하다. 이 역시 그에게는 술 안주였다. 본래 덴가쿠는 농민이 모내기 작업을 할 때 경작지의 신을 제사하여 벼의 풍양을 기원하기 위한 예능이었다.

이것이 헤이안 말기 이래로 점차 교토 사람들의 흥미를 끌며 인기를 얻게 되었다. 그 무렵에는 전문 예능인도 출현하게 되었다. 신분적으로는 비천한 자들이었다고 일컬어지지만, 예능인으로서의 덴가쿠법사(田樂法師)는 교토의 지체 높은 귀족들로부터도 자주 초대를 받았다.

다카토키는 그런 덴가쿠법사를 교토 방면으로부터 여러 명 불러들여 밤낮으로 그 기예를 보며 술을 마시고 즐겼다고 한다. 언젠가 주요 고케닌들에게 인기 있는 덴가쿠법사를 한 사람씩 맡겨서 금은주옥이 달린 호화로운 의상으로 장식하게 하고, 이것은 누구누구의 덴가쿠, 저것은 누구누구의 덴가쿠라는 식으로 이름을 붙여 경연대회처럼 연출하게 했다. 다가도키 등은 술을 마셔가며 각 법사가 한 곡 출 때마다 앞 다투어 히타타레나 오구치바카마(大口袴)[59]를 벗어서 축하상품으로 주었다.

이처럼 난잡하기 짝이 없는 술자리가 쉴 새 없이 열린 것은 다카토키 한 사람의 술버릇에 의한 바는 아닐 것이다. 주위에 있던 가마쿠라 무사 역시 어지간히 해이해져 있었기 때문일 것이다. 호조씨 정권의 조락을 지켜보던 시모쓰케(下野)의 아시카가 다카우지(足利高[尊]氏)와 고즈케(上野)의 닛타 요시사다(新田義貞)가 반기를 든 이유도 거기에 있었던 것이다. 또한 그것은 교토의 조정 측에서 고다이고 천황(後醍醐天皇)을 중심으로 토막모의가 진행되었던 이유이기도 했다.

어느 날 밤의 술자리에서 완전히 취해버린 다카토키가 기이한 춤을 한 곡 췄다. 그에게 이렇다 할 춤에 대한 소양이 있었던 것은 아니다. 엉터리 춤이었다. 거기에 어딘 가로부터 신좌(新座)[60], 본좌(本座)의 덴가쿠법사 10여 명 정도가 나타나 다카토키를 돕는 듯이 춤추고 노래 불렀다. 옆에서 시중들고 있던 여자들은 그 모습을 보고 으스스한 기분이 들었다. 얼마 지나지 않아 법사들은 곡조를 바꾸어

덴노사(天王寺)의 요사스러운 별(妖靈星)을 보고 싶구나.

라고 노래 불렀다. 분위기가 바뀐 듯한 것이 신경 쓰여 시녀가 엿보았더니, 덴가쿠법사는 한 사람도 없었다. 부리가 휜 솔개 같은 덴구(天狗)[61] 와 날개를 지닌 야마부시(山伏)[62] 같은 모습의 요괴, 화신이 노래 부르고 춤추고 있는 것을 보고는 화들짝 놀랐다.

---

58 농악에서 발달한 무용의 하나로 원래 모내기할 때 행했으나 점차 대중화해 가마쿠라·무로마치(鎌倉·室町) 시대에는 전문적인 놀이로 발전해 성행했다.

59 히타타레의 하의에 덧입던 통이 넓은 하카마. 하카마는 일본사회 전통의 하의.

60 여기서 좌는 특정 예능인 집단을 가리키는 용어임. 어떤 예능의 특정 유파를 '○○좌'라고 표현했다.

61 본래 중국사회에서는 흉사의 도래를 상징하는 유성을 뜻했는데, 일본사회에서는 불교 교리에 반하는 상상 속의 동물을 지칭하는 용어로 정착했다. 덴구는 반인반수 등 다양한 형태로 상상되었다.

62 산속에서 수행하는 수험도(修驗道)의 구도자. 수험도는 험준한 산에서 수행함으로써 깨달음을 얻고자 하는 산악신앙.

놀란 시녀는 다카토키의 외조부인 아다치 도키아키(安達時顯)에게 사람을 보내 이 소식을 전하게 했다. 황급히 도키아키가 현장에 달려갔을 때는 이미 요괴 같은 것은 없고 다만 앞뒤 분간 없이 다카토키가 곤드레만드레 취해 있었다. 하지만 그 주변에는 과연 짐승의 발자국 같은 것이 점점이 찍혀 있었다. 덴구의 족적이 이것인가, 라고 짐작케 하는 것이었다. 다카토키가 이윽고 눈을 뜨기는 했지만, 완전히 실신상태로 얼빠진 눈을 하고 있었다.

이 이야기는 모쿠아미(默阿彌)에 의해 연극화되었다. 『북조구대명가공(北條九代名家功)』속칭 『고시(高時)』이다. 다카토키가 덴구에게 농락당한 것에 대해 분노와 허탈감이 섞인 눈빛으로 하늘을 노려보며 극이 끝나는 점이 인상적이다.

덴구에 정통한 덴가쿠법사들이 부른 "덴노사(天王寺)의 요사스러운 별"이라는 노래의 의미에 대해서는 어느 누구도 잘 이해하지 못했지만, 어떤 유학자는 다음과 같이 해석했다고 한다. 즉, 천하가 어지러워지는 징후로 요령성(妖靈星)이라는 나쁜 별이 나타나 재난을 일으키는 법이다, 그 별이 일본에서 불법(佛法)이 전개된 최초의 영험한 땅이라고 할 수 있는 덴노사와 연결되고 있는 것은 그 부근에서부터 동란이 일어나며, 불법이 왕법을 단념함으로써 국가멸망으로 내몰린다는 의미이다, 천황도, 무가도 마음을 담아 이 요사스러운 징조가 사라지도록 덕을 닦지 않으면 안 된다, 라고 해석했다고 보인다.

다카토키라는 사내에게서 실로 세기말적인 인간상을 간취한 사람들이 많았던 까닭에 이와 같은 이야기가 발생한 것으로 판단된다.

그런데 다카토키의 술과 관련해서는 근세인 1715년에 간행된 『한제필기(閑際筆記)』에 "다카토키가 연회 때마다 술상 아홉에 안주도 아홉 종류를 즐겼다. 구스노키 마사시게가 가마쿠라에 있으면서 이를 듣고는 틀림없이 오래 가지 않을 것이다…"라고 보인다. 어디에 근거한 기술인지 모르지만, 과음으로 인해 정권이 멸망했다는 일종의 역사관이 마사시게를 통해 표출된 것으로 판단된다.

여하튼 다카토키의 술은 호사스러운 것이었다.

무례강(無禮講)의 술과 여자

다카토키가 열었던 술자리의 야단법석을 떠는 일과 유사한 것이 가마쿠라막부에 반대하던 고다이고 천황 측에도 있었다.

천황은, 막부 측의 간섭으로 지명원통(持明院統), 대각사통(大覺寺統)의 황위 질립(迭立)[63]이 하나의 룰로 정해진 결과, 지명원통의 하나조노 천황(花園天皇)으로부터 황위를 물려받은 대각사통의 인물이었다. 학재가 뛰어났던 하나조노 천황으로부터도 높게 평가받고 있었던 "의욕 넘치는" 천황이었다. 즉위 후 잠시 동안은 부친인 고우다상황(後宇多上皇)의 원정이 계속되었지만, 이윽고 고우다는 불도에 전념하는 법황이 되었다. 이제 고다이고 천황 자신이 정권을 휘두르는 입장이 되었다.

---

63 1221년 조큐(承久)의 난 이후 막부의 권력이 조정을 압도하는 가운데, 고사가 천황(後嵯峨天皇) 사후에 황위 계승문제가 불거졌다. 이 문제를 독자적으로 해결하기 어려웠던 조정은 막부에 해결방안을 타진했다. 이후 황위 계승이 막부의 의향에 좌지우지되게 되었으며, 가메야마 천황(龜山天皇) 계통과 고후카쿠사 천황(後深草天皇) 계통이 번갈아가며 황위를 잇는다는 암묵적인 룰이 정착하게 되었다. 전자를 대각사통, 후자를 지명원통이라고 칭하는데, 이 명칭은 각각의 황통이 대각사라는 사찰과 지명원이라는 저택과 인연이 깊었던 데에서 비롯되었다.

고다이고 천황은 헤이안조의 궁정사회를 번성시킨 천황으로 일컬어지던 다이고 천황을 동경하여, 살아생전에 자신은 "후대의 다이고"라고 자칭했다. 그는 중세사회의 현실을 냉정하게 파악하는 일 없이 오로지 공가 세력의 만회를 지향하고 있었다.

1323년 혹은 1324년의 일로 보이는데, "무례강"이라는 이름하에 주연이 개최되었다. 고시라카와상황의 근신들이 헤이케 토벌모의를 했던 시시가다니의 주연과 엇비슷하다. 고다이고 천황에게 가장 신뢰받고 있었던 히노 스케토모(日野資朝)가 발기했다.

스케토모는 천황의 뜻을 받들어 무사, 승병과 접촉하고 있었다. 특히 세이와겐지(淸和源氏)의 후예로 일컬어진 미노(美濃)의 도키 주로 요리사다(土岐十郎賴貞), 다지미 시로지로 구니나가(多治見四郎次郎國長)와 친분이 있어서, 이 두 사람을 무례강에 불러들였다.

그 밖에 인노 대납언 모로카타(尹大納言師賢), 시조 중납언 다카스케(四條中納言隆資), 히노 도시모토(日野俊基), 나아가 쇼고원(聖護院) 계통 야마부시의 사무(寺務) 관리자인 겐키(玄基), 무사로는 아스케 시게나리(足助重成)도 참가했다.

"그 술자리 모임의 광경은 보고 들은 자의 눈과 귀를 놀라게 했다"라고 『태평기(太平記)』는 기록하고 있다. 즉, 신분의 상하를 불문하고 남성은 에보시를 벗고 상투를 풀어헤쳤으며, 법사는 겉옷을 입지 않고 속옷차림이 되었다. 거기에 술시중을 위해 나타난 17-8세 정도의 여성은 용모가 아름다웠으며 피부는 실로 맑았는데, 그런 여성들이 20여명이나 들어왔다. 게다가 생견으로 짠 홑겹 옷을 맨몸에 그대로 걸쳤을 뿐으로, 말하자면 속이 비치는 옷차림이었다. 눈처럼 하얀 피부는 투명하여 연못의 연꽃이 물 밖으로 나온 것 같은 요염한 아름다움이었다고 『태평기』는 묘사한다.

"산해진미를 다했으며, 좋은 술은 샘물처럼 가득 차", 온갖 음식에 혀를 내두르게 할 정도로 맛 좋은 술을 들이키며 노래 부르고 춤 췄던 것이다. 그처럼 극도의 호화로움을 연출한 술자리에서, 고다이고 천황은 은밀히 "동쪽 오랑캐를 멸망시킬 계획"을 속삭이고 있었다. 이와 같은 무례강만으로는 교토에 있던 가마쿠라의 출장기관 로쿠하라 단다이(六波羅探題)의 의심을 받는다. 그래서 그럴 듯한 "문담(文談)"의 회합, 즉 겐에(玄慧) 법인(法印)을 중심으로 주자학 등 중국의 교학에 대해 공부하는 회합을 열어 토막(討幕)의 뜻을 같이 한다는 의지를 서로 다졌다.

하지만 그 회합의 일원인 도키 요리사다의 일족 도키 요리카즈(土岐賴員)라는 자가 깜박하고 부인과 잠자리를 함께 하며 그럴 듯한 계획이 있다는 사실을 넌지시 밝히고 말았다. 이 부인은 로쿠하라 단다이의 관리 사이토 도시유키(齋藤利行)의 딸이었는데, 남편을 모반인으로 만들 수 없다는 일념으로 이 사실을 부친에게 밀고했다. 이에 돌연 로쿠하라 측이 계획을 알게 되어 교토 내외의 병력이 동원되었다. 1324년 9월, 다지미 구니나가와 도키 요리사다의 저택이 습격 받아 두 사람 모두 자결했으며, 스케토모와 도시모토 역시 순식간에 로쿠하라에 구속되었다. 천황 측의 음모는 맥없이 실패로 돌아갔던 것이다. 이것이 쇼추(正中)의 변이다. 술주정뱅이 집권으로 아둔했던 다카토키도 이 사건에는 놀랐다. 스케토모, 도시모토를 가마쿠라에서 취조하는 사이에 천황의 폐위마저 생각했다. 하지만 천황이 가마쿠라 토벌의 의사가 없다는 뜻을 담은 서약서를 보냈기에 다카토키도 이 이상 추궁하지 않았으며, 스케토모를 사도(佐渡)에 유배 보내고 도시모토를 교토로 돌려보냈다.

이듬해 24살이 된 다카토키는 술 중독으로 인해 중병을 앓아, 집권을 그만두고 출가했다.

그래서 다카토키를 조종해왔던 나가사키 다카스케는 예전부터 친하게 지내온 호조씨 방류 가네자와씨(金澤氏)의 사다아키(貞顯)를 집권 자리에 앉혔다.

실은 다카토키의 동생으로 야스이에(泰家)라는 인물이 있었다. 야스이에는 다카토키를 잇는 집권은 자신이라고 생각했는데, 예상치 못한 인물에게 자리를 빼앗겼기에 분개하여 다카토키를 따라 출가해버렸다.

이 야스이에라는 인물도 다카토키를 닮은 술꾼으로, 아둔하고 겁 많은 사내였다고 일컬어진다. 나중에 닛타 요시사다가 가마쿠라를 공격하러 왔을 때, 한 번은 야스이에 입도의 군대가 이를 격파했는데, 자만하여 진중에 유녀를 불러들이고 주연을 베풀었다고 한다.

그럴 정도이니 순식간에 요시사다군에게 쫓겨 가마쿠라로 도망쳐 들어온 후 다카토키가 체념하여 자결할 때에도 형의 부덕을 힐책할 뿐, 함께 싸우다 죽으려 하지는 않았다.

'최후의 순간'의 술자리

고다이고 천황의 토막 의지는 그 후로도 상당히 집요했다. 중궁의 안산(安産) 기도라고 칭하고는 1330년에 토막성취의 기도를 시행토록 하는 식이었다. 그 실현이 가망 없다고 보았던 정신(廷臣)의 한 사람 요시다 사다후사(吉田定房)는 천황이 과오를 범하기 전에 막아야 한다고 생각한 끝에, 히노 도시모토(日野俊基)가 은밀하게 가마쿠라를 칠 계획을 세우고 천황에게 이를 진언했다고 가마쿠라에 밀고해버렸다. 이로 인해 이듬해인 1331년에 다시금 밀의는 발각되었다. 그 다음해에는 도시모토는 말할 것도 없이 사도의 스케토모까지 주살되었으며, 천황에 대한 감시는 한층 엄중해졌다.

한편 출가한 호조 다카토키는 나가사키 다카스케를 성가시다 생각하여 주살하고자 했다. 그 계획이 드러났을 때, 자신의 뜻이 아니라 고케닌의 한 사람인 나가사키 다카요리(長崎高賴) 등이 제멋대로 세운 계획일 것이라며 책임을 덮어씌우고는 다카요리를 유죄에 처했다. 그리고 투견, 덴가쿠(田樂)에 정신없이 빠져들었던 것이다.

그 사이에 천황은 가사기(笠置)로 향하여 구스노키 마사시게(楠木正成) 등 막부에 반대하는 무사들을 끌어 모으며 막부 측과의 결전에 돌입한다. 천황 자신은 일단 오키(隱岐)에 유배되기도 하지만, 아시카가 다카우지와 닛타 요시사다의 거병으로 인해 가마쿠라막부는 무너진다. 이리하여 겐코(元弘)의 변은 천황 측의 건무신정(建武新政)[64]을 이끌어내는 데 성공했다.

고다이고 천황의 황자들도 각지에서 분투했다. 특히 모리나가친왕(護良親王)에 대해 『태평기』는 애정 어린 묘사를 하고 있다. 황자 오토노미야(大塔宮, 大塔은 '다이토'가 아니라 '오토'로 읽는다)는 요시노산(吉野山)에서 가마쿠라로 치고 들어갔다. 천황 측 인물로는 보기 드물게 상당히 의지가 강인한 호걸로, 귀족적 기질에서도 벗어난 인물이었다. 훗날 아시카가 다카우지와 경쟁하여 천하를 이끄는 지도권조차 장악하고자 했던 황자이다.

---

64 건무 연간(1334~1336)에 펼쳐진 새로운 정치라는 의미임.

요시노성(吉野城)을 근거지로 삼은 것은 이곳이 오미네(大峯)·구마노(熊野)로 연결되는 수험도(修験道)의 유서 깊은 근본도량으로, 야마부시 등을 결집시켜 이들을 아군으로 만드는 데 좋은 조건을 지니고 있었기 때문이다.

하지만 가마쿠라 측의 대군에 밀려 황자가 있었던 요시노 자오당(藏王堂) 앞에서 큰 전투가 벌어졌다. 이제 더 이상 도망갈 길이 없다고 각오한 모리나가친왕은 완전무장을 한 채 맹렬한 기세로 언월도를 휘두르며 20여 명의 친위군과 함께 분전, 대규모의 적병을 물리쳤다. 그 모습은 "나뭇잎이 바람에 떨어지는 듯" 했다고 한다.

이처럼 일단 적을 물리친 후, 친왕은 자오당(藏王堂) 앞의 정원에 모두 모여 큰 막사를 치고 최후의 술자리를 갖지 않겠는가, 라고 제안했다. 실은 오토노미야의 투구에는 화살이 7발 꽂혀 있었으며, 뺨과 팔 두 곳에 상처를 입어 "피가 흐르는 것이 폭포와 같았다." 그럼에도 불구하고 화살을 빼는 일 없이, 흐르는 피를 닦지 않고 큰 잔으로 술을 3잔 마셨다. 실로 용감무쌍한 호걸의 모습을 한 황자였다.

때가 때이니 만큼 당연한 일이지만, 호조 다카토키라든지 동생인 야스이에의 해이한 술자리와는 전혀 풍경이 달랐다. 부장의 한 사람인 고노데라 사가미(木寺相模)는 4척 3촌의 칼끝에 적의 수급을 꽂아 친왕 앞에 내밀고는, 주변에 모여든 자들과 함께 용감했던 전투의 승리를 노래하듯 크게 떠들어댔다.

이때 기무라 요시테루(木村義光)가 역시 자신의 투구에 꽂혀 있는 화살 16발을 그대로 지닌 채 앞으로 나왔다. "두 번째 출입구에서 적병과 치열하게 싸우고 있을 때 이 술자리 소리가 귓전에 울려 뜻하지 않게 왔습니다. 형세를 바라보건대, 이곳을 끝내 막을 수는 없다고 여겨집니다. 이곳을 탈출하여 다른 곳에서 재기하시도록, 친왕의 투구와 히타타레(直垂)[65] 등을 제가 받아, 친왕을 대신하여 마지막까지 싸우겠습니다."라고 말했다.

이 이야기는 매우 유명한 일화이다. 실제로 친왕으로 분한 요시테루는 피투성이가 되도록 싸운 후 자결했으며, 친왕은 탈출에 성공했다. 그 후 전국 각지에서 황족 측과 무가 측의 전투가 계속되었는데, 결정적으로는 닛타 요시사다의 가마쿠라 공격으로 호조씨 정권은 완전히 멸망했다. 최후의 순간이 호조씨 저택으로 다가오고 있을 때, 가마쿠라 측 용사로 평판이 자자했던 시마즈 시로(島津四郎)에게 다카토키는 손수 술을 따라 3잔 마시게 하고, 명마를 하사하여 격려했다.

아마 마지막 순간까지 다카토키는 술에서 벗어나지 못했던 것으로 여겨진다. 그런 까닭에 시마즈 시로에게 술을 주어 격려할 수 있었을 것이다.

---

65 소매 끝을 묶는 무가의 예복

10장. 술에 찌든 무로마치 막부

차회(茶會)라는 이름의 술판

아시카가 다카우지(足利高(尊)氏)와 닛타 요시사다(新田義貞) 등, 본래 가마쿠라막부 측에 있던 무사가 조정 측에 가담해준 덕분에 고다이고 천황(後醍醐天皇)은 간신히 정권을 장악할 수 있었다.

조정 측의 의식에서 보자면, 이런 전환은 왕조정치의 부흥이라는 맥락에서 "건무의 중흥"이라 할 만한 것이었다. 하지만 현실의 객관적인 정세에서 보자면, 가마쿠라막부의 힘으로는 실현할 수 없었던 지방무사들의 영지의 안정화를 가져올 새로운 정치에 대한 요구야말로 이 전환을 가능케 했던 것이다. 잡소결단소(雜訴決斷所)라는 새로운 기관이 토지문제 처리를 담당했지만, 그 성과는 시원치 않았던 까닭에 '건무신정'에 대한 평판은 좋지 않았다.

그밖에도 조정이 이끈 새로운 정치에 대해서는 전반적으로 악평이 줄을 이어, 순식간에 무사들의 불만이 표면화되었다.

이런 배경 하에서 다카우지 대망론이 고개를 들어 다카우지와 동생 다다요시(直義)로 하여금 조정에 반기를 들게 했다. 호조씨 잔당의 반항을 평정한 후, 아시카가씨의 이반은 결정적인 것이 되었다. 아시카가씨는 고다이고 천황 측에 대항할 필요에 따라 지명원통의 천황을 옹립했으며, 그 체제 하에서 새로운 무가정권을 수립했다. 1336년의 일이었다. 이리하여 고노 모로나오(高師直)를 집사로 하는 막부와 같은 정치체가 성립했던 것이다.

1336년 11월, 다카우지는 예전에 가마쿠라막부에 출사했던 니카이도 제엔(二階堂是円), 겐에 호인(玄慧法印) 등과 상의하여 새로운 법규를 정했다. 가마쿠라 이래의 무가정치를 계승한다는 의지를 표명한 것이다. 이때 제정된 건무식목(建武式目)에는 "무리가 모여서 음주하고 방자하게 노는 일을 제재하실 것"이라는 조목이 있다.

이 조목에서는 여색에 빠지거나 도박을 하고, 차회(茶會)라든가 렌가(連歌) 모임이라 칭하여 큰 내기를 하는 행위가 금지되고 있다. "무리가 모여서 음주하고"라는 표현에 대한 구체적인 설명은 없지만, 전체 문장에서 추측하건대 차회를 의미하는 것으로 판단된다.

주지하는 바와 같이, 훗날 다도로 정제되기 이전의 차회는 술자리와 함께 벌어졌다. 회합의 자리에는 진기한 기물과 술안주가 준비되었으며, 차는 투차(鬪茶)라 하여 어느 것이 도가노오(栂尾)[66]의 본차(本茶)인가, 어느 것이 본차가 아닌가, 라는 식으로 산지를 맞추는 일종의 도박이었다. 난

---

66 최고의 명차 산지로 알려진 곳. 교토 교외에 위치하고 있음.

잡한 놀이로서의 차회였다. 남북조 시대의 차는 그런 것이었다.

아시카가씨는 막부 개창에 즈음하여 그런 차회의 유행을 부정적으로 인식하고 식목(式目)에서 금지했음에 틀림없다. 이는 자연히 술자리 역시 삼가야 한다는 것을 의미했다. 요컨대, 때가 때이니만큼 긴축 방침에 따라 이런 조치가 취해졌던 것이다.

『태평기』는 남조 측을 깊이 동정하는 역사 이야기인 터라 아시카가 측에 대해서는 점수가 박하지만, 식목의 금제방침에 대한 평가는 긍정적이며, 이와는 정반대로 심히 사치스러운 차회와 주연을 베풀고 기꺼워하는 무장에 대해서는 매우 심하게 혹평하고 있다.

권33 〈공가무가의 영고성쇠가 뒤바뀌는 일〉에서는 사사키 도요(佐々木道誉) 등 교토에 머물고 있던 다이묘가 진귀한 보석을 늘어놓고, 매우 값이 비싼 설비 속에서 주연을 펼친 후 차 도박 모임을 개최하는 모습에 대해, 다카토키(高時)가 술에 빠지고 덴가쿠에 열중했던 호조씨의 말기 상태와 그다지 다를 바 없는 행태라고 평하고 있다. 그리고 "만사의 처리를 제쳐두고 소송인이 오면 주연과 차회를 핑계 삼아 대면하지 않는다. 사람의 탄식도 모르고 비웃음도 개의치 않는다. 오랜 시간에 걸쳐 마시고 노는 것은 전대미문의 잘못된 일이다."라고 맺고 있다.

센고쿠 시대로 내려오면, 술의 덕과 차의 덕 가운데 어느 쪽이 뛰어난가라는 논의도 활발해져, 『주차론(酒茶論)』과 같은 책도 등장한다. 하지만 그것은 차회가 술에서 분리되어 독자적인 예도로 전환된 후에 불거진 문제로, 사사키 도요 등이 호사스러운 주연 속에서 차회를 개최하고 있던 단계에서 술과 차는 이렇다 할 대립물이 아니었다. 앞서 서술한 바와 같이, 에이사이가 진상한 차는 쇼군 사네토모의 숙취를 해소했다고 일컬어진다. 끽차는 주연의 이른바 제2부였던 셈이다.

주색을 즐기는 바사라 다이묘

 아시카가 쇼군가를 보좌하는 집사 급 무장 가운데, 악인의 필두로 손꼽히는 것은 언제나 고노 모로나오(高師直)이다. 일본역사상의 대표적인 호색한으로 손꼽힌다. 상하를 불문하고 세상의 미녀를 낚아채서 범했다고 하는데, 술에 관한 이야기는 전해지지 않는다. 일반적인 플레이보이들은 "어쨌든 부질없는 세상은 색과 술" 이라는 둥 뇌까리지만, 모로나오의 술 이야기는 그다지 보이지 않는다. 여색이 너무나도 엄청나고 압도적인 터라 거기에 정신이 팔려 술 이야기가 유포되지 않았던 것일지도 모르겠다. 근세에 이르러 기라 고즈케노스케(吉良上野介)가 고노 모로나오에 빗대어져 『가명수본충신장(假名手本忠臣藏)』이 상연되자, 이를 통해서도 고노 모로나오의 호색성이 새삼 부각되었다. 고노 모로나오는 한편으로 철저한 천황부정론자이기도 했기에, 악역무도의 대표로 오랜 기간 인식되어왔다.

 이와 같은 모로나오와 유사한 무장으로 앞서 들었던 사사키 도요가 있었다. 그는 2대 쇼군 아시카가 요시아키라(足利義詮) 밑에서 집사가 될 야망을 지니기도 했던 인물로, 교만과 사치가 극에 달했다. 이른바 바사라 다이묘[67]의 전형적인 인물이다.

 아직 다카우지가 건재했을 때, 도요의 하인이 고묘 천황(光明天皇)의 형제인 료쇼법친왕(亮性法親王)이 머물던 묘호원(妙法院)의 단풍을 꺾은 사건이 발생했다. 이 사태에 임하여 도요는 묘호원을 불태워버렸다. 심

---

[67] 남북조 시대에 신분질서를 무시하고 화려한 복장과 행동거지를 즐겼던 다이묘

히 불경한 짓을 저질렀다는 이유로 엔랴쿠사(延曆寺) 측이 격노했으며, 이에 다카우지의 명령으로 도요는 데와(出羽) 유배의 처분을 받았다. 유배지로 향하는 도요 일행의 화려한 복장은 실로 바사라 다이묘의 진면목을 보여주었다. 게다가 도중의 숙소에서 유녀들을 불러 모아 시중을 들게 하며 호화로운 술판을 벌였다. 결국 그는 유배지까지 가지 않았으며, 다카우지의 처분도 유야무야되었다.

이처럼 모로나오는 색으로, 도요는 술로, 아시카가 쇼군가 주위의 바사라 다이묘를 대표했다. 두 사람 모두 진정한 성의를 가지고 아시카가씨를 보좌했던 인물은 아니다.

상당한 악한이라 해도 좋을 모로나오와 도요에게는 꽤 많은 토호무사들이 지지자로 존재했다. 그런 이유에서 모로나오는 집사가 되기도 하고, 아시카가씨에게 반항하기도 했던 것이다. 도요 역시 쇼군 요시아키라에 의해 거의 집사가 될 뻔했다. 하지만 요시아키라의 동생인 간토쿠보(關東公方)[68] 모토우지(基氏)의 반대에 부딪혀 취소되었다. 강력한 희망에 따라 호소카와 요리유키(細川賴之)가 아와(阿波)에서 상경하여 집사가 되었지만, 얼마 지나지 않아 요시아키라는 죽고 말았다. 『세천뢰지기(細川賴之記)』에 따르면, 1367년 "요시아키라의 병세가 위중하시다 하여 천하의 명의를 불러 갖가지 치술을 다했지만, 병은 나날이 무거워져 효과가 없었다. 병의 발생 경위를 말하자면, 밤낮을 가리지 않고 음란한 행위를 하고 술을 즐기며 유연(遊宴)을 오로지 하고, 천하의 정도(政道)를 손톱만큼도 들으시지 않았다."라고 보인다.

상당한 한량으로 정도에 관심을 기울이지 않았던 요시아키라이기에, 도요와 같은 무장을 가까이 하고 그를 집사로 삼으려고까지 했던 것이라 여겨진다.

『세천뢰지기』에는 3대 쇼군 요시미쓰(義滿)가 13살 때 술자리에 나가 심하게 취한 바, 집사인 요리유키가 사람들이 모두 모인 자리에서 이에 대한 의견을 크게 개진한 일이 기록되어 있다. 소년 요시미쓰는 체면을 잃었다 하여 요리유키에게 원한을 품고 앞으로 대면하지 않을 것이라며 항의하기도 했다. 요리유키는 무서운 친척어른과 같은 입장에서 요시미쓰를 진지하게 잘 보살핀 셈이다.

하지만 요시아키라 이래로 아시카가 쇼군가에는 술버릇이 계승되어간 듯하다.

술꾼은 쇼군가에만 있었던 것이 아니었다. 장안 사람은 공무(公武)를 불문하고 술을 즐기는 일이 빈번해졌다. 불교계조차도 술에 빠져드는 경향이 있었다. 고스코인(後崇光院) 후시미노미야(伏見宮) 사다후사친왕(貞成親王)의 일기 『간문일기(看聞日記)』 1420년 5월 15일조에 "본래 선율(禪律)이 음주하는 일은 구보(公方)로부터 엄히 금단된 일이라 한다. 이에 교조암(行藏菴)에 술을 보내는 일을 오늘부터 정지했다."라는 기사가 보인다. 이런 금제가 나와도 승려들의 이른바 반야탕(般若湯)[69]으로서의 술은 근절되지 않았다. 그 전 해에 제정된 〈산문조조규식(山門條條規式)〉에도 "술을 문내로 반입하지 말아야 할 것"이라고 보이는데, 이런 규제는 오히려 술이 사찰에 반입되는 일이 많았음을 추정케 한다.

---

68 가마쿠라부(鎌倉府)의 수장. 가마쿠라부는, 무로마치막부가 동국 경영을 위해 가마쿠라 설치한 지방정무기관. 아시카가 쇼군가의 일족이 임명되었던 간토쿠보는 점차 독자적인 정치세력을 형성하여 쇼군에 대항했다.

69 불교계에서 술을 가리키던 용어. 술은 반야, 즉 깨달음을 열어가는 지혜를 얻기 위해 복용하는 약이라는 의미에서 이와 같은 용어가 사용되었다.

요시미쓰와 술자리의 행동규범

아시카가 요시미쓰는 호소카와 요리유키를 집사(나중에는 간레이[管領[70])로 삼아 무로마치막부의 기초를 다졌는데, 주위의 여러 장수 사이에서는 요리유키에 대한 반감이 강했다. 소년 요시미쓰를 보좌하는 형태를 취하면서도 실제로는 천하의 정치를 한 손에 틀어쥐고 있던 요리유키의 횡포와 전제를 달가워하지 않는 다이묘가 적지 않았던 것이다.

요리유키는 1371년 무로마치막부의 독자적인 재원을 확보하기 위해 제국에 단전(段錢)이라는 세를 부과했으며, 장안을 중심으로 술집으로부터 술항아리 1개당 200문의 과세를 했다. 또한 전당포인 토창(土倉) 1호당 30관문을 징수했다. 당시 술집과 토창은 상당한 부호였던 것이다. 술이 곧잘 팔리는 평화로운 시대상황인 것처럼 교토 주변에서는 느껴지고 있었다. 하지만 지방에서는 슈고다이묘[71]들의 세력 다툼을 배경으로 전란이 이어지고 있었으며, 남조 측 무장들도 마지막 몸부림이라고 할 만한 저항을 반복하고 있었다. 그런 세상에도 가마쿠라 시대와는 비교가 되지 않을 정도로 술이 팔리고, 교토에는 수많은 술집이 번성하고 있었다. 그만큼 공가에서도 무가에서도 곧잘 주연이 열리고, 크게 취하는 경향이 있었다. 소년시절에 이미 상당한 술꾼이었던 요시미쓰는 성인이 되어서도 여전히 술을 즐겼다. 예컨대, 요시미쓰는 21살이던 1379년 정월 7일, 궁정의 밤샘 술자리에 끼었다. 쇼군이 궁정의 요인들과 술잔을 주고받는 일은 그때까지 없었다. 게다가 이때는 요시미쓰가 천황에게 술을 바치기도 전에 고엔유 천황(後円融天皇)이 손수 요시미쓰에게 술을 따라줄 정도로 친밀한 교제를 했다. 요시미쓰가 공가문화에 대해 일종의 동경을 지니고 있었다는 것은 잘 알려진 사실인데, 이처럼 술을 매개로 한 공무의 교제 역시 요시미쓰의 귀족취미에 의한 바가 컸다.

그 후로도 요시미쓰는 종종 궁정에 들어가 천황이나 상류 귀족들과 술을 마셨다. "술잔이 아홉 순배 돌았다. 날이 밝았다."라고 일컬어지는 식으로 밤새워 과음하는 일이 한 두 번이 아니었다.

요리유키에 대한 반감은 요시미쓰가 과음을 즐기게 된 1379년에 폭발했다. 추방운동이 격렬해져, 요리유키는 결국 시코쿠로 귀향하지 않을 수 없게 되었다. 그에 대신하여 시바 요시마사(斯波義將)가 간레이(管領)가 되었지만, 이번에는 요시미쓰가 전제군주로서 제멋대로 행동하기 시작했다. 천황도 요시미쓰의 하나노고쇼(花の御所)[72]에 행차하여 정중한 접대를 받아 만족하는 등, 요시미쓰의 관록은 상당한 수준에 이르렀다. 요시미쓰의 신변에는 우아한 귀족생활의 분위기가 짙어지고 있었다. 본래 거칠고 누추하기 마련인 무문이지만, 공가와의 밀접한 교류로 인해 점차 예의와 행동규범에도 민감해졌다. 술 따르는 방식 혹은 술잔 돌리는 방법을 시시콜콜하게 정하기도 했다. 술병을 들고 왼쪽부터 술을 따르는 것이 예의라든가, 받은 술잔을 어떤 방식으로 어떤 순서로 돌리는가 등등, 일거수일투족에 대해 실로 까다롭게 전고를 결정해나갔다. 헤이안조

---

70 쇼군을 보좌하며 막부의 정무를 총괄하던 직책.

71 무로마치 시대의 슈고의 권한은 가마쿠라 시대의 그것에 비해 한층 강화되어, 슈고는 점차 특정 지역에 대한 영역적 지배자로서 자리매김 되어갔다. 이러한 시대상을 반영하여 전후에 슈고다이묘라는 학술용어가 등장하게 되었다.

72 꽃이 흐드러지게 핀 어소라는 의미이다. 이 쇼군 어소가 무로마치에 있었던 까닭에, 무로마치막부라는 명칭이 생겨나게 되었다.

의 공가사회에서는 그런 행동규범에 대해서는 참으로 까다로웠는데, 요시미쓰는 오히려 그런 스타일로 주연의 질서를 결정하는 것에 적극적이었던 것 같다.

술은 그렇게 쉴 새 없이 마시는 것이 아니다, 축제나 특별한 명절 혹은 의식에 즈음하여 마시는 것이다, 라는 전통적인 관념이 한편에는 있었다. 하지만 현실에서는 공무 모두 술을 마시고 싶을 때 마실 수 있을 만큼 술은 도처에 널려 있었다. 일상생활 속으로 술이 들어서면, 술의 특별함을 생각하는 통념이 술 마실 때의 행동규범의 필요성을 환기시키는 법이다. 술이 의례 때 마시는 것이라는 생각은 일상의 술자리 순서나 행동규범을 특수화함으로써 여전히 유지되었다고 할 수 있을 것이다.

하지만 아직 당시에는 자작하여 홀로 술을 마시는 일은 없었다. '술자리(酒盛り)'라는 말도 이 시대에 일반화하는데, 몇 사람인가의 동료가 모여 주거니 받거니 술을 마시는 것이 통례였다.

요시미쓰에서 요시모치(義持)로

요시미쓰는 여기저기 여행을 다녔다. 나라와 기슈(紀州)에 놀러갔으며, 고야산을 순례했다. 또한 1388년에는 후지산을 볼 요량으로 동해도(東海道)를 타고 내려갔으며, 이듬해에는 아키(安藝)의 이쓰쿠시마(嚴島)로 향했다. 그는 지방의 강성한 무장에게 자신의 관록을 똑똑히 보여주고 싶다는 치기를 지닌 사내였다. 방류인 간토쿠보와 쇼군가의 사이는 여하튼 좋지 않았는데, 요시미쓰는 간토의 아시카가 우지미쓰(足利氏滿)를 위압할 요량으로 동해도를 통해 스루가(駿河)까지 내려가 후지를 본 것으로 일컬어진다.

서쪽의 가장 유력한 다이묘는 스오(周防)의 오우치 요시히로(大內義弘)였다. 요시미쓰의 입장에서 오우치가 고분고분하게 예를 다하지 않는 것이 마음에 들지 않았다. 그래서 당당한 위용의 배를 늘어세우고 세토내해(瀨戶內海)를 전진하여 이쓰쿠시마를 방문하고자 했다. 도중에 사누키(讚岐)에 은둔하고 있던 요리유키를 만났다. 이쓰쿠시마까지 요리유키도 동행하며 요시미쓰의 시중을 들었다.

이쓰쿠시마 신사에 참배한 이튿날인 3월 12일이 되어서야 오우치 요시히로가 인사를 하러 왔다. 함께 식사를 하며, "술 등 이러저런 것들이 나오는" 연회를 베풀었다고 한다. 서로 흉금을 털어놓자는 술자리였을 테지만, 그다지 원활하게 진행되었던 것은 아니다. 10년 후 요시히로는 간토쿠보(關東公方) 미쓰카네(滿兼)에게 호응하여 거병함으로써 막부에 등을 돌렸으며, 사카이(堺) 근방에서 막부군과 싸웠다 패사했다. 이른바 오에이(應永)의 난이다.

그 전에도 요시미쓰는 도키 야스유키(土岐康行)를 토벌하고, 메이토쿠(明德)의 난에서 야마나 우지키요(山名氏淸)를 멸망시키는 등, 유력 슈고다이묘를 제압했다. 나아가 남북조의 합체를 도모하여 성공하고(1392년), 그럭저럭 통일정권의 수장으로서 뜻하는 바를 모두 이루었던 것이다. 그 사이에 사루가쿠(猿樂)를 애호하여 제아미(世阿彌)의 노가쿠 완성을 지원하는 등, 기타야마문화(北山文化)[73]를 육성하는 유력한 후원자라는 면에서도 제왕적인 실력을 발휘해갔다. 요시미쓰는 1394년에 자식인 요시모치(義持)의 성인식을 계기로 쇼군직을 양도하고 이듬해에는 출가한다. 하지만 여전히 막부의 실권은 틀어쥐고 있었다. 1397년에는 기타야마에 별장을 건설하고 그곳에 금각(金閣)을 세웠다.

공가귀족을 능가하는 화려한 생활을 추구하고 황실에 버금가는 삶의 방식을 선호했던 요시미쓰였기에, 막부의 재정을 낭비하는 일도 막대했다. 아마도 그런 재정상의 소모를 보충한다는 뜻이었으리라 생각하지만, 그는 적극적으로 명과의 통교무역을 추진했다. 이를 위해 한편으로는 비굴한 태도를 취하기도 했지만, 다른 한편으로는 어디까지나 자신이 일본의 왕임을 주변 국가에 거리낌 없이 분명하게 밝혔다.

부친 요시미쓰에게 억눌려있던 요시모치는, 1408년 요시미쓰가 죽자 비로소 해방감을 느꼈던 모양이다. 명과의 무역을 그만두고 요시미쓰가 애호한 제아미(世阿弥)의 사루가쿠를 경원하는 등, 모든 면에서 부친에게 반발하는 듯한 태도를 취했다.

요시미쓰는 요시모치에게 쇼군직을 물려주기는 했지만, 실은 요시모치의 동생인 요시쓰구(義嗣)를 몹시 총애했다. 요시모치는 쇼군직 역시 요시쓰구에게 넘어가는 것은 아닌지 걱정하고 있었다. 요시쓰구에게도 그런 기대가 있었다. 하지만 그렇게 되지 않았던 것은 요시모치를 보좌하는 중신들이 정신을 똑바로 차리고 사태의 추이를 지켜보고 있었기 때문이다. 요시쓰구는 그런 상황에 만족하지 않고 속을 끓였다. 마침 그 무렵, 미쓰카네(滿兼)의 뒤를 이어 모치우지(持氏)가 간토쿠보가 되었는데, 집사 우에스기 젠슈(上杉禪秀)는 모치우지에게 미움을 받아 그 직책을 빼앗겼던 바, 모치우지에게 원한을 품고 있었다. 요시쓰구는 젠슈에게 연락을 취하는 한편 모치우지의 숙부 미쓰타카(滿隆)를 꾀어 반란을 일으켰다. 우선 거병한 것은 젠슈로, 1416년 10월에 모치우지(持氏)를 습격했다. 모치우지도 상당한 주당으로, 습격을 받았던 당시에도 과음으로 인해 곯아떨어져 있었다. 젠슈의 습격 소식을 전해들은 후에도 잠이 덜 깬 눈으로, "그럴 리 없다. 젠슈는 몸이 좋지 않아 오늘 내일 한다고 오늘 아침에 막 들었다."라고 말했다. "아닙니다. 그것은 젠슈가 구보를 속이기 위한 유언비어였습니다. 정말로 반란이 일어났습니다."라고 들은 후, 비로소 도망쳤다. 자택을 나서서 도망간 곳은 젠슈의 추방 후 집사가 되었던 우에스기 노리모토(上杉憲基)의 저택이었다. 노리모토 역시 술판이 벌어지는 가운데 젠슈 반란의 소식을 들었다.

이처럼 예상치 못한 습격에 맞닥뜨려 모치우지와 노리모토는 일단 쫓겨나고 젠슈가 가마쿠라의 정무를 장악하게 되었다. 하지만 교토의 쇼군 요시모치 측의 지령을 받아 움직인 간토의 여러 장수들은 모치우지와 노리모토를 도와 젠슈와 미쓰타카의 군병을 물리쳤다. 교토에서는 젠슈와 연루된 요시쓰구가 유폐된 채 목숨을 끊었다. 비온 후 땅이 굳듯, 젠슈의 난 이후 요시모치의 정권은 부동의 것이 되었으며 간토에 대한 압박은 강화되게 되었다.

술에 취해 비틀거리는 쇼군

부친인 요시미쓰(義滿)에 대해 모든 면에서 반발하는 듯한 태도를 취한 요시모치이지만, 공가적인 것에 대한 접근태도는 다르지 않았다. 궁중에 들락거리고 여관들과 교유를 하는 사이에 풍기가 문란해지는 일도 있었다. 하지만 그런 난잡함은 궁궐의 귀족들 사이에서도 비일비재했다. 공무 모두 기강이 무너진 시대 상황이었다. 술을 마시는 일 역시 일상화되

---

73 가타야마에 있던 요시미쓰의 저택을 중심으로 전개된 문화. 다양한 건축양식이 혼용된 금각은 융합을 기조로 하는 기타야마문화를 상징한다.

어 있었다. 앞서 사원 내에 술 내음이 퍼지는 것을 금제하고자 했다는 이야기를 소개했는데, 이 역시 요시모치 치세 하의 일이었다. 그 무렵, 구체적으로 말하자면 1421년 6월 25일, 요시모치의 아들로 쇼군직 계승이 예정되어 있던 요시카즈(義量)가 지나치게 과음한다는 이유에서, 그 수하의 근신들에게 술을 금하는 조치가 내려졌다. 주위에 있는 자들이 금주하면, 요시카즈도 자연히 술을 삼가게 되리라 생각했던 것이다.

이를 위해 각 근신들에게 금주를 맹세하는 기청문(起請文)[74]을 쓰게 했다. 구마노(熊野)에서 발급한 우왕(牛王) 종이에 그 내용을 적게 하고 36명의 연판(連判)을 취했던 것이다. 와카기미(若公) 요시카즈는 그 당시 15세였다. 조부 요시미쓰와 마찬가지로 술에 있어서도 상당히 조숙했던 것이다.

요시모치가 우려한 바와 같이, 요시카즈의 과음하는 버릇은 여전히 잦아들지 않았다. 결국 1423년에 요시모치로부터 쇼군직을 이어받은 후 만 2년이 못된 1425년, 요시카즈는 죽고 말았다. 19살의 나이였다. 실제로 그 직전에 막부요인들의 과음은 도를 넘어서고 있었으며, 막후의 실력자였던 부친 요시모치 역시 다를 바 없었다. 아들이 술병이 나서 병상에 눕고, 각종 종교시설에서 치성을 올리는 와중에도 요시모치는 궁궐에 가서 크게 취했다.

외아들인 요시카즈를 잃은 요시모치의 충격은 컸으나, 후계가 없었던 이상 요시모치 자신이 쇼군으로 부활하지 않을 수 없었다. 하지만 요시모치 역시 1428년에 죽었다. 임종 직전에 요시모치는 간레이 하타케야마 미쓰이에(畠山滿家) 등 중신 다이묘, 그리고 훌륭한 정치고문이었던 다이고사(醍醐寺) 산포원(三寶院)의 만사이(滿濟) 준후(准后)[75] 등에게, 훗날의 일은 여러분이 상의하여 결정하라, 일문의 인물 가운데 적절한 자를 대상으로 신전(神前)에서 제비뽑기하여 쇼군을 정하면 어떤가, 라는 정도의 말을 남기고 죽었다.

중신들은 이와시미즈 하치만궁(石清水八幡宮)의 신전에서 요시모치의 동생들을 포함한 후보자를 대상으로 제비뽑기를 시행했다. 선택된 후보자는 쇼렌원(清蓮院) 기엔(義円)이었다. 기엔은 곧바로 환속하여 요시노리(義教)라 하고, 무로마치도노(室町殿)로 들어가 6대 쇼군이 되었다. 실은 예전에 요시모치는 간토쿠보 모치우지와 사이좋게 지내고 싶다는 의도에서 모치우지를 명목상의 양자로 삼으려 한 적도 있었다. 쇼군직을 모치우지에게 넘겨도 좋다는 생각조차 하고 있었다. 이 계획은 하타케야마 미쓰이에의 반대에 부딪혀 좌절되었다. 제비뽑기로 요시노리가 쇼군으로 선출되었다는 소식을 전해들은 간토의 모치우지는 크게 낙담했다. 교토와 가마쿠라의 관계는 다시금 불온해졌다. 요시노리는 가마쿠라의 동정을 탐색할 요량으로, 요시미쓰가 한 것처럼 후지산 구경에 나서서 동해도로 내려갔다. 1432년 9월의 일이다. 특히 스루가(駿河)의 슈고 이마가와 노리마사(今川範政)로부터 큰 환영을 받았다. 요시노리는 렌가(連歌)모임을 사이에 끼고 연일 성대한 향응을 받았다.

요시노리는 상당히 신경질적이고 엄격하며 고지식한 인물이었다. 술을 마셔도 절제를 하는 강인함을 지니고 있었다. 궁정과 무가의 관계 속에서 발생하는 풍기문란 사건을 강력하게 단속하여 엄형주의로 처분했다. 사회 일반의 분위기는 상당히 경색되었다.

---

74 특정 사안에 대해 굳게 맹세할 때 신불을 걸고 작성했던 서약문. 본문에도 보이듯, 이 서약문의 작성에는 영험한 신사에서 발급하는 소정 양식의 종이가 사용되었다.

75 태황태후, 황태후, 황후 등 삼후에 준하는 처우를 받는 자를 지칭하는 용어.

하지만 정치적으로는 능숙하지 못하여 다이묘에게 미움을 받았으며, 빈발하는 백성들의 봉기에도 고통을 받았다. 그런 와중에 간토쿠보 모치우지의 반란(에이쿄[永享]의 난)을 진압하기는 했지만, 하리마(播磨)의 슈고 다이묘 아카마쓰 미쓰스케(赤松滿祐)의 저택에서 열린 술자리에 초대받은 후 미쓰스케의 부하 장수들의 습격을 받아 살해되고 만다. 간토 평정을 축하하기 위해 쇼군을 불러 대접한다는 것이었기에 출타하여 술을 마셨던 것인데, 이것이 비명횡사로 이어졌던 것이다.

주색을 통해 선의 진수를 추구한 잇큐(一休)

II장. 동란기의 술문화

쓰치잇키(土一揆)에 아랑곳하지 않고 술판을 벌이다

시골에도 서울에도 어소(御所)는 끊겼다. 구보에게 변이 생겨 공무 집행에 결여가 생긴 가키쓰(嘉吉) 원년.

이라는 노래가 교토의 거리에 나붙은 것은 1441년(가키쓰 원년, 嘉吉元年)이었다.

"시골"이란 가마쿠라를 의미한다. 가마쿠라의 어소, 즉 무로마치막부 쇼군가의 입장에서 볼 때 분가에 해당하는 간토쿠보의 어소는 그 주인인 모치우지가 쇼군직을 노린 탓에 쇼군 요시노리에 의해 철저하게 토벌되어 멸망했다. 1439년의 일이었다. 그로부터 2년 후 이번에는 요시노리 자신이 유력 슈고다이묘 아카마쓰 미쓰스케(赤松滿祐)에게 속아 살해되었다. 이에 교토의 어소도 끊어졌다는 것이다.

간토, 교토 양쪽에서 구보(公方)가 사라져 공무집행에 공백이 생긴 가키쓰 원년이라는 의미이다. 이런 사태에 직면하여 세상은 무질서상태에 빠졌다. 빌린 돈의 상환에 고통 받던 수도와 그 주변의 민중은 채무변제, 즉 덕정을 요구하는 쓰치잇키(土一揆)[76]를 빈번하게 일으켰다. 그 무렵의 대출은 사원이나 전당포(토창土倉이라고 했다), 술집이 맡고 있었다. 근대에 이르기까지 술집은 대체로 부호였다. 그 자금력으로 고리대금업에 종사하는 경향이 강했다. 무로마치 시대에는 요시미쓰 이래로 거의 모든 쇼군이 술꾼이었으며, 많은 다이묘들에게도 과음하는 풍토가 있었다. 그런 까닭에 교토에서 술집은 상당히 번창했다. 공가에서도 사원에서도 술을 곧잘 마셨다. 15세기 초엽에 해당하는 오에이(應永) 연간에 술집은 342개나 있었다. 고조(五條)의 야나기(柳) 술집, 사쿠라(櫻) 술집은 특히 유명했다. 예컨대, 공가의 일기에 아무개로부터 '야나기 한 통'을 증정 받았다고 기록되어 있는 것도 눈에 띄는데, 여기서 '야나기'란 '야나기 술집'의 술을 의미한다.

342개의 술집 가운데 대략 300개는 토창을 겸하여, 저당물을 취하고 돈을 빌려 주었다. 막부는 이런 술집에 과세를 무겁게 하여 재원을 확보하고 있었으며, 그밖에 임시로 금전을 융통하게 하는 일도 종종 있었다. 공가의 사람들도 술집에서 상당한 금액을 빌렸다. 일반 서민 역시 액수는 작았지만, 그 나름대로 술집에서 돈을 빌리고 있었다. 채무변제를 못하고 극도의 궁핍에 시달린 그들은 집단 봉기하여 술집으로 몰려가서는 비축된 물품들을 끌어내어 부순다든지 집을 불태워버리는 등 줄기차게 난폭한 행동을 했다. 막부는 사회일반의 덕정(德政)요구를 받아들여 종종 덕

정령을 반포했는데, 이로 인해 세상은 점점 혼란에 빠졌으며 전혀 안정되지 못했다.

쇼군가로 눈을 돌려 보면, 아카마쓰 미쓰스케의 저택에 초대받은 요시노리가 술자리에서 비명횡사한 후, 그 적자인 요시카쓰(義勝)가 뒤를 이었다. 하지만 요시카쓰는 타고난 허약체질로, 쇼군위에 오른 지 불과 8개월 만에 10살의 나이로 죽고 말았다. 이에 대해 요시노리가 폭군으로 군림했던 것에 대한 세상 사람들의 저주가 작용한 것이라는 소문이 도는 등, 사회 분위기는 더욱 불온해져갔다.

요시카쓰의 죽음으로 인해 그 동생인 요시마사(義政)가 쇼군이 되었다. 불과 8살로 쇼군이 되었기 때문에, 주위의 호소카와씨(細川氏)와 그 밖의 여러 다이묘들, 그리고 히노씨(日野氏)가 마음 내키는 대로 정치를 행했으며, 통제력은 전혀 발휘되지 못했다. 쓰치잇키, 도적의 횡행은 격렬해져갔다.

악녀로 평판이 자자한 이마마이리노 쓰보네(今參局)라는 연상의 여성에게 제멋대로 조종당하기도 했다. 그밖에 측실 몇 명을 지니고 있었던 소년 요시마사도 21살에 이르러 정실 히노 도미코(日野富子)를 맞아들였다. 하지만 밑도 끝도 없이 술과 여자에 빠져, 쇼군다운 면모는 전혀 찾아볼 수 없었다. 잇키의 수령을 붙잡아 죽여 효수를 하고는 쇼군 어소에서 주연에 빠져드는 요시마사였다.

그는 차 마시는 회합에 나서는 것도 좋아했지만, 진수성찬을 맛보는 주연에는 정신을 잃고 빠져드는 경우가 많았다. 또한 하나노고쇼(花の御

---

76 본문에 보이듯이, 모종의 정치개혁을 요구하는 민중들의 집단봉기를 의미한다.

所)의 증축에 경비를 아끼지 않는 등 대규모 토목공사도 종종 강행했다. 이에 1460년에는 고하나조노 천황(後花園天皇)이 시를 매개로 넌지시 훈계하기도 했다. 인민이 도탄에 빠져 고통을 맛보고 있는 와중에 사치에 빠져 있는 요시마사를 비꼰 시였다. 천하의 요시마사도 한동안 공사를 멈췄다고 하지만, 성격이 근본적으로 바뀌었을 리는 없다. 전년인 1459년에는 교토의 가모가와(賀茂川)가 범람하여 무수한 익사자가 발생했으며, 1460년에는 주고쿠(中國) 지방에서 풍수해와 충해로 인한 기근이 발생하여 교토의 저잣거리에도 아사자가 나뒹구는 지경이었다. 이처럼 지옥 같은 세상 물정 속에서도 사치를 마다하지 않는 요시마사의 행동에 질린 천황은

가난에 지친 힘없는 백성이 앞 다투어 수양(首陽)의 고사리를 뜯고,
곳곳에서 문을 닫고 대를 엮어 만든 사립문을 걸어 잠그네.
시를 짓고자 하는 흥취가 일어나기 마련인 봄 2월이건만,
성을 가득 채운 붉고 푸른 초목은 누구를 위하여 빛나고 있는가?

라고 읊은 것이다.

요시마사 하면 떠오르는 오닌(應仁)의 난은, 그에게 얼마간 남자 아이가 태어나지 않아 4살 연하의 동생 기진(義尋), 즉 환속 후의 요시미(義視)를 후계자로 결정한 뒤에 부인 도미코(富子)로부터 요시히사(義尙)가 태어난 것에 한 가지 계기가 있었다. 이 요시미 역시 상당한 술꾼이었다. 형 요시마사와 술잔을 주고받는 가운데 쇼군가의 가독상속에 대한 약속이 이루어진 모양이다. 그에 대한 정식 결정 이후 축하인사를 하러 내방하는 공가와 무가 사람들의 발길은 실로 빈번했으며, 연일 술자리가 계속되었

다. 1464년 간레이 하타케야마가에서도 가독상속을 둘러싸고 내분이 일어났으며, 시바가도 마찬가지로 분열하는 등, 다이묘들의 동향 역시 심상치 않았다. 이런 상황 속에서, 그들은 술에 의탁하여 상대방의 속내를 탐색하며 계속해서 신경전을 벌였던 것이다.

근무복도 술값으로

요시미가 요시마사의 후계자로서 착착 준비를 해가던 1465년, 도미코는 요시히사를 낳았다. "만인이 환호했다. 천하태평의 근간"이라고 세상 사람들로부터 축복받았지만, 실은 태평은커녕 장기간에 걸친 쟁란을 이끄는 의미심장한 탄생이었다.

요시마사는 혼란스러웠다. 남자아이를 낳은 도미코가 의기양양해 하면 할수록 그는 곤혹스러워졌다. 동생과의 약속은, 이미 호소카와 가쓰모토 (細川勝元)에게 요시미의 후견역할을 부탁한 체면 상 도저히 물릴 수 없었다. 하지만 친아들이 태어나도 승려로 만들 테니 안심해도 좋다, 라고 요시미에게 호언한 것처럼 요시히사를 출가시킬 수는 없는 노릇이었다. 도미코의 히스테리가 두려웠다. 번민에 싸여 술에 빠져 있는 사이 도미코는 도미코 대로 호소카와의 라이벌 야마나 소젠(山名宗全)을 자기편으로 끌어들여 요시히사의 상속권 확보에 나섰다.

시바가(斯波家)의 가독상속 소동에 대해서는, 호소카와 가쓰모토는 요시사토(義敏)를, 야마나는 요시카도(義廉)를 도왔다. 하타케야마씨의 가독상속 소동과 관련해서는 호소카와가 마사나가(政長)를, 야마나가 요시나리(義就)를 돕는 모양새가 되었다. 이에 교토의 동서에 군진이 펼쳐지고 대란이 일어났다. 1467년의 일이었다.

격렬한 공방이 시가전의 형태로 계속되어 궁궐도 황폐화되고 공가의 저택, 사원도 상당수 불타버리는 참상이었지만, 요시마사는 부인인 도미코 등이 당황하는 것에 아랑곳하지 않고 "언제나처럼 술자리에 계셨다."(『응인기(應仁記)』)고 전해진다.

요시마사는 분명 허무주의적인 술에 빠져 있었던 것이다.

그는 1469년 요시히사를 가독상속인으로 결정했지만, 그 무렵 요시미는 후견인인 호소카와 가쓰모토로부터 버림받은 것을 원망하여 반대로 서군의 야마나 측에 들어가 호소카와 측의 동군과 싸우는 입장이 되었다. 오닌·분메이(文明)의 대란은 결국 야마나 소젠(山名宗全)과 호소카와 가쓰모토(細川勝元)의 죽음을 계기로 1473년 무렵 자연스레 종료되었다. 교토의 황폐는 참담한 것이었다. 이 난에 동원된 다이묘, 무사들이 두 장수의 죽음을 계기로 그대로 잠잠해질 리는 없었다. 지방에서는 여전히 집요하게 정쟁이 반복되어 점차 일본열도 전체가 동란에 휩싸여갔다.

그에 앞서 1472년 8월, 요시마사와 부인 도미코는 별거했다. 도미코가 기타코지(北小路)의 새로운 거처에 들어갔으며, 요시마사는 호소카와의 새로운 저택에 들어갔다. 이 부부는 냉전에 들어갔던 것이다. 당시 도미코가 천황(고쓰치미카도[後土御門])과 밀통하고 있다는 소문이 줄기차게 돌았다. 그런 소문과의 상관관계는 여하튼, 예컨대 천황이 황폐해진 어소의 수리를 막부에게 명해도 겉으로는 받아들이면서 적극적으로 공사에 착수하려 하지 않고, 자신의 하나노고쇼 공사를 추진하는 식으로, 요시마사는 천황과도 불화였다. 천황과의 사이는 곧 회복되었지만, 도미코와의 사이에 생긴 간극은 더욱 벌어질 뿐이었다.

1473년 요시히사에게 쇼군직을 물려주고 은퇴한 요시마사는 렌가와 풍아한 놀이에 심취했으며, 천황과도 놀이를 통해 가까워졌다. 술도 종종 함께 마셨다. '10종류의 술'이라는 놀이가 있었다. 술자리에서 사람들이 좌우로 편을 나누어 10종류 술의 종류와 산지를 판별하는 놀이로, 당시 상류사회에서 크게 유행했다. 요시마사도 이를 종종 개최했다. 그때마다 자연히 과음하여 취했다.

세상사는, 바지런히 고리대(高利貸)까지 운영하던 부인 도미코에 의해 장악되었다. 그녀는 동군, 서군의 구별 없이 무장들에게 돈을 빌려주며 큰돈을 벌었다.

『심존승정기(尋尊僧正記)』의 1477년 7월 29일조에 의하면, "공무 상하가 밤낮으로 과음하여, 내일 출사할 때 입을 옷조차 술값으로 썼다."라고 보인다. 누구라고 할 것 없이 모두 종일토록 과음을 하고 있었으며, 출사할 때 입을 의복조차도 술값으로 써버리는 꼴사나운 세태였던 것이다.

홧김에 마시는 술로 몸을 망치다

교토에서 대규모 내란이 전개되고 쓰치잇키가 빈발하는 가운데, 상류사회에서는 술자리가 일상화되는 묘한 세태였다. 술집은 점점 부자가 되었다. 토민은 이를 습격하여 금품을 빼앗았다. 사회질서는 전혀 잡히지 않았다. 그런 와중에 요시마사는 히가시야마(東山)에 대규모 산장 조영을 추진했다. 더 이상 현실에 대해 적극적인 자세를 취하지 않았다. 오로지 한적한 경지에서 풍류도를 구하고자 한 것이다. 이를 위해 인민의 노역을 징발하고, 거리낌 없이 돈을 물 쓰듯 낭비했다.

쇼군직을 이은 요시히사도 청년기에 들어서자 모친 도미코를 꺼릴 정도였다. 지나친 편애도 쇼군의 친어머니라는 점을 이용한 권세 강화라는 맥락에서 이루어진 행동으로 보일 뿐이었기 때문이다.

요시히사는 당시 점차 센고쿠다이묘(戰國大名)[77]화하는 다이묘들을 위압할 요량으로, 사원과 신사의 영지를 압수하고 있던 오미(近江)의 사사키(佐々木=롯카쿠[六角]) 다카요리(高賴)를 시범 케이스로 삼고자 토벌군을 이끌고 나아갔다. 꽤 격렬하게 진공하여 한 때는 다카요리를 궁지로 몰아넣었지만, 완전히 격멸하지는 못했다. 교토로 돌아가고자 해도 돌아가지 못하고, 현 구사쓰시(草津市) 부근의 마가리(鉤) 마을에 진을 쳤다. 이곳에서 3년간 군진 생활을 계속하던 요시히사이지만, 교토의 문화인들과 끊임없이 교유했다. 예컨대, 산조니시 사네타카(三條西實隆)의 방문을 받았으며, 렌가 시인 소기(宗祇)가 초대되기도 하여 빈번하게 노래 모임이 이루어졌다. 사루가쿠 감상도 빈번했다. 연일 술을 마시고 여색에 빠지기도 했다.

그런 삶이 독이 되었던지, 요시히사는 진중에서 병에 걸렸다. 하지만 조금만 몸이 회복되면, "전혀 식사를 하지 않으시고, 그저 물과 술을 마시고는 음란한 행위를 일삼았다."(『선윤경기(宣胤卿記)』)라고 일컬어지듯이 퇴폐의 극에 달했다. 완치될 리가 없었다. 요시히사는 1489년 3월에 죽었다.

요시히사가 이토록 빨리 25살의 나이로 죽은 것은 확실히 주색을 밝힌 것에서 비롯되었으리라 생각하지만, 교토로 돌아가지 않고 진중에 오래도록 체재한 것은 모친 도미코의 간섭을 조금이나마 피하고자 했기 때문일 것이다. 그에게도 부친 요시마사와 마찬가지로, 자포자기의 마음이 있어서 찰나적인 향락을 통해 우울함을 털어내고자 했던 것으로 여겨진다. 요시마사는 중풍을 앓으며 넋이 빠진 상태였지만, 요시히사의 뒤를 이어 재차 쇼군이 되었다. 하지만 이것은 극히 짧은 기간에 불과했으며, 요시마사는 결국 중풍이 재발하여 죽었다. 이 중풍 역시 긴 시간 과음한 탓일 것이다.

아시카가 쇼군가에게 천하를 수습할 능력도 권위도 전혀 없음이 백일하에 드러난 상황에서 이후 명목뿐인 쇼군들이 차례로 등장한다. 하지만 그나마도 지방의 다이묘와 하극상을 꾀하는 무사들의 센고쿠(戰國)쟁패전이라는 소용돌이 속에 침잠해가는 것이다.

잇큐(一休)와 주색

이와 같은 무로마치 시대(室町時代)에 대해서는 무질서와 퇴폐의 암흑시대라는 인상이 남지만, 다른 각도에서 말하자면 기성의 권위를 무너뜨려가는 신흥세력이 사회의 하층으로부터 세력을 키워 이윽고 새로운 시대를 열어가는, 일종의 전야와 같은 양상이었다고 할 수 있다.

그런 측면이 있었던 시대이므로, 히가시야마문화(東山文化)가 요시마사의 산장을 중심으로 성숙해도 그것은 퇴폐성 문화가 아니었으며, 거꾸로 새로운 감각과 표현양식을 구체화한 문화가 되었다. 기존의 공가문화와는 취향이 다른 지방적이고 민중적인 감각을 근간으로 하는 측면이 강한 것이다. 요시마사의 주변에 소용돌이치고 있는 것들로부터 도피하고

---

77 독자적인 통치영역인 영국(領国)을 기반으로 세력 확대를 도모하던 센고쿠 시대의 다이묘들을 아우르는 말. 기존의 슈고다이묘가 센고쿠다이묘로 발전하는 경우도 있었으며, 슈고다이묘의 대관인 슈고다이(守護代), 혹은 지방의 토착무사인 고쿠진(国人)이 센고쿠다이묘로 발전한 사례도 많았다.

혹은 그것을 극복하는 방향에서, 현실에서 비롯된 허무주의적인 의식을 만족시키는 문화가 추구되었던 것이다. 히가시야마문화가 그 후 일본문화에 커다란 의미를 지니며 계승되었던 것은, 기성문화로부터의 탈각 혹은 극복이라는 새로운 경향을 지니고 있었기 때문이다.

기성의 권위 혹은 그때까지의 전통에 대해서는 강하게 반발하고, 그런 것에 집착하는 자들을 심지어 조소했다. 세속의 욕망에 얽매이는 것을 오히려 동정하며 술을 매개로 하여 자신을 세속으로부터 분리한다. 요시마사가 히가시야마문화를 육성하는 주역이 된 심리의 근저에는 그런 인생관이 존재했던 것 같다.

잇큐이야기로 유명한 잇큐는 오닌의 난 무렵에는 이미 만년이었다. 일찍부터 정계에 밀착한 무로마치 시대의 선종계에 만족하지 않고, 철저한 미치광이 선승으로서 여러 지역을 방랑하는 여행을 계속하며 선의 진수를 파악하고자 했다. 스승인 가소(華叟) 밑에서 같이 훈도를 받은 요소(養叟)의 지극히 세속적인 면모를 철저하게 공격하고 경멸했다. 권력에 집착하고 호의호식하며 영달을 꾀했던 요소의 태도를 참지 못했던 것이다. 그에 따르면, 요소는 극악무도한 악한이며, 선과는 인연이 없는 자였다. 잇큐 자신은 의도적으로 주색에 빠진 모양새로 사카이 근처에서는 술집에 줄기차게 들락거리기도 했다.

"미치광이 손님, 바람을 일으킨다. 와서 머문다, 홍등가의 선술집"이라는 『광운집(狂雲集)』의 시구는 유명하다.

그는 여성을 범하는 일과 육식도 꺼리지 않았다. 눈이 먼 여성 예능인 신지샤(森侍者)를 철저하게 사랑하여 그녀와의 교정을 탐닉하기도 했다. 그의 입장에서 볼 때, 인간성을 적나라하게 드러내며 선을 이루는 계기를 파악하는 것은 수행자로서 지극히 타당하고 당연한 행위였다. 실제로는 주색에 빠진 선승이면서 겉으로는 어디까지나 고결함을 내세우고 있던 당시의 선승 일반을 혐오했던 것이다. 요컨대, 위선을 받아들일 수 없었던 그는 자신의 과오를 자각적으로 드러내는 언동을 했던 것이다.

세속에서 통용되는 양식 혹은 전통적인 상식 윤리를 무시하고 가벼이 여기는 마음가짐이라는 점에 주목한다면, 본질적으로는 상당히 다른 세계의 사람이면서도 요시마사와 잇큐는 어딘가 닮은 구석이 있다. 무로마치시대라는 난세는 그런 인물을 낳았던 것이다. 단, 요시마사는 술을 마시며 세속을 떠나 잊으려 했지만, 잇큐는 술을 마시며 세속에 도전한 것이라고 할 수 있다.

주호, 산조니시 사네타카(三條西實隆)

이 시대에는 궁정공경 가운데에도 술꾼이 많았다. 앞에서도 인용한 바와 같이, 공무를 불문하고 밤낮으로 술을 마셨다고 일컬어지는 세상이었다. 공가사회와 쇼군, 다이묘가 술을 매개로 교제하는 경우도 많았다. 본래 공가 귀족들에게는 어딘가 무가를 내려다보고 경멸하는 경향이 있었다. 함께 술잔을 주고받는 일을 꺼리는 경향 역시 여전히 존재했다. 아시카가 요시미쓰 같은 자와는, 그 뻔뻔함에 졌다는 인식에서 상당한 양의 술을 마시며 교제하는 궁정인도 있었지만, 일반적으로는 좀처럼 그런 상황까지는 이르지 않았다.

1473년에 요시마사가 궁중에 들어가 공경들과 무릎을 맞대고 술자리에 끼고자 했을 때에도, 어딘가 주저하고 거부하는 듯한 분위기가 있었다. 하지만 거부하면 무가의 체면이 말이 아니고, 나중 일을 생각해서라도 좋지 않을 것이라는 이유에서 결국 함께 술자리를 가지게 되었는데, 어쨌든 그만큼 공경에게는 자존심 같은 것이 존재했다. 또한 이때의 술자리는 "내밀한 방식으로 남녀가 뒤섞인" 술자리여서, "외부인이 참가하는 것은 괜찮은가"라고 주저하는 태도도 있었다고 전한다. 아마도 무례강과 같은 요란한 술자리였을 것이다.

쇼군 요시히사(義尙)가 사사키 다카요리 정벌을 위해 오미로 진출하여 마가리 마을에서 장기간에 걸쳐 진을 치고 있었다고 앞서 서술했는데, 그곳을 방문한 산조니시 사네타카(三條西實隆)는 상당한 술꾼이었다.

그가 마가리 마을로 향한 것은, 고쓰치미카도(後土御門) 천황이 요시히사에게 보내는 시,

당신이 머물면 사람들의 휘어진[78] 마음도 그렇게 올곧게 고쳐지겠죠.

를 전하기 위해서였다. 이때에도 연일 술을 마셨다. 요시히사 뿐만 아니라, 다른 무장들과도 만나면 반드시 술자리를 가졌다. 그의 일기 『실륭공기(實隆公記)』에는 "만취하여 집에 돌아가다."라든가, "만취하여 꿈속 같은 길로 돌아왔다."라는 식의 기사가 종종 보인다.

1494년 사네타카는 자신의 딸인 야스코(保子)를 구조 히사쓰네(九條尙經)에게 시집보냈다. 사네타카는 그 후 4년 동안 구조가를 방문하지 않는데, 1498년 12월에 이르러 많은 술을 지니고 오랜만에 구조가를 방문했다. 그때 야스코가 낳은 아이의 귀여운 모습을 보고,

생김새가 신묘했다. 경사스러운 일이고 축하할 만한 일이다. 완전히 취해버렸다. 앞뒤 분간을 못하고 집으로 돌아왔다.

고 한다. 너무나 기쁘고 감격했던 모양이다.

주량도 상당했던 모양으로, 24잔, 27잔, 33잔 등 술잔을 거듭하는 일이 드물지 않았다. 당시의 술잔은 지금과는 달리, 작은 잔이 아니었다. 적어도 3-4홉은 들어가는 것이었으니, 상당한 양이 된다. 흐뭇하고 기분 좋게 취한 상태를 "때가 맞아 기분 좋았다."라고 기록하고 있다. 그렇게 많이 마시지 않았을 때에는 "한잔 마셨다. 그저 15잔 마셨을 뿐이다. 때가 적절치 않아 여러 사람이 만취에 이르지 않았다. 하지만 오히려 한때의 기쁨을 얻었다. 즐거웠다."라고 기록하기도 하여 만취에 이르지 않은 것 역시 흥취가 있었다고 한다. 보통은 주위에 있는 자들이 만취할 정도로 마시는 것이 그에게는 당연한 일이었다는 듯한 어조이다.

회합문화 속에서

이 시대는 일본인의 교제의 역사에서 크게 주목할 만한 시대이다. 히가시야마문화에서는 차 회합을 비롯하여 사교적 모임의 살롱에서 발달한 문화가 눈에 띈다. 렌가의 유행 역시 당시 현저했다. 『실룡공기』에도 렌가 노래모임의 개최가 종종 엿보이는데, 렌가는 사람들이 사교의 심화를 추구한 데에서 번성했다. 즉, 입장이나 감각을 서로 달리 하는 자들이 한 자

---

78 요시히사가 주둔하고 있던 마가리 마을을 염두에 둔 표현. 일본어로 '마가루'는 '휘어지다' 라는 뜻이다.

리에 모여 각자의 개성을 발휘하며 일련의 시경(詩境)의 전개를 모색하는 렌가, 서로 협력하는 마음을 필요로 하는 렌가는, 자아에 집착하며 협조하는 마음을 영원히 잃어버리기 십상이었던 당시의 삭막한 시대상황 속에서 오히려 추구되었던 놀이였다.

구질서가 파괴되어가는 격동기였던 당시에는 사람들의 마음에 전폭적인 신뢰를 둘 수 없다는 시대감성이 있었다. 그만큼 각별히 의식하여 사교를 깊이 해간다는 경향이 존재했다. 이 무렵의 일기에는 그런 회합을 추구한 사람들의 왕래가 눈에 띈다. 그리고 그런 회합에서 차를 마시거나 술판을 벌이고, 렌가를 하거나 사루가쿠(노가쿠[能樂]) 예능을 보며 매우 긴 시간에 걸쳐 서로의 친목을 다졌다.

그 사이에 제비뽑기를 하여 술 마시는 순서나 술의 양을 정하기도 하고 술잔을 주고받는 놀이를 하기도 했다. 큰 술잔을 돌려가며 마실 때 첫 잔은 누가 따르는가, 두 번째 잔은 누가 따르는가, 세 번째 잔은… 이라는 식으로 술 따르는 사람이 선명하게 기억되었던 모양으로, 일기에 그 이름을 기록하고 있는 예도 많다.

산조니시 사네타카와 같은 공경은 천황과 함께 궁정살롱에서 술잔을 기울이는 일도 종종 있었는데, 세 번째 잔은 천작(天酌), 즉 천황이, 다섯 번째 잔은 태합(太閤) 이치조 가네라(一條兼良)가, 아홉 번째 잔은 가주지(觀修寺) 전대납언(前大納言)이, 라는 식으로 기록한 날도 있다(1495년 2월 2일조).

낮부터 회합하여 24잔을 마시고 사네타카 자신이 퇴궐한 것이 밤 11시 무렵이었다. "달빛이 청명했다. 그 후 또 몇 잔 마셨다고 한다. 때가 맞아 기분 좋았다. 기쁜 일이다."라 하여 이후에 어느 정도 마셨는지 누군가로부터 들은 바를 기록함과 동시에 만족스러운 심경을 진술하고 있다.

이런 회합의 술자리가 실로 빈번하여, 자연스레 모두 상당한 술꾼이 되어갔던 것이다.

센고쿠다이묘 오토모 소린(大友宗麟)

12장. 공가살롱에서 취하다

대란 직전의 술판

오닌·분메이의 대란이 교토를 중심으로 전개되고 있던 시절, 궁정 귀족도 쇼군도 술을 마시며 유흥으로 시간을 보내고 있었다는 사실은 앞서 서술한 바와 같다. 민중들의 봉기도 기나이에서 줄기차게 발생하고 있었다. 지배계급의 수뇌진이 사치스러운 생활을 하며 그저 술판을 벌이고 있었기 때문에 쟁란이 이어졌다고도 할 수 있겠지만, 한편으로는 그런 현실의 커다란 사회변동에 대해 적절한 대응 능력을 지니지 못했던 기성의 권위자들로서는 술 마시고 사치에 탐닉하며 놀기라도 하지 않으면 견딜 수 없다는 생각을 지니고 있었던 것으로도 보인다.

1465년의 일인데, 오미 시오쓰(鹽津)의 주민 구마가이 아리나오(熊谷有在)라는 자가 당대 정치의 부당함을 슬퍼하여 간언(諫言)을 진술한 의견서를 은밀히 막부에 제출했다. 정치의 부당함이라는 것은 쇼군 아시카가 요시마사의 사치를 지적한 것이었다. 이 서장을 본 요시마사는 크게 격노하여 그 영지를 몰수하고 아리나오를 추방해버렸다.

오닌의 난의 경위를 이야기하는『응인기』는, 공무와 정치가 여성들을 매개로 하여 술자리와 음행이 벌어지는 가운데 이루어지는 점을 들어 "이와 같은 일은 대란이 일어날 징후이다. 공가와 무가 모두 크게 사치하고, 서울과 시골, 변경의 인민에 이르기까지 화려함을 즐겼다. 제가(諸家)의 사치와 만민의 궁핍함은 이루 형언할 수 없다."라 하여 대란이 반드시 일어날 형세임을 언급한 후, 앞서 예시한 구마가이 사건을 기록하고 있다. 공무 모두 크게 사치하고 있었다는 이야기인데, 훗날 관백, 태정대신이 되는 고노에 마사이에(近衛政家)의 일기『후법흥원기(後法興院記)』를 읽으면, 확실히 당시 사람들이 술을 자주 마셨음을 알 수 있다.

마사이에(政家)는 전 관백(前關白) 후사쓰구(房嗣)의 아들이다. 앞에서 언급한 사건이 일어났을 때 종2위 좌위문독(左衛門督)이었지만, 아직 22살의 나이였다. 명문출신이었기 때문에 상류사회의 사교의 장에 끊임없이 나갔다. 당시 유행하던 사루가쿠, 특히 여성 사루가쿠 구경, 렌쿠(聯句, 두 사람이 한두 구씩 지어 전체로써 한 편의 한시로 함), 렌가 모임, 축국(蹴鞠, 귀족들의 공차기 놀이), 고아와세(香合せ)[79] 등등, 다양한 이벤트에 참가하여 그때마다 술을 마셨다. 관상용으로 나무 심는 것도 즐겨하여 정원용 나무를 주문한다든지 다른 사람에서 선물로 보내는 등, 풍류인으로서의 면모도 지니고 있었다. 이 시대의 천황보다도 형편이 좋은, 여유로운 삶을 살고 있었다.

---

79 양편으로 갈라, 향냄새를 맡고 그 종류를 맞추는 놀이.

1466년 윤 2월 16일, 마사이에는 춘추좌전의 강의를 들은 후, 청강하러 온 자들과 더불어 "밤새도록 과음을 했다."고 한다. 어느 정도 한학의 교양도 있어서 이런 강의는 종종 이루어졌는데, 거기에 술을 즐기는 흥취가 있었다. 고인이 된 일족의 명복을 비는 법요가 있으면, 가장 긴 기간으로는 100일간, 많은 경우에는 한 달이나 3주간 혹은 열흘간의 정진으로 "술을 끊는 것"을 맹세하는 것이 당시 공가에서는 일상사였는데, 마사이에 역시 이 관습은 지키고 있었다. 하지만 정진 중에도 천황이 술을 따라주는 경우에는 거리낌 없이 받아 마셨다.

그해 가을부터 돌연 세상이 소란스러워져, 무사들의 움직임이 교토에서도 분주해졌다. 시대 상황이 상황이었던 만큼 일기에서도 술에 관한 기사가 거의 사라지지만, 12월 2일에는 다카쓰카사 후사히라(鷹司房平), 마사히라(政平) 부자가 자택을 방문하여 몇 순배 술잔이 돌아 "나는 엄청나게 취했다."라고 스스로 기록할 정도로 마시고 있다.

이듬해인 1467년에는 두말할 나위 없이 매우 "소란스럽고 불온"한 상황이 되었다. "지난 해와 올해 전란이 비할 바 없어서 다음 달쯤 연호가 바뀔 것이다."라는 풍문이 돌고, 결국 그 해 3월에 오닌(應仁)으로 연호가 바뀌었다. 개원에 대해 서술한 이틀 후에도 마사이에는 모처로 밤마을을 나가 과음했으며, 오전 3시경에 집으로 돌아왔다고 기록하고 있다.

그해 2월 21일에는 앞서 언급한 다카쓰카사(鷹司) 부자를 초대했다. 아들인 마사히라(政平)는 마사이에(政家)와 같은 나이였으며, 게다가 같은 권대납언(權大納言)이어서 친한 사이였다. 9잔 마신 후, 둘이서 축국(蹴鞠)을 했다. 그리고 밤에 접어들어 술을 많이 마셨다고 한다. 다카쓰카사 부자는 오전 1시경에 집으로 돌아갔지만, "나는 만취하여 좌우분간을 못 했다."라고 자조적으로 기록하고 있다.

이 시대에는 이른바 꽃구경 이벤트도 벌어지곤 했다. 일군의 무리들이 밤 벚꽃을 보러 마사이에의 저택에 모여들어 한바탕 술판을 벌이고 마신 것은 이해 3월 1일의 일이었다. 물론 음력이므로, 벚꽃이 한창일 때였을 것이다. 마사이에는 지나치게 마셔 취했던지, 오전 1시 무렵에 정원을 돌아 뒷문을 통해 집안으로 들어가 버렸다. 이에 방문했던 자들도 각각 집으로 돌아갔다고 한다. 끝을 모르는 술판이었을 것이다.

불타버린 대지를 바라보며 술을 마시다

1467년 4월 26일, 마사이에는 부친 후사쓰구와 함께 다카쓰카사가를 초대하여 잘 꾸며진 정원을 즐기게 하고 상당히 취했다. 그러자 다음 날이 되어 이번에는 다카쓰카사가로부터 사자가 왔다. 오늘은 이치조 가네라 집안의 분들이 '광림(光臨)'해주셨다, 괜찮다면 술자리에 오지 않겠느냐는 초대였다. 하지만 마사이에는 "어젯밤에 마신 술의 여운이 심하여" 가기 어렵다고 답장했다.

섭관가 계통의 고급 귀족들은 이처럼 병란이 일어나려 하는 소란함 속에서도 풍류의 사교를 즐기고, 서로 방문해서는 주연을 펼치고 있었던 것이다. 하지만 마사이에는, 교토는 위험하다고 보고 우지(宇治)로 내려가 호온원(報恩院)을 숙소로 삼았다. 이해 8월 16일에는 마사이에가 동자승 둘을 동반하여 활쏘기를 즐긴 후, 중추의 보름달을 우지가와(宇治川)의 다리 위에서 감상했다. 그날 교토에서는 호소카와 가쓰모토 군대의 난입, 방화로 다카쓰카사가의 저택도 불타버렸다. 다카쓰카사 후사히라도, 당시의 관백 이치조 가네라도 남도(南都)[80]의 고후쿠사(興福寺)에 있는 동생 진손(尋尊) 대승정(大僧正)을 의지하여 교토를 떠나게 되었다. 교토에서는 매일같이 전란으로 인한 화재가 곳곳에서 발생하고 있었다. 마사이에의 저택 역시 불타 없어졌다. 마사이에는 크게 놀라 천하멸망의 징후라고도 했지만, 어찌할 방도가 없다고 한탄할 뿐이었다.

하지만 그런 와중에도 우지를 중심으로 송이버섯 따기를 즐기기도 했으며, 게다가 역시 술을 마시고 있었으니 묘한 심리라 할 것이다. 병란에 아랑곳하지 않고 산에서 놀면서 교토의 시가가 불타는 모습을 바라보고 있었던 것이다. 잣을 줍고 송이버섯을 채취하는 것은 가장 흥취가 있다고 기록하고 있다. 겨울이라도 되면, 비파법사(琵琶法師)[81]의 우두머리를 맞아들여『평가물어(平家物語)』를 읊조리게 했다.

게다가 이 대규모 전란 중에도 그의 일기에는 여전히 '엄청 마셨다.'라든가 "술자리가 있었다."라는 식의 기사가 끊임없이 반복해서 등장한다. 마신 술의 양은 가늠할 수 없지만, 마사이에가 적어도 술꾼 대열에 끼어 있었다는 점은 틀림없다. 많이 마신 다음 날 '남은 취기'라는 식의 기록이 종종 보이는데, 이는 술에 약했기 때문이 아니라 지나치게 과음했기 때문일 것이다.

그 무렵, 아시카가가에서는 쇼군 요시마사의 굳은 약속으로 후계자가 될 것이라고 믿고 있었던 동생 요시미가 일단 피신했던 이세국(伊勢國)을 떠나 교토로 돌아와 있었다. 하지만 역시 요시마사와의 관계는 좋지 않아 히에이산(比叡山) 엔랴쿠사(延暦寺)에 칩거하고 만다. 마사이에의 일기에는 요시마사나 히노 도미코의 소행을 비난하는 기사가 보이며, 이마데가와도노(今出川殿) 요시미에 대해서는 동정적인 기술이 눈에 띈다. 무가의 동향에 대해 마사이에 주변의 사람들은 여러 가지 정보를 전해주었다. 내란을 안주거리로 삼아 "술판이 벌어졌"던 셈이다. 하지만 마사이에 정도의 귀족이고 보면, 쇼군과의 교제는 거의 없었다. 더군다나 전란 중에는 다이묘의 출입도 없었다. 출가한 자 가운데에서도 쇼고원(聖護院) 주지와 같은 귀족출신의 인물과 교제할 뿐이었다. 쇼고원 주지는 요시마사와 요시미 사이를 중개하던 인물이다. 물론 쇼고원 계통의 본산파(本山派) 야마부시의 총수로서 수하의 야마부시를 움직여 지방정세를 파악하기 수월하고 왕래의 교통에 대해서도 밝은 점이 있었기 때문에, 교토와 이세 사이를 연계하는 일에도 안성맞춤인 인물이었으리라 여겨진다. 교토에 소재한 쇼고원 본거지도 그해 8월 상순에 전란에 따른 화재로 인해 소실되고 말았다.

좁은 사회권이었지만, 상류사회의 인물과 축국을 즐긴다든지 향냄새 맞추기 놀이를 연다든지 하고, 출타해서는 송이버섯 따기를 즐기고 시종일관 술을 마시면서 오닌 대란의 전개를 조망하며 아연실색하고 있었던 것이다.

이 대란도 1473년 야마나 소젠, 호소카와 가쓰모토 등, 서군과 동군의 총대장이 사망하여 자연스레 진화되었으며, 교토의 거리에서는 이렇다 할 계기도 없이 전란이 수습되어갔다. 마사이에의 일기는 분메이(文明) 연간(1469-1487)의 10년 정도 기록이 누락되어 남아 있지 않다. 그가 출세하여 관백이 된 해부터 기록이 다시 보이기 시작한다.

---

80 헤이조쿄, 즉 나라의 이칭.

81 저잣거리에서 비파를 연주하던 장님 승려. 가마쿠라 시대 이후에는 비파의 곡조에 맞춰 『평가물어』를 읊는 것이 정형화되었다.

궁정살롱의 술

　1479년 2월, 고노에 마사이에(近衛政家)는 관백이 된다. 이미 전국적으로 센고쿠(戰國)의 양상이 현저해진 시기였다. 문화면에서는 잇큐 소준(一休宗純)이 다이토쿠사(大德寺)의 주지가 되었으며, 셋슈(雪舟)가 유명한 산수화권(山水畵卷)을 그렸다. 렌가 시인 소기가 활약했으며, 사루가쿠노(猿樂能)의 흥행이 활발해졌다. 또한 고전문화의 계승자로서 이치조 가네라(一條兼良) 등의 석학이 공가사회에서 배출되었던 시기였다. 마사이에에게 있어서 "술자리", "심히 많은 양을 마셨다.", "생각지 않게 많이 마시게 되었다."는 일은 진귀한 것이 아니었다. 관련기록은 쉴 새 없이 확인된다. 상당히 술을 좋아하여 완연히 술꾼이 되었던 것 같다. 연령도 40살을 앞둔 한창 일할 나이였으며, 생활에 불편함이 없었으니 실로 천하의 주인이었다. 시세의 향하는 바가 무엇인지에 대해서는 거의 이해가 없었고, 유유자적 태연하던 그였기에 술과의 인연은 깊어갈 뿐이었다. 천황 주거지(禁裏)나 히노 도미코(日野富子)에게는 야마토로부터 남도의 술을 주문하여 선물로 보내기도 했는데, 나중에는 그 술을 자신이 선물받기도 했다.

　그해 2월 그믐날에 관백에 임명된 직후에는, 당연하다는 듯이 매일같이 축하객들과 함께 술을 마셨다. "술잔이 몇 순배 돌아 날이 밝았다."라는 식으로, 밤새워 술을 마셔 휘청대고 있었다. 그로부터 얼마 후 꽃구경을 겸하여 렌가 모임에 초대받았을 때에도 렌가를 이틀에 걸쳐 읊조리기는 했지만, 목욕을 하고 집에 돌아가려 하자, 꽃나무 아래에서 또 한잔하자는 말에 발걸음을 멈추고 결국 "심히 취해 좌우분간을 못"했다고 기록하기도 했다.

당시의 렌가는 근세의 하이카이(俳諧)와 마찬가지로 일본사교사상 주목할 만한 문화였다. 마사이에를 중심으로 공가와 승려가 뒤섞인 렌가 모임은 본래 많았는데, 이 무렵이 되면 무장도 참가하게 되었다. 쓰키나미(月次), 즉 월례 렌가회가 열리게 되었으며, 마사이에 역시 윤번으로 호스트를 담당하기도 했다. 렌가보다 오래 전부터 행해져온 화한(和漢) 렌쿠(聯句)[82]의 모임도 매달 정기적으로 열렸다. 두 가지 모두 매달의 참가자가 일정하지는 않았으며, 매달 누가 처음으로 참가했다는 식으로 기록되어 있다. 마사이에를 중심으로 하는 노래모임은 당시의 일류 사교클럽이었던 듯, 여기에 참가하는 것은 영예로 여겨졌다.

교제라 하면, 회합이나 방문 시에 칼을 선물하거나 부채를 증정하는 것 외에 서로 술을 통째로 가져가거나 안주를 증정하기도 했다. 이것은 세속의 의례로서 거의 정해진 습속이기도 해서 관련 기록이 빈번하게 보인다. 또한 제철의 물품을 증답하는 경우도 많았다. 가을의 송이버섯은 그 중에서도 가장 환영받은 물품이었다.

1480년 8월 9일, 마사이에는 오리(折, 물건이 담긴 나무 도시락을 세는 말) 5합(五合), 야나기(柳) 3짐(荷)을 천황 주거지(禁裏)에서의 궁중 렌가회 때 진상했다. 안주를 채운 음식상자 다섯에, 교토의 대표적인 최상급 술인 야나기를 곁들인 것이다.

이 렌가회에 사람들이 모여든 것이 오전 10시였고, 50운(韻)이 끝난 것이 오후 10시였다. 실로 장시간에 걸친 노래모임이었다. 식이 끝나고 술판

---

83 여러 사람이 모여 와카와 한시 형식의 구를 번갈아가며 읊으며 하나의 시를 완성해가는 것을 의미함.

이 벌어져, 세 번째 술상에서는 고쓰치미카도 천황(後土御門天皇)으로부터 술잔을 받았으며, 다섯 번째 술상에서는 마사이에가 천황에게 술을 따랐다고 한다. 결국 여러 번에 걸쳐 천황으로부터 술잔을 받았던 것이다. 이 일을 기록하는 가운데, '섭가(攝家, 섭정(攝政)·관백(關白)으로 임명될 수 있는 집안)'와 '청화(淸華, 공경가(公卿家)의 지체. 섭가에 다음 가고 대신가(大臣家) 보다는 높은 가문)' 사이에는 술잔을 섞지 않는 것이 에이므로 자신은 이치조 가네라 전관백과 돌아가며 천황의 잔을 받았다고 말하고 있다. 섭가와 청화는 공가 귀족의 가격(家格)을 의미하는 말인데, 섭가는 이른바 섭관가, 즉 다섯 섭가인 고노에, 구조(九條), 니조(二條), 이치조(一條), 다카쓰카사(鷹司)의 다섯 개 가문을 의미한다. 청화는 다이고(醍醐), 산조(三條), 사이온지(西園寺), 다이토쿠지(大德寺), 이마데가와(今出川), 가잔인(花山院), 고가(久我), 히로하타(廣幡)의 여러 가문이다. 이 날의 렌가회에는 이치조 가네라와 고노에 마사이에가 섭가로서 출석한 것 외에, 이마데가와 노리스에(今出川敎季) 우대신, 사이온지 사네토(西園寺實遠) 전내대신, 나카노인 미치히데(中院通秀) 권대납언, 산조니시 사네타카(三條西實隆) 시종 중납언 등이 출석했지만, 이치조와 고노에 두 사람은 이들 무리와 격이 크게 달랐던 것이다.

이날의 일은 산조니시 사네타카의 일기에도 등장한다. 그에 따르면, 렌가를 이어가는 중에도 술잔이 돌았던 것으로 보인다. 어쨌든 이것은 훌륭하고 영예로운 모임이었다고 한다. 렌가에 참가한 인원수, 술시중을 드는 인물들을 보더라도 당대의 자랑이라 할 만하다, 기쁜 일이다, 기쁜 일이다, 라며 사네타카는 감격스럽게 기록하고 있다. 그는 마사이에보다 한참 아래에 위치하여 천황의 옆모습을 바라보며 황송해하여 부들부들 떨고 있었다.

궁중 렌가회는 그달 21일에도 열렸다. 앞의 모임에서는 중심에서 벗어났던 사이온지 사네토가 주역인 모임이었다. 여기에는 이치조 가네라가 결석했다. 뭔가 두 사람 사이에 불편한 사정이 있었던 모양이다. 첫 번째 술상을 사이온지가, 다섯 번째 술상을 마사이에가 주재했다. 이어서 천황으로부터 술잔을 받았다고 마사이에는 기록하고 있다. 음식 시중은 시종 일관 산조니시 사네타카가 담당했다. 이 점은 사네타카 본인의 일기에서 확인할 수 있다.

당시 일반적인 궁정의 술자리에서는, 누가 어떤 순서로 술을 따르는가, 라는 것이 큰 관심사였던 모양이다. 그렇기는 하지만, 렌가회에 수반한 술자리는 비교적 가벼운 편이었다. 공가사회에서는 중요한 의례로서의 주연을 "조시(銚子)의 일"이라 했는데, 이것은 정월 등에 펼쳐졌다. 조시는 길쭉한 막대가 붙어있는 술 따르는 도구인데, 여기에 나비문양 등을 새겨 엄중한 방식으로 좌우에 술을 따르며 도는 것이다. 술안주 같은 것도 이때에는 본격적인 진미가 준비되었다.

천황 주거지에 모여드는 사람들

고노에 마사이에(近衛政家)와 산조니시 사네타카(三條西實隆)는 같은 시기에 일기를 남기고 있는데, 양자를 대조해보면 흥미롭다. 공가귀족으로서의 신분의 격차가 있다는 점에서 사네타카의 필치가 활달하다. 렌가만 하더라도 각각 자신이 어떤 노랫가락을 읊었는지 기록하고 있는데, 사네타카 쪽이 능숙했던 것으로 보인다.

1481년 정월 11일, 산푸쿠사(三福寺)의 주지직을 다투던 무리들이 그 운동의 일환으로 술 3통(酒樽三荷), 오리(折) 3합을 지니고 마사이에를 방문했다. 마사이에는 이들과 술을 마셨다. 산조니시 사네타카는 저녁에 중류(中流) 공경들과 함께 입궐하여 "사람들이 만취했다. 가무에 흥취가 있었다."라며 와자지껄 궁중에서 술판을 벌인 일을 기록하고 있다. 신분이 비교적 가벼운 공경들은 그렇게 떠들썩한 음주가무를 할 수 있었던 것이다. 전참의(前參議)인 시게노이 노리쿠니(滋野井敎國) 같은 자는 너무 취해버려서 이튿날인 12일에 입궐하지 못했다고 기록되어 있다.

그달의 17일, 가쓰히토친왕(勝仁親王)으로부터 은밀한 초대를 받아 천황도 임석한 가운데 여러 차례 술잔이 오가고 서민들의 가무가 있어 매우 흥취가 있었다고 사네타카는 기록하고 있다. 아홉 번째 술상이 나왔을 때는 사네타카가 술시중을 들었다. 사네타카는 닭울음소리와 함께 집으로 돌아갔는데, 도를 넘어 만취했다고 한다. 상당히 시끌벅적한 술판이 벌어졌던 것 같다.

이날의 일을 관백 마사이에는 인지하고 있었던 모양이지만, "오늘 친왕께서 주연을 베푸셨다고 한다."라고 기록하는 데 그치고 있다. 천황 등은 상대의 신분 고하를 불문하고 각종 주연을 즐기고자 했던 것으로 보이는데, 관백과 같은 자들에 이르면 아무리 술을 좋아한다 해도 좀처럼 코가 비뚤어지도록 마시지는 못했던 것 같다.

그해 4월 2일, 이 시대의 대표적인 문화인인 이치조 가네라가 만 80살의 나이로 죽었다. 마사이에도 사네타카도 깊은 애도의 뜻을 표하고 있다. 하지만 두 사람 모두 그 무렵 곧잘 술을 마셨다. 사네타카 같은 자는 장례식인 10일, 여기저기를 돌아다니며 밤새 술을 마셨다. 초상집에서 밤새 술을 마신다는 기분으로 마셨을지도 모르겠다.

그로부터 얼마 후인 4월 27일, 사네타카는 "숙취가 심하여 하루 종일 누워 있었다."라고 기록하고 있다. 왜 그렇게 심한 숙취에 시달렸던 것일까? 전날인 26일의 일기에는 "오늘 무로마치도노께서 입궐하셨다. 주연을 베 푸셨다."라고 보인다. 사네타카 자신은 기록하고 있지 않지만, 『장흥숙예 기(長興宿禰記)』에 따르면 사네타카는 렌가의 기록을 담당하고 있었다. 이에 상당히 마셨던 것으로 보인다.

무로마치도노라고 일컬어지고 있는 것은 물론 전 쇼군 아시카가 요시 마사이다. 이때는 부인인 히노 도미코도 함께 입궐했다. 공가 측에서는 니조 모치미치(二條持通) 전관백만이 이들을 상대하고 상급귀족들은 대 부분 불참했다고 하는데, 사네타카만은 기록 담당으로 참가했던 것이다. 이날의 음주풍경은 『어탕전상일기(御湯殿上の日記)』에 상세하다. 융숭 한 상차림으로, 술상이 열세 번 이어졌다. 세 번째 술상을 무로마치도노 가 주재했으며, 열 번째 술상은 천황이 하사했다. 결국 밤새워 오전 6시 에 퇴궐하기까지 마셨다. 모치미치(持通)가 쓴 기록에 따르면, "공무 모두 취하여 기분이 좋았다."고 한다. 즉 아홉 번째 술상 정도에 이르러 완전히 기분이 좋아져, 요시마사 부처는 모치미치에게 "여러 가지 농을 치셨다." 라고 보인다. 해학적인 말을 했다는 이야기이다. 모치미치는 "나는 완전 히 취해버렸다."라고 말한다. 경사스러운 일로 이루 형언할 수 없다고도 말하고 있다. 어지간히 즐겼던 모양이다. 사네타카가 이튿날 내내 누워 서 쉬었다는 것도 당연한 결과였다. 그 모임에서 단가(短歌) 30수, 렌가 50운을 읊었는데, 노래보다는 마시는 쪽이 주가 된 모임이었다. 도미코 부인도 끝까지 자리를 지킨 모양이다. 역시 여걸이었다. 한편 이날을 위 해 요시마사는 다이묘들에게 명하여 여러 가지 진상품을 준비하게 했다. 호소카와 시게유키(細川成之)는 닭 3마리, 도미 10마리, 오징어 30촉, 아 카마쓰 마사노리(赤松政則)는 기러기 1마리, 닭 5마리, 해오라기 3마리,

해파리 1통, 붕어절임 20개, 다케다 구니노부(武田國信)는 자반 5개, 전복 50개, 호소카와 가쓰히사(細川勝久)는 기러기 1마리, 마른 도미 10마리, 젓갈 10통이라는 식이었다. 요시마사 자신이 준비하지 않고 이처럼 무장들에게 명령하여 안줏거리를 끌어 모으는 점이 아시카가 쇼군(足利將軍)다운 면모라 할 테지만, 이런 이야기가 통용되는 것도 그의 시대까지였다.

공무(公武)의 사이에서는

요시마사(義正)의 부인 히노 도미코(日野富子)가 끝까지 술자리를 지키는 것은 드문 일이 아니었다. 이 시대에는 황녀인 다이지코인노미야(大慈光院宮, 니노미야[二の宮]) 같은 사람들도 술과 안주를 헌상하여 궁중에서 주연을 베푸는 일이 있었다. 술상이 일곱 번 들어설 때까지 주연은 계속되었다.

황녀 호안지노미야(保安寺宮)가 이즈미(和泉)에서 상경한 것은 1481년 10월 23일로, 그녀는 11월 초순까지 교토에 체재했다. 이때에도 찻그릇 10개를 헌상하고 그 밖에 술안주를 궁궐에 진상품으로 가져왔으며, 공무(公武)의 각 방면에 인사를 돌 때 상당히 술을 마시고 있다. 이처럼 황녀와 술판을 벌이고 향응을 즐겼다는 기록은 그 후 얼마간 보인다.

또한 이후, 요시마사 일가와 황실, 공가의 관계는 친밀해져, 술 선물도 아시카가가로부터 종종 이루어지고 있다.

2년 정도 전까지는 황폐해진 황거를 요시마사 등이 방치한 채 사치스러운 생활에 빠져 있었기 때문에 천황 측도 원망스럽게 생각하고 있었다.

하지만 그 후 요시마사는 황거의 수복에 열중하여 재원 확보에 나섰고, 전해인 1480년에는 고쓰치미카도(後土御門) 천황도 정식으로 새로운 황거에 기거할 수 있게 되었다. 이에 천황 측은 무가 측에 대해 어느 정도 만족의 뜻을 표명하고 있었던 것이다. 그런 순간에 요시마사 부처가 입궐하여 술자리를 가졌던 것이다.

요시마사나 요시히사(義尙) 쇼군은 여러 차례 궁정의 주연에 초대받게 되었다.

1482년에는 히가시야마 산장(은각[銀閣])의 조영이 시작되었다. 이를 위한 작업인부의 동원은 막부의 명령으로 공경들에게도 강제되었다. 고노에 마사이에도 자신의 영내에서 차출하도록 명령받았다. 요시마사의 권세는 확실히 관백을 압도하고 있었다. 하지만 다이묘들로부터는 그렇게 적극적인 협력을 얻지는 못했다. 히가시야마 산장의 공사는 좀처럼 원활하게 진척되지 않았다. 도구당(東求堂)만은 1485년에 완공되었지만, 은각 자체는 요시마사 생전에 완성되지 못했다.

무가 측은 무가 측대로 요시마사를 중심으로 주연이 크게 유행했는데, 여기에 공가 측 인사가 초대받아 참석하는 일도 있었다. 단, 관백 고노에 마사이에나 그 다음 서열인 다카쓰카사 마사히라 같은 사람들은 참여하지 않았다. 산조니시 사네타카 급은 종종 불려나갔는데, 그런 술자리에서는 그다지 취한 모습을 확인할 수 없다.

1486년 정월 25일, 사네타카는 신년이 되어 처음으로 히가시야마도노 요시마사, 무로마치도노 요시히사를 방문했다. 무로마치도노를 방문할

---

83 새해벽두에 가장무도행렬이 저잣거리를 누비며 펼치던 예능.

때는 마쓰바야시(松拍子)[83]의 불축제로 거리가 떠들썩한 상황이었다. 사루가쿠 10번의 공연이 있었으며, 공연 후 요시히사 가까이서 술을 몇 순배 마셨는데, "음곡 등이 아직 끝나지 않았으나 무료하여 돌아왔다."라고 보인다.

쇼군가에 가서 술을 마셔도 전혀 재미있지 않았던 것으로 여겨진다. 심심하여 일찍 돌아왔다는 것은 주목할 만한 감상이다.

13장. 야마시나 도키쓰구(山科言繼)의 교우와 술

센고쿠 시대의 공가

하극상의 결과 센고쿠의 세상이 현출되었으며, 그것이 다한 지점에 오다 노부나가(織田信長), 도요토미 히데요시(豊臣秀吉)의 제패, 천하통일이 있었다. '하극상'은 기득권층이 자신의 지배하에 있던 자들로부터 공격받거나 살해당하여 권위도 권력도 무너져갔다는 의미이다. 말하자면, 밑에 있는 자가 위에 있는 자를 이기고 이를 극복한 과정이라 할 수 있다. '하극상(下剋上)'은 '하극상(下極上)'이라고도 표기되었다. 신분질서의 밑에 있던 자가 위에 있는 자의 입장에서는 있을 수 없는 압력 행위에 나서면서 점차 지위의 전환을 도모하고, 결과적으로 밑에 있던 자가 위로 올라가면서 사회저변에 묻혀 있던 무리들이 권좌를 차지하는 움직임이었다. 이리하여 기성의 권위가 무너지고, 그 권위자가 장악하고 있던 힘도, 또 그가 그토록 고집했던 선례도 완전히 박력을 잃어버린 상황이었다. 신흥

세력의 입장에서 볼 때, 종래의 전통적인 틀에 박힌 선례 같은 것은 방해물일 뿐, 어떤 규범으로도 작용하지 못했던 것이다.

『진총물어(塵塚物語)』는 센고쿠 시대를 살아간 사람이 세태를 뒤돌아보며 이야기한 책으로 유명한데, 그 가운데 야마나 소젠(山名宗全)이 어떤 대신과 회담했을 때의 일화가 보인다. 소젠은 오닌(應仁)의 난에서 한쪽 진영의 영수였다. 그는 공가가 시종일관 선례와 전고(典故)에 집착하여 그 방면에서 박식함을 자랑하면서도 정작 실력은 없음을 조소하면서 "당신이 말씀하시는 것은 어느 정도 들을 만한 것이지만, 굳이 그것에 편승하여 사례를 드는 것은 불가합니다. 대체로 예(例)라 하는 문자를 앞으로는 때(時)라는 문자로 바꾸어 마음에 담아두어야 할 것"이라고 말했다고 한다. "대체로 예라 하는 것은 그때가 예이다."라고 단정했다.

이런 사고방식이야말로 하극상을 단적으로 상징하는 것이다. 선례를 묵수(墨守, 고수 혹은 굳게 지킴)하는 것으로 말하자면, 공가가 그런 취향을 가장 강하게 지니고 있었다. 공가 가운데서도 섭관가나 청화가라 할 수 있다. 그 다음으로 우림가(羽林家)가 뒤를 잇는데, 이것은 그다지 당당한 가문(家柄)이 아니었다. 우림가는 공가의 일원으로서, 귀족사회에 계승되어온 형식이나 선례, 전고에 밝았지만, 비교적 시세의 움직임에 순응하기 쉬운 측면을 지니고 있었다. 비교적 융통성이 있는 편이었다. 이 가문 출신들은 기껏 출세해야 대납언(大納言)에 머물러야 하는 운명을 지니고 있었다.

그런 우림가의 하나로 야나시나(山科)라는 가문이 있었다. 무로마치 말기의 공가 일반이 그러하듯, 이 가문 역시 장원제의 붕괴에 따라 영지로부터의 연공(年貢)수입이 줄어들어 경제적으로 어려움을 겪고 있었다. 하지만 그 근거지, 즉 성이 붙은 영지인 야마시나향(山科鄕)은 교토에서 가까웠던 이유도 있어서, 1548년에 무가에게 힘으로 빼앗기기 전까지는 그럭저럭 확보될 수 있었다. 또한 가문의 직으로 세습해온 내장두(內藏頭), 어주사소(御廚司所) 별당과 관련해서는, 내장료(內藏寮) 등의 관청 영지로부터의 수납금이 다소 체납되면서도 조금씩 손에 들어오고 있었다. 하지만 당시 야나시나 가문의 당주 도키쓰구(言繼) 대에는 경제적 궁핍화가 눈에 띄기 시작했다.

그런 상황 하에서 도키쓰구는 쉴 새 없이 술을 마셨으며, 시대의 전환기답게 술을 매개로 교유의 폭을 다채롭게 넓히고 있었다. 그렇게 함으로써, 공무 간을 중개하여 황실을 비롯한 공가사회의 권위를 일정하게 재건하는 데 도움을 주었으며, 자신의 수입원도 얻을 수 있었다.

야마시나 도키쓰구와 오다씨

야나시나 도키쓰구는 오다 노부나가(織田信長)의 중개로 야마시로국(山城國) 우메쓰(梅津)를 개인 영지로 확보하기도 했는데, 그와 오다씨는 특히 친밀했다.

오다씨의 출신지인 오와리국(尾張國)은 슈고 시바씨(斯波氏)의 몰락 이후, 슈고다이(守護代)였던 오다씨가 장악한 지역이었다. 이후 오다가도 둘로 나뉘어 4개 군씩을 나누어 지배하게 되었는데, 그것 역시 휘하의 일족들에게 침탈되었다. 이에 오다씨 일족은 가쓰하타(勝幡), 이누야마(犬山), 그 밖의 영지를 근거지로 삼아 이곳저곳에 점재하며 분립하게 되었다. 그 가운데 가쓰하타성을 거점으로 하여 독립한 것이 노부나가의 부친인 노부히데(信秀)였다. 그는 오와리(尾張)를 이분했던 사람 중의 하나인 청주(淸洲)의 오다 야마토노카미(大和守)를 섬겼던 봉행의 한 사람이었다.

오다 노부히데는 상당히 정력적으로 세력을 넓혀 청주의 주인을 압도했으며, 동쪽 미카와(三河)에서는 이마가와 요시모토(今川義元)와 대결하여 굴하지 않는 힘을 보여주었다. 그에게는 센고쿠의 영웅이 되고자 하는 야심이 있었다. 그 야망을 이루는 일환으로, 마음으로부터 경의를 표한 것은 아니지만, 고래의 전통적인 권위를 구비한 공가귀족의 취미와 교양에도 접근하고자 했다. 공가의 선례에 결코 구애받지 않는다는 신흥세력으로서의 근성도 없지는 않았지만, 일종의 문화적 콤플렉스는 공가풍의 귀족적인 것과도 인연을 맺고자 하는 심리를 조장했다.

그것이 오다 노부히데와 도키쓰구를 연결시키는 매개체가 되었다.

오다 노부히데가 야마시나 도키쓰구와 만난 계기는 명확치 않지만, 1533년 7월, 도키쓰구가 26살이었을 때 두 사람은 만났다. 도키쓰구는 궁중의 악봉행(樂奉行) 직에 있었다. 그달 2일에 축국의 적장자라 할 수 있는 아스카이 마사쓰나(飛鳥井雅綱)와 함께 교토를 떠나 오미의 사카모토(坂本)로부터 이세의 구와나(桑名)를 거쳐 오와리로 건너갔다. 오와리의 쓰시마(津島)에서 연락을 취하자, 오다 측으로부터 영접 사자가 왔다. 그 사자를 따라 노부히데의 막 신축한 훌륭한 저택에 8일 저녁 도착했다.

이것은 오다 측으로부터 조정에 대해 자신의 신축 거관을 자축하고 싶다는 이유에서 미리 연락을 취하여 실현된 방문이었던 것 같다. 도키쓰구는 이사 의식이 이루어지기 전의 가쓰하타성의 저택에 대해, 촌스럽지 않고 훌륭하다며 "눈을 휘둥그레지게 했다."라고 감탄했다. 그 밤에 냉면과 국을 안주삼아 술자리가 있었다.

이튿날인 9일, 아스카이와 도키쓰구는 다시 오다 노부히데를 방문하여 축국을 보여주었다. 오다의 일족 외에 많은 사람들이 구경했다. 그리고 저녁에는 식사대접을 받았는데, 융숭한 술상을 제공받은 후 목욕을 하고 숙소로 돌아갔다고 한다.

그 후 매일같이 축국 모임을 가졌다. 오다 측 인사들도 참여하여 빈번하게 놀이를 함께 하고 냉면으로 '술 한 잔'이라는 식으로 나날이 교유를 깊이 했으며, 도키쓰구가 능숙했던 음곡(音曲, 일본식 음악)을 섞어가며 술잔을 주고받았다.

냉면(冷麵)이나 절면(切麵)[84] 같은 면류가 '한 잔'과 함께 곧잘 등장하는데, 한여름 더위를 식히는 향토음식이 제공되었다고 할 것이다. 도키쓰구의 숙소를 오다 노부히데와 기타 인물들이 종종 방문하는 일도 있었다. 오다 일문과의 교유관계는 나날이 확대되어, 오다 야마토노카미, 즉 노부히데가 반항한 상대인 주군과도 양자가 화해한 것을 계기로 접촉하고 있다. 물론 이런 관계에서도 술이 교제를 깊이 있게 하고 있었다. 한편 오다가의 사람들 대부분은 도키쓰구의 제자가 되어 축국의 비법을 전수받았다. 도키쓰구 자신은 1532년에 아스카이 마사쓰나(飛鳥井雅綱)로부터 전수받았으며, 오와리 방문 무렵에는 본격적으로 축국에 열중하고 있었다. 오와리에 동행했던 아스카이 역시 오다 대선량(大膳亮) 사다노부(定信, 이누야마성주 도시노부[敏信]의 3남)를 축국의 제자로 삼았다. 그리고 후세의 이에모토(家元)[85] 제도와 동일하게, 제자로 인정하면 칼과 금화 200필(疋, 당시는 10문[文]이 1필)을 예로서 받을 수 있었던

---

84 반죽을 얇고 넓게 민 뒤 칼로 썰어서 만드는 국수류

85 각종 예능의 비법을 전수하는 가계를 칭하는 말.

모양이다.

또한 노래모임도 열었다. 100필의 사례금을 받고 어떤 이를 가도(歌道)의 제자로 삼기도 했다. 하지만 그의 와카는 다달이 노래모임을 가지고 있던 이조파(二條派)의 아류로, 그렇게 뛰어났다고는 할 수 없다. 하지만 시골무사에게는 일정 수준의 지도는 가능했을 것이다. 그는 렌가도 곧잘 즐겼지만, 오다가를 방문했을 때는 렌가회를 열지 않았다.

연일 진수성찬을 대접받고, 몸에 익은 취미와 교양을 오다가 사람들에게 보여주는 것만으로 지도자로서의 높은 격을 유지할 수 있었으며, 이따금 좋아하는 술도 마셨다. 실로 즐거운 나날을 보낸 후, 8월 하순 헤어짐을 아쉬워하는 현지인들을 뒤로 한 채 교토로 돌아왔다.

이 오와리 여행이 계기가 되어 오다 노부히데·노부나가 부자의 관심은 여타 센고쿠다이묘에 비해 각별히 교토로, 게다가 어소에 있는 궁정으로 쏠리게 되었다. 노부나가가 상경하여 천하의 패권을 주장하는 것이 유리하리라 느낀 것은 단지 아시카가 쇼군가가 거기에 있다는 것만이 아니라, 궁궐과의 연계를 심화시키는 것에 의미가 있다고 보았기 때문일 것이다. 노부나가를 그렇게 움직이게 한 최초의 계기는 야마시나 도키쓰구의 방문을 통해 만들어졌다고도 할 수 있을 것이다. 동국의 일개 다이묘로서의 그들의 품위는 도키쓰구의 방문을 거쳐 한 단계 높아졌던 것이다.

술에 취하는 공가 여성

이상의 이야기는 야마시나 도키쓰구의 일기 『언계경기(言繼卿記)』에 의한 것이었다. 이 일기는 쉴 새 없이 술을 마신 사실을 기록하고 있다.

정말이지 입이 벌어질 정도의 술꾼이다. 전체적으로 음주의 기록이라 해도 좋을 정도로 교제 상대의 음주행태, 사람들의 음주행태를 견문하여 이를 기록하고 있다.

1554년 4월, 고나라 천황(後奈良天皇)의 여동생인 가쿠온니(覺恩尼), 즉 다이지코인(大慈光院)이라는 비구니가 크게 취하여 소어소(小御所)에서 넘어지고 말았다. 왼손을 크게 부딪혀, 도키쓰구는 약을 들고 궁궐로 가서 붙여주었다고 기록하고 있다. 이 여성의 연령은 분명치 않지만, 어지간히 대단한 황족이라 할 것이다. 이 무렵에는 여성의 음주도 그렇게 드문 일은 아니었다. 이 다이지코인노미야(大慈光院宮)의 숙소에 도키쓰구 등이 병문안을 가자, 또 술을 마셨다고 할 정도로 곧잘 술을 대접하고 있는데, 본인이 꽤 술꾼이었던 것 같다.

당시 황실의 경제가 궁핍했기 때문에, 황녀들은 대개 비구니 사찰에 입실했다. 그런 여성들은 상당히 세속적이어서, 야마시나 도키쓰구의 교제 상대가 되기도 하고 술 상대가 되기도 했다. 한편, 다이지코인이 술에 취해 넘어지고 얼마 지나지 않아 모리 모토나리(毛利元就)는 주인 오우치씨(大內氏)를 쳤던 스에 하루카타(陶晴賢)에게 도발하여 이를 멸망시켰다. 야마시나 도키쓰구는 의약에 대해 전문적으로 연구한 바는 없었다. 하지만 비구니 황녀의 전도타박상을 간호하기 위해 궁궐로 가서 약을 진상하고 있는 데에서 알 수 있듯이, 종종 사람들의 의뢰를 받아 왕진하고 투약도 하고 있다. 상당한 중증 환자를 보살펴서 완치시키기도 했기 때문에, 꽤 신뢰를 받고 있었던 모양이다. 그는 스스로 약을 조제하고 "향수산(香需散)"이라는 표식을 찍어 제공할 정도로 짐짓 전문가 행세를 하며 자신이 조제한 약을 바지런히 퍼뜨려갔다.

이처럼 도키쓰구라는 인물은 실로 다재다능하고 관심분야가 넓은 사람이었다. 마시는 것, 먹는 것 역시 다종다양했다.

1532년 정월 5일, 이쓰쓰지가(五辻家)에서 아침식사에 초대했다. 선물로 술병을 보내두고 나서 간로지(甘露寺) 중납언 등을 비롯하여 여러 명이 갔다. 식사로 나온 것은 '너구리국'도 있다. 그리고 "종일토록 엄청 마셨다."라고 보이는데, 이는 물론 술을 마셨다는 이야기이다. 오후 4시경에 돌아왔다고 한다.

조찬 모임은, 지금도 서로 다망하여 좀처럼 이야기를 나눌 기회가 없는 정계, 재계의 사람들이 개최하곤 한다. 상당히 정치적인 음모 같은 것이 거기에서 오가기도 한다. 무로마치 말기에는 공가사회에서 아침의 '국 먹는 모임(汁講)'이라 할 만한 것이 사교 그룹별로 곧잘 열렸다.

정치색이 없는 것이었고, 그만큼 걱정거리 없이 호기롭게 술을 마시는 단란한 분위기의 모임이었다. 그런 '국 먹는 모임'에서 제공되는 '너구리국'이라는 것은 그다지 맛있지도 않았을 테지만, 도키쓰구 주변에서는 상당히 빈번하게 이것을 먹는 회식이 열렸던 모양이다. 또한 '고래 국'도 종종 '국 먹는 모임'에 등장했다. 한편 국 먹는 모임이 있을 때에는 초대한 당번의 집에서 국을 준비하고, 식료는 각자 가지고 가서 모이는 형태가 많았다. 이 시대의 중견, 하급 공가에게는 그렇게 간단히 요리를 준비하여 제공할 만한 경제적 여유도 없었던 것이다.

당시 센고쿠 무장들 사이에서는 정략, 전략상의 결혼이 다이묘(大名) 본위로 이루어지는 일이 많았다. 일본역사상, 여성의 입장이 가장 약하고 딱했던 시기라고 일컬어진다. 그것이 전제가 되어, 근세 봉건제하의 무가에서 태어난 여성의 비참한 삶은 제도적으로도 규정되었다고 여겨지고 있다.

황녀 가운데 비구니이면서 만취에 이르는 자가 있었다는 점은 앞서 서

술한 바와 같은데, 그 밖에도 도키쓰구의 모친, 그리고 친척인 나카미카도(中御門), 하무로(葉室) 두 집안의 모친들은 서로 모여 20살 청년 도키쓰구와 함께 떡을 먹고 술자리를 가지기도 했다. 술에 강했는지 약했는지는 알 수 없지만, 그런 자리에 모여 이야기 나눌 기회를 부인들이 가질 수 있었다는 점은 지방 무장 집안의 여성들과 비교했을 때 크게 다른 점이었다고 여겨진다.

도키쓰구의 교제범위

『언계경기』를 살펴보면, 사교기록이라 해도 좋을 정도로, 도키쓰구는 입궐하거나 친족의 벗을 방문하고 또 방문을 받거나 하여 매일 매일의 교제에 바빴던 것 같다. 그때마다 빠짐없이 등장하는 것이 술이다. 술을 마시지 않는 만남 같은 것은 있을 수 없었던 것 같다.

따라서 하루에 상대하는 인물이나 그룹이 다르면, 그때마다 술을 마셨다. 도키쓰구의 입장에서 보자면, 아침, 점심, 저녁의 하루 세 번에 걸쳐 술을 입에 대는 생활이었다. 우리들은 정월의 3일간 그런 사이클을 경험한다. 우리들은 이제 적당히 그만했으면 하며 지겨워지지만, 도키쓰구는 그런 생활을 1년 내내 반복했던 셈이니, 이 사내는 정말이지 지독히도 술을 즐긴 술꾼이었음에 틀림없다.

그의 교제상대를 보면, 섭가 다섯 가문, 청화 일곱 가문, 대신가와는 도저히 같은 수위에서 교제할 수 없었으므로, 그처럼 격이 높은 가문에 대해서는 때때로 방문하는 것에 그칠 뿐이었다. 그 가운데 이치조(一條), 고노에(近衞), 오기마치(正親町) 방문이 눈에 띈다. 앞서 언급한 산조니시가에는 사네타카가 부친인 도키쓰나(言綱)의 에보시오야(烏帽子親)[86], 긴에다(公條)가 자신의 에보시오야였기 때문에, 이른바 대부의 집을 방문한다는 의미에서 자주 찾았다.

하지만 뭐니 뭐니 해도 동격인 우림가에 속하는 20여 가문, 또 그보다 밑에 위치한 대부가(大夫家)의 인물들이 도키쓰구를 둘러싼 교제범위에 다수 포함되었다. 그의 생애를 통틀어 그런 경향은 크게 변하지 않지만, 만년으로 갈수록 승려나 무가가 교제망 안으로 들어오는 비율이 높아진다. 이는 공가사회가 센고쿠 시대에 접어들어 정체되었음을 상징하는 듯하다.

이들의 교제는 술잔을 주고받는 것과 더불어 선물을 증정하는 것으로 표현되었다. 증정품으로는 칼과 부채도 있었지만, 맛좋은 들새나 생선을 '야나기(柳)', 즉 명품 술에 더하여 보냈다. 증답(贈答)이라는 것은 본래 주연을 개최했을 때 참가하지 못하는 자에 대해, 회식 현장에서 한 냄비와 솥에서 끓인 것, 하나의 불로 조리한 것을 먹고 마시는 대신에 같은 것을 증정하는 것에 의미가 있었다. 따라서 진상품에 술과 안주가 많아지는 것은 자연스러운 추세였다.

야마시나 도키쓰구의 교제관계에서는 여러 종파의 승려들과의 교제도 상당히 많다. 특히 야마시나가의 보리사인 겐닌사(建仁寺) 경내 암자의 주지, 기타 선승과는 곧잘 어울렸으며, 함께 어울려 술잔을 기울이는 일도 있었다.

예컨대, 1534년 4월 11일의 일기를 보면, 그는 아와쓰 수리진(粟津修理進) 등 친구 둘과 말을 타고 집으로 돌아왔다. 돌아와 보니, 도지사(等持寺[院])의 슈간 쇼즈이(周巖祥瑞), 다케다(竹田) 이시바시방(石橋坊)의 주조 준케이(中將淳慶), 젠겐암(善源庵)의 지준(智純), 젠주암(善住庵)의 에

이치(永智) 등 방주(坊主)를 포함한 무리가 '술 영접'을 칭하고 도키쓰구 등을 둘러싸고 주연을 시작했다. '술 영접'은 본래 '경계 영접(境迎)'이라고 하여, 사원이나 신사에 참배했던 여행객이 귀향할 때, 도착할 무렵을 가늠하여 사는 곳의 교외까지 맞으러 나가 노고를 위로하기 위해 성대하게 술자리를 펼치는 습속이었다. 불과 얼마 전까지만 해도 지방에서는 상당히 널리 전승된 민속이다. 무로마치 시대에는 이미 '술 영접'이라는 표현이 생길 정도로 신앙보다도 모여서 술을 마시는 것이 주가 된 듯하다. 도키쓰구를 맞이한 친구 선승들은, 그가 기록한 바에 따르면,

 과음하여 여러 사람이 전후를 분간하지 못하고 드러누웠다(오로지). 이루 형언할 수 없다. 음곡이 있었다.

 라는 상황으로, 스스로 생각해보아도 기막힌 취태였던 모양이다. 하지만 이틀 후인 13일에는 함께 승마운동을 한 아와쓰 수리진으로부터 '그저께의 화답', 즉 즐긴 것에 대한 화답이라 하여 교제하던 무리들에게 안내가 있었다. 이번에는,

 면, 국을 안주삼아 많이 마셨다. 여러 사람이 만취하여 앞뒤 분간을 못했다. 이루 형언할 수 없다. 이루 형언할 수 없다.

---

84 성인식 때 성인 남성이 일상적으로 착용하는 모자-에보시를 씌워주는 사람. 에보시를 씌워주는 역할을 가관역(加冠役)이라 했다. 에보시오야는 해당 성인의 후견인 역할을 하며 친밀한 유대관계를 유지했다. 따라서 에보시오야는 다분히 정치적인 맥락에서 선정되곤 했다.

라는 식이었다. 면은 우동이었던 것 같고, 국은 무엇을 넣은 것인지 모르지만, 상당히 조악한 안주를 앞에 두고 술만 실컷 마셨던 것 같다.

이처럼 벗과의 교제가 좋았던 것이 도키쓰구였다. 박학다식하고 다양한 취미를 지니고 있었던 도키쓰구는, 경제적으로는 가난한 공가의 한 사람이었지만, 인생을 즐기고 있었다고 여겨진다.

도키쓰구와 이마가와 요시모토

관리로서의 경력 면에서는 그렇게 눈에 띄게 출세하는 일도 없었다. 우림가(羽林家)에 상응하는 권대납언(權大納言)이 된 것은 63살 때의 일이었다. 그 전에 권중납언, 안찰사의 두 관직을 1556년에 50세의 나이로 사임한 적이 있다. 여유를 가졌기 때문일 테지만, 그는 스루가(駿河)에서 당시 위세를 떨쳐 도토미(遠江)에서 미카와(三河)로 진출하고, 나아가 서쪽으로 치고 올라갈 기회를 노리고 있던 이마가와 요시모토(今川義元)의 거처로 여행을 했다.

도키쓰구가 오와리의 오다 노부히데와 교토 사이를 매개한 것에 대해서는 앞서 언급한 바 있다. 오다씨와는 완전히 라이벌로, 오다 이상으로 강력한 센고쿠 다이묘였던 요시모토를 방문한 것은 그곳에 늙은 양모 구로키도노(黑木殿)가 몸을 의탁하고 있었기 때문이다.

그해 9월 11일, 천황으로부터도 전별의 벼룻집을 받고 술잔을 받았으며, 많은 벗들로부터도 전별(餞別)을 받고 환송을 받으며 길을 나섰다. 그 사이에도 물론 이따금 술잔에 손을 댔다. 그리고 오미(近江), 이세(伊勢)를 거쳐 바닷길로 미카와(三河)로 건너간 후 동해도를 타고 동진했다. 덴류가와(天龍川)를 건널 때는 배 삯을 놓고 다툼이 일어나기도 했다. 그리고 24일 후추(府中, 슨푸[駿府], 시즈오카[靜岡])에 도착했다.

이튿날에는 관계자들에게 토산품을 보냈다고 전갈을 보내기도 했는데, 모친이 "음식 상자에 곶감, 간장, 하마나 낫토(浜名納頭), 차" 등을 넣어 주셨다고 한다. 하마나 낫토는 이른바 하마 낫토라는 엔슈(遠州)의 특산품인데, 마음에 들었던 모양이다. 이듬해 2월 아직 슨푸에 체재하던 중, 도키쓰구는 자신이 머물고 있던 히가시야마 지온원(知恩院)의 말사 신코묘사(新光明寺)의 주지 닌요 상인(忍誉上人)으로부터 매우 상세하게 낫토 만드는 방법을 전수받고 있다. 당시 이미 교토의 사원에서도 끈적끈적 실이 늘어지는 낫토를 만들고 있었지만, 가라(唐) 낫토 계통의 하마낫토는 드물었을 것이다.

도키쓰구의 슨푸 체재는 약 반년 남짓이었는데, 그 사이에도 역시 곧잘 술을 마셨다. 오다씨를 방문했을 때처럼 축국은 하지 않았지만, 덴가쿠(田樂)나 활쏘기를 즐겼다. 오다와의 접촉에서는 그 일족을 망라하여 친교했지만, 이마가와의 경우에는 묘하게 서먹서먹했다. 허물없는 놀이는 그 부하 무사나 방주(坊主)들과 했다. 요시모토와는 노래모임을 개최했으며, 주연도 그런 이벤트가 끝난 후에 열었다.

요시모토는 이윽고 오케하자마(桶狹間)에서 오다 노부나가의 기습을 받아 죽는데, 기습이 이루어진 것은 요시모토가 아군의 거칠 것 없는 진격에 들떠 잠시 휴식하는 사이 술판을 벌인 때였다고 한다.

요시모토는 다이묘이면서도 그다지 술이 강한 편은 아니었다.

어느 날 도키쓰구가 요시모토 등과 술을 마시고 있을 때 술시중을 위해 배치된 것이 여성들뿐이었다며 기뻐하고, 자신은 "정신 못 차릴 정도로 만취"하여 밤 10시 무렵에 절로 돌아왔다고 기록했다. 그리고 "태수(요시모토) 등은 근년 들어 보기 드물게 기분이 좋다고 했다."라고 하여 상당히 좋은 기분이었다는 점을 말하고, "태수는 술을 잘 못 마시지만, 10 여 잔을 마셨다."라고 기록하고 있다.

도키쓰구 입장에서 보면, 요시모토는 술을 못 마시는 축이었다. 그런 사람이 10여 잔이나 마셔주었으니, 기뻐서 어찌할 바를 몰랐던 것이다. 가끔씩 언급한 이야기이지만, 당시에 사용한 술잔은 작은 잔이 아니었다. 한 잔이라 해도 2-3홉은 족히 들어가는 잔이었던 것이다. 술로 말하자면, 가난한 공가의 입장에서 볼 때, 파죽지세의 센고쿠 다이묘도 대단치는 않았던 것이다.

14장. 센고쿠 다이묘들의 주도

접대용 술은 호화롭게

　이바라키현(茨城縣)에 옛 지명으로 말하자면 시모사국(下總國)에 속하는 일대에 유키군(結城郡)이 있다. 질긴 명주(結城紬)로 알려진 곳인데, 지명의 유래도 "유키(木綿木, 목면목)"라고 한다. 고대부터 "곡목(穀木, 유키)"을 생산했던 까닭에, 유키군으로 불렸다고 전한다.

　그런 유키 지역에 가마쿠라 시대 초기부터 호족이 세력을 떨치고 있었다. 유키 도모미쓰(結城朝光)가 미나모토노 요리토모(源賴朝)의 거병을 지지하여 싸우고, 공을 세워 이 땅의 영주가 되었다. 이후 일문이 번영하여, 손자인 히로쓰나(廣綱) 때에는 분가로 오슈(奧州) 시라카와(白河)의 유키씨도 성립했다. 이처럼 동국의 호웅으로 등장한 두 유키씨이지만, 남북조 시대에 이르러 시모사의 유키씨는 북조를, 시라카와의 유키씨는 남조를 지지하여 적대관계에 놓이고 말았다. 남조가 쇠퇴함에 따라 시라카와 유키씨는 쇠미해졌다. 시모사의 유키씨는 무로마치막부의 쇼군 요시노리(義教)에게 대항한 가마쿠라쿠보(鎌倉公方) 아시카가 모치우지(足利持氏)를 도왔던 까닭에 거의 멸망할 위기에 처했으나 이윽고 되살아나 센고쿠 시대에는 시모쓰마(下妻), 시모다테(下館), 나가누마(長沼), 오야마(小山)의 각지에 성곽을 두고 상당한 세력을 떨쳤다.

15대 유키 마사토모(結城政朝)가 중흥자로, 그 아들인 마사카쓰(政勝) 때가 전성기였다. 마사카쓰의 만년 무렵인 1556년에 〈신법도(新法度)〉라 칭하는 국법(國法)을 제정했다. 센고쿠 다이묘는 제 각각 독자적인 영국(領國) 지배를 강화하기 위해 가법(家法)이나 분국법(分國法)으로 일컬어지는 법제를 제정했는데, 유카씨도 이를 제정하여 주위의 가신단을 통할하는 기준으로 삼았다. 총 104개조로, 그 내용은 형사, 민사, 재판, 군사, 영내지배 등 여러 방면에 걸쳐 있었다.

그 가운데 62조에 "너무 자질구레한 일을 기재한다고 여러 사람이 생각할 것이다."라고 단서를 달면서 술에 관해 규정하고 있다. 즉, 술과 안주 같은 것을 이런 법규로 정하는 것은 이상하게 여겨지리라 생각하지만, 밑에 있는 자들은 좀처럼 정하기 어려운 사안일 테니, 여기에 적어둔다고 말하고 있다. 원문은 난해하므로, 여기서는 의역하여 소개하고자 한다.

아침, 저녁으로 근친, 친척, 그 밖의 동료 사이에서 떠들썩하게 술을 준비하고, 안주를 준비하기 위해 분주한 것은 특히 안타까운 일이다. 다 마시지 못하고 남기거나 실컷 마시고 만취하는 일에 딱히 무슨 공덕이 있겠는가? 호스트 역할을 하는 자는 이래저래 아깝다는 생각을 하고 마음속으로 혼란스러워 하면서도 퍼붓듯이 마시게 하는데, 그것은 잘못된 일이다. 그러하니 여기에 기준을 정한다.

라고 먼저 운을 뗀다. 이것을 보면, 아침부터 회합하여 술을 마셨음을 알수 있다. 그리고

아침, 저녁에 회합하여 마시는 술의 양을 정하는 이상, 신분이 높다 해도이를 거역해서는 안 된다. 즉, 나물 3종류, 국 1그릇, 술은 잘 마시는 사람에 대해 밥공기의 1/10잔으로 한다. 이를 넘어서는 안 된다.

라고 말한다. 이것은 친척, 일족, 친한 동료 간의 회합에 관한 규정이다.

다른 가문, 다른 지역의 손님일 경우에는 대접하는 방식은 집주인의 뜻에따른다. 금은으로 장식하고 술상을 백번 내오든, 가와치(河內) 아마노산(天野山) 곤고사(金剛寺), 야마토 보다이산사(菩提山寺), 혹은 이즈(伊豆)의 에가와(江川) 등에서 나오는 당대의 정평 있는 명주를 준비하든, 탁주를 준비하든, 집주인의 성에 차도록 준비해도 좋다. 손님이 술을 잘 마시는 사람이라면 그 상대를 하고, 함께 온 자도 앞 다투어 마셔서 손님이 다 마시지 못하고 남길 정도로 권하는 것이야말로 응당 그리 해야 할 일이다. 그것은 법도 밖의 사안이다.

라고도 한다.
진정한 동료 간의 회합에서는 술을 삼가고, 외부에서 온 손님에 대해서는 완전히 취할 때까지 마시게 하는 것이 예의라는 것이다. 이처럼 철저한 외부인 환대의 태도로부터 센고쿠 호족의 허세, 그리고 연대와 봉쇄주의를 통한 일족, 일문에 대한 강화책을 엿볼 수 있다.

이런 음주방식, 접대방식은 후대의 간토(關東) 사람들에게도 상당히 뿌리 깊게 전승되어 온 것으로 여겨진다.

또한 '유키씨 신법도'의 78조에는 술에 취해 사람들 앞으로 나아가 뭔가를 부탁해서는 안 된다, 술이 깨끗하게 깨어 제정신이 든 이후에 말하라고 규정되어 있다. 술기운에 어처구니없는 말을 지껄이고 나중에 후회하는 것은 현대인도 종종 경험하는 일이지만, 유키씨 집안에서도 그런 반성이 있었던 모양이다.

과음의 금지

센고쿠의 간토무사가 상당히 술을 좋아했던 것으로 보인다는 점, 또 술꾼이 많았을 것이라는 점이 이런 법도의 규정을 통해 추측된다. 영내에 술을 파는 상인도 있어서 무사들을 고객으로 삼아 번성하기도 했다. 법도의 92조에,

술병이라든가 술통은 예전부터 규격이 정해져 있다. 그런데 술을 파는 자들이 분량을 적게 만들고 여기에 술을 담아 팔고 있다. 실로 도를 넘은 도둑이다.

라고 분노하고 있다. 그리고 "관리들이 조사하여 위에서 말한 바와 같은 자들에 대해서는 다시는 술을 빚지 못하게 해야 할 것이다. 술을 빚으면 처벌할 것이다."라고 말한다. 벌금을 물게 하고 있는 것이다. 이는 일반적으로 말하는 공정거래 촉진의 조문으로만 볼 수는 없다. 술에 관한

한 상당히 고집이 세고, 더군다나 분량을 속이는 것에는 가장 크게 분노하는 것이 술꾼들의 일반적인 심정이다. 그만큼 이 집안에는 애주가들이 많았던 것으로 보인다.

그것은 딱히 유키씨에 한정된 일은 아니었다. 앞서 이야기한 바와 같이, 야마시나 도키쓰구와 같은 중류 공가도 상당한 주당이었으며, 무사에 이르면 대체로 그러하여 살벌한 사건이 술에 취한 끝에 일어나기도 했다. 같은 다이묘의 가법으로 널리 알려진 도사(土佐)의 〈조소가베씨정서(長宗我部氏掟書)〉는 유키씨의 가법보다 늦게 제정된 것이지만,

여러 봉행의 경우는 물론, 상하 모두 과음은 금지한다.

라고 31조에서 규정하고, 부칙으로 술에 취해 행패를 부리는 자에 대해 언급하고 있다. 즉, 가벼운 경우에는 3관(貫)의 벌금을 부과하고, 무거운 경우에는 처벌하여 사람을 해하고 때려눕힌 자는 참수한다고 규정하고 있다.

술기운에, 라는 식의 이유로 행패를 용서하는 것은 조소가베 모리치카(長宗我部盛親)·모토치카(元親)가 용인하는 바가 아니었다. 그렇게 되기에 앞서 과음을 금지하고자 했던 것이다. 모든 법률을 모두가 곧이곧대로 지켰다고 여겨지지는 않는다. 그런 규정은 오히려 이를 어기는 자가 많이 있었다는 점을 보여준다고 해도 좋을 것이다. 도사(土佐) 사람들의 호기로운 음주는 전국적으로도 유명한데, 조소가베씨 시대에도 상당히 거칠게 술을 마셨던 것으로 추측된다.

한편 이 정서의 별본에는 "주연, 상하 모두 금지했다."라고 보이는데, 단 술잔을 4-5잔 돌리는 정도는 좋다고 규정하고 있다. 여기서는 유키씨의

경우와 달리 접대용 술에 대해서도 제한하고 있다.

접대용 술에 대해서는, 스오국(周防國) 이와쿠니(岩國)의 성주 깃카와 히로이에(吉川廣家), 즉 모리 모토나리(毛利元就)의 손자가 1617년에 제정한 법도에서도 언급하고 있다. 이때는 이미 세키가하라(關ヶ原) 전투도 끝나고 도쿠가와씨가 오사카의 진을 계기로 도요토미씨를 완전히 멸망시킨 시점이었기 때문에, 센고쿠의 세상도 아니었다. 그러기에 술 접대에서도 예법을 중시하여 "수기(数寄)의 마음가짐이 중요하다."라고 말하고 있다. 수기란 다도 등에서 나온 말로, 우아함을 본령으로 하는 예절 작법을 중시하는 태도이다.

아울러 술의 상표는 무엇이든 좋다고 하고, 한 차례 접대에 2-3번의 술상을 내며, 그 때의 술잔은 말(末[小])과 중(中)의 두 종류로 한정한다고 규정하고 있다. 또한 "접대 외에 동료들이 모였을 때 계획에 없던 술을 내어서는 안 된다."라고 규정한다. 유키씨 집안과 마찬가지로 동료들이 모여서 술잔을 주고받는 일이 드물지 않았을 것이다.

한편, 깃카와(吉川)씨의 당시 규정에서는 술 한 되의 가격을 쌀 두 되로 하고 있다. 또한 타지에서 조달되는 술은 금지하고, 향토(地酒)의 술에 한정하고 있다. 무턱대고 술을 마시는 것은 발각 되는대로 벌금에 처한다고도 하고 있다.

깃카와 히로이에의 조부 모리 모토나리는 주고쿠(中國) 지방을 제패한 센고쿠 굴지의 호웅이지만, 그다지 술을 마시지 않았다. 부친인 히로모토(廣元)나 형인 오키모토(興元)는 곧잘 마셨다. 히로모토가 과음으로 인해 몸을 상하게 하고 오키모토가 역시 술로 요절했던 것을 교훈으로 삼았던 것으로 보인다. 술을 삼갔다. 마셔도 조금 입에 대고 취하는 편이었다. 그런 모토나리의 아들로 히로이에(廣家)의 부친에 해당하는 깃카와 모토

하루(吉川元春)는 애주가로, 진중에서 곧잘 술판을 벌였다. 도요토미 히데요시의 군대와 상대하여 부하 장병들이 몹시 긴장하는 와중에도 기분 좋게 술을 마셨다. 천하를 제압한 듯한 기분이 되어 유유자적 전투를 준비했던 바, 히데요시 측이 싸우지 않고 일단 군대를 물렸다는 일화도 전한다. 상당히 호기로운 무장이었다. 그 아들인 히로이에 역시 곧잘 술을 마셨다. 가신들에게 접대용 술을 제한하거나 과음을 삼가도록 했지만, 주군인 자신이 내리는 술에 관해서는 "어전에서 하사하시는 술은 술잔의 크기와 횟수 등 주군의 뜻에 따른다."라고 별도로 규정했다. 자신이 술꾼이었기 때문일 것이다.

술을 즐긴 기리시탄 다이묘

센고쿠 시대에는 기독교가 일본에 전파되었다. 특히 규슈의 여러 다이묘들이 기리시탄 다이묘[87]로 변화한 사실은 잘 알려진 바와 같다.

제1호 기리시탄 다이묘라고 하면, 붕고(豊後)의 오토모 소린(大友宗麟)일 것이다. 그는 실명을 요시시게(義鎭)라고 칭했다.

요시시게가 16살일 때, 붕고의 어느 항구에 중국의 정크선을 타고 포르투갈 사람이 여럿 들어왔다. 뱃길을 안내한 중국인은 마음씨 곱지 못한 자였다. 오토모씨의 당주였던 요시아키(義鑑)를 권하여 포르투갈 사람들을 죽이고 그 짐을 빼앗는 것이 어떠냐고 말했다. 그때 요시아키의 아들

---

84 기독교에 귀의한 다이묘. 기리시탄은 크리스찬을 일본식으로 음차한 것.

인 요시시게는 죄 없는 자들을 죽여서는 안 된다, 이 외국인들은 우리 항구의 번영에 도움이 될 것이라며 부친을 설득했다. 소년 요시시게는 포르투갈 사람과의 무역이 이익을 가져다 줄 것임을 직감하고 있었던 것이다. 이 사건은 1545년의 일이다.

실제로 오토모 요시시게의 시대가 되자, 붕고는 포르투갈 선박이 가장 많이 모여드는 지역이 되었다. 다네가시마(種子島)에 화승총이 전해진 뒤 얼마 지나지 않은 시기의 일이다. 거기에 프란시스코 자비에르의 내항도 있었다. 오토모 요시시게는 무역의 이익과 함께 진기한 서구문화에 대해 상당한 동경을 품고 있었다. 포르투갈인 무역상인들이 아침, 저녁으로 경건하게 기독교식 예배를 하는 것을 보고는 크게 감격하여, 기독교는 뛰어난 종교라고 짐작하고 신부들을 두텁게 보호하게 되었다. 하지만 자신이 세례를 받는 데까지는 이르지 않았다. 기독교에 접한 후부터 스스로 세례를 받기까지는 상당한 세월이 걸렸던 것이다.

실은 그때까지의 요시시게는 기독교신자와는 전혀 인연이 없는 생활을 영위하고 있었다. 그는 지극히 일반적인 의미에서의 영웅호걸이었다. 술을 곧잘 마시고, 술에 취해 여성에게 마구 손을 대기도 했다. 술은 기독교에서도 딱히 문제될 만한 것은 아니지만, 문란한 여성 관계는 크게 문제시된다.

소린(宗麟)은 1562년에 출가 삭발한 뒤의 이름인데, 그것은 선종에 귀의한 데에서 얻은 이름이다. 그로부터 10년 정도 전에는 신부 가고로부터 기독교에 관한 이야기를 듣고, 상당히 구체적으로 검토한 적이 있었다. 센고쿠 다이묘로서 사람을 죽이는 입장에서 벗어날 수 없고, 또 기질상 다수의 여성에게 정욕을 불태우기 쉬운 자신을 돌아보며 개종을 주저한 것이었다.

그가 가신에게 살해당한 부친 요시아키의 뒤를 이어 가문을 계승한 것은 1550년이었다. 그로부터 2년 후에는 모리씨로부터 부젠(豊前) 모지성(門司城)을 탈환하고, 나아가 히젠(肥前) 류조지씨(龍造寺氏)와 싸워 지쿠고(筑後)·지쿠젠(筑前)을 평정해갔다. 그 사이에 가장 강력했던 적은 모리씨로, 장기간에 걸쳐 자웅을 겨뤘다. 하지만 모리씨와 화목을 이룬 후에는 류조지 다카노부(龍造寺隆信)를 격렬하게 공격하여 항복시켰다. 후나이(府內, 오이타(大分))의 성주가 된 지 20년 후에는 규슈 북부에서 그 위세를 떨칠 수 있었다.

그 정력적인 공략과 전투에는 신병기 화승총도 활용되었다. 교토에서 온 축국 전문가 아스카이 마사쓰나(飛鳥井雅綱)가 귀경할 때(요시시게는 축국을 취미로 삼아 열심히 즐겼다), 요시시게는 남만(南蠻)[88]의 화승총을 선물로 주기도 했다. 포르투갈인과의 통교무역에 열심이었던 것은 화승총, 철의 매입에 야망이 있었기 때문이기도 했을 것이다.

규슈 북반을 제패할 요량으로 활약하고 있던 것과 평행하여 술과 여성에 대한 요시시게의 집착도 격렬해졌다. 어떤 때는 부하 부인의 뛰어난 미모에 반해 그녀를 자신의 측실의 하나로 삼으려 했다. 아무리 부하라 하더라도 이를 수긍하지 않았으므로, 요시시게는 분개하여 남편인 부하를 죽여 버렸다.

이에 대해서는 그 역시 후회하는 바가 있었던 모양이다. 그런 난폭한 다이묘를 영주로 떠받들 수 없다며 영민들도 자연히 동요했다. 천하의 요

---

88 스페인, 포르투갈 사람을 가리키던 말. 이 표현이 일본식 중화사상에 근거한 것이라는 점은 두말할 나위 없다.

시시게도 반성하는 바가 있었을 것이다. 선종에 귀의하여 삭발하고 소린이라 칭한 것은 그 무렵이다. 후나이(付內), 즉 오이타의 성을 세자 요시무네(義統)에게 넘겨주고, 자신은 우스키(臼杵)의 니우시마(丹生島)에 성을 짓고 옮겨갔다.

니우시마에 자리 잡은 뒤로도 여전히 반복해서 전쟁을 지도하고, 주연도 종종 열었던 소린이다.

하지만 한편으로는 연이어 방문하는 선교사들의 선교활동을 보호하고, 우스키를 중심으로 전개된 기독교운동을 돕고 있었다. 후나이에는 고레조(학림[學林])나 세미나료(수학원[修學院])가 세워져, 그 교세는 점차 커져갔다. 하지만 자기 자신이 세례를 받는 일에 대해서는 결단을 내리지 못하고 있었다.

소린의 정처는 매우 질투가 심한 여성이었으며, 기독교를 극도로 혐오했다. 소린의 난잡한 여성관계를 억제하기 위해서는 기독교신자로 만드는 것이 바람직했지만, 근본적으로 기독교를 싫어한 터라 그 역시 권유하지 못했다. 한편 후계자 요시무네는 어리석고 의지할 바가 못 되었으며, 신변에는 이래저래 분쟁이 일어났다. 소린에게는 그다지 앞날을 안심할 수 없다는 번뇌가 있었다. 남규슈의 강호 시마즈씨(島津氏)와의 대결도 언젠가는 이루어지게 될 터였다.

그런 내우외환으로 인해, 소린은 술을 들이키는 일 외에 기독교도로서의 삶을 적극적으로 고려하게 되었다. 우선 차남을 기독교도에 접근시켰다. 처음에는 극도로 싫어하던 차남도 가브랄 신부에게 인도되어 세례를 받았다. 세례명을 세바스티안이라 했다. 1576년의 세례 의식에는 소린도 참가하여 감격했다. 이것을 계기로 오토모(大友)의 가신 중에서도 신자가 늘어갔다.

이처럼 소린의 마음이 기독교에 기울어가는 것을 줄기차게 방해한 것이 그의 처와 처형이었다.

집요한 기독교도 공격과 박해에 질린 소린은 거꾸로 처와 헤어지고 시녀 한 사람과 결혼하리라 마음먹었다. 그리고 이 시녀에게 세례를 알선하게 했는데, 기독교신자의 이혼은 허용되지 않는다, 재혼할 수 없다는 신부 가 브랄의 훈계를 들었다. 소린은 새로운 신부와는 사실상의 부부관계를 맺 지 않겠다고 서약하고 승낙을 받았다. 이리하여 새로운 부인은 줄리아라 는 세례명을 받았으며 소린도 세례를 받아 프란시스코라고 칭했던 것이 다. 1578년의 일이었다.

이후 그의 성격은 상당히 변했다고 한다. 기독교에서 정한 계율도 잘 지 키고, 금요일에 해당하는 날의 술자리에는 고기요리를 거부하고 생선으 로 대체하게 했다고 한다. 부하 장수들 중에서도 개종자는 늘어갔다. 하 지만 그로 인해 한편으로 반란이 조장되고 시마즈씨로부터 철저히 공격 받기도 했다. 소린의 기독교 귀의는 센고쿠 다이묘로서의 지배력을 강화 하는 데에는 오히려 방해가 되었다. 아들 요시무네와의 사이도 점점 나 빠졌다.

하지만 소린은 이에 굴하지 않고 기독교도로서의 자신의 입장을 관철시 켜 1587년 서거할 때까지 계속해서 분발했던 것이다.

겐신과 우사미 사다유키

일본의 TV 드라마 〈하늘과 땅(天と地と)〉에서는 특히 우에스기 겐신(上 杉謙信)이 곧잘 술자리를 가졌던 것으로 묘사되었는데, 이 시대 무장으로

술과 인연이 없는 자를 찾는 것은 무리일지도 모른다.

그 가운데서도 겐신은 술꾼이었다. 어느 정도 술자리가 정리된 후, 술상 대로 좋은 무장들을 데리고 별도의 방으로 들어가 2차를 하며 큰 잔으로 주거니 받거니 하는 것을 즐겼다고 한다.

3홉이 들어갈 정도의 잔을 애용했다. 하지만 그런 과음이 원인이었는지, 오다 노부나가와 대결하기 위해 출진준비를 갖추고 있던 1578년 뇌졸중으로 인해 화장실 안에서 쓰러져버렸다. 바로 오토모 소린이 기독교도가 되어 마음을 고쳐먹고 있던 무렵의 일이다.

이에 대해 다케다 신겐(武田信玄)은 그다지 술과 관련된 일화가 없는 다이묘인데, 여성관계는 독신을 관철한 겐신과는 대조적으로 화려했다. 겐신을 섬기던 우사미 사다유키(宇佐美定行)는 뛰어난 군학자로 일찍부터 겐신의 재능과 인물을 알아본 사람이다. 겐신의 중요한 참모였다. 신겐의 야마모토 간스케(山本勘助)에 대항하듯 지모를 짜내어 에치고(越後) 군이 위력을 발휘하게 했다. 신겐의 동생인 노부시게(信繁)를 무찌른 공으로 이름을 떨친 것도 이미 노령이던 우사미였다.

가와나카지마(川中島)의 전투가 벌어지고 얼마 후, 에치고 우에다(上田)의 나가오 에치젠노카미 마사카게(長尾越前守政景), 즉 겐신의 매형으로 예전부터 겐신의 위세를 달가워하지 않던 자가 모반을 꾀하고 있다는 소문이 돌았다. 겐신은 격분하여 이를 토벌하고자 했으나, 우사미 사다유키는 만류하며 잠시 자신에게 시간을 달라고 말했다.

1564년 여름, 영내 순찰을 돈다며 가스가(春日) 산성을 나선 우사미는 노지리(野尻) 호반에 있는 자신의 성으로 들어가 뱃놀이를 곁들인 주연 날짜를 정하고 우에다의 나가오 마사카게에게도 초대장을 보냈다. 마사카게는 납량의 술자리에 초대를 받았으므로, 크게 기뻐하며 근신들과 함께 당일 당도했다.

배가 준비될 때까지 우선 성내에서 한 잔 하자며 우사미는 마사카게를 중심으로 술을 마시기 시작했다. 결국 그날은 밤새워 다리가 풀릴 정도로 마시게 하고, 드디어 날이 밝을 무렵 호수에 배를 띄웠다. 우사미와 나가오 마사카게는 한 배에 타고, 양측의 가신들은 다른 배에 타고 나아갔다. 물론 선상에서도 술잔을 주고받았다.

얼마 지나지 않아 가신들의 배는 멀리 가버리고, 사다유키와 마사카게 두 사람만이 호수 한 가운데에서 마주보는 모양새가 되었다. 마사카게는 기묘한 생각이 들어 취기가 도는 가운데서도 마사유키의 움직임을 유심히 바라보았는데, 그 순간 마사유키는 갑자기 갑판을 뜯어내고 바닥에 설치해둔 마개를 빼버렸다.

물론 배는 덜커덩 밑으로 곤두박질쳤으며, 두 사람 모두 호수 속으로 가라앉아갔다.

이것이 마사유키의 계략이었던 것이다. 마사카게가 수영에 능하지 못하다는 점을 알고 짠 계략이지만, 우사미 마사유키 자신도 살려고 생각하지는 않았던 것이다. 자신을 희생하여 사고사로 가장하고 마사카게를 자연스레 죽이면 그것으로 족하다는 것이었다.

우사미는 자신의 소홀함으로 인해 겐신의 일족인 마사카게를 죽게 한 것이므로, 자신의 가문은 반드시 대가 끊길 것이라고 각오도 하고 있었다. 하지만 겐신은 우사미의 의도를 간파하고 있었다. 겐신은 나가오 가문에 대해서는 일단 정중하게 조의를 표하고 마사카게의 어린 아들을 우에스기 가문에 맞아들여 양자로 삼았다. 이것이 훗날의 우에스기 가게카쓰(上杉景勝)이다. 그리고 우사미 가문을 단절시키는 일 없이 자손을 중신으로 대우했다.

그렇다 하더라도 우사미 자신은 당시에 나이 지긋한 노인이었음에도 불구하고 술에는 강했던 모양이다. 자신은 그다지 마시지 않은 채 술로 마사카게를 완전히 속일 수 있었을 리 없다.

언제나 술은 심리싸움의 재료로 화하기 쉽다. 이 사건은 술을 둘러싼 센고쿠 시대다운 심리싸움이었다고 할 것이다.

천하인 도요토미 히데요시(豊臣秀吉)

15장. 천하인의 술과 정치

수급을 안주삼아 술을 마시다

센고쿠의 험악한 풍운도 그럭저럭 잠잠해지기 시작한 1574년 정월 1일. 아직 기후성(岐阜城)에 머물고 있던 오다 노부나가에게 경의를 표하고자 교토와 그 주변의 호족들이 신년축하인사를 하러 왔다. 노부나가는 한 사람 한 사람에게 술상을 세 번씩 내어주며 취했다. 그리고 앞날에 대한 야망을 점점 격렬하게 불태우며 의기양양해했다.

외부에서 온 축하객이 물러간 후에도 기쁨에 취한 노부나가는 측근들을 모아 2차를 했다. 예로부터 지금까지 이처럼 진귀한 안주는 없을 것으로 생각한다며 다시 마시자는 것이었다. 그 안주란 아사쿠라 요시카게(朝倉義景)와 아사이 히사마사(淺井久政)・나가마사(長政) 부자의 수급이었다. 그 수급에는 각각 금칠을 해 두었다. 지독한 악취미라기보다는 인도에 어긋난 행동이었다. 이를 눈앞에 두고 과음하며 노래를 불렀다. 『신장공기(信長公記)』는 "형언할 수 없이 경사스러운 일이었다. 마음껏 기쁨을 만끽하셨다."라며 노부나가의 진면목을 내보인 축하연이 되었다고 기록하고 있다.

노부나가가 오케하자마(桶狹間)의 전투에서 이마가와 요시모토(今川義元)를 깨부수고 수급을 취하여 천하에 용맹스러운 이름을 널리 알린 것이 1560년. 그 후 미카와의 도쿠가와 이에야스(德川家康, 당시는 마쓰다이라 모토야스[松平元康])와는 동맹을 맺고 천하패권의 희망을 품은 채 교토로 정찰여행에 나섰다. 황실의 지독한 쇠락을 목도했으며, 쇼군 아시카가 요시테루(足利義輝)의 위력도 땅에 떨어져 교토의 황폐함이 극에 달한 모습을 확인했다.

이를 전제로, 천하 패권을 향한 첫 번째 발걸음으로 미노(美濃)의 사이토 다쓰오키(齋藤龍興, 도산[道三]의 손자)를 공략하여 기후성주가 된 것이 1567년이었다. 그 무렵 쇼군 요시테루는 이미 미요시 요시쓰구(三好義繼)에게 공략당해 죽었으며, 요시히데(義榮)가 뒤를 이었으나 아무런 권력도 지니지 못했다. 요시테루의 동생인 요시아키(義昭)는 어떻게든 쇼군이 되고자 하여 그 지역의 센고쿠다이묘에게 도움을 청했으나 누구 하나 상대해주지 않았다. 이에 요시아키는 도움을 청하러 노부나가를 찾았다.

노부나가는 이에 응했다. 이번에야말로 쇼군가를 안정시킨다는 대의명분을 내세우며 상경하리라 마음먹었다. 이에 더하여 기후로 옮긴 지 얼마 지나지 않아 노부나가에게 오기마치 천황(正親町天皇)의 서한이 도달했다. 황태자의 성인식 비용, 오와리·미노 양국에 소재한 황실 영지의 회복, 황거의 영선비 조달을 부탁한 것이었다. 그 서한에서는 노부나가를 "무용의 장상(長上), 정도(政道)의 감응, 고금무쌍의 명장, 의심할 바 없이 점차 승리를 거두실 것이다."라고 격찬하고 있다. 천황의 호출은 무장 노부나가를 크게 분발하게 했다. 무슨 일이 있어도 상경하는 것이 중요하다고 생각하고 있던 그였지만, 곧바로는 실행에 옮기지 못했다. 이세(伊勢) 북부에 있던 기타바타케(北畠)씨가 자신이 부재한 틈을 노리지는 않을까 우려했던 것이다.

그래서 이세를 치고 나서 아시카가 요시아키를 미노에서 맞이하고, 그를 앞세워 상경하는 순서로 일이 진행되었다. 1568년의 일이었다. 막부의 건물을 새로이 수리하여 준비하고 황거의 조영에도 힘을 다한 덕분에, 교토 사람들 사이에서는 노부나가 대망론이 크게 부상하게 되었다.

이런 노부나가를 탐탁지 않게 여기고 있던 것이 에치젠의 아사쿠라 요시카게(朝倉義景)였다. 노부나가는 요시카게에게 쇼군과 천황을 위해 일하는 데 협력하라고 호소했지만 전혀 움직이지 않았다. 이에 노부나가는 요시카게를 치기로 마음먹었다. 교토에서 일단 기후(岐阜)로 돌아온 후 10만 군대를 일으켜 아사쿠라 공략을 위해 와카사(若狹)·에치젠으로 향했다. 요시카게 공략이 거의 마무리되어 갈 무렵, 이번에는 여동생 오이치(お市)의 부군인 아사이 마사나가(淺井長政)가 아사쿠라를 원조하고자 거병하여 노부나가를 놀라게 했다. 노부나가는 아사쿠라·아사이와의 전투에서 상당히 애를 먹었지만, 도쿠가와 이에야스의 원조를 얻어 간신히 압박할 수 있는 형세가 되었다. 또한 아사이와 연결된 히에이산의 승병들에 대해서도 엔랴쿠사(延歷寺)를 불태우는 전대미문의 조치를 강행하며 제압했다.

이리하여 4년에 걸친 전투 끝에, 노부나가는 1573년 아사쿠라 요시카게와 아사이 부자의 수급을 손에 넣을 수 있었다. 실로 기뻐서 어찌할 바를 몰랐던 것이다. 그 사이에 쇼군 요시아키와는 사이가 나빠졌다. 요시아키는 종종 노부나가에게 칼날을 겨눴지만, 이 실력 없는 쇼군에 대해서는 가볍게 대응하고 크게 개의치 않았다. 교토에서 끊임없이 악당 짓을 하여 쇼군가를 삐걱거리게 했던 마쓰나가 히사히데(松永久秀)를 항복시켰으며, 미요시 요시쓰구를 제거했다. 사실상 '천하포무(天下布武)'라는 그의 슬로건대로 일이 진척되었다.

이런 일들을 거친 이듬해의 정월에 펼쳐진 축하연이었으므로, 호걸 세 사람의 수급을 안주삼아 배불리 술을 마시고 흥에 겨워한 노부나가였던 것이다.

스모꾼을 부하로 삼다

오케하자마 전투에서 한창 들떠 술판을 벌이던 이마가와 요시모토를 기습적으로 공격하여 순식간에 패사시킨 노부나가였기에, 본인은 군진에서 그다지 술을 마시지 않았다. 하지만 천황이나 쇼군들과의 연회에서는 곧잘 술을 즐겼다.

대체로 규격이나 선례에 구애받지 않았던 노부나가에게 상대의 의표를 찌르는 행동이 많았다는 점은 널리 알려진 바와 같다. 젊은 시절부터 보인 그런 행동은 일반인의 눈에는 바보천치 짓으로 비쳤다. 하지만 혜안을 지닌 자들은 발군의 위인이라며 두려워했다.

그가 일반적인 센고쿠다이묘와는 다른 기질을 지니고 있었다는 점은, 예컨대 무턱대고 스모꾼들을 모아 겨루게 하고, 열심히 구경한 뒤 뛰어난 자에게 포상을 줄 뿐만 아니라 자신의 수하로 삼았다는 사실에서도 확인된다.

아사쿠라씨 정벌에 나선 1570년, 오미의 조라쿠사(常樂寺)에 체재하던 때의 일이다. 노부나가는 오미지역의 스모꾼들을 불러 모았다. 앞 다투어 힘자랑하는 무리들이 모여 승부를 펼쳤다. 주요 인물로는 햐쿠사이사(百濟寺)의 시카(鹿), 햐쿠사이사의 고시카(小鹿), 다이토 쇼곤(たいとう正權), 나가미쓰(長光), 미야이 간자에몽(宮居眼左衛門), 가와라사(河原寺)의 대진(大進), 하시코조(はし小僧), 후카오 마타지로(深尾又次郎), 나마즈에 마타이치로(鯰江又一郎), 아오지 신에몽(青地眞右衛門) 등이 있었으며, 심판은 기세조 슌안(木瀬藏春庵)이었다.

당시는 아직 씨름판이라 할 만한 것은 없었다고 여겨진다. 노부나가 시대에 씨름판을 설치하고 스모를 하게 되었다고도 일컬어지지만, 확실치는 않다. 여하튼 이때는 나마즈에와 아오지가 잘 싸웠다. 노부나가는 두 사람에게 장식 붙은 칼을 주고, 당일 곧바로 자신의 수하로 삼았다고 한다.

노부나가는 스모를 좋아했지만, 어디까지나 강한 자를 눈여겨보고 발탁하는 것에 흥미가 있었던 것 같다. 일반적인 스모구경처럼 술자리에서 스모구경을 하지는 않았다. 1579년에는 아즈치(安土)에 오미지역의 스모꾼들을 불러 모아 승부를 펼치게 했다. 좋은 경기력을 보인 도모 쇼린(伴正林)이라는 젊은이에게 봉록을 주고 부하로 삼았다. 또한 뎃포야 요시로(鐵砲屋與四郎)라 하여 당시 죄를 지어 투옥 중이던 자를 스모를 잘한다 하여 용서했을 뿐만 아니라, 100석의 토지지배권, 장식 붙은 칼과 의복, 마구(馬具) 등을 주었다고 한다. 노부나가가 상당히 반했던 모양이다. 이듬해인 1580년에도 5월 5일, 17일에 아즈치성(安土城)에서 스모대회를 열고, 역시 우수한 자에게 큰 포상을 내리고 토지지배권을 주었다. 이때는 고가(甲賀)의 사무라이가 20명이나 참여했는데, 고생했다며 황금 5매를 하사했다고도 보인다. 앞서 예시한 스모꾼들의 이름은 이 대회에서도 확인된다. 스모로 평판 있는 자들은 대체로 고정되어간 듯하다. 1581년 4월에도 마찬가지로 스모대회가 아즈치에서 열렸다. 노부나가는 다른 예능에도 관심을 가지고 있었지만, 특별히 스모를 애호했던 것 같다. 개인의 실력주의가 철저하게 관철되는 방식의 승부가 마음에 들었던 것이다. 타고난 신분, 빈부, 경력 같은 것은 노부나가에게 중요치 않았다. 그때그때의 실력이 중요하다는 시각에서 부하들을 바라보고 있었던 것이다. 그런 까닭에 기노시타 도키치로(木下藤吉郎)[89]와 같은 인물도 일취월장 출세할 수 있었다. 마음에 들면 줄 수 있는 것을 부단히 주었다. 술도 실컷 마시게 했는데, 술에 약한 부하를 접하면 기분이 상했다. 그런 점에서는 실로 제멋대로인 주군이었다. 상대의 기분 같은 것을 헤아리는 태도는 없었다. 하고 싶은 대로 거리낌 없이 행동했다. 상식을 넘어서는 방식으로 살아간 그였지만, 바로 그런 이유로 혼노사(本能寺)에서 애석하게도 목숨을 잃고 마는 것이다.

술에 강했던 노부나가, 약했던 미쓰히데

1582년 5월, 주고쿠 지방에서 모리씨를 공략하던 하시바 히데요시(羽柴秀吉)[90]는 고전을 면치 못해 노부나가에게 응원을 요청했다. 노부나가는 이에 응하여 서쪽으로 향하기 위해 길을 나섰다. 그 직전까지 노부나가는 도쿠가와 이에야스를 맞아 환대하고, 정중하게 향응을 베풀었다. 아즈치를 떠난 이에야스가 사카이 방면으로 떠나 관광을 하고 있는 사이, 엄청난 일이 벌어졌다. 혼노사에 머물고 있던 노부나가가 아케치 미쓰히데(明智光秀)의 군대 1만 여에게 습격을 받았던 것이다.

아케치 미쓰히데라는 인물도 그 실력을 인정받아 노부나가의 총애를 받았다. 센고쿠 시대의 호족 도키씨(土岐氏)의 후예라고도 일컬어지지만, 명백한 증거는 없다. 요컨대, 주인 없이 떠도는 유랑 무사였는데, 노부나가에게 발탁되어 입신했다. 특히 교토의 민정을 담당하여 오미의 사카모토성(坂本城)을 하사받았다. 1575년에는 히데요시가 하시바 지쿠젠노카미(筑前守)에 임명될 때 고레토(惟任) 휴가노카미(日向守)에 임명되었다.

 노부나가의 부하 가운데 히데요시와 쌍벽을 이루는 명장이었다. 하지만 그는 그다지 술을 즐기지 않았다.

노부나가에게는 신앙심이 전혀 없었지만, 구래의 전승에 따라 경신(庚申)의 밤에는 역시 철야하며 칩거하는 관습을 지켰다. 경신의 밤에 잠을 자면, 생명에 지장이 있다는 미신을 진심으로 믿지는 않았다. 단, 이 관습을 기회삼아 가까운 부하들과 술을 마시고, 떠들썩한 시간을 보냈던 것이다.

 어느 경신의 밤, 부하들과 진탕 술을 마시고 있었는데, 도중까지 동석하고 있던 아케치 미쓰히데가 자리를 비운 후 한동안 돌아오지 않았다. 이윽고 다시 자리로 돌아왔을 때, 노부나가는 화가 나서 창을 손에 들고는 칼집을 벗기고 미쓰히데의 금귤(金柑) 머리에 창을 들이댔다. 히데요시의 원숭이와 마찬가지로, 금귤은 미쓰히데의 별명이었다. 노부나가는 두

---

89 훗날의 도요토미 히데요시. 히데요시의 출신성분은 명확히 밝혀진 바 없지만, 일반서민 내지 천민 출신일 것이라는 설이 유력하다.

90 훗날의 도요토미 히데요시. 도요토미라는 성은 훗날 조정으로부터 하사받게 됨.

사람에 대해 항상 금귤이라든가, 원숭이라는 애칭을 사용했다.

노부나가는 창끝을 미쓰히데의 머리에 들이대면서 "왜 이 자리에서 도망간 것인가?"라고 화를 냈다. 마쓰히데는 "결코 그런 일은 없습니다. 도망간 것이 아니라, 너무 취하여 술을 깨러 밖에 나간 것뿐입니다."라고 대답했다. 하지만 노부나가는 "뭐라, 모처럼 술을 마셔놓고 취기를 일부러 깨려는 자가 어디 있는가. 판결을 내려주겠다. 앞으로 나오라."라며 창을 끌어당겼다. 미쓰히데는 아무쪼록 용서해주시라며 바짝 엎드려 사죄했다. 그러자 "그렇다면 용서해주겠다."라며 노부나가도 창을 집어넣어 그 자리는 정리되었다. 이것으로 미쓰히데의 술기운은 진짜로 깼다. 식은땀을 흠뻑 흘렸던 것이다.

주종관계 하에서 주군의 일방적인 술 강권에 괴로워하던 미쓰히데에게, 술은 정말이지 원망스러운 존재였다. 또 어느 날은 보통 술잔으로 7잔이 들어가는 큰 술잔을 미쓰히데의 머리 위로 들이대며 무리하게 마시게 했다. 도저히 마실 수 없다고 간절히 사양했지만, 노부나가는 승낙하지 않았다. 결국에는 칼을 빼들고 "이 칼날을 먹을 것인가, 술을 마실 것인가, 한쪽을 택하라."라고 강요했으니, 미쓰히데도 마실 수밖에 없었다.

이런 노부나가, 미쓰히데의 관계가 미쓰히데를 반란으로 이끌었다는 것은 아니다. 단, 두 사람의 주종관계에서는 술이 친밀한 일체감을 촉진하기는커녕, 오히려 균열을 일으키는 매개체였다는 점은 인정해도 좋을 것이다. 그렇기는 하지만, 이들 일화는 후대에 편찬된 문헌에서 확인되는 것으로, 미쓰히데가 노부나가를 배반한 필연성을 흥미롭게 풀어내고자 만들어진 이야기라고도 여겨진다. 여하튼 노부나가가 술에 강했고, 미쓰히데는 약했다는 것은 사실이다.

미쓰히데는 히데요시와 더불어 노부나가의 신뢰를 얻어 출세했지만, 히데요시만큼 주군의 기질에 곧바로 응하여 요령 있게 행동하지는 못했다. 그런 점에서는 원숭이라는 별명의 히데요시의 지혜·임기응변에 미치지 못했으며, 아울러 한 가지 일에 상당히 구애받는 경향도 있어서 도무지 시원스러운 구석이 없었다. 이것이 노부나가의 입장에서 마음에 들지 않았던 점일지도 모르겠다.

미쓰히데가 단바국(丹波國)을 평정했을 때, 노부나가는 그 공적을 격찬했다. 정말로 기뻐하여 미쓰히데를 믿음직스럽게 생각했던 것이다. 노부나가는 정직한 성격의 소유자였다.

하지만 1582년 봄, 다케다 가쓰요리(武田勝賴) 정벌에 나서 텐모쿠산(天目山)에서 이를 멸망시켰을 때, 노부나가의 눈에 거슬리는 바가 있었다. 즉, 아케치가 단바에서 동원한 인마는 제일선에서 싸우지 않아 여타 무장들의 병력에 비해 그 모습이 너무나도 말끔했는데, 노부나가의 눈에는 당치도 않은 일로 보인 것이다. 하지만 미쓰히데는 그런 점에 둔감했다. 이와 같은 맥락이 있었기에, 노부나가는 개선 후 아즈치 성에서 축하주를 마실 때 앞서 이야기한 바와 같이 술을 강권하기에 이르렀던 것이다. 도쿠가와 이에야스를 접대하고 향응을 베푸는 책임자로서 일단 아즈치 성에 머물기로 되어 있던 미쓰히데는 돌연 해임되었으며, 대신 히데요시 원조의 출진을 명령받았다. 이 조치가 미쓰히데로 하여금 자신의 입장을 분명히 하게 하는 계기가 되었던 것 같다. 하지만 노부나가 입장에서 보자면, 미쓰히데의 군사력을 높이 평가한 조치였다. 자신도 뒤이어 참가할 예정이었던 주고쿠(中國) 지방에서의 전투였던 만큼 미쓰히데의 군사력에 큰 기대를 걸었던 조치였을 뿐이다.

그런 조치에 대해 미쓰히데는 불쾌감을 느꼈던 것이다. 이는 미쓰히데가 무력 일변도의 호걸이 아니라 고지식한 예법도 곧잘 분간하는 문인적 성격을 지니고 있었다는 점을 시사한다. 미쓰히데는 이에야스 접대역에 대해서도 충분한 자신감을 지니고 있었던 것으로 보인다.

미쓰히데의 혼노사 습격은 성공하여 교토의 민정에도 곧 선처하는 바가 있었지만, 돌연 지모를 지닌 히데요시에게 쫓겨 야마자키(山崎) 전투에서 맥없이 패망했다.

히데요시와 술

노부나가 사후의 전투를 수미일관 요령 있게 이끈 하시바 히데요시의 앞길은 크게 열렸다. "원숭이인가 하고 보면 사람, 사람인가 하고 보면 원숭이"라고 일컬어지고, '대머리 쥐'라고도 별명이 붙었던 흉한 몰골의 히데요시는 제아무리 출세하고 엄청난 기세로 연전연승해도 도무지 관록이 붙지 않는 인물이었다.

야마자키 전투에서 아케치 미쓰히데의 천하를 12일로 멈추게 한 후, 그는 비로소 천하의 패주가 되고자 하는 야망을 강하게 품기 시작했다. 그때까지는 어디까지나 노부나가의 가신으로서 주어진 역할을 잘 수행하는 데 열중하고 있었던 것이다.

히데요시가 뜻하지 않게 중앙에 등장한 모습을 씁쓸하게 바라보고 있던 선배이자 동료 시바타 가쓰이에(柴田勝家), 노부나가의 삼남 노부타카(信孝)는 히데요시에게 참패하여 멸망했다. 그러자 히데요시는 제2의 미나모토노 요리토모(源賴朝)가 되리라 생각하며 모리 데루모토(毛利輝元)에게 복속을 재촉하기도 했다.

히데요시는 1583년부터 오사카에 화려한 성을 축조해갔다. 이어서 정이

대장군(征夷大將軍)[91]에 임명될 요량으로 몰락한 무사의 몰골로 빙고(備後)의 도모(鞆)에 은거하고 있던 아시카가 요시아키에게 자신을 양자로 받아줄 것을 요청했다. 하지만 요시아키는 히데요시를 만만하게 보아 그 요구를 받아들이지 않았다. 이런 반응을 보고 히데요시는 때마침 공가사회에서 니조가(二條家), 고노에가(近衛家) 사이에 관백을 둘러싼 분쟁이 발생한 것에 편승하여 스스로 관백(關白)이 되고 성을 후지와라(藤原)로 삼았다. 이어서 도요토미성을 창시하여 사용하게 된다. 그럼에도 불구하고, 예컨대 시마즈씨를 비롯한 이름 있는 각지의 다이묘는 히데요시의 위력을 실감하지 못하고 가벼이 넘기고 있었다. 히데요시는 그저 벼락출세하고 원숭이 상을 한, 관록이 부족한 인물로 인식되고 있었던 것이다. 게다가 그의 주변에는 본래 마음으로부터 복종하는 부하가 없었다. 그때까지 전쟁에서 승리할 수 있었던 것은 오로지 하급 무사들에 대한 통제력, 조직력의 탁월함에 의한 것이었으며, 도쿠가와 이에야스처럼 대대로 이어진 부하를 지닌 적은 없었다.

이런 그였기에, 최대한 천황을 이용하고자 했다. 천황의 권위를 이용하여 자신의 위력을 인정토록 했던 것이다. 그런 맥락에서 주라쿠다이(聚樂第)에 고요제이 천황(後陽成天皇)을 맞이하는 성대한 의식을 실현시켰으며, 이를 통해 여러 다이묘에게 부하로서의 복종을 맹세토록 하기에 이르렀다. 1588년 4월의 일이었다.

그런데 히데요시는 노부나가와 같은 술꾼이었다고는 여겨지지 않는다.

---

91 가마쿠라 시대 이래로, 무가의 수장을 상징하는 관직이었음. 그 연원은 8세기 말에 동북지방의 에미시(蝦夷) 공략에 나섰던 사카노우에노 다무라마로(坂上田村麻呂)까지 거슬러 올라간다.

물론 주라쿠다이에 천황이 행차했을 때에는 술상을 일곱 번 볼 때까지 술잔이 돌았고, 세 번째 술상은 천황이 주재하기도 했지만, 히데요시는 이미 첫 번째 술상을 받아 술을 마실 때 감격하여 상기된 상태였다. 다섯 번째 술상 때 쟁반에 올린 향합, 일곱 번째 술상 때 칼의 진상이라는 식으로 봉헌 물품이나 맛좋은 안주를 호화로운 용기에 담아 바치는 것에 중점이 두어졌으며, 술에 대한 배려는 보이지 않는다. 그저 정해진 법도에 맞춰 술잔을 돌리는 의례가 펼쳐졌던 것이다.

그에 앞서 히데요시는 패권달성을 결정짓기 위해 시마즈 요시히사(島津義久) 정벌에 나섰다. 사쓰마(薩摩)로 향하여 다이헤이사(太平寺)에 진을 쳤을 때, 본래 히데요시를 경멸하던 요시히사가 스스로 항복했다. 히데요시는 이런 적에 대해 관대했다. 노부나가와 같이 죽여 버리는 일은 하지 않았다. 요시히사는 조마조마하며 히데요시에게 사죄할 요량으로 대면을 위해 다이헤이사로 향했다. 할복을 명받아도 어쩔 수 없다는 생각을 가지고 있던 요시히사였지만, 오히려 본래의 영지가 그대로 인정되어 다이묘로서 살아남게 되었다. 히데요시는 지니고 있던 칼까지 풀어서 요시히사 앞에 내놓고는, 허리춤이 허전할 테니 받아두라고 할 정도였다. 이어서 술상이 나왔는데, 히데요시는 술자리를 가질 것도 없다며 멈추게 하고 요시히사를 돌려보냈다. 별도로 친목을 맹세할 필요는 없다는 생각이었으며, 또 항복의 맹세를 확인하는 술자리는 너무 빤하다는 태도였다. 그런 히데요시였지만, 오다와라(小田原) 호조씨(北條氏)를 공략하여 장기적으로 포위작전을 펼치던 군진에서는 장병들의 심심풀이를 위해 여러모로 신경을 썼다. 예컨대, 차 마시는 모임을 연다든지, 오사카로부터 피리와 북의 명수, 춤의 명인을 불러들여 공연을 하게 하기도 했다. 그때 술자리도 열고 있다.

16, 7세에서 20세 정도의 젊은 여성들에게 술시중을 들게 했다. 각종 명주를 마시며 홍취를 다했으며, 앞서 이야기한 젊은 무리들에게 술잔을 채우게 하고 속요를 청하여

라는 식으로 여성들을 곁에 두고 술을 마시고 마시게 했으며, 속요를 들으며 긴 군영 생활의 피로를 풀게 했다. 이 군영에는 요도기미(淀君)도 불렀으며, 여타 무장에게도 처첩을 불러들이게 했다. 여성관계에 있어서 히데요시는 상당한 수완을 지니고 있었다고 일컬어진다. 곁에 있는 여성이 누구인가에 따라 술을 꽤 마시기도 했지만, 타고난 술꾼은 아니었던 것 같다.

전체적으로 히데요시는 장병이 과음하는 것을 좋게 보지는 않았다. 오사카성의 법규라 할 수 있는 〈벽서(壁書)〉에

1. 술은 근기(根器)에 따른다. 단, 과음은 금제할 것.

이라는 조목이 있다. 근기에 따르라는 것은, 마실 수 있는 자는 그에 맞춰 마시되, 마실 수 없는 자가 굳이 인간관계상 술을 마셔 취할 일은 없다는 의미이다. 여하튼 과음은 안 된다는 것은 딱히 히데요시만의 주장은 아니고 일반적인 이야기이지만, 과음하기 쉬운 장병들이 적지 않았던 것은 틀림없어 보인다.

실제로 그의 주변에는 상당한 술꾼 무사들이 있었다. 예컨대, 후쿠시마 마사노리(福島正則)가 그렇다. 우키타 히데이에(宇喜田秀家) 역시 그런 무사의 하나였다.

에도 시대의 일이지만, 히데이에(秀家)가 하치조지마(八丈島)에 유배되

었을 때, 후쿠시마 마사노리가 간토의 술은 맛이 없다 하여 오사카·교토 방면에서 술을 주문했다. 이를 운반하던 배가 난파하여 하치조시마에 당도했는데, 히데이에가 이를 발견하고는 견딜 수 없이 마시고 싶어 조금만 맛보게 해달라고 애원했다. 술 운반차 배에 타고 있던 후쿠시마의 부하 하나가 히데이에를 알아보고 황송해하며 술 한 통과 말린 생선을 주고 말았다.

필시 이 조치에 대해 주인 마사노리로부터 책망을 들을 것이라고 각오하며 에도의 저택으로 돌아왔는데, 상세한 내용을 보고받은 마사노리는 오히려 그 자를 칭찬했다고 한다. 술꾼은 술꾼의 마음을 너무나도 잘 알고 있었던 것이다.

사람들이 모여서 난장을 피우며 술을 마시는 모습

근세

근세 시대 개관

 일반적으로 도쿠가와 이에야스(德川家康)로 시작된 도쿠가와 집안이 에도(江戸), 지금의 도쿄(東京) 지역에 막부를 열고 일본을 통치하던 시기를 근세 시대(1603-1867년)라고 한다. 도요토미 히데요시(豊臣秀吉)의 가신이었던 이에야스는 히데요시의 사후, 히데요시의 아들 히데요리(秀頼)를 죽이고, 일본의 최고 권력자에 올랐다.

 이에야스와 그 아들 이에미쓰(家光)는 이전의 막부가 교토(京都)의 천황(天皇), 귀족(公家)과 상호보완적인 관계를 유지하고 있던 데에 비해, 16장에서 보이듯, 〈천황 및 귀족에 관한 제 법률(禁中並公家諸法度)〉을 제정해 감시하고 통제하려고 했다. 막부가 무사와 귀족을 장악하게 되면서, 1868년 메이지유신(明治維新)이 있기까지 안정적인 사회가 구축 되었다. 근세시대의 정치적 특징은 중앙정부인 막부(幕府)의 강력한 지배 속에서도 지방정부인 번(藩)이 어느 정도 자율성을 보장 받았다는 것이다. 번의 군주인 다이묘(大名)는 막부의 최고 권력자인 쇼군(將軍)에게 매년 정해진 공물을 바치고, 번의 정치권을 인정받았다. 한편 쇼군은 참근교대제(參勤交代制)를 제정해 다이묘들을 격년으로 에도에 상주시키면서 막부의 관료로 일하게 했고, 그것을 빌미로 다이묘의 정실(正室)과 적자(嫡子)는 에도에 살게 했다. 또한 정치적인 이유로 다이묘의 영지를 몰수하는 개역(改易) 권한도 쇼군에게 있었다.

 각 번주들은 세금으로 거둬들인 쌀을 오사카(大坂)로 보내 은, 금으로 바꾸어 재정으로 이용했다. 이를 바탕으로 오사카의 상인들은 막대한 부를 축적하고, 독특한 상인 문화를 형성했다. 또한 각각의 번은 독립된 경제와 정치를 바탕으로 고유한 문화를 발전시켰는데, 이를 바탕으로 각 지방을 대표하는 술이 만들어지기도 했다. 중세까지 일본문화는 제작에서 향유까지 지배계급인 귀족과 무사가 담당해왔다. 하지만 근세시대에는 상인이 문화의 중심에 서게 된다. 에도 시대의 문화는 전기 오사카·교토를 중심으로 하는 겐로쿠(元禄) 문화와 후기 에도를 중심으로 하는 가세이(化政) 문화로 구분할 수 있다.

겐로쿠 시대(17세기 후반)의 쇼군 쓰나요시(綱吉)는 무(武)보다는 문(文)을 중시하는 정책을 펼쳐, 서민들이 귀족문화를 받아들여 독자적인 화려한 문화를 발전시키는 토대를 만들었다. 호색물(好色物)로 이름을 알린 산문작가 이하라 사이카쿠(井原西鶴), 서민들의 짧은 정형시인 하이쿠(俳句)를 완성시킨 마쓰오 바쇼(松尾芭蕉), 인형극인 조루리(人形浄瑠璃)와 연극인 가부키(歌舞伎) 극작가로 활동한 지카마쓰 몬자에몬(近松門左衛門) 등이 중심이 되어 상인들의 문화를 발전시켰다. 하지만 심신이 나약했던 쓰나요시는 주위의 말에 휘둘리는 경향이 많았다. 그는 주위의 권유로 〈동물의 살생을 금지하는 법(生類憐みの令)〉을 내려, 특히 개에 대한 감시와 처벌이 많이 이루어졌다. 그런 쓰나요시는 조롱조로 〈이누쿠보(犬公方, 개 장군)〉라 불리기도 했다.

한편 겐로쿠 시대를 뒤흔드는 사건이 발생하게 된다. 1702년 12월 14일 밤, 에도 막부 예절 지도를 하는 기라 고즈케노스케(吉良上野介)의 저택에 47인의 무사가 난입을 해 기라의 목을 베는 사건이 발생한 것이다. 1년 전에 기라와 아코(赤穂)의 번주 아사노 나가노리(淺野長矩)가 에도성 안에서 칼을 들고 싸움을 해, 아사노 나가노리가 할복을 한 것이 원인이었다. 주인 아사노를 잃고 낭인이 된 오이시 구라노스케(大石內蔵助) 휘하 46인의 무사들이 기라를 급습해 주군의 복수를 한 것이다. 태평성대

시절에 일어난 이 사건은 47인의 무사들을 무사의 본보기로 서민들의 추앙을 받게 만들었다.

에도 막부도 100년이 지나자 무사들의 기강이 헤이해지고, 막부의 재정이 어려워지기 시작했다. 이에 8대 쇼군 요시무네(吉宗)는 에도의 남부 치안을 담당했던 오오카 다다스케(大岡忠相)와 함께 개혁을 단행한다. 검약, 무(武) 장려, 풍속 검열 강화, 화폐개혁 등을 내용으로 하는 〈교호 개혁(享保改革)〉은 후대의 〈간세이 개혁(寬政改革)〉, 〈텐포 개혁(天保改革)〉의 기준이 된다. 요시무네를 비롯한 일본의 군주들은 음주와 주조에 대해 부정적인 시각을 가지고 있었고, 이에 대한 제재조치를 끊임없이 발포했다. 하지만 이와는 정 반대로 술의 소비는 늘어만 갔고, 양조의 고급화가 진행되었다.

사실 요시무네는 기슈(紀州)의 번주였다. 도쿠가와 막부는 대를 이을 만한 후계자가 없을 시에 쇼군을 세울 수 있는 세 개의 주요 집안, 즉 오와리(尾張, 지금의 나고야[名古屋]), 기슈(미에[三重]와 와카야마현[和歌山]), 미토(水戶, 지금의 이바라키[茨城])에서 자손을 보내 대를 잇게 했다. 이 세 개의 집안을 〈고산케(御三家)〉라고 하는데, 지금도 일본에서는 중요한 3개의 대학이나, 회사를 이야기할 때 〈고산케〉라는 표현을 즐겨 쓴다. 〈고산케〉 중 하나인 미토는 이에야스의 11남 요리후사(賴房)를 시조로 하는 집안이다. 미토는 도쿠가와 집안이면서도 천황제를 중시하는 〈미토학(水戶學)〉이 발전한 곳이기도 하다. 천황의 역사를 기록한 『대일본사(大日本史)』는 메이지유신을 일으키는 존황파(尊皇派)들에게 영향을 준 책으로도 알려져 있다. 『대일본사』의 편찬은 미토번의 2대 번주 미쓰쿠니(光圀) 때부터 시작되었다. 미쓰쿠니는 근대 이후 〈미토 고몬(水戶黃門)〉이라는 드라마의 주인공으로 유명해졌다. 미쓰쿠니가 권좌에서 은퇴를 하고, 서민으로 변장하여 전국을 돌아다니며 어려운 사람을 구해주는 이야기는 미쓰쿠니를 시대를 뛰어넘는 히어로로 만들었다. 하지만 사실 미쓰쿠니는 에도와 미토 이외의 지역에 간 사실이 없다고 한다.

요시무네가 기슈에서 쇼군이 되어 에도로 올 때 같이 온 무사 중에는 다누마 오키유키(田沼意行)가 있었다. 오키유키의 아들인 오키쓰구(意次)는 후에 막부의 9대 쇼군 이에시게(家重)와 10대 쇼군 이에하루(家治)를 잇달아 모시며 막부 정치를 좌우했다. 상업을 중시했던 오키쓰구에 의해 에도를 중심으로 상업이 급격히 발달하지만, 이는 반대로 무사들의 재정을 더욱 어렵게 하는 결과를 초래했다. 더불어 뇌물수수가 공공연히 이루어지면서 사회 불안이 팽배해졌다.

1782년부터 시작된 대기근(大飢饉)으로 인해 농민들의 봉기가 잇따르고, 농민의 도시유입이 급격히 증가하자 치안이 악화되어, 사회가 불안정해졌다. 이에 막부는 다누마 오키쓰구를 칩거시키고, 마쓰다이라 사다노부(松平定信)를 등용해 간세이(寛政) 개혁을 단행한다. 검약령과 출판 통제, 부채 탕감 등 여러 강권적 조치는 민심을 악화시켜 개혁은 실패로 끝나지만, 사회는 점차 안정되어 갔다.

1800년대부터 약 30년간 에도를 중심으로 하급 무사나, 하층 상공인을 중심으로 실증적이면서도 향락적, 퇴폐적인 문화가 꽃을 피웠다. 이를 당시의 연호를 따서 가세이(化政) 문화라고 한다. 특히 전통 대중연극 가부키(歌舞伎)에서는 7대 이치카와 단주로(市川団十郎)를 중심으로 사실적이고 자극적인 묘사가 인기를 끌었다.

이 무렵 막부는 일본 근해에 빈번히 출몰하기 시작한 외국 선박에 위협을 느끼고, 외국선박 격퇴령을 내린다. 하지만 아편전쟁에서 청의 패배를 목격한 일본은 1845년부터는 필요한 물자를 공급해 돌려보내는 정책으로 바꾸었다. 1850년대에는 미국의 페리가 흑선(黑船)를 끌고 통상을 요구하게 되어, 1854년에 미국과 불평등조약을 맺게 된다. 이를 계기로 막부와 각 번은 군사력을 키우게 된다. 이 때 사쓰마(薩摩)와 조슈(長州)는 독자적인 개혁 정책으로 강력한 힘을 갖게 되었다. 시대는 바야흐로 천황을 중심으로 하는 근대 국가를 준비해 가고 있었다.

주요 용어 해설

16장

도쿠가와 이에야스(德川家康, 1543 - 1616)

센고쿠 시대에 활약한 무장. 오다 노부나가와 도요토미 히데요시의 뒤를 이어 일본의 전국 통일을 완수하고, 에도막부를 열었다.

쓰루마쓰(鶴松, 1589 - 1591)

도요토미 히데요시가 53세의 고령에 얻은 적자. 도요토미의 뒤를 이어 천하를 통치할 것으로 기대와 사랑을 독차지 했으나, 3세의 나이로 병사했다. 도요토미가 조선의 사신을 맞이한 자리에 데리고 온 쓰루마쓰가 소변을 본 일화가 유명하다.

도요토미 히데요리(豊臣秀賴, 1593 - 1615)

도요토미 히데요시의 차남. 히데요시가 임종시 도쿠가와 이에야스 등을 불러 히데요리를 부탁했지만, 히데요시 사후 히데요리와 이에야스는 대립 끝에 세키가하라(關ヶ原) 전투, 2번에 걸친 오사카(大阪) 전투를 벌인다. 결국 전투에서 진 히데요리와 모친 요도기미(淀君)는 자결한다.

후쿠시마 마사노리(福島正則, 1561 - 1624)

히데요시와 이에야스를 섬겼던 무장. 히데요리와 이에야스의 대립인 세키가하라 전투에서는 이에야스의 선봉에서 큰 활약을 펼쳤다. 오사카 전투에서는 히데요리를 동정했지만, 이에야스의 명령에 의해 전투에 나서지는 못했다. 이후 히로시마성(廣島城)의 개축문제로 실각했다.

다쿠안(沢庵, 1573 - 1645)

에도초기의 승려. 당시 조정이 고승들에게 보라색 가사(紫衣)를 하사하여, 막부와 대립을 하는 사건이 발생했다. 조정은 보라색 가사의 하사를 통해 권위 확립과 재정 확충을 꾀했기 때문에 막부는 이를 금지하고 있었다. 막부를 비난했던 다쿠안은 지방으로 귀향을 가게 된다.

도쿠가와 이에미쓰(德川家光, 1604 – 1651)

도쿠가와의 3대 쇼군. 에도 막부의 각 법도를 제정하고, 참근교대(參勤交代) 제도를 정비했다. 또한 기독교를 탄압하고 쇄국을 단행하는 등, 도쿠가와 시대의 기틀을 다졌다.

참근교대(參勤交代)

각 지방의 군주인 다이묘(大名)가 일정 기간 동안 자신의 영지를 떠나 에도에서 거주 및 에도 막부에서 근무해야 하는 제도. 다이묘는 이동과 거주지 유지에 따른 경제적 부담과 영지를 장기간 비워두는 정치적 공백을 짊어져야 했다.

호조 우지마사(北條氏政,1538 – 1590)

센고쿠 시대 무장. 지금의 가나가와(神奈川) 오다와라(小田原) 지방을 중심으로 세력을 키워 관동지방의 패권을 노렸다. 도요토미 히데요시의 상경 요구에 불응하고 항전을 하다 패배, 할복을 했다.

17장

조소가베 모리치카(長宗我部盛親, 1575 – 1615)

센고쿠 시대, 에도 초 무장. 도요토미 히데요시 밑에서 임진왜란을 치렀고, 히데요시 사후 세키가하라 전투, 오사카 전투에서 히데요리 편에서 싸웠다.

도쿠가와 이에쓰나(德川家綱, 1641 – 1680)

도쿠가와 4대 쇼군. 3대쇼군 이에미쓰가 죽자 11세에 쇼군직에 즉위했다. 이로 인해 원로들을 중심으로 하는 문치정치가 확립되었다.

유이 쇼세쓰(由井正雪, 1605 – 1651)

에도 초기의 병법가. 에도에서 중세시대의 충신 구스노키 마사시게(楠木正成)의 병법 구스노키류(楠木流)를 가르쳐 많은 사람을 모았다. 에도 막부를 쓰러뜨리려는 모반 계획 중 발각이 되어 처형당했다.

산토 교덴(山東京傳, 1761 - 1816)

에도 후기의 소설가. 화가. 그림을 중심으로 재치 있는 내용의 소설 기뵤시(黃表紙), 중국의 영향을 받은 소설 요미혼(読本) 등의 장르에서 큰 인기를 얻었다.

마쓰다이라 노부쓰나(松平信綱, 1596 -1 662)

에도 초기 에도 주변의 가와고에(川越)의 영주. 이에미쓰와 이에쓰나 밑에서 유이 쇼세쓰의 모반등을 진압했다.

오규소라이(荻生徂徠, 1666 - 1728)

에도 중기의 유학자. 중국 유교 고전의 의미를 파악하려는 고문사학(古文辞學)의 입장을 견지했다. 학식이 에도 막부의 인정을 받아 쇼군과 중신들과 교류를 가졌다.

오이시 요시오(大石良雄, 1659 -1703)

에도 중기 아코(赤穂) 지방의 무사. 주군이 기라 요시나카(吉良義仲)와의 칼부림 끝에 할복을 당하자 1년 후 부하들과 같이 기라를 죽여 주군의 복수를 했다. 이들의 이야기는 『가나데혼 주신구라(仮名手本忠臣蔵)』라는 연극으로 각색되어 큰 인기를 얻었다.

마쓰다이라 다다테루(松平忠輝, 1592 - 1683)

에도 전기의 다이묘. 도쿠가와 이에야스의 6남. 항상 술에 취해 있어 폭정을 일삼았다고 전해지고 있다. 이에야스의 사후 유배를 당해 유배지에서 생을 마쳤다.

18장

이하라 사이카쿠(伊原西鶴, 1642 - 1693)

일본의 근세 소설 작가. 시인. 상인 출신으로 종래의 소설이 교훈 중심의 내용이었던 것과 비교해 인간의 본성을 사실감 있게 그린 호색물(好色物) 시리즈로 인기를 끌었다. 이 외에도 상인들의 생활을 다룬 상인물(商人物), 무사들의 습성을 다룬 무가물(武家物) 등을 남겨 현실주의 시민문학을 확립시켰다.

마쓰오 바쇼(松尾芭蕉, 1644 – 1694)

근세 초기의 시인. 언어유희에 가까웠던 일본의 정형시인 하이쿠(俳句)의 예술성을 부여해 하이쿠의 성인(聖人)으로 추앙받는다. 일본의 전국을 돌아다니며, 하이쿠를 읊어 『오쿠노 호소미치(おくの細道)』와 같은 기행문도 다수 남겼다.

지카마쓰 몬자에몬(近松門左衛門, 1653 – 1724)

근세 초기의 극작가. 하급무사 출신. 인형극인 조루리(浄瑠璃, 文樂)의 명작을 다수 남겼다. 서민들을 주인공으로 다루어, '인정(人情)'과 '의리(義理)'라는 두 가지 개념 속에서 갈등하는 인물들을 묘사하는 작품이 대표적이다.

도쿠가와 쓰나요시(德川綱吉, 1646 – 1709)

도쿠가와 막부의 5대 쇼군(將軍). 유학을 중시해 문치주의를 했다. 쓰나요시 시절에는 사회가 안정이 되고, 상업이 발전해 상인들 중심의 문화가 꽃을 피웠다. 반면 화폐정책의 실패와 과도한 동물보호령(生類憐れみの令) 등, 서민들의 불만 역시 많았다.

사카이 다다키요(酒井忠清, 1624 – 1681)

도쿠가와 막부의 4대 쇼군인 이에쓰나(家綱)의 중신. 막부를 중심으로 하는 권력체제 확립에 힘을 쏟았다. 이에쓰나가 병약했던 관계로 권력이 다다키요에게 집중되었다. 이에쓰나 사후 쓰나요시에 의해 축출되었다.

홋타 마사토시(堀田正俊, 1634 – 1684)

도쿠가와 막부의 5대 쇼군인 쓰나요시(綱吉)의 중신으로 농정을 담당했다. 토지의 분할 상속 금지를 통해 영세 농민 출현을 막았다. 또한 영주들의 봉록을 감면하거나 추가해 지배권을 강화했다.

도쿠가와 요시무네(德川吉宗, 1684 – 1751)

도쿠가와 막부의 8대 쇼군. 쓰나요시 이후, 6대 쇼군 이에노부(家宣)와 7대 쇼군 이에쓰구 (家繼)가 단명하여 후사가 끊기자 친족 관계인 히토쓰바시(一橋) 집안에서 쇼군을 모셨다. 잇달은 개혁 정치로 인해 정치와 사회를 안정시켰다. 쇼군이 상인들 틈에 숨어들어 사건 을 해결하는 인기드라마 『아바렌보 쇼군(暴れん坊將軍)』의 모델.

오오카 다다스케(大岡忠相, 1677 – 1751)

에도의 사법과 행정을 담당했던 관청의 우두머리. 입지전적인 인물로 명재판 기록이 다 수 남아 있어 소설과 연극으로 각색되어 현대에 이르기까지 영화와 드라마가 반복되어 제작되고 있다. 이처럼 명재판관의 대표적 인물로 알려져 있지만, 재판기록은 역사적 사 실과는 무관하다.

덴이치보(天一坊, ? – 1729)

요시무네의 아들 행세를 하여, 전국을 떠돌던 중. 많은 추종 세력이 모여 들었으나, 이로 인해 막부의 주목을 끌어 붙잡혀 처형당했다. 이후 오오카 다다스케 이야기와 결부되어 많은 소설과 극작품으로 각색되었다.

도쿠가와 미쓰쿠니(德川光圀, 1628 – 1700)

에도 전기의 미토(水戶) 지방의 영주로, 도쿠가와 집안의 유력 집안 출신이다. 유학을 장 려하고, 『대일본사(大日本史)』의 집필을 명해, 에도 말기까지 이어지는 미토학파의 시작 을 준비했다. 미쓰쿠니가 은퇴 후, 전국각지를 암행하며 억울한 서민을 돕는다는 〈미토코 몬(水戶黃門)〉 드라마 시리즈가 유명.

이치카와 단주로(市川団十郎)

에도 시대에 발생·발전한 전통예능 가부키(歌舞伎)를 대표하는 배우 및 그 집안. 1대 (1660-1704년)부터 12대(1946-2013년)까지. 용감한 무사의 연기인 아라고토(荒事)가 유 명하다. 일본은 예능을 비롯하여 여러 분야에서, 이름을 대대로 세습하며 전통을 이어가 고 있다.

마쓰나가 데이토쿠(松永貞德, 1571 - 1653)

에도 초기의 시인. 5,7,5,7,7의 정형시인 와카(和歌)가 귀족들의 전유물이었는데 비해, 데이토쿠는 같은 자수에 형식의 제약을 완화하고, 서민적이고 골계적인 내용을 담은 하이카이(俳諧)를 제창, 발전시켰다.

19장

센류(川柳)

하이카이 중에서도 골계와 풍자를 주목적으로 하는 시. 에도 중기 가라이 센류(柄井川柳)가 시를 공모해서 내용의 기발함을 기준으로 우수작들을 뽑아 책으로 출판한 것이 그 시작이다.

다누마 오키쓰구(田沼意次, 1719 - 1788)

도쿠가와 막부의 9대 쇼군 이에시게(家重)와 10대 쇼군 이에하루(家治)의 중신. 상공업을 중시하는 중상정치를 펼쳐 상공업의 부흥을 초래했다. 한편 물가가 급등하고 뇌물정치를 펼쳐 백성들의 원망을 샀다.

히라가 겐나이(平賀源内, 1728 - 1779)

에도 중기의 과학자. 문인. 극작가. 화가. 외래문물에 대한 관심이 높아, 정전기를 에레키테르라는 이름으로 소개하기도 했다. 금광 개발에 뛰어드는 등 기이한 행동을 많이 했다.

가라고로모 깃슈(唐衣橘洲, 1743 - 1802)

에도 후기의 문인. 시인. 하급무사. 골계를 주로하는 풍자적 정형시(5,7,5,7,7)인 교카를 주로 했다. 에도 지식인 들은 교카에 열광해 집단을 이루어 서로 배우고 시를 읊어 책으로 냈다.

오타 난포(大田南畝, 1749 - 1823)

에도 후기의 문인. 시인. 하급무사, 가라고로모 깃슈, 아케라 간코(朱樂菅江)와 더불어 교카를 대표하는 문인. 아케라 간코(朱樂菅江), 오타 쇼쿠산진(大田蜀山人), 요모노 아카라(四方赤良) 등 많은 필명을 이용했다. 학문도 뛰어나 많은 저술집 및 수필을 남겼다.

20장

마쓰다이라 사다노부(松平定信, 1758 ‒ 1829)

에도 후기의 다이묘(大名). 8대 쇼군 요시무네의 손자에 해당한다. 막부의 재정이 어려워지자 사다노부를 중심으로 다누마 오키츠구를 축출하고, 검약령을 내리고 농본주의를 펼쳤다.

마쓰라 세이잔(松浦静山, 1760 ‒ 1841)

에도 후기의 다이묘. 지금의 나가사키(長崎) 지방인 히라도의 번주. 개혁을 단행해 교육을 장려하고 재정을 확충했다. 『갑자야화(甲子夜話)』와 같은 수필을 남겼다.

이토 진사이(伊藤仁斎, 1627 ‒ 1705)

에도 전기의 유학자. 주자학에 의문을 품고, 『논어』나 『맹자』와 같은 고전의 진의를 파악하려하는 〈고의학(古義學)〉을 주창했다. 4남 이토 지쿠리(伊藤竹里) 역시 진사이의 학파를 잇는 유학자이다.

16장. 근세 여명기의 술판

이에야스와 술

  에도막부를 중심으로 하는 봉건통일국가의 조직자, 그것이 도쿠가와 이에야스였다. 오다 노부나가, 도요토미 히데요시로 이어져온 신체제 구축의 움직임을 충실하게 계승하고, 뛰어난 정치력으로 견고한 막번체제를 정착시키는 데 성공한 것이 이에야스이다.

  이에야스에 대한 사람들의 평가는 제각각이다. 대체로 노부나가나 히데요시에 비해 이에야스에 대해서는 평판이 좋지 않았다. 호불호는 이래저래 갈리기 마련이지만, 정치가로 보자면 초일류의 인물임에는 틀림없다. 일본의 대중은 어떤 일을 추진하다 뜻이 꺾인 인물을 과도하게 동정하는 심성의 소유자여서, 오다 노부나가나 도요토미 히데요시 일가에 대해서는 묘하게 딱하다는 마음을 지니고 있으며, 상대적으로 이에야스에게는 점수가 짜다. 세키가하라(關ヶ原) 전투에서의 승리는 여하튼 도요토미

히데요리(豊臣秀頼) 일문에 대한 대응, 오사카 겨울의 진에서 여름의 진이라는 공략의 철저함이 인상을 매우 나쁘게 만들었다. 이 역시 천하통일을 이루어 어쨌든 전쟁 없는 세상을 만들기 위한 행위였다고 보면 용서할 법도 한데, 일반인들은 좀처럼 그렇게 보지 않는다.

근검절약하는 삶을 살면 한편에서는 부자인 주제에 구두쇠라고 일컬어지기도 하는데, 이에야스는 그런 종류의 사람이었다. 이른바 검약가였다. 자신이 그렇게 노력함으로써, 공가, 무가, 서민이 낭비벽에 빠지지 않도록 강력하게 견제했던 것이기도 했다.

그렇기 때문에 이에야스도 몇 차례 술 마실 기회를 가지기는 했지만, 술에 빠지는 일은 없었다. 본래 칠칠치 못하게 술을 마시는 연회에 장시간 있는 것을 즐기지 않았던 것 같다. 『소설 도쿠가와 이에야스』의 작가 야마오카 소하치(山岡莊八)가 강조한 바와 같이, 이에야스는 상당히 성미가 급한 사람이었다. 일반적으로 알려진 것처럼 인내심이 있어서 말하고자 하는 바를 말하지 않고 여간해서 움직이지 않는 사람이 아니었다. 인내심이라는 견지에 보자면, 노부나가의 죽음 이후 곧바로 뒤를 이어 궐기하는 일 없이 다음 기회를 기다린 것은 꽤 참을성 있는 행동이었다고 평가할 수 있을 것이다. 하지만 그것은 어디까지나 정치적, 군사적인 측면을 고려한 판단이었다.

그런 의미에서 현명했던 그는 의미 없이 술에 취해 허송세월하는 성격이 아니었다. 무엇보다 술이 낭비로 연결된다는 점을 우려했던 것 같다. 1601년은 전 해의 세키가하라 전투 승리로 인해 그의 천하가 크게 열린 해였는데, 그해 3월 직할령이었던 미카와의 하즈군(幡豆郡) 아사이촌(淺井村)에 7개조의 〈정서(定書)〉라는 것을 선포했다.

그 가운데, 촌내에 불량배 무사, 하급 봉공 무사, 종자들이 진입하여 "동리에서 식사 한 그릇을 얻어먹는다든지, 술 한 잔, 차 한 잔 얻어 마시는 행동은 있을 수 없다."라고 규정되어 있다. 촌락의 백성들에 대해 무가의 말단에 있는 자들이 짐짓 우쭐해하며 향응을 강요하는 일이 종종 있었는데, 그 같은 요구에 일일이 응하면 백성들의 생활은 점점 궁핍해질 수밖에 없다. 또한 부패의 온상이 될 수도 있는 것이다. 이에야스는 그런 면에서 기강을 바로 세우고 백성들의 부담이 늘어나지 않도록 배려했던 것이다.

도요토미씨를 멸망시킨 후, 1615년 7월 〈무가제법도(武家諸法度)〉를 반포했을 때, 제2조에 "여러 명이 모여서 술을 마시고 돌아가며 유흥을 즐기는 일을 제지할 것"이라고 보인다. 무가에 대해서도 이에야스는 주연에 빠지거나 유흥을 일삼는 것을 경계했던 것이다.

그에게는 술이 지니는 효용은 그다지 이해되지 않았던 모양이다. 그저 낭비, 퇴폐로 연결되는 것으로만 여겨졌던 것 같다.

아마도 이에야스는 술의 진정한 맛을 느끼지 못한 채 생을 마감한 것은 아닐까 싶다. 정치적 포부가 컸던 만큼 그런 마음의 여유가 없었던 것이 아닐까?

술에 빠진 젊은 다이묘

이에야스 시대의 술꾼으로 저명한 사람의 하나로 고바야카와 히데아키(小早川秀秋)를 들 수 있다. 그는 히데요시의 외질이다. 즉, 히데요시의 정실 기타노만도코로(北政所)의 오빠인 기노시타 이에사다(木下定家)의 다섯 번째 아들이다. 어린 시절부터 히데요시의 양자가 되어 기타노만도코로, 즉 고다이인(高台院) 슬하에서 자랐다.

분로쿠(文祿) 연간(1592-1596)에 히데요시가 일으킨 무모한 전쟁, 즉 조선출병[92] 때는 나고야(名護屋)까지 출진했다. 거기서 고바야카와씨의 양자가 되어 다카카게(隆景)의 뒤를 이었던 것이다. 히데아키라는 이름은 그때 이후의 것으로, 이전에는 하시바 히데토시(羽柴秀俊)라 했다. 다이코(太閤)의 권세에 힘입어 제멋대로 행동하는 바가 많았다.

그런데 히데요시의 친조카로 히데쓰구(秀次)라는 인물이 있었다. 친누나의 아들이었다. 이 자는 시즈가타케(賤ヶ丘) 전투에서 공을 세웠지만, 도쿠가와 이에야스와의 나가쿠테(長久手) 전투에서는 대패하여 히데요시에게 미움을 받기도 했다. 그렇지만 히데요시의 장남 쓰루마쓰(鶴松)의 죽음으로 인해 히데요시의 양자가 되어 관백직을 계승했다. 그 후 히데요리(秀賴)가 요도기미로부터 태어나자, 히데쓰구는 돌연 찬밥신세가 되었다. 성질이 본래 거칠었던 터에 그런 취급을 받자, 히데쓰구는 점점 광폭해져갔다. 반란을 꾀한다는 소문도 돌았다. 결국 히데요시가 죄를 물어 히데쓰구는 고야산으로 쫓겨났으며 결국 강요된 자살을 하게 된다. 당시 살생관백(殺生關白)으로 불렸다.

히데쓰구의 반란 기도에 가담했다는 죄로 몇 명인가 처벌을 받았는데, 고바야카와 히데아키도 단바의 영지를 빼앗겼다. 하지만 실제로 히데쓰구와 공모했는지는 분명치 않다. 아마도 풍문에 불과했을 것이다. 히데아키의 입지는 고바야카와 다카카게의 은거 이래로 북규슈에 소재한 일문의 영지를 계승한 뒤 다시금 강화되었다. 두 번째 조선출병에서는 울산에서 분전했지만, 전투 중의 경거망동으로 인해 귀국 후 비젠(備前) 기타노쇼(北ノ庄)로 쫓겨날 위기에 처했다. 히데요시는, 조카들에 대해서는 묘하게 신경질적으로 엄격하게 대응했던 것이다. 요도기미(淀君)의 참언에서 비롯된 것일지도 모르겠다. 그때 도쿠가와 이에야스가 편을 들어주어

위기에서 벗어났다.

그 일이 있은 후, 히데아키는 이에야스를 덕이 있는 인물이라 하여 따랐으며, 세키가하라 전투에서는 처음에 서군에 있었지만, 이후 이에야스 쪽으로 변심하여 동군의 승리를 결정적인 것으로 만들었다.

전후에 그 공을 인정받아 비젠(備前), 빗추(備中), 미마사카(美作) 등, 오늘날의 오카야마현(岡山縣) 전역을 아우르는 일대 다이묘가 되었다. 그때 나이 20살이었다.

이처럼 혈통 좋고, 이에야스도 주목한 히데아키였지만

이 자는 항상 과음하는 탓인지, 광기가 있어서 사무라이 여럿을 처단했다.

라고 일컬어졌다. 히데쓰구의 기질과 유사하다고 인식되고 있었다. 『경장견문서(慶長見聞書)』라는 당대 사료에도

비젠 중납언 히데아키공은 술로 인한 갈증에 시달리며 구토를 하고, 가슴이 답답하여 전혀 먹지 못했다. 오줌에는 피가 섞여 나왔으며, 혀는 검은 빛을 띠었다.

라 하여 술로 인한 증상이 기록되어 있으며, 어떤 약으로 치료에 임했는지가 쓰여 있다. 결국 오카야마성의 주인이 된 후 2년 정도 지나 서거하고

---

92 원저대로의 표기임. 이하의 표기도 같음. 최근에는 한중일 삼국 간에 벌어진 전쟁이었다는 맥락에서 임진전쟁이라는 표현이 쓰이기도 한다.

말았다. 1602년, 22살 때였다.

그 무렵 사쓰마의 호웅 시마즈씨는 요시히로(義弘)가 세키가하라 전투에서 이에야스에 맞섰지만 패퇴했다. 그 후에는 정국운영방식을 둘러싸고 그와 형인 요시히사의 관계가 악화되었으며, 다다쓰네(忠恒, 요시히로의 아들)와 요시히사의 관계 역시 악화되었다. 다다쓰네는 이에야스에게 복속하고자 했다. 그런 다다쓰네를 크게 격려하고 후원했던 것이 후쿠시마 마사노리였다. 마사노리의 애주 행태에 대해서는 앞서 다소 언급했지만, 마사노리는 시마즈 다다쓰네의 오사카 체재 중에 줄기차게 술과 여자를 가르쳤던 모양이다.

다다쓰네의 부친 요시히로는 1602년 12월, 다다쓰네에게 편지를 보내 예전에도 말한 바와 같이 "과음은 삼가며 즐길 것"이라고 주의를 주었다. 후쿠시마 마사노리의 호의는 감사하지만, 술과 여자는 정말이지 적당히 했으면 한다, 싸움만 하더라도 "결국 과음으로 인해" 일어나는 것이라며 부모로서 절실한 충고를 했던 것이다. 다다쓰네도 아직 30살에 이르지 않아 한창 술을 마실 나이였다. 술로 인해 고바야카와 히데아키가 요절한 것을 보며, 아들의 몸을 진심으로 걱정했던 것으로 보인다.

요시히로는 2년 후에도 다시금 교토에 머물고 있던 다다쓰네에게 과음하지 말라, '이런저런 잘못된 행동은 술에서 비롯된다', 선례는 얼마든지 있다, 특히 그대는 상경 이후 술에 빠져 있다고 들었다, 아무쪼록 자중하라, 고 타일렀다.

이에야스의 통일 사업이 막 궤도에 오른 그 무렵에는 센고쿠의 호기롭고 강인한 무장들이 도처에 산재했다. 게다가 예전처럼 몸소 전쟁터로 향해야 하는 내전의 불안도 어느 정도 사라졌으며, 도시에는 태평의 기운이 감돌고 있었다. 이런 시기에 작정하고 술에 빠져 즐기는 거친 무장들도 적지 않았을 것이다.

그러하니 만큼 이에야스도 무가의 "무리지어 술 마시고, 돌아가며 유흥을 즐기는 것"을 우려하여 각별히 신경을 썼던 것이다.

우메와카사(梅若寺)의 술꾼 스님

『경장견문집(慶長見聞集)』(앞서 들었던 『경장견문서』와는 다른 책. 미우라 조신[三浦淨心]의 저서) 권7에 "지금 막 보았다. 천하가 안정된 경사스러운 세상이 되어, 공가·덴조비토(殿上人)까지 모두 에도로 내려오셨다."라고 보인다. 게이초(慶長), 겐나(元和) 무렵(1596-1624)은 온전히 평화를 구가하는 목소리가 교토와 에도에 흘러넘치던 시기로, 에도를 구경하러 온 공가도 적지 않았다.

에도의 명소 가운데 하나로 들 수 있는 것이, 요곡(謠曲)[93]을 통해 일찍이 알려진 우메와카마루(梅若丸)의 무덤이다. 이 무덤은 스미다가와(隅田川) 강가에 있었으며, 현재도 그 자리에 남아 있다. 오늘날 이야기하는 모쿠보사(木母寺)가 예전의 우메와카사이다. 1607년 교토에서 온 고노에 노부타다(近衛信尹)가 바이류산(梅柳山) 모쿠보사로 개칭했다고 한다.

『경장견문집』에 의하면, "요곡을 만든 우메와카마루의 무덤이 있다. 표식으로 버드나무가 있다. 구경꾼들은 무덤가의 잔디 위에 둥글게 앉아 노래를 부르고 시를 짓고 술을 마셨다."고 한다. 그런데 "이 절의 스님은 대단한 술꾼으로, 여기저기 술판에 끼어들어 5잔이고 10잔이고 마시는 일

---

93 노의 대본.

이 부지기수였다.''라고 하여 대단한 주당인 스님의 존재를 언급하고 있다.

무엇보다 재미있는 것은 이 스님이 요곡 스미다가와의 몇 소절을 기억하여 헤이케(平家)인지 마이(舞)인지 구별하지 않은 채 염불하듯 부르는 것이다. 그렇지만 짧게 부르니 흥취가 있어 모두 웃는다.

상당히 진귀한 예능을 소화하는 애교 넘치는 스님이었던 모양이다.

당시 교토에서 가메야 도칸(龜屋道閑)이라는 자가 에도의 명소를 구경하러 방문하고 있었는데, 그는 우메와카 무덤에도 꼭 들러 술자리를 가지고 싶다고 생각하고 있었다. 하지만 그곳에 가면 술꾼 스님에게 노래를 부탁받게 될 것이라는 이야기를 들은 터였다. 교토에서 여행을 와서 제대로 된 노래도 부르지 못하면 반드시 경멸의 대상이 되고 말 것이다, 곤란하다, 라고 생각하며 한 가지 계략을 마음에 품고 우메와카사로 향했다. 그러자 과연 그 절의 스님으로부터, 당신은 교토에서 온 사람 같다, 이곳에 오는 사람은 누구나 잘하든 못하든 모두 노래를 짓는다, 라며 벼루와 노래를 적을 종이를 가지고 와서는 줄기차게 청했다. 도칸은 예전부터 각오했던 터라 겁내지 않고 붓을 들어 숙숙 뭔가를 적어 건넸다. 스님이 보니, "우메와카마루의 무덤은 우는 스미다 강변의 눈물이런가"라고 쓰여 있었다. 스님은 묘한 얼굴로 몇 번이고 고쳐 읽고는 손가락을 접으며 자구 수를 헤아렸다. 그리고 마침내 "이보시오, 교토 양반. 이 구의 문자수를 헤아려보니, 발구(發句)에는 일곱 글자가 많고, 노래에는 일곱 글자가 적소.''[94]라며 이상하기 짝이 없다고 말했다.

그러자 도칸은 의기양양한 얼굴로, "이것은 노래가 아닌가 하면, 발구도 아니며, 장가(長歌)도 아니고, 단가(短歌)도 아닙니다. 요즘 교토에서 유행하는 중가(中歌)라는 것이죠."라며 진지한 얼굴로 대답했다.

스님은 "아, 역시 나는 시골사람입니다. 교토에서 새롭게 유행하고 있는 것을 모르고 여쭙거나 하다니."라며 체면이 뭉개진 것을 부끄러워하는 태도였다고 서술하고 있다.

초창기 에도의 세속적이고 건방진 스님이 우쭐대는 와중에도 지니고 있었던 좋은 인성과 세련된 교토사람의 교활함을 대조시켜, 이 만남의 신묘함을 이야기하고 있는 것이다.

고코묘 천황의 과음

공가사회에서도 술자리는 전대 이래로 계속해서 성행했다.
도쿠가와 이에야스는 〈무가제법도〉를 반포하고 10일 후에는 〈금중병공가제법도(禁中竝公家諸法度)〉 17개조를 반포했다.

내용은 대략 다음과 같은 것이었다. 천황은 학문, 와카에 힘쓰는 것이 좋다, 황족과 공경은 서로 신분질서를 흐트러뜨리지 않도록 할 것이며, 가문의 계승은 남계로 하되 만약 후계가 없으면 같은 성의 일문으로부터 양자를 맞아들인다, 또 무가의 관위는 공가의 정원 외로 인정하도록 한다는 것 등이었다. 주로 공가사회의 기강을 단속하면서 전통적인 예능문화의 유지를 촉진하는 것이었다.

〈무가제법도〉에서 말한 바와 같은 주연, 유흥의 자제에 대한 요구는 여기에는 없었다. 그저 우아하게 놀고 무가의 일에 간섭하지 않았으면 하

---

94 도칸이라는 자가 읊은 노래의 원문은 "うめわかまるの、つかやなき、すみた河原の涙かな"이다. 와카는 기본적으로 5,7,5,7,7의 자구 수에 맞춰 읊어지는 것인데, 도칸이 읊은 노래는 7,5,7,5의 자구 수로 구성되어 있다. 우메와카사의 스님은 이 점을 지적하고 있는 것이다.

는 것이 속내였을 것이다. 다시 말해 정치성을 탈색하고자 했던 것이다.

에도막부의 개창기는 고미즈노오 천황(後水尾天皇) 대에 해당한다. 이 천황은 예능과 노래에 상당히 조예가 깊은 문화인이었다. 다이토쿠사(大德寺)의 수좌(首座)로, 뛰어난 인격의 소유자였던 다쿠앙(澤庵)에게 보라색 가사의 착용을 허용하는 칙허를 내려 조막(朝幕)관계의 긴장을 불러일으킨 일은 너무나도 유명하다.[95] 양위도, 막부가 천황의 일에 간섭한 데 대한 분개에서 비롯되었다고 일컬어진다.

그 세 번째 아들이 고코묘 천황(後光明天皇)이다. 고미즈노오 상황의 뒤를 이은 것은 여성 천황 메이쇼(明正)였지만, 3대 쇼군 이에미쓰(家光) 치세의 후기에는 12살의 어린 나이로 고코묘가 등극했다. 배짱 좋은 수재형 천황이었는데, 시가에 능한 데다 검술에도 힘을 기울였다고 전한다. 이에 대해 교토쇼시다이(京都所司代)[96]로서 〈금중병공가제법도〉의 실행 여부를 감시하던 이타쿠라 시게무네(板倉重宗)가 우려하여 "간토에서 알게 되면 큰일입니다. 그만 두시지 않으면 스오(周防, 시게무네 자신을 가리킴)는 할복하지 않을 수 없습니다."라며 자신의 뜻이 간접적으로 천황에게 전해지도록 이야기했다. 하지만 천황으로부터는 "나는 아직 무사가 할복하는 것을 본 적이 없다. 어소의 남전(南殿)에 단을 쌓아 할복하라고 그에게 말하라."라는 답이 돌아왔다.

이런 대응에는 이타쿠라도 어찌할 방도가 없어, 할복을 면하게 해달라고 청원했다고 한다.

고코묘 천황은 상당한 술꾼이었다. 『승응유사(承應遺事)』라는 서책에

술을 즐기시어 종종 과음하시는 것을 여러 신하가 은밀히 우려했지만, 간하는 자도 없었다.

라고 보인다.

어느 날 연회도 무르익어 천황이 기분 좋게 있던 차에, 다이토쿠지 긴노부(大德寺公信)가 천황 앞으로 나와, 종종 과음하시는 것은 옥체를 위해 우려되는 바가 적지 않습니다. 성인의 가르침, 정주(程朱)의 가르침에도 어긋납니다.

라고 굳이 간언하기에 이르렀다.

천황은 정이천(程伊川), 주자의 송학도 공부하고 있던 몸이므로 단숨에 가슴 속에 울리는 바가 있었다. "천황께서 돌변하시어 검을 들고 분노가 심했"으나, 여전히 다이토쿠지는 침착하게 간언을 계속했다. 몸이 베이더라도 그것으로 간언을 받아들이신다면 제 뜻은 이루어진 것입니다, 라고 말했다. 천황은 검을 품은 채 안으로 들어가 버렸다.

다이토쿠지 긴노부의 충성스러운 간언에 대해, 모처럼 가진 술자리의 흥을 깼다는 비판도 있었다. 하지만 긴노부는, 아니다, 이것으로 족하다, 술자리가 도중에 그쳐 주량을 넘지 않고 마무리된 것 아닌가, 라고 주장했

---

95 고승에게 보라색 가사의 착용을 허용하는 일은 천황 고유의 권한이었다. 천황은 이를 통해 불교계에 일정한 영향력을 행사했던 것인데, 권력의 일원화를 추구하던 막부는 이러한 관행을 통제하고자 했다. 기존의 방식을 관철시키려던 고미즈노오 천황과 막부는 충돌하지 않을 수 없었다. 양자의 충돌은 막부의 승리로 마무리되었으며, 이에 강한 불만을 품은 고미즈노오 천황은 퇴위하고 만다.

96 교토의 치안유지를 담당하면서 조정과 공가사회 전반을 감시하던 막부의 출장기관. 가마쿠라 시대의 로쿠하라 단다이에 비견된다.

다. 그러는 사이 그 자리는 파장이 되었다.

하지만 역시 천황은 이 간언을 받아들였다. 다시금 다이토쿠지를 불러 들이고는 검을 그에게 주면서 앞으로는 술을 삼가겠다고 약속했다고 한다. 그동안의 과음 때문인지는 알 수 없으나, 천황은 22살의 나이로 서거했다.

술의 수요층과 서민

고코묘 천황의 즉위로부터 1년 전, 이에미쓰 시대인 1642년에 다음과 같 은 정서(定書)가 반포되었다.

술은, 에도, 교토, 오사카, 사카이, 나라, 기타 지역의 명주, 혹은 제국(諸 國)으로부터 오가는 도로, 곳곳의 성과 영지 가운데 시장이 서는 곳, 사람 의 거주가 많은 도심지(町)에 대해서는, 금년에는 작년의 절반을 주조하 도록 한다. 내년은 재차 명령이 있을 때까지는 위에서 이야기한 규정에 따라야 할 것이다. 아울러 신규 술집은 정지할 것이며, 그 밖에 이곳저곳 에서 술을 파는 행위는 일체 금지할 것이다.

라는 것이었다(아사오 나오히로[朝尾直弘], 『근세봉건사회의 기초구조 [近世封建社會の基礎構造]』).

이와 같은 술 양조 억제책은 종종 언급되었으며, 법도로서 엄격히 준수 할 것이 강제되었다. 농지생산을 기초로 하여 상품경제의 진전을 억제하 고, 이를 통해 봉건제 지배를 관철시키고자 했던 막부는, 이에야스가 가 장 두려워했던 도시적 소비생활의 증대를 이런 술의 제한을 통해 틀어막고자 했던 것이다.

막번체제를 확고히 하는 것을 시종일관 현안으로 삼았던 이에미쓰 시대의 막부는 이와 같은 지령을 각지에서 반포했다. 하지만 중세와 같은 분할 할거형 봉건제가 아니라 에도를 중심으로 각지의 영국에서도 조카마치(城下町)마다 집권화를 도모하는 형태의 봉건제 사회에서, 이런 방책은 근본적으로 모순되는 것이었다. 무사는 농지로부터 유리되어 도시에 거주하며 농민들이 바치는 세금으로 살아가는 몸이 되었다. 무사들의 입장에서 볼 때, 세금으로 걷은 쌀을 상인을 통해 돈으로 바꾸지 않으면 도시생활에 도움이 되지 않았으므로 도시의 발달, 상인의 융성은 필연적이었다. 그렇게 되면 술의 판매고 역시 올라간다. 수요자는 늘어나고 있었던 것이다.

예전처럼 무리지어 모임을 가지는 와중에 큰 잔으로 술을 마시는 것이 아니라, 술집에 홀로 들어가 술을 마시는 자도 등장했다. 이런 움직임에 대응하여 작은 잔도 만들어지게 되었던 것이다.

앞서 들었던 정서에도 등장하듯이, 에도 시대 초기에는 이른바 명주로 평가받는 특정 지역의 술이 알려져 있었다. 이미 히데요시 만년의 다이고(醍醐) 꽃구경 때, 실로 다종다양한 맛좋은 명주가 확인된다. 즉, '가가(加賀)의 국화주, 아사지주(麻地酒), 그 밖에 아마노(天野), 히라노(平野), 나라의 승방(僧坊) 술, 오노미치(尾の道), 고지마(兒島), 하카타(博多)의 네리주(煉酒), 에가와주(江川酒)'라는 이름이 보인다. 이것들은 중세 이래로 꽤 알려진 술이다. 에가와주는 호조 우지마사(北條氏政)가 오다 노부나가에게 10통을 진상했던 것으로 기억되는 술인데, 이즈국에서 생산된 맛좋은 술이다. 간토에서는 이것이 대표적인 명주였다. 아사지주는 하이카이에서 6월의 계절어로도 쓰인 히고(肥後)산 명주이다. 세토내해에 면

한 산양도(山陽道)나 기나이에서는 대체로 나라의 술이 평판이 높았다. 술을 마시는 인구가 폭넓게 늘어나고 있었다. 에도 시대가 되어 각지에서는 향토술의 양조생산에 열을 올리기 시작했다. 막부는 마뜩치 않게 생각했지만, 결국 비싼 돈을 들여서라도 술을 마시고 싶다는 자들이 늘어났던 것이다. 이에 다른 지역에 술값으로 금은을 지불하느니 차라리 향토에서 술을 만들자고 생각했던 것이다.

예컨대, 히메지(姬路)에서는 에도 시대 초기에 미우라 주에몽(三浦忠右衛門)이 술 양조를 장려했다. 맛좋은 술을 만들어내지 못하면 처벌하겠다, 라고까지 말했으며, 결국 이타미(伊丹)의 주조 비결을 터득케 했다고 예로부터 전해온다.

하지만 술은 아직 백성의 일상생활과는 그다지 인연이 없는 존재였다. 지배층이나 도시의 학자, 승려, 민중 사이에서는 수요가 늘어났지만, 촌락에서는 술을 구입하는 것, 그리고 비일상적인 축제일 이외에 술을 즐기는 것이 금지되었다.

3대 쇼군 이에미쓰의 말기인 1649년에 막부는 제국(諸國)의 농민에 대해 촉서(觸書)를 반포하여 생활신조를 설유했다.

그 주안점은 장문의 촉서 마지막에 보이는 "연공미만 납부하면, 농민만큼 편안한 자는 없을 것이다. 이런 점을 잘 이해하여 자손을 가르치고 가업에 힘써야 할 것이다."라는 부분에 노골적으로 드러난다. 연공미를 생산하는 것이 무가를 지탱하는 기초로 중요하다, 그 생산에 방해가 되는 소비생활의 확충은 절대로 허용치 않겠다는 주장이다.

"담배 피우는 것을 금한다.", "술과 차를 구입해서 마셔서는 안 된다.", "일상적으로는 가급적 간소한 식사를 해야 한다. 그렇지만, 논밭을 갈고 모내기를 하고 또 수확을 하는 등, 힘을 쓸 때는 음식을 많이 섭취해야 할 것이다."라는 식으로, 요컨대 일하고 일하라, 일하는 데 필요한 만큼 몸을 만들라고 명령한 것이었다. 지배자, 위정자는 이런 방식으로 농민생활을 엄중하게 감시하고 통제했던 것이다.

이 게이안(慶安) 시대(1648-1652)에 술값이 변하고 있다. 간토에서는 간사이 사람들이 놀랄 정도로 저렴하여, 한 되에 40문에서 20문이었다. 하지만 니시노미야(西の宮), 이타미 근처의 술은 80문에서 90문, 이케다(池田)의 준 고급술이 100문, 고급술이 116문, 최고급 술이 132문이었다. 그 무렵 교토에서 쌀 한 되가 20문이었다. 해마다 술이 쌀보다 비싸지는 추세를 한탄하는 목소리가 새어나올 정도로 술의 판매실적이 좋았던 시절이다. 그래도 오늘날 쌀 한 되에 210여엔, 술 한 되에 1,000엔이라는 정도로 술값이 비싸지는 않았던 시절이었다.

17장. 겐로쿠(元祿) 태평시절의 흥취

경안태평기(慶安太平記)

어렸을 때 가부키좌에서 본 연극 가운데 깊은 감명을 받은 것은 2대 이 치카와 사단지(市川左団次)의 〈마루바시 주야(丸橋忠弥)〉였다. 그러니까 모쿠아미(黙阿弥)의 작품인 『경안태평기(慶安太平記)』 말이다. 그 중에서도 특히 '에도성 바깥 해자의 물가 장면'을 잊을 수 없다. 마쓰다이라 이즈노카미(松平伊豆守) 역할은 15대 이치무라 우자에몽(市村羽左衛門)이 맡았던 것으로 기억한다.

사단지(左団次)의 연기 가운데, 해자의 가장자리에서 주야(忠弥)가 술에 흠뻑 취한 것처럼 비틀거리면서 개를 쫓는 시늉을 하고는 해자에 돌을 던져 물소리를 듣고 수심을 가늠하는 장면이 가장 볼만했다. 이 연기는 초대 사단지 보다는 서툴렀다고 평가되었지만, 나에게는 정말이지 명장면이었다.

사실 그보다 더 기억에 남는 것은 주야가 하나미치(花道)[97]를 비틀거리며 걸어오는 도중에 했던 독백이다. 성대모사를 하는 이도 좋아할 만한 명대사이다.

아 기분이 좋군, 기분이 좋아. 해안가의 술집에서 겨우 두 잔 마셨을 뿐인데, 취기가 아주 많이 도는군. 아니, 취기가 돌 법도 할 테지. 우선 오늘 아침, 집에서 아침밥에 해장술로 2홉(1홉은 약 180ml)을 마시고, 그 후에 길모퉁이의 미꾸라지 요리가게에서 뜨끈뜨끈한 술을 5홉. 그곳을 나와서는 대합조개 가게에서 2홉씩 세 병을 마시고, 그 다음이 기러기 냄비요리에 황다랑어가 있었으니, 또 생선회로 한 되 마시고, 뜻밖에 무간지옥의 바다이지만, 여기서 3홉, 저기서 5홉, 이래저래 주워 담아서 3되. 이렇게 마시다 보면 결국에는 겐타(源太)[98]처럼 갑옷을 전당포에 맡길 수밖에 없다. 왜냐하면 벌거숭이가 되어도 술만은 끊을 수 없으니까.

대단한 술꾼이라고 감탄하면서 술에 취했을 때의 기분은 얼마나 좋은 것일까 상상했다. 어린 마음에도 입맛을 다시며 사단지의 멋진 연기에 빠져 들었던 것이다.

이후에 역사를 전공하면서 마루바시 주야는 어떤 인물이었는지, 과연 정

---

97 가부키에서 관람석을 건너질러 만든 배우들의 통로를 뜻한다.

98 가지와라 겐타 가게스에(梶原源太景季, 1162~1200). 전후의 문장은 18세기에 성립한 『히라가나성쇠기(ひらかな盛衰記)』를 바탕으로 한 것이다. 〈간자키아게야의 단(神崎揚屋の段)〉에 가게스에의 애인인 우메가에(梅が枝)가 가게스에의 갑옷을 전당포에 맡겼다 되찾는 내용이 보인다.

말로 술을 좋아했었는지가 궁금하여 조사한 적이 있다.

주야의 바른 한자표기는 충미(忠弥)가 아니라 충야(忠也)이며, 에도의 간다오차노미즈(神田御茶ノ水)에서 쇼조원(正藏院) 계통의 창(槍) 기술을 가르치고 있었다고 한다. 조소가베 모리치카(長宗我部盛親)의 자식이라는 설이 있다. 여하튼 막번체제에서 튕겨 나온 낭인무사이다. 일현거사(一玄居士)라고 일컬어지며, 그 창 기술은 일현류(一玄流)라고 한다.

도쿠가와씨는 전제지배를 관철하기 위해, 직무를 맡고 있지 않은 낭인무사를 엄중하게 단속했다. 이에야스에서 3대 쇼군 이에미쓰에 이르는 사이에 그 지배력은 확고해졌지만, 낭인으로 주군을 갖지 않는 자들의 움직임에는 경계를 요하는 부분이 있었다. 그들이 언제 반막부의 움직임을 일으킬지도 모른다는 불온한 기운이 여전히 남아 있었다. 이에미쓰의 사후에 어린 이에쓰나(家綱)가 쇼군에 취임하자, 반막부의 음모를 실현하기에 절호의 기회가 도래했다는 듯이 낭인들의 움직임도 심상치 않게 되었다.

그런 와중에 유이 쇼세쓰(由井正雪)라고 하는 쓰루가(駿河) 유이(由井)의 염색집 아들이 에도 간다(神田)에서 글쓰기를 가르치면서 병법군학 선생 노릇을 하고 있었는데, 이 사내의 주위로 낭인들이 모여들고 있었다. 진상은 잘 모르겠지만 이 자가 낭인들에게 추대되어, 에도 시내 방화, 에도성 탈취, 구노산(久能山) 소재의 이에야스 유산 강탈, 군용자금 조달에 때맞춘 반란을 계획하고 있었다고 한다.

그 계획에서 에도성 공격 지휘를 맡았던 것이 마루바시 주야(丸橋忠也)라고 한다. 그래서 야담이나 연극에서 예의 해자 물가에서의 장면에 그가 등장하는 것이다. 그리고 지혜로운 이즈노카미의 의심을 받아 음모가 발각된다는 것이 모쿠아미의 각본이다. 하지만 실제로는 궁사(弓師) 도시로(藤四郎)라는 자가 쇼세쓰(正雪)로부터 활(弓) 수백 개를 주문받자, 이를 마을 관리가 신고하여 발각되었다는 것이 역사적 사실이다.

이렇게 맥없이 쇼세쓰, 주야 등의 일당은 관리들의 공격을 받아 잡히거나 자해했던 것이다. 주야는 책형(磔)[99]에 처해졌다.

게이안사건(慶安事件)의 줄거리는 대략 그러하다. 비슷한 사건이 그 당시에 다른 곳에서도 있었고, 사도(佐渡)에서도 낭인소동은 일어났다. 그래서 막부도 단지 무사를 제거하며 낭인을 탄압하기보다는 회유의 길을 강구하게 된다.

그런데 몇 가지 낭인소동 중에서 유이 쇼세쓰의 게이안사건이 가장 많이 전설화되어 유명해졌다. 계획 자체가 가장 화려했으며 마루바시의 기질이 서민성을 가지고 있었기 때문이다. 게다가 활쏘기가 아주 훌륭한 명인이었던 그를 예찬하는 사람이 적지 않았다. 그래서 여러 가지 이야기가 전해지는 쇼세쓰와 주야인데, 주야가 술꾼이었는지 여부는 확실치 않다. 꽤 시간이 지난 후의 이야기인데, 주야를 음모 조직의 중진으로 보았던 막부는 술꾼이었던 것을 이용하여 잡아들이려고 했다고 한다.

무엇보다도 술이 세기로 평판이 났던 주야를 잡아들이는 것은 어려웠다. 그래서 수를 써서 요시와라(吉原)에 놀러가게 만들어 술을 많이 마시게 한 뒤에 술자리에서 귀신놀이를 시켰다. 그 귀신놀이는 남자든 여자든 먼저 한 사람을 이불을 뒤집어쓰게 하고 바깥에서 끈으로 빙빙 돌려 감아 바닥에서 굴러다니게 했다. 거기에 발이 걸려 넘어지지 않도록 뛰어다니는 식으로 술자리에서 귀신놀이를 하는 것이다. 뛰어 다니는 사이에 발

---

99 옛날, 죄인을 나무 기둥에 묶어 놓고 찔러 죽이던 형벌

이 여기에 닿은 사람은 귀신이 되어 이불에 감기게 된다. 그런 놀이를 하고 있는 동안에 술에 취한 주야는 그만 발에 걸려 귀신이 되어 이불에 감기게 되었다. 그래서 몸을 자유롭게 가누지 못하게 된 주야는 습격을 받아 맥없이 잡히고 말았다.

만든 이야기임에는 틀림없지만, 마루바시 주야는 술에 취해 어린애 같은 짓을 천진난만하게 하는 인물로 인식되고 있었던 것으로 보인다. 주야가 꽤나 힘이 세어, 잡는 데 어려움을 겪었다는 이야기는 줄기차게 이어졌다. 예컨대 연극 〈마루바시 주야(丸橋忠弥)〉에서도 주야를 잡아 묶으려는 과정에서 벌어지는 난투장면이 가장 볼만하다.

주덕원취옹(酒德院醉翁)

이 게이안 사건이 『경안태평기』라는 제목으로 전설화되고 각색된 것은, 남북조의 내란이 『태평기』라는 제목으로 묶인 것과 같은 맥락이라 할 수 있다. 이에쓰나 시대를 반어적으로 표현했다고 할 것이다. 하지만 이 시대는 사실 에도 시대 전체를 통틀어도 안정적인 분위기가 감돌고 있던 시기이다.

이런 시기였기에 마음 놓고 술을 마시는 무리가 나타나고, 도처에 술꾼들이 횡행했다. 이후에 산토 교덴(山東京傳)이 쓴 『근세기적고(近世奇跡考)』에 다음과 같은 술꾼이 소개되어 있다.

게이안 무렵, 에도 오쓰카(大塚)에 지오보 다루쓰기(地黃坊樽次)라는 자가 있었다. 실명은 이바라기 슌사쿠(茨城春朔)이며, 모 다이묘의 사무라이 의사였다고 한다. '고금에 드문 대주가로, 술친구와 제자가 아주 많고, 그 당시 이름을 날린 사람'이었다고 한다. 고이시가와(小石川) 야나기정(柳町) 쇼운사(祥雲寺)에 다루쓰기(樽次)의 석비가 있는데, 정면에 부동상(不動像)을 새기고 오른 쪽에 '주덕원취옹준침거사(酒德院醉翁樽枕居士)'라 되어 있다. 술통을 베개 삼는 것을 본연의 모습으로 삼고 있던, 그야말로 철두철미한 술꾼 주덕원취옹이었다. 작별을 고하며 남긴 시가 두수 곁들여져 있다.

사람이 살아생전 걷는 길은 제각각이지만, 죽음의 산 넘어서면 똑같은 산길이로세.
삼보(三寶)께 귀의한 무수한 술통을 다 마시고, 몸은 빈 술통으로 돌아가는 고향.

이라고 적혀 있다. 1680년에 죽은 사람이다. 이 비를 세운 것은 '주문(酒門)의 높은 제자 스게노 닌코(菅任□)'라는 인물이었다고 전해진다.
또 비슷한 시기에 부슈(武州) 다이시가와라(大師河原)에 오로치마루 소코후카(大蛇丸底深)라는 부농이 있었다. 교카(狂歌)[100]를 만들 때의 이름인 것으로 여겨지므로, 게이안 시대의 인물로 판단된다. 교덴(京傳)에 따르면 그는 다루쓰기에 뒤지지 않는 대주가로, 술친구가 많고 명성이 높았으며 자손은 지금도 번성하고 있다고 한다.
또 같은 시기의 가마쿠라에는 간테쓰보 쓰네아카(甚鐵坊常赤)라 하여

---

100 장난삼아 유희로 부른 와카(和歌)라는 의미로, 골계와 해학을 담아서 읊는다.

역시 교카를 읊었을 것으로 여겨지는 인물이 있었다. 원래는 진언종 스님이었으나, 속세로 돌아가 다루쓰기에게 의술을 배워 업으로 삼았다. 위의 두 사람을 잇는 술꾼이었다. 에도 요시와라의 의사인 아가타 마스미(県升見)라는 이와 술 겨루기 시합을 하여 우열을 가릴 수 없었다고 기록되어 있다.

교덴에 따르면, 술 겨루기 시합은 "게이안 무렵에 많이 열렸다. 다루쓰기와 소코후카가 양 쪽의 대장이 되었다. 적군과 아군으로 나뉘어 수많은 주병(酒兵)을 모아 큰 술잔으로 주량을 겨루게 하여 승패를 가리는 놀이였다. 여기에 겐코(犬居), 모쿠레이(目禮), 고부쓰(古仏)의 좌(座)라는 법령이 있다는 것이 『수조기(水鳥記)』에 보인다."고 한다.

겐코, 모쿠레이, 고부쓰의 좌란 술잔을 입에 댈 때 자세를 취하는 방식으로, 세 단계에 걸쳐 서로 술을 마시는 것이었다. 『수조기』는 다루쓰기의 작품으로, 소코후카와의 술 겨루기 시합을 읊은 그림이야기이다. 교덴은 소코후카의 자손인 다이시가와라(大師河原)의 어떤 이에게 '봉룡(蜂龍)의 술잔' 실물이 남아 있다고 한다. 술 7홉이 들어가는 큰 술잔이라고 한다.

가난한 술꾼 학자

이야기가 너무나 호방하여 다루쓰기 등 세 사람에 관한 교덴의 기록을 곧이곧대로 받아들이기는 어렵지만, 술꾼에 관한 이야기가 세간의 화제가 된 것은 사실일 것이다.

연극 속에서 마루바시 주야와 만난 마쓰다이라 노부쓰나(松平信綱)는 어느 날 저녁 따라다니는 신하들로부터 술이 약이 된다는 말을 듣고 꼭 한 번 마셔보는 것이 어떻겠냐는 권유를 받았다. 그 때 노부쓰나는, 그대들에게는 모두 자식이 있는 듯한데, 자신의 자식이 모두 술을 마시기를 바라는지, 마시지 않기를 바라는지 물었다. 신하들은 잠시 입을 다물고 있었지만, 자식이 술을 마시지 않으면 부모로서는 안심이라고 대답했다고 한다.

이것은 마쓰다이라 노부쓰나가 술에 빠지지 않았음을 전하는 평판에서 나온 이야기라고 여겨지지만, 이에 반해 모쿠아미가 주야의 심정을 대변한 것으로 여겨지는 대사, 즉 "벌거숭이가 되어도 술만은 끊을 수 없으니까"라는 식으로 생각하던 사내들도 적지 않았을 것이다.

당시의 관학인 주자학을 배운 후, 이것에 만족하지 않고 고문사학(古文辭學)[101]에도 열중하여 그 기초를 만든 오규 소라이(荻生徂徠)는 겐로쿠(元祿) 시대(1688-1704년)의 저명한 학자였는데, 상당한 기인이었던 만큼 여러 가지 일화를 남기고 있다. 권력에 영합하지 않고, 홀로 초연함을 즐겼던 점에서 풍류인으로 여겨지기도 했다. 하지만 그가 호주가였음에도 불구하고 술을 매도한 점에서 풍류인으로 볼 수 없다는 비평도 나오고 있다. 소라이의 술은 신나서 즐기는 술은 아니었던 모양이다.

가난한 학자 시절의 소라이에 관해서는 잘 알려져 있는데, 당시에는 학자로서 가난한 삶을 살면서도 술을 즐기는 일이 드물지 않았다.

그 당시에 히고(肥後)의 호소카와(細川) 가문을 섬기고 있던 기타지마 산류(北島三立)라는 자가 있었다. 호는 세쓰잔(雪山)이었다. 출사하던 시절에는 녹봉이 5백석이었는데, 모종의 이유로 히고를 떠나 히젠 나가사

---

101 장난삼아 유희로 부른 와카(和歌)라는 의미로, 골계와 해학을 담아서 읊는다.

키(肥前長崎)에 가서 중국의 서예를 배우고 터득한 뒤, 에도로 가서 아오야마(青山)의 가이조사(海蔵寺)를 임시 거처로 삼았다고 한다. 그리고 세상으로 나와 민간인에게 서예를 가르쳤지만 제자다운 제자는 따르지 않았다. 호소이 고타쿠(細井廣沢)가 그나마 유명한 제자였다. 천성이 얽매이는 것을 싫어하고 야무지지 않았기 때문이라고 한다. 이런 성격은 술을 너무나 좋아한 데에서 비롯되었다고 한다.

세쓰잔은 다시 나가사키로 돌아갔다. 하지만 16년간 목욕도 하지 않고 손톱도 깎지 않아 온 몸은 이(虱) 투성이였다. 가난의 구렁텅이 속에 있던 그였지만, 세상 사람들은 딱히 나쁘게 말하지 않았다고 한다. 술에 점점 더 빠져들어 갔지만 당연히 술을 살 능력도 없다. 그래서 글을 써서 이것을 술집에 돌렸다. 술집에서는 문자 수, 글자 폭에 따라 적절한 술을 세쓰잔에게 가져다주었다. 어쨌든 세쓰잔 선생의 글을 중국무역선에 보내면 높은 가격에 사 주었기 때문에 술집이 손해를 보지는 않았다고 한다. 중국인이 감탄할 만한 글을 썼으니 상당한 재주였음에는 틀림없다.

아코의사(赤穂義士)와 술

게이안사건이 일어났을 때에 태어난 니시카와 조켄(西川如見)이라는 사람이 있다. 통역가이자 천문계산과 기타 신지식을 상당히 폭넓게 습득했던 학자이다. 나가사키 사람인데 에도로 가서는 쇼군 요시무네(吉宗)를 섬겼다.

『백성낭(百姓囊)』은 그가 남긴 수많은 명저 가운데 하나이다. "우리나라의 술이 세계 제일이라고 네덜란드 사람도 칭찬한다. 친자노[102], 포도주가 맛있다고는 해도 많이 마실 때는 질리는 일도 있다."라며 일본 술이 맛있다고 하고, 이런 맛난 "술을 마시지 않는 사람은 없으며, 그만 마시려 해도 그만둘 수 없다. 세상사가 돌고 돌아 만들어낸 풍속이니, 나도 다른 이도 마시지 않고 버틸 재간이 없다."라고 적혀 있다. 그 역시 술의 미묘한 맛에 푹 빠져 있던 사람이었던 것 같다.

여기에 등장하는 포도주와 친자노 등은 네덜란드 사람을 통해서 통역사들이 손에 넣은 것으로 극히 한정된 범위에서 유통되었다. TV 드라마 〈전나무는 남았다〉[103]에도 네덜란드인을 통해 들어온 술을 마시는 장면이 나오듯이, 유통되었을 가능성이 전혀 없는 것은 아니다. 하지만 일본인들 사이에서는 아직 친숙한 술이 아니었다.

니시카와 조켄이 활동한 것은 겐로쿠 시대였다. 그 시대는 조켄 자신이 "근래에 술을 빚는 일이 많아 미곡이 낭비되고 있다. 쌀 가격은 점점 더 치솟아 천하[104]의 사치가 중국보다 더하다고는 하지만"이라고 적은 바와 같은 분위기에 빠져 있었다.

즉, 소비생활이 현저하게 확충되어가던 시기이다. 교토, 오사카, 에도 등 삼도(三都)를 중심으로 조닌(町人)의 실력이 강성해져, 봉건제의 지배권력을 틀어쥐고 있었을 터인 무가를 경제력을 통해 뒤흔드는 사회가 되었

---

102 이탈리아 친자노(Cinzano)사의 베르무트 술.

103 야마모토 슈고로(山本周五郎)의 역사소설을 바탕으로 한 드라마로, 에도 시대 전기의 센다이번 다테가(伊達家)의 다테소동(伊達騒動)을 소재로 삼고 있다.

104 일본을 가리킴.

다. 조닌문화는 그 지점에서 화려하게 꽃피운 것이다. 그들을 지탱한 유흥의 장은 떠들썩한 황홀경이 되었다. 인간 본연의 욕구를 적나라하게 드러내는 것을 그들은 꺼려하지 않았다.

이렇게 유곽이 번성했다는 것은 술꾼들이 늘어났다는 것을 의미하기도 했다. 그래서 『충신장(忠臣蔵)』[105]이 묘사하듯이, 오이시 구라노스케(大石內蔵助)를 비롯한 아코(赤穂)의 낭사(浪士)들이 술과 유흥을 탐닉하는 술꾼으로 등장하여 세상을 기만하며 살아갔다는 이야기가 실제 이야기인 양 유통되기도 했던 것이다.

그렇기는 하지만, 당시 시대상황으로 볼 때, 아코 낭사 가운데 애주가가 꽤 있었다는 식의 항설은 어색하지 않은 이야기이기는 하다.

간자키 요고로(神崎與五郎)는 유랑생활 중에 좋아하는 술을 양껏 마시지 못하는 곤란한 상황에 있었다. 그는 습격을 약 1주일 앞두고 미키 마고자에몽(三木孫左衛門)과 도지로(藤次郎)에게 작별을 고하는 편지를 보냈다. 그 편지는 다음과 같은 내용이었다. 점점 최후의 순간이 다가오고 있다, 진작부터 특별히 돌봐주신 소인이니 죽을 장소를 "맞이하여 임무를 완수하고 명예로운 이름을 남기고자 합니다. 두 분께서 기뻐해주실 만한 일을 하게 해주십사 아침, 저녁으로 신에게 기도하고 있습니다. 어떻게든 다시금 세상에 나와 돌아가게 된다면, 후의를 보여주신 것에 대한 답례로 함께 술잔을 기울이고 싶습니다만, 부질없는 일이 되어버렸습니다. 더군다나 술은 최근에 가격이 높아진 터라 조달하기조차 어려워졌습니다. 아, 정말이지 지금은 심히 곤란한 상황입니다."라 했다.

습격이라는 결사의 각오를 굳게 하면 할수록 술에 대한 미련은 쌓여갔을 터이다. 여하튼 오이시로부터는 동지들 앞으로 "사람들이 굶주림에 이르지 않도록 입는 것과 먹는 것, 유흥 등에 낭비가 없도록 주의했으면 합니다."라는 훈령이 내려왔다. 빈곤하면서도 오로지 기라(吉良)를 치기 위해 만전을 기하는 낭인들에게 술은 인연이 먼 것이었다.

게다가 주군 아사노 다쿠미노카미(淺野內匠頭)가 기라에게 칼부림을 하여 다무라(田村) 우경대부(右京大夫)에게 신병이 맡겨진 사이에 "술을 마시고 싶다고 말씀하셨지만, 막부의 법령이니 드려서는 안 된다."는 훈시가 주군을 뵈러간 자들에게 내려진 바 있다. 이 사실은 물론 아코 낭사의 귀에도 들어갔을 것이다. 그 속마음을 헤아려 보면, 술잔을 손에 들 기분은 들지 않았을 것임에 틀림없다(이상, 가타야마 하쿠센[片山伯仙] 편저, 『아코 낭사의 편지(赤穗義士の手紙)』로부터).

아무리 마셔도 줄지 않는 술병

에도 전기의 대호주가에 얽힌 괴담 비슷한 이야기가 있다.

1614년 에치고국(越後國) 다카다(高田)의 번주가 된 마쓰다이라 다다테루(松平忠輝)는 도쿠가와 이에야스의 여섯 번째 아들이었다. 번주에 임명된 지 2년 만에 모종의 죄로 인해 이세(伊勢) 아사마(朝熊)로 추방된 다이묘이다. 오사카의 진(大坂の陣)[106]에서 일을 그르쳤기 때문이라고 하지만, 그가 호기심이 왕성하고 기독교와 유럽무역에 크게 관심을 갖고 있어서 미움을 받았을 것이라는 설도 있다.

---

105 아코 낭사 47인의 복수담을 주제로 하는 문예의 총칭이다.

106 1614년의 오사카 겨울의 진(大坂冬の陣)과 1615년의 오사카 여름의 진(大坂夏の陣)을 뜻한다. 에도막부가 도요토미 종가를 멸망시킨 전투이다.

그런 다다테루의 인격과 관련된 전설로, 그가 에치고의 영내에 고기잡이 하러 놀러 나갔을 때 쇼자에몽(庄左衛門)이라는 술꾼 어부와 만난 이야기가 있다.

쇼자에몽은 술고래라 불릴 정도의 술꾼이었는데, 절대로 취하지 않았다. 고기잡이에서 생선을 많이 잡은 것을 기뻐한 다다테루는 바닷가에서 성대한 연회를 열어 어부들에게도 충분한 술과 요리를 베풀었다. 춤추고 노래하는 술자리가 계속되어 모두가 고주망태가 되어 취해버렸다.

그런데 쇼자에몽만은 전혀 취한 기색이 없었다. 번의 관리가 어째서 너는 술을 마시지 않는가, 술을 못 마시는가라고 말을 걸자, 저는 원래 술을 좋아하고 지금까지 술을 계속 마셔왔지만 술에 취한 적이 없습니다, 오늘은 주군께서 베풀어주신 연회이기 때문에 마음껏 마시겠다고 기뻐하고 있었지요, 아까부터 실은 몇 잔이나 마셨지만, 가져 온 술도 이제 다 동이 난 것인지요, 더 마시고자 했습니다만, 이제 가져다주는 사람이 없습니다, 라고 대답했다.

관리들은 모두 깜짝 놀랐다. 수천 명의 사람들이 이렇게 술에 취하여 즐거워하고 있는데, 당신 한 사람은 즐기지 못하고 있다니 딱하구나, 자, 많이 마시도록 하라며 남은 술통을 그 남자에게 기울여 마시게 했다.

그는 기뻐하며 혼자서 이것을 받아, 술 3-4되를 다 마셔 버렸다. 어떤가, 충분히 마셨는가라고 관리들이 묻자, 아직 충분치 않습니다, 좀 더 마시고 싶다고 했다.

하지만 이제 술은 바닥이 난 상태였다. 할 수 없이 그것으로 술자리를 파하고, 다다테루 등은 철수했지만, 성에 돌아가서도 쇼자에몽이 화제가 되었다. 다다테루도 그런 기묘한 이가 있는지 의아해하며 호기심이 발동하여 쇼자에몽을 성내로 부르라고 명령했다.

그래서 불러들여 다다테루의 방 옆에 앉히고는 계속 술을 날라 마시게 했다. 이리하여 6되를 다 마셨다. 그러자 한 방울도 더 마시려고 하지 않았다.

그리고 심부름꾼에게 말하기를, 너무나 고맙고 행복하다, 자신은 평생 술을 마셔왔지만, 이렇게 취할 때까지 마신 적이 없다, 오늘은 주군의 자비로 생각지도 않게 충분히 술을 받았다고 하며 들떠 했다. 이에 번주의 성 안인 것도 꺼리지 않은 채 노래 부르고 손뼉을 치며 무아지경이 되어 즐거워했다. 결국에는 도코노마(일본식 방의 상석)의 언저리를 베개 삼아 앞뒤 분간도 못한 채 잠들어 버렸다.

다다테루는 이 상황을 빠짐없이 옆에서 지켜보고 있었다. 그렇게 커다란 몸뚱이도 아닌데 많은 양의 술을 마신다는 것은 이상하다며, 딱하지만 저 남자를 죽여서 배 속을 열어 보라고 가신들에게 명했다.

그래서 신하들은 주군의 명령대로 그를 죽이고, 고한 대로 그 배속을 열어 보았다. 하지만 술은 한 방울도 들어있지 않았다. 그렇다면 다른 곳도라고 하여, 손발과 목 등을 잘라 열게 하여 여러 가지 조사하게 했으나, 술 냄새조차 나지 않았다. 정말이지 잔혹한 방법으로 처치했지만, 그런 거친 방법을 동원하여 다다테루는 끝까지 추궁하려고 했다.

그런데 드디어 양 쪽 겨드랑이 아래에 손가락 마디 하나 정도의 병이 하나씩 있는 것을 발견했다. 이곳에서 술내가 났다. 그렇군, 이 병이 술을 마신 것이로군, 이라고 모두 알아차렸다. 다다테루는 이것을 깨 보라고 명했다. 그런데 쇳덩이 같아서 도저히 깨지지 않았다. 단지 입구에서 술이 흘러내려 떨어졌다.

결국에는 각각의 작은 술병에서 3되나 되는 술이 나온 것이다. 이 묘한 병에 흠뻑 기분이 좋아진 다다테루는 좋은 것을 얻었다며 술고래병이라고 이름 짓고 항상 몸에서 떼지 않고 가지고 다니게 되었다.

술꾼인 다다테루가 얼마 지나지 않아 이것을 다 마시자, 술을 다시 더 부어서 계속 즐겼다. 병에 술을 넣고 나서, 바다와 강, 연못에 들어가서 닷새고 열흘이고 물에 들어가 있어도 전혀 어려운 일을 겪지 않았다고 한다. 정말이지 고마운 술고래병이라고 『소취잡담(掃聚雜談)』이라는 책에 기록되어 있다. 다다테루의 이상한 성격과 맞물려, 아무리 마셔도 전혀 줄지 않는 술병을 꿈꾼 사람들의 심정이 나타난 이야기인 것이다.

젊은 무사 고바야카와 히데아키

18장. 이런 술꾼, 저런 술꾼

겐로쿠(元祿) 시대의 술

에도 시대의 겐로쿠라고 하면, 마음이 아주 편안하고 여유를 즐기던 때라고 생각하기 십상이다. 교토와 오사카, 에도 등에서 놀이판이 성행하고, 술과 여자에 대한 적극적인 관심이 강했던 시기라는 인상도 있다. 사이카쿠(西鶴), 바쇼(芭蕉), 지카마쓰(近松) 등의 문예와 미술, 예능에 더하여 일반 민중을 기반으로 하는 문화 활동도 두드러졌다.

어떤 경제사가는 상업행위가 본질적으로 '자유'로운 기질을 동반한다고 말한 바 있다. 봉건제의 구속 하에서 무사도 농민도 꽤나 숨통 막혔던 겐로쿠 시대에 상업이 현저하게 발달하여 조닌(町人)[107] 사이에서는 자유로운 기질이 넘쳐났다. 그것이 이른바 겐로쿠 문화를 만들었던 것이다. 하지만 봉건지배자에게 이런 동향은 결코 유쾌한 것이 아니었다. 그들에게는 막번체제의 확립기였던 3대 쇼군의 시대까지가 세상을 가늠하는 기준이 되었다. 유곽과 극장이 활기를 띠고 다양한 형태의 부유한 상공업자와 문화인들 사이에 사교 그룹이 모여 들어 술을 마시는 것이 성행했다. 또 그런 풍조가 중류 이하의 무사에게까지 영향을 미쳐 넋을 앗아가게 되었다. 이와 같은 사태를 위정자들은 씁쓸한 시선으로 바라보고 있었다. 다이묘 등 상류 무가의 입장에서 볼 때, 자유 따위를 지향하는 것은 터무니없는 일이었다. 또 농경생산물의 공납을 통해 봉건제도를 지탱하도록 강요받고 있던 농민들의 입장에서도 감히 상상할 수 없는 것이었다. 결국, 무사 중에서도 서민성이 짙었던 아시가루(足輕)[108]급이나 조민(町民), 거기에 소라이 학파(徂來學派)처럼 막부의 어용학자가 아니었던 학자나 문학가가 자유로운 기분을 만끽하면서 술을 입에 댈 기회가 많았다.

사람들이 모여들어 술자리가 성행하게 되면 제정신을 잃어 큰 소동도 일어나게 되고, 술을 마시고 흥분하는 자도 있기 마련이다. '호주가'라는 것이 이때부터 종종 위정자들의 골칫거리가 되기도 했다.

1696년 8월에 막부는,

一. 술에 취해 본의 아니게 부주의한 자들이 간혹 눈에 띤다. 예전부터 과음을 금했지만 한층 더 음주를 삼가야 할 것이다.

一. 손님 등이 있다 하더라도 술을 강권하지 말 것. 아울러 술에 취해 추태를 부리는 자가 있을 경우에는 술을 제공한 자도 처벌할 것.

이라고 명을 내렸다. 마지막에 술을 제공하여 추태에 이르게 한 자도 처벌할 것이라는 내용이 보이는데, 이는 오늘날 음주운전에 이를 정도로 술을 제공한 자를 벌한다는 발상과 맥이 닿는 듯하다.

겐로쿠 당시의 쇼군은 5대 쓰나요시(綱吉)로, 이누쿠보(犬公方)[109]로도 악명이 높다. 그는 꽤나 편집증적인 인물이었다. 결벽증이라 할 만한 구석도 있었다. 겐로쿠 시대의 화려함과는 반대로 그는 술을 즐기지 않았으며, 애초에 그런 취미를 이해하지 못하는 완고함과 소박함을 지니고 있었다.

그는 쇼군이 되자, 이전의 다이로(大老)[110] 사카이 다다키요(酒井忠淸)와는 성격이 정반대인 홋타 마사토시(堀田正俊)를 등용하여 로주(老中)[111]에서 다이로로 승격시켰다. 쇼군이 되고 나서 3년 정도 지나 홋타 마사토시가 쓴 『양언록(颺言錄)』에 따르면, 쓰나요시는 마사토시 등에게 명하여 도덕·윤리의 퇴폐를 엄격히 바로잡고 피폐한 풍속의 쇄신을 엄격하게 촉구했으며, 사치를 억누르고 검약을 장려했다. 그리고

덕화가 자연스레 아래에 미쳤으며, 백성이 스스로 풍속을 바꿔 폐단을 바로잡은 것은 이미 많았다. 만약 혼례를 올리고 양자를 들일 때 금품을 탐하고 예에 어긋나는 것은 모두 이를 금했다. 여러 관리들이 택지를 새로이 했을 때 금을 보내는 것도 모두 금했다. 뱃놀이, 난잡한 술판, 차회에서 아름다움을 다투고, 혹은 차기(茶器)를 즐기고, 혹은 매일같이 연회를 열어 즐기는 것을 금한다…

---

107 에도 시대 도시에 거주했던 장인, 상인의 총칭

108 무가에서 평시에는 잡역에 종사하다가 전시에는 병졸이 되는 최하급 무사.

109 각주57 참조.

110 쇼군을 보좌하던 최고 직명.

111 군에 직속하여 정무를 총찰하고 다이묘를 감독하던 직책.

등과 같이, 3년 동안의 치적이 예사롭지 않았음을 기록하고 있다. 쓰나요시는 술자리에서 제정신을 잃는 자들을 싫어했다고 한다. 술에 대한 영업세의 경우, 판매가격의 50%나 세금으로 징수하도록 한 것도 그의 시대 때부터이다. 그렇다고 해서 호주가들이 줄어든 것도 아니며, 마을에서는 시끌벅적한 유곽과 더불어 술자리도 매일 밤 계속해서 벌어졌던 것이다. 이런 형세가 조닌 생활의 번영과 맞물려 진전되자, 에도막부처럼 농업생산을 기반으로 하는 봉건지배권력은 크게 동요했다. 이에 막부는 겐로쿠 이래로 재정난을 구실삼아 사회변화에 대응하는 데 부심하게 된다. 이와 같은 움직임 속에서 8대 쇼군 요시무네(吉宗)의 반동적 정책이 등장하는 것이다.

경찰정치 하의 술

요시무네가 추진한 이른바 교호(享保)의 개혁은 무가를 중심으로 발포되곤 했던 검약령의 연장선상에서 물가의 등귀를 억제하는 방책을 핵심으로 삼았으며, 관념적으로는 도쇼신군(東照神君) 이에야스 시대로의 복귀를 취지로 삼았다.

하지만 이 조치로 음주의 풍속을 억제할 수는 없었다. 결국 "세상의 흉악한 일은 술에서 비롯된다."라고 할 정도의 사태들이 점점 늘어났다. 1722년에는 술에 취해 칼과 와키자시(脇差)[112]로 사람에게 해를 입힌 자의 처분, 치료비의 변상 등을 규정한 포고를 내렸다.

이 규정은 주로 주고쇼(中小姓)[113], 가치(徒士)[114], 아시가루(足輕)[115] 주겐(中間)[116]등을 겨냥한 것으로, 이에 더하여 조닌이 술에 취해 사람에게 해를 입힌 자는 위의 규정에 준하여 한 단계 가볍게 처벌한다고 정하고 있다. 하급무사 간에 술에 취해 난동을 부리거나 실수를 저지르는 일들이 가끔 발생했음을 유추할 수 있다. 무사들의 정신 일신에 혈안이 되어 있던 막부 수뇌부들의 방침에서 비롯된 법령이었다.

요시무네의 막부 수뇌부라고 하면, 오오카 에치젠노카미 다다스케(大岡越前守忠相)를 떠올리게 된다.

이 당시의 비할 데 없는 경찰국가 체제는 오오카 다다스케에 의해 주도된 것이다. 호사가들을 단속하는 일에도 오오카는 힘썼다. 마치부교(町奉行)[117]였던 그는 1721년에 신분이 낮은 젊은 조닌들이 술을 많이 마시고 연장자들의 의견을 듣지 않은 채 난폭하게 행동하여 거주 지역에 민폐를 끼친 경우에 대해 법령을 정했다. 즉, 본인의 장래를 위해 당분간 감옥에 넣어 주었으면 하고 청해 오면 그대로 감옥이나 수용시설에 넣기로 한다고 정했다. 그리고 피차별민 부하의 감독 아래 일을 시키고, 마음가짐이 바로 잡히면 용서하여 보증인의 곁으로 보내어 맡기기로 했다.

술로 인해 범죄를 일으킨 자들에 대해서는 요시무네도 오오카도 꽤나

---

112 일본도의 일종으로 큰 칼에 곁들여 허리에 차는 작은 칼.

113 무사 직위의 하나.

114 도보로 주군을 따르거나 선도하는 하급 무사.

115 무가에서 평시에는 잡역에 종사하다가 전시에는 병졸이 되는 최하급의 무사.

116 무사의 하인.

117 에도막부의 직명. 행정·사법·소방·경찰 따위의 직무를 맡아보았다.

엄격히 다루었다. 1728년에 부슈(武州) 도시마군(豊島郡) 요요기촌(代々木村)(지금의 시부야구(渋谷區) 요요기)에 있던 마을의 농민 헤이지(平次)가 술을 마시고 난동을 부려 처와 자식을 살해했다. 아내의 부모형제, 나누시(名主, 영주), 구미가시라(組頭)[118]등은 마음이 흐트러져 벌어진 일이라며 구명을 청했다. 하지만 '흐트러진 마음'이라는 것이 어떤 정황을 말하는 것인지 확실한 증거가 있는 것도 아니었다. 모든 범죄에 대해 마음이 흐트러진 결과라며 구명해 준다면 한도 끝도 없다, 함부로 그런 탄원에 응할 수 없다, 하여 이 농민을 살인범으로 처벌했다.

1730년에는 니시노마루온타이코보즈(西丸御太鼓坊主)[119]인 엔초(円長)라는 사내가 술에 취해 자정에 북을 치는 것을 깜빡 하고 말았다. 그 사건에 대해 엔초는 북을 치려고 했지만, 지병인 현기증이 나서 못 쳤다고 거짓으로 진술했다. 하지만 술에 취한 데에서 비롯되었다는 사실이 드러나 추방되고 말았다.

1734년에는 에도 하마마쓰정(浜松町) 삼정목(三丁目)의 주베에(忠兵衛)라는 자가 술에 취해 흥분하여 백부를 칼로 찔러 오오카의 판결에 따라 사형에 처해졌다.

전체적으로 요시무네-오오카 라인에서 구축된 경찰국가였던 만큼, 이 시기의 범죄처형 기록은 상당히 많다. 그렇다고는 해도 시가지에서 술집 장사가 번창하여 무사나 조민(町民, 도시서민)이 일상적으로 술을 가까이 하며 지냈기 때문에, 술에 취해 난동을 부리거나 하는 소행이 도처에서 적지 않게 발생했던 것이다. 봉건지배의 압력이 현실 도시경제의 발전과 모순된 형태로 강화되면 될수록 그것은 현저해지지 않을 수 없었다.

술을 올곧게 마시는 것은 용이한 일이 아니다. 오늘날에도 술을 잘못 마시면 돌연 범죄로 이어지고 만다. 하찮은 욕정을 들끓게 하고, 게다가 묘한 배짱마저 지니게 하는 것이 술이다. 그래서 호사가들이 얼마 되지 않는 금전적 이익을 위해 술집 주인을 도박판에 끌어들여 금전을 갈취한 사건도 발생했는데, 이 사건에서는 각각 중추방(重追放)[120]과 과료(科料) 처벌이 내려졌다.

술주정뱅이 망상가, 덴이치보(天一坊)

요시무네 시대의 술꾼과 범죄 하면 떠오르는 것이 덴이치보 사건이다. 이 덴이치보라는 남자는 희대의 술꾼으로, 술주정을 하는 일이 많은 인물이었다고 한다.

덴이치보는 『대강정담(大岡政談)』으로 유명하다. 하지만 이 사건과 오오카 에치젠노카미는 관계가 없다. 『대강정담』에서는 덴이치보가 미나미마치부교(南町奉行)[121] 관하에서 살짝 벗어난 야쓰산(八ッ山)에 있었다고 설정하여 오오카와 연결시키고 있지만, 실제로는 대관(代官)[122]인 이나한자에몽(伊奈半左衛門)이 지배하고 있던 미나미시나가와(南品川)에 있

---

118 나누시를 도와서 마을의 일을 맡아 보던 직분.

119 북을 쳐서 시간을 알리는 역할을 하는 담당자.

120 추방 외에 재산 몰수 등의 추가형이 이루어진다.

121 에도 시대 막부 관직의 하나.

122 군주 내지 영주를 대신하여 임지의 사무를 맡는 자 또는 그 지위.

었다. 사건을 다룬 것은 이 이나 한자에몽이었다.

덴이치보는, 기슈(紀州) 다나베(田辺) 출신의 어떤 여성이 기슈 가문의 가신이 있는 곳에 고용살이를 하러 왔다가 총애를 받아 생긴 자식이다. 임신한 사실이 알려지자 고용살이에서 해고되어 다나베에 있는 친정으로 돌아와서 출산했다. 한노스케(半之助)라는 이름이었다고 한다.

한노스케가 어릴 때부터 술을 좋아했다고 하는데, 모자가 야무지지 못하고 고향에 머물기가 불편했는지, 함께 에도로 나와 숙부인 도쿠인(德隠)이라는 스님을 의지했다. 도쿠인은 두 사람을 아사쿠사(淺草) 구라마에(蔵前)의 조닌 한베(半兵衛)에게 보냈는데, 한베는 이상한 물건을 가지고 있었다. 그것은 요시무네가 기슈 출신의 시녀를 임신시켰을 때, 그녀를 고향에 보내면서 주었다는 비수였다. 이 비수가 어떤 연유로 한베에게 전해졌는지는 확실치 않다. 여하튼 한베는 자신의 집이 몰락하여 한노스케를 다시 도쿠인에게 보내 제자로 삼게 했을 때 도쿠인에게 건넸던 것이다. 덴이치보 한노스케는 도쿠인의 제자로서 겐지보(源氏坊) 덴이치(天一)라 불렸는데, 어머니는 이미 죽은 뒤였다. 육부(六部) 회국순례(廻國巡禮)[123]에 나섰지만, 독실한 불교신앙을 지니고 있었던 것은 아니다. 도쿠인은 살아생전에 덴이치가 술 마시는 것을 엄하게 꾸짖었다. 하지만 도쿠인이 죽고 후카가와(深川) 만넨정(万年町)의 빈민을 시주로 하는 산사에 들어간 후, 덴이치는 예를 볼 수 없는 술꾼이 되었다. 한베가 도쿠인에게 전한 비수는 도쿠인의 유품으로 덴이치의 손에 들어가게 되었다. 덴이치는 이 비수를 근거로 자신이 요시무네의 사생아라며 거만을 떨었고 술을 마시며 난폭한 행동을 계속했던 것이다.

겐지보 덴이치라는 야마부시(山伏)로 지내게 된 그가 가장 먼저 민폐를 끼친 수험도(修験道) 사찰은 후카가와의 조센원(常専院)이었다. 덴이치는 자신의 태생이 귀하다며 술만 마셔댔다. 조센원도 진저리가 나서 지샤부교(寺社奉行)[124]에 보고하고 모종의 징계를 청했다. 하지만 조센원에서 알아듣게 이야기하라고 할 뿐 처벌하지는 않았다. 덴이치는 자신을 처벌하지 못하는 것은 자신이 요시무네 쇼군의 사생아라는 점을 꺼린 것이라고 제멋대로 해석하여 한층 거만하게 굴었다. 그러자 조센원도 거추장스럽게 여겨 시나가와(品川)의 조라쿠원(常樂院)이라는 수험도 사찰에 덴이치를 맡겼다.

그런데 조라쿠원(常樂院)의 승려는 조센원의 승려와는 성격이 전혀 딴판인 악인이었다. 덴이치가 요시무네의 사생아라고 자랑하며 품속의 비수를 내비치는 것을 이용하여 한몫 잡으려고 술수를 썼다.

즉, 이 덴이치 스님은 이제 곧 쇼군과 대면하고 공식석상에 모습을 드러내 고산케(御三家)[125]에 버금가는 다이묘가 될 분이다, 지금 기부금을 내어 두면 나중에 가신으로 등용될 것이라는 말을 퍼뜨려 낭인 무사들로부터 돈을 모으고자 했다. 또한 이 계획에 자진 동참하여 이미 직책을 맡았다는 자들도 나타났다. 즉, 쇼군가와 막부의 여러 직책과 같은 이름, 예컨대 부교(奉行) 혹은 오메쓰케(大目付)[126]를 사칭하는 자들조차 등장했던 것이다. 33명 정도의 낭인 무사가 그의 곁으로 모여들었다고 한다.

---

123 여러 나라를 참배하며 순례하는 것을 말한다.

124 무로마치 시대부터 에도 시대에 걸쳐 무가정권과 에도 시대의 여러 번의 직제의 하나로 종교행정기관이다.

125 도쿠나가 쇼군(德川將軍) 일가인 오와리(尾張)·기이(紀伊)·미토(水戶) 세 가문의 경칭.

126 에도막부 시기, 다이묘 및 막부의 정무를 감독한 벼슬.

이렇게 되자 1729년에는 막부, 대관(代官)[127]의 귀에도 덴이치보에 관한 이야기가 들어갔다. 어떤 낭인이, 자신은 그런 귀한 분의 가신이 되고 싶긴 한데, 어째서 그런 분이 엔슈(遠州) 아키바산(秋葉山) 산하의 조라쿠원에 머물고 있는지 이상하기 짝이 없다며 문의해 온 것이다. 그것이 계기가 되어 대관 이나 한자에몽(伊奈半左衛門)이 덴이치보를 조사했고, 여러 가지 각도에서 덴이치보의 정체를 밝히게 되었다. 조라쿠원의 승려도 조사받아 결국 함께 처벌되었다. 덴이치보는 사형 후 효수되었고, 조라쿠원의 승려는 섬으로 귀양살이를 가게 되었다. 처음에 돌봐주었던 후카가와 조센원의 승려도 시나가와로 간 이후 덴이치보의 소행에 관해 모른 채하고 있었다는 이유로 70일간 외출금지령을 명받았다.

고몽(黃門) 이래의 술꾼

도쿠가와 가문의 쇼군이었던 인물 중에 그렇게 재미있는 사람은 없다. 요시무네 같은 사람도 숨 막힐 만큼 엄격한 생활을 했던 모양인데, 저녁 반주 정도의 술은 마셨다고 한다. 노후에 병치레가 잦아지기까지 반주는 계속했던 모양이다. 하지만 쇼군이라는 입장도 있어서 좀처럼 탈선은 할 수 없었다.

이에 비해 친번(親藩)[128]다이묘 중에는 아무런 걱정도 없는 애주가가 있었다. 시간을 거슬러 올라가면, 미토(水戸)의 도쿠가와 미쓰쿠니(德川光圀)[129] 같은 이는 모든 의미에서 명군이었으나, 상당한 술꾼이었다. 그가 사용했다고 하는 촉루배(髑髏盃, 해골로 만든 잔)라는 것이 이바라기현(茨城県) 나카군(那珂郡) 우리쓰라(瓜連)의 조후쿠사(常福寺)에 남아 있는

데, 한 되는 들어가는 잔이라고 한다.

영내를 두루 돌아다니며 민생 정치에 대해 진지하게 생각하던 미쓰쿠니였으나, 마을에 들어가면 대개 머물며 쉬던 곳이 정해져 있었다. 이타코촌(潮來村)에서는 세키도 와헤(關戸和兵衛)라고 하는 이의 집에 머물렀다. 거기에 전용 술잔이 있었다. 각각의 잔에 지(智), 인(仁), 용(勇) 자를 마키에(蒔絵)[130]로 그린 3종 세트 잔이었다. 그는 그 중에서 용이 적힌 1홉 5작 들어가는 잔을 꺼내어 몇 잔이나 마셨다고 한다.

아들인 쓰나가타(綱方)에게도 일찍부터 술을 가르쳐 술잔을 주거니 받거니 하는 작법에 익숙해지도록 했다. 서민들 사이에서 미토코몽(水戸黃門)[131]이 인기가 있었던 것은, 그가 민심에 세심하게 신경을 쓰는 주군이었을 뿐만 아니라 호탕하게 술을 즐기는 술꾼이었기 때문일 것이다.

같은 도쿠가와 쇼군가의 방계로서, 앞서 든 고산케에 대해 요시무네의 아들이 고산쿄(御三卿)[132]를 일으켰는데, 그들에게는 번주 영주로서의 면모는 없었다. 그들은 에도성 주위에 저택을 갖추고 10만석의 비용으로 생활

---

127 에도 시대에 막부 직할 토지를 관할하고, 그 곳의 민정(民政)을 맡아보던 지방관.

128 에도 시대, 쇼군(將軍) 가문의 근친인 제후(諸侯)의 번(藩)을 가리킨다.

129 미토번(水戸藩)의 제2대 번주.

130 금 · 은가루로 칠기 표면에 무늬를 놓는, 일본 특유의 공예.

131 일본 에도 시대 전기 미토번(水戸落)의 제2대 번주(藩主)이다. 사국(史局)인 쇼코칸을 개설하고 『대일본사』 편찬에 착수했으며, 사사(寺社)의 철저한 개혁을 단행했고 고전의 편주에도 힘을 쏟았다.

132 에도 시대 중기에 도쿠가와씨 일족에서 분립한 다이묘 가문이다..

했다. 최초로 일가를 이룬 도쿠가와 무네타케(德川宗武)가 상징하듯, 그들은 풍류를 즐기고 학예에 능했지만, 호기로움은 없었으며 술과의 인연도 깊지 않았다.

그들에 대비되는 유별난 술꾼들은 학자, 문인들 가운데 있었다. 학자라도 막부가 관학으로서 인정한 주자학의 학자는 딱딱하고, 기인의 면모를 지닌 이도 적었다. 소라이 학파의 경우, 오규 소라이 자신도 기인의 면모를 지니고 있었던 만큼, 그 문하에는 역시 유별난 자들이 있었던 것 같다. 에도 중기의 유학자로, 이시지마 쓰쿠바(石島筑波)라는 사람이 있었다. 엔슈(遠州) 하마마쓰(浜松) 출신으로, 유년시절부터 자존심이 강하고 힘도 세며 학문에도 열심이었다. 게다가 술도 강했다. 학문을 사랑했으나, 책을 별로 가지고 다니지 않았다. 빌린 책을 한 번 읽고는 오래도록 잘 기억했다. 강의를 해달라고 말하는 이가 있으면, 가까이에 있는 잡서나 조루리(淨瑠璃)[133] 서적 등을 책상 위에 놓고는 마치 유학 경서인 것처럼 내보이며 술술 실수도 없이 해설했다고 한다. 암기해서 강의하는 만큼, 일반적인 경서에는 숙달되어 있었던 것이다.

책도 사지 않고 술만 사서 마셨다. 친구가 올 때마다 술자리를 펴고, 사이좋게 와자지껄 이야기를 나누며 밤새 술을 마셨다. 뜻밖의 내방객이 있더라도, 술만은 사러 가서 약속시간에 맞췄다. 강의가 끝나고 나서도 반드시 술을 마시는 일상이었다. 술만 마시고 있으면 권태로워하는 일은 없었다고 한다.

그는 에도에 살면서 조민들과도 어울리며 유학을 강의했는데, 에도 가부키의 명배우인 이치카와 단주로(市川団十郎)와도 친교가 있었다. 그리고 51살로 생을 마감할 때까지 마음가짐만은 청년과도 같았다고 한다. 절친한 친구 두 사람이 혼고(本鄕)에 사는 쓰쿠바의 거처를 찾아왔을 때, "만나도 술을 못 마시니"라며 되돌려 보낸 적이 있다. 그러고는 4~5일이 지나 쓰쿠바가 죽은 것이다. 병이 아주 악화된 것을 "술을 못 마신다."라고 돌려 말할 정도로 그는 술꾼으로서 평생을 살았던 것이다.

『선철총담(先哲叢談)』이나 『사실문편(事實文編)』을 읽어보면, 당시 술을 즐겨 마시고 술에 흠뻑 취한 학자들의 모습이 간혹 눈에 띈다.

난구 다이슈(南宮大湫)는 당시 삼도(三都)[134]에 명성을 날리던 학자로, 이세(伊勢) 구와나(桑名)에 살고 있었다. 어느 부호의 초대로 술자리에 갔는데, 주인은 즐거움을 더하기 위해 마술사를 불러 재주를 부리게 하려 했다. 그런데 이 마술사가 갑자기 주저하면서 "모처럼의 기회입니다만, 이 자리에 기인이 한 분 계셔서 마술을 보여드리기 어렵습니다."라며 사과하고는 돌아가 버렸다. 자리에 앉아 있던 사람은 다이슈의 범상치 않은 관록에 다시금 경외심을 품었다고 한다.

40살에 에도로 나와 왕후귀인(王侯貴人), 여러 번사(藩士), 서민에 이르기까지 널리 많은 사람들을 상대로 강의했다. 그의 학습당은 항상 만원이었다고 한다. 한 말 정도 분량의 술도 마다하지 않는 다이슈였지만, 50살 때에 자발적으로 술을 딱 끊었다. 하지만 손님에게는 상당한 진수성찬을 내어 접대하고, 술상대로 주거니 받거니 앉아 있으면서도 술을 한 방울도 입에 대지 않았다. 매우 강한 의지력을 지닌 학자였던 것 같다.

---

133 일본 음악에서는 '낭송 이야기(가타리모노, 語リ物)'의 일종이라고 정의한다. 낭송 이야기란 박자를 맞춰 낭송하여 들려주는 이야기란 뜻이다.

134 에도 시대의 일본 3대 도시. 교토, 오사카, 에도를 뜻한다.

풍류를 즐기는 술꾼들

바쇼(芭蕉)에 의해 하이쿠는 격조 높은 문예로 다듬어져 갔지만, 데이토쿠(貞德)[135]이래의 작법을 이어가는 자들, 담림파(檀林派)[136] 등 각각의 계승자들이 있었다. 이들은 바쇼의 제자들과 줄기차게 경합했다. 하이쿠 작가 중에도 특이한 성격을 지닌 인물이 적지 않았으며, 상당한 술꾼도 있었다. 데이토쿠의 제자인 교토의 하이쿠 작가 이토 신토쿠(伊藤信德)도 그 중 하나였다. 그는 바쇼와도 안면이 있었으나 성격은 정반대였으며, 하이쿠의 양식도 잘 손질한 느낌이 아니라 예리하고 순간의 느낌을 잘 나타낸 것이었다.

신토쿠에 이어 등장한 가사야 규시쓰(笠家旧室)[137]라는 하이쿠 작가도 유명한데, 그는 위풍당당한 대장부로 술에 달아 오른 듯한 벌건 얼굴을 지니고 있었다. 검술을 가르치는 도장에 밀고 들어가 사범 이하를 제압하는 식이었다. 덴구(天狗)가 아닌가라고 사람들이 속닥거리기도 했다.

서예의 대가로, 가메다 규라쿠(龜田窮樂)라는 자가 교토에 있었다. 먹을 것도 제대로 먹지 않고 술을 마셨다. 무엇을 좋아하냐고 물으니, 담배, 스모, 경마, 돈, 이렇게 네 가지를 쓴 뒤에 "술은 나의 양식이니 세지 않았다."라고 적은 것으로 유명하다. 밥과 똑같이 술도 일상생활에서 없어서는 안 되는 것이었다.

문장실력은 꽤 높게 평가받았던 터라, 병풍에 글을 쓰면 상당한 사례금이 들어왔다. 이것을 모두 술로 바꾸고 근처의 가난한 자들을 모아 떠들썩한 술판을 벌이기도 했다. 춤판이 벌어진 흥분의 도가니 속에서 종이에 싸인 10만금의 돈이 있는 것을 발견한 이웃사람이 깜짝 놀라니, 규라쿠는 아주 평온하게 "그거 참 좋은 안주군."이라며 모여든 빈자들에게 나뉘주기도 했다.

분야는 다르지만, 18세기 말의 나가사키에 가메(龜)라는 여성이 있었다. 가메라는 이름은 술꾼의 통칭이다. 문자 그대로 상당한 애주가로 여러 남성과 염문이 있었지만, 결혼은 하지 않았다.

주물을 업으로 삼고 있었는데, 그 솜씨는 일품이었다고 한다. 아무리 만들어도 마음에 들지 않으면 그것을 부숴 버렸다. 의뢰한 자가 아무리 신분이 높고, 아무리 돈을 더 얹어 주려고 해도 물건이 마음에 들지 않으면 절대로 건네지 않았다.

어느 날 중국 배가 입항했을 때, 외국물품 중에 2척 잉어 크기의 훌륭한 주조물이 있었다. 부교소(奉行所)에서 가메에게 이것과 비슷한 것을 주조해 주지 않겠느냐고 의뢰했다. 다 쓰러져 가는 폐가에서 초라한 모습으로 나타난 가메는 주조물을 살펴보았다. 이윽고 "오랜만에 만났군."이라고 중얼거리자, 관리가 그 연유를 물으니 "예전에 내가 만든 것이다."라고 했다. 이런 절묘한 물건을 이처럼 볼품없는 가난한 여자가 만들었을 것이라고는 도저히 생각할 수 없었다. 잉어를 쪼개어 갈라 보니 가메의 이름이 새겨져 있었기 때문에 모두 놀랐다고 한다. 확실히 그녀의 몇 점 안되는 작품은 천하일품이었던 것 같다. 하지만 주조하는 것보다도 술을 배터지게 마시는 것에 그녀는 인생의 즐거움을 느꼈다고 한다.

---

135 마쓰나가 데이토쿠(松永貞德). 에도 시대 전기의 하이쿠 작가, 가인.

136 하이쿠의 파 중의 하나이다.

137 에도 시대 중기의 하이쿠 작가(1693 - 1764).

19장. 다누마(田沼) 시대의 퇴폐풍조와 술

무사 관리에 대한 향응

『비풍류다류(誹風柳多留)』[138] 초편에

지팡이를 헛디뎌 취한 곳은 다시 잰다(杖突の酔はれた所は盛直し)

라고 하는 센류(川柳)[139]가 있다. 현재 통용되고 있는 주석서에는 '쓰에도쓰(杖突)'나 '모리나오시(盛直し)'에 대한 적절한 설명이 보이지 않는다. 당시 농촌에서는 토지를 측량하러 온 관리에게 술을 대접하는 폐습이 있었는데, 위의 시는 이를 풍자한 것이다.

'쓰에도쓰(杖突)'의 '쓰에(杖)'는 토지측량 막대를 지팡이처럼 찌르기 때문에 생겨난 말일 것이다. 쇼군 요시무네 시대는 봉건제를 지탱하는 농촌의 생산력을 높이고자 기를 쓰던 때이다. 세금으로 거두어들일 쌀을 충분히 확보하는 것이 지배자로서 가장 중요했기 때문이다. 그래서 이때부터 신전 개발[140]도 상당히 진행되어 토지측량 조사관리가 농촌에 오는 일도 잦아졌다. 그들이 측량하는 손어림으로 농민이 세금으로 바치는 쌀의 양도 결정되었다. 논밭의 면적이 이 관리에 의해 정해지고, 해당 토지의 비옥도 등에 따라 상, 중, 하와 같이 등급이 매겨졌다. 이곳의 토지 1단(反, 약 300평)에서는 ㅇㅇ 정도의 수확이 있을 테니 라며, 견적 생산고를 강요했다. 예컨대 견적 생산고 15라 하면, 정미(精米) 1석 5말을 수확할 수 있는 상전(上田)이라는 의미이기 때문에, 오공오민제(五公五民制)[141]에 따른다면 1단을 경작하여 7말 5되를 세금으로 바쳐야 한다는 이야기가 된다. 그래서 실제로는 1단 2, 3보(步) 정도 되는 곳을 1단으로 등기한다든지 상전(上田)을 중전(中田)으로 설정해주면, 부담은 한층 가벼워졌다. 농민은 필사적으로 관리의 손어림을 요구했던 것이다. 오늘날의 납세자와 세무서 직원 간의 절충과 전혀 다르지 않다. 현지인들은 역시 출장 나온 관리들을 일정하게 접대하지 않으면 안 되었다.

새참 좀 드시라고 하면서 마을의 관리가 토지측량 관리를 접대할 때, 술

---

138 에도 시대 중기에서 말기까지, 거의 매년 간행되던 센류(川柳;5 7 5의 음을 가진 일본어 시)를 모아 놓은 책.

139 에도 시대 중기에 성립된 운문 장르. 하이카이(俳諧)와 똑같이 5 · 7 · 5의 17자로 된 짧은 정형시이지만, 하이카이에는 반드시 넣어야 할 계절을 나타내는 단어인 계어(季語) 등의 제약이 없고, 자유롭게 용어를 구사하여 사회의 모순이나 인정의 기미를 예리한 골계로 표현하는 서민 문학이다.

140 일반적으로 센고쿠 시대에서 근세에 이르는 미개발지에 대한 경지화를 말한다.

141 수확의 반을 도조(賭租)로 바치고, 나머지 반을 농민 소유로 한 에도 시대의 조세징수법.

과 안주를 덧붙인다. 대부분은 사양하는 듯한 표정으로 젓가락을 들지만, 향응에 부족함이 보이면 떨떠름한 표정을 짓는다. 배터지게 마시고 술이 취해 기분이 좋아지면, 예전에 정해두었을 법한 견적 생산고를 완화한다. 즉, "취한 곳은 다시 잰다."는 것이다.

에도 시대의 무사는 샐러리맨 관리로, 무를 본분으로 삼아 살았던 것은 아니다. 샐러리맨 관리 가운데 민중의 조세납부를 담당하는 자에게 유혹이 많았다는 점은 오늘날과 다를 바 없다. 유명한 센류로

관리의 자식은 손을 쥐었다 펴는 것을 잘 기억하고 [142]
여러 가지로 부채(扇)를 쓰는 관리직

이라는 시구가 있다.

관리들을 꼬드기는 데 술과 고반(小判, 타원형의 금화)이 최고라는 것은 경험에서 우러나온 서민들의 지혜였다. 고반에 대해서는 "고반은 입을 틀어막는 뚜껑의 모양이다."라 하여 입막음용으로서의 효과를 믿었으며,

입 안 가득 넣으면 아무 말도 못하는 것이 고반
무슨 일이 있어도 고반은 잘 듣는다.

라는 시구도 관리들에 대한 고반의 효용이라는 관점에서 음미하면 그 의미를 잘 이해할 수 있다. 하지만 현금에는 눈길도 주지 않는

기골이 찬 관리는 조키(猪牙)[143]에 태워라.

라고 보인다. 조키라는 배는 스미다강을 건너 요시와라 유곽에 다니는 배였다. 그러니까 위의 시는 요정에서 야단법석을 떨며 술과 여자를 대접받는 코스를 의미한다.

관리의 퇴폐라고 하면, 누구나가 다누마(田沼) 시대를 떠올릴 것이다. 검약가의 반동정치라고도 할 만한 요시무네의 교호(享保)의 개혁[144]에 반발하듯, 기근과 흉작이 계속되는 현실을 외면한 채 다누마의 방만하고 타락한 정치가 이루어졌다고 평가되곤 한다. 요시무네의 뒤를 이어 쇼군이 된 이에시게(家重)는 언어장애가 있었으며 병치레가 잦았다. 쇼군으로서의 자질이 전혀 없었다. 시중을 들며 자신의 말을 잘 알아듣던 오오카 다다미쓰(大岡忠光)가 거침없이 출세하는 데 도움을 준 쇼군일 뿐이었다. 다다미쓰는 다이묘가 되었으며, 소바요닌(側用人)[145]까지 되었다. 이와 같은 방식으로 출세가도를 달리는 제2세대로 등장한 것이 다누마 오키쓰구(田沼意次)이다. 다누마 역시 이에시게의 신하에서 다이묘가 되었으며, 이에시게가 은퇴하고 자식인 이에하루(家治)에게 쇼군직을 넘기자, 타고난 재기를 발휘하여 소바요닌, 로주에 이르렀다. 여기저기에 영지도 늘어나 3만 7천석이나 되었다. 이에하루도 거의 식견이 없던 쇼군으로, 오키쓰구는 마음 내키는 대로 권력을 휘둘렀다. 선례와 격식을 깡그리 무시하고 로주직에 앉은 오키쓰구에 대항할 만한 유력자가 없던 시기였다.

---

142 손을 쥐었다 폈다 하는 것은 관리가 뇌물을 받는 것을 뜻하는 은어이다.

143 에도 시대에 만들어 쓰던 길쭉하고 끝이 뾰족한 배.

144 에도 시대 중기의 막부정권 개혁.

145 에도 시대의 직명의 하나로 쇼군의 가까운 무사로 로주(老中)와 쇼군 사이를 중개하는 역.

고만고만한 능력을 갖춘 인물들을 오키쓰구 주변의 주요 직책에 앉혔는데, 뇌물을 받는데 열중하여 그 액수에 따라 관직을 파는 것이 일상화되었다. 나가사키부교(長崎奉行)[146] 2천냥, 메쓰케(目付)[147] 1천냥이라는 식으로 시세가 정해져, 그 금액이 다누마 로주의 호주머니 속으로 들어갔다. 한편으로 그는 오오쿠(大奧)[148]의 시녀들에게 부단히 선물을 보내 그녀들의 비위를 맞추는 일도 잊지 않았다.

상급 무사 사이에서 이런 일이 관행으로 굳어지자, 자연히 실무를 담당하는 중하급 무사 사이에서도 술과 돈에 연연하는 경향이 현저해졌다. 하지만 다누마 자신이 뇌물을 받는 것은 고가의 물건뿐이었다. 예컨대, 본케이(盆景)[149]를 선물한다고 하고, 실제로는 본케이 모양을 한 금은 세공품을 보내는 식이었다. 이런 물건을 받던 다누마였기에 술을 선물한다는 정도로는 상대도 해주지 않았다. 그도 술에 탐닉하는 생활은 하지 않는 사내였다.

조닌의 음주문화

다누마는 농지를 기초로 삼아 봉건제도를 견고히 하려는 정책에는 소극적이었다. 현실적으로 화폐경제가 진전되고 상품유통이 활발해진 세상에서는, 도시의 상인에게 활력을 불어넣고 그 여력을 끌어올려 막부재정을 충실히 해야 한다는 중상주의적 입장을 취하고 있었다.

그래서 도시에서는 상인층이 크게 늘어났다. 하지만 이윤을 재생산으로 돌리기에 제약이 많이 따르던 봉건적 제도 하에서, 이윤은 그저 낭비되기 십상이었다. 마을의 유흥가는 그 덕에 번성했다. 실로

세상에서 마주치는 것은 난봉꾼에 사치하는 자, 몸 파는 게이샤에 사기꾼

이라고 읊어지고 있던 대로이다.

다누마 오키쓰구의 전성기인 안에이(安永) 연간(1772-1781) 무렵에 가와치야 다로베(河內屋太郞兵衛)라는 오사카의 부호가 있었다. 놀기를 아주 좋아하고, 굉장한 호주가였다. 항간에는 가와타로(河太郞)라고 알려져 있었다.

어느날 기생들이 스미요시신사(住吉神社) 참배에 데려가 달라고 졸라댔다. 그런 여자들에게 헤벌레하며 곧장 "좋아, 좋아"라고 말하는 사내는 지금 세상에도 적지 않지만, 가와타로는 실력도 충분히 갖추고 있던 만큼 그저 돈만 쓰는 것만으로는 시시하다고 생각했는지 한 가지 놀이를 생각해냈다.

그는 한 척의 놀잇배에 술과 안주를 한가득 싣고는, 기생들을 태우고 떠들썩거리며 스미노에(住の江)의 강가까지 천천히 내려갔다. 강가에 배를 가까이 대니 추레한 모습의 사내 몇몇이 거적을 쓰고 자고 있었다. 배 안에서 상당한 양의 술을 마신 가와타로는 그 남자들에게 "모두 여기로 와

---

146 에도막부의 관리직의 하나. 에도 이외의 막부직할령 중에서 중요한 장소에 파견되어, 그 지역의 정무를 맡았다.

147 무가(武家) 시대에 무사의 위법을 감찰하던 직명.

148 에도성에서 쇼군의 부인·하녀들이 거처하던 곳.

149 분재에 산수의 풍경을 만들어 담은 장식물.

서 술친구나 하세."라고 말을 건넸다. 그러자 강가의 사내들은 사양하는
듯하면서도 배로 들어왔다.

가와타로는 기분 좋게 그들을 상대로 잔을 주거니 받거니 하면서, 맛있
는 음식을 대접했다. 기생 무리들은 이런 모습에 완전히 술이 깼다. 남자
들의 악취가 코를 찔러서 아무것도 목에 넘어가지 않았고, 흥이 깨져 물가
로 올라갔다. 남은 남자들은 취할수록 샤미센 등을 켜고 노래도 불렀다.
저마다 기예를 뽐내는데, 모두가 훌륭했다. 기예의 능숙함과 재미에 육지
로 올라간 기생 무리들도 떠나가지 않고 이들을 엿보고 있었다.

이야, 정말 잘하는군. 포상을 해야겠어.

라며, 가와타로는 보자기에서 남자들 머리수만큼 옷을 꺼냈다. 남자들
은 고맙다고 하며, 모두 강으로 뛰어들어 몸을 씻었다. 몸 여기저기에 상
처와 짓무른 자국이 있었지만, 실은 모두 가짜였다. 강에서 문지르니 사
라졌다. 말끔한 몸이 되어 받은 옷을 입었는데, 이들은 당시 나다이(名
代)[150]의 교토 악단 무리들이었다고 한다. 모두 가와타로의 연출이었던
것이다.

술 마시고 놀기 좋아하는 사람은 그 당시부터 지금까지 많이 있었지만,
가와치야 다로베처럼 놀 줄 아는 이는 그리 많지 않다.

다누마 시대는 조닌 사이에서도 문화적, 학문적 관심이 고조되던 때였
다. 네덜란드로부터 영향을 받은 의학이 발흥하고 히라가 겐나이(平賀源
內)[151]의 새로운 발명이 공표되었다. 이후 조닌 출신으로 학문에 뜻을 둔
자들이 등장하기 시작한다.

예컨대, 히로시마의 조카마치(城下町)[152]에서 다이슈야(大州屋)라는 헌

옷가게를 경영하고 있던 기치에몽(吉右衛門)이라는 자는 사기그릇 가게를 경영하던 헤이조(平蔵)라는 인물을 스승으로 삼아 공부에 매진했다. 헤이조는 소라이 학파에 속하는 사람으로, 기치에몽은 그의 가르침을 받아 유교서적을 술술 읽을 수 있게 되었다. 이후 기치에몽은 교토와 에도까지 나가 학문에 힘썼으나, 고향으로 돌아온 후로는 헌옷 가게를 그만두고 헌책방에서 유학을 가르쳤다. 아사노(朝野) 가문의 무사와 마치가타(町方)¹⁵³ 출신 여럿이 그의 제자가 되었다. 결국에는 1782년에 이르러 번유(藩儒)¹⁵⁴로 입신했다.

고가쿠몬조(御學問所)¹⁵⁵에 출퇴근할 때는 늘 물 도시락이라고 부르던 것을 잊지 않고 휴대했다. 바로 술이었다. 이 학자는 -가가와 난핑(香川南浜)¹⁵⁶이라는 아호로 불리게 된다- 타고난 술꾼으로, 이것이 없으면 제정신을 잃을 정도였다. 강의는 언제나 술에 취한 상태에서 했지만 꽤나 달변가였다고 한다.

---

150 에도 시대에 가부키, 연극 등의 흥행사(興行師)로, 관청의 허가를 얻어 등록된 자.

151 에도 시대 중기에 활약한 본초학자(本草学, 본초학은 중국에서 발달한 의약에 관한 학문), 지질학자, 난학자, 의학, 식산사업가(殖産事業家), 하이쿠 작가, 발명가이다.

152 거성(居城)을 중심으로 해서 발달된 도읍

153 에도 시대 마치부교(町奉行) 아래 있는 하급 포졸

154 제후에게 소속된 유학자

155 천황 또는 황태자가 면학하던 곳

156 에도 시대 중기의 유학자(1734-1792)

활짝 핀 나팔꽃이 기뻐, 해장술 한잔

이라든가, 술 파는 시간이 오후 4시 이후로 정해져 불편했을 때에는

메꽃도 나도 술집도 일곱 칸

이라고 시의 첫 구를 짓기도 했다.

술을 너무나 좋아하던 그를 안타까워하여, 그가 죽은 후 매년 기일에는 문하생들이 학습소였던 수업당에 모여 책을 읽고 토론을 벌인 후 술판을 크게 벌이는 것을 통례로 삼았다고 한다.

술 취한 교카(狂歌) 시인

센류가 서민들 사이에서 크게 유행했던 것에 비해, 센류와 마찬가지로 풍자성이 짙었던 에도 교카(狂歌)[157]는 주로 무사층을 모태로 하여 발달했다. 고전 와카(和歌)[158]의 전통 위에 서 있던 만큼 약간의 교양도 필요하여 교카는 무사층과 인연이 있었던 것 같다.

샐러리맨 무사는 도시경제의 발달에 따라 생활난에 쫓기게 되었다. 봉급의 기초가 농민이 내는 세금에 있었던 터라, 그들이 가장 핍박받던 이 시대에는 무사들의 생활고 역시 나날이 극심해졌다. 세상사가 전혀 재미나지 않게 되자, 자포자기식으로 술을 마시고 놀며 시간을 낭비하고는 교카나 시를 통해 울분을 터뜨렸던 것이다.

교카에는 일찍이 가미가타(上方) 교카가 있었지만, 안에이(安永)·덴메

이(天明) 시기(1772-1789)의 에도 교카야말로 교카의 진면목을 갖춘 것으로 성장했다. 이 텐메이 교카를 개척한 것이 가라고로모 깃슈(唐衣橘洲)이다.

그는 다야스(田安) 가문을 섬기던 무사였는데, 20살 때 교카에 친숙해져 '임기변약연(臨期変約恋)'이라는 테마에 대해

이제 와 새삼 구름의 허리끈 졸라매고 달거리라는 거짓말이 염려되네.

라고 읊었다. 이후 깊이 있는 교카의 정취를 지니고 있다고 칭찬받으며 이 길에 매진했다.

깃슈는 취죽암(酔竹庵)이라는 호로 불릴 정도의 술꾼이었다. 성실한 무사로 키우려던 부모를 배신하고, 시정잡배들과 어울려 하룻밤에 2-3말은 마시는 굉장한 호주가가 되었다. 자신의 집에 찾아오는 손님에게도 항상 준비해둔 크고 작은 술잔을 내밀고는 멋대로 마시게 했다.

원래 상당히 유복한 하타모토(旗本)[159] 출신이었지만, 매일같이 술을 퍼마셔대는 통에 재물도 탕진하여 결국에는 상당한 토지를 1,200냥에 팔아넘겼다. 사실 그 토지는 어떤 조닌이 아버지로부터 잘 처분해 달라고 부탁받은 것으로, 그 관리를 깃슈에게 위탁했던 것이다. 그것을 멋대로 깃

---

157 풍자와 익살을 주로 한 단가(短歌)

158 일본의 고유 형식인 5음, 7음을 바탕으로 하여 만들어진 정형시. 5·7·5·7·7의 5구 31음으로 된 시.

159 중세부터 근세 일본의 무사 신분 중 하나

슈가 팔아버렸던 것이다. 이에 조닌은 부모님께 면목이 없다며 깃슈를 힐책하러 왔다. 자기라면 시세대로 2,000냥에 팔아줬을 텐데 제멋대로 행동하는 것에도 정도가 있다며 있는 힘껏 깃슈의 허벅지 안쪽을 꼬집었다고 한다. 깃슈는 그 당시의 고통은 도저히 잊을 수가 없다고 평생 이야기했다고 한다.

교카에서는 가라고로모 깃슈(唐衣橘洲) 외에 아케라 간코(朱樂菅江)와 오타 쇼쿠산진(大田蜀山人), 즉 요모노 아카라(四方赤良)를 3대 인물로 칭한다. 오타 쇼쿠산진도 다누마 시대에 성장한 자로, 선조 이래로 무사시(武蔵)의 다마(多摩)에 살던 하급무사 출신이다. 아버지는 성실한 무사 관리로, 별로 술을 마시는 편은 아니었다. 하지만 오타 쇼쿠산진은 17살에 하급무사가 되었을 때부터 술을 입에 대고 시 짓기를 즐겨했다. 그리고 에도 토박이로서의 기개를 중시했다. 상당히 박식하고 공부도 잘 했지만, 갈고닦은 재능은 장난스러운 짧은 문장들이나 교카에서 빛을 발하게 되었던 것이다.

요모노 아카라라는 별칭은 요모노 아카라고 하는 에도 이즈미정(泉町)의 술집에서 팔던 술의 상표에서 따온 것이다. 정말이지 술과 함께 자란 오타답다.

안에이 시대(安永年代, 1772-1781)에는 교카 모임에 자주 나가 농담을 주고받는 것을 즐겼다. 시류의 모순을 예리하게 파악하고 이를 비판하는 정신은 교카 모임을 통해 연마되었던 것이다. 1774년에는 술 마시며 교카를 즐기는 그룹을 '동맹'이라고 칭하고 이를 조직화하여 "이 동맹에 참여하는 자는 10 여 명, 사케노우에노 스구네(酒上熟寐, 훗날의 히사고노 가라사케[瓢空酒])를 비롯하여, 그 자리에서 술 마시기를 폭포와 같이 한다."라는 익살스러운 문장으로 사람들에게 선전했다.

그가 엄선하여 1785년에 간행한『덕화가후만세집(德和歌後万歳集)』의 발문은 아케라 간코(朱樂漢江=菅江)가 지은 것인데, 거기에도

여기에 요모노 아카라가 꽃과 새가 되어 달과 눈에도 물리지 않으니, 풍류 넘치는 술자리에 받아들여지지 않는 일이 없고, 술집에서 취하지 않는 일도 없네.

라고 보인다. 풍류를 즐기는 술자리에는 반드시 부름을 받고, 온갖 술집에서 술을 마시고 취하지 않는 일이 없었다는 것이다. "취중에 종종 교카에 빠져, 늙어가는 것도 모르네."라고도 보인다.

이 노래집에

모 태수(다지마[但馬] 도요오카[豊岡]의 다이묘 교고쿠 다카카즈[京極高品])의 집에서 에도다유 가토(江戸大夫河東)가 부채에 시를 써서 보냈다. 주거니 받거니 하는 조시(銚子)[160] 의 술(ささ)에 휘감기네, 취기를 더하는 에도 타령.

이라는 노래가 있다. 교고쿠 다카카즈, 가토 타령(河東節)의 대부들과 술판을 벌여 취한 나머지, 예의 술버릇으로 부채에 즉흥적인 교카를 적은 것이다. 조시의 긴 손잡이를 의미하기도 하는 'ささ'가 여기서는 술을 의미한다는 점은 두말할 나위 없다. "취기를 더하는 에도 타령" 등 상당

---

160 주기(酒器)의 일종

히 신묘한 시이다. 당시 마스미 가토(十寸見河東)가 창시한 가토 타령은 에도 토박이들의 정서에 맞는 대표적인 음악으로서 절정기를 맞이하고 있었다. 가토도 에도 니혼바시(日本橋)의 큰 장사꾼이었는데, 일찍이 방탕한 생활에 빠져서 파산했다. 예능인이 되고나서 독자적인 문파를 열었던 것이다.

이 쇼쿠산진을 둘러싼 음주 그룹의 폭은 꽤나 넓고 믿음직스러워 보이기도 한다. 하지만 이들은 내심 여러 가지 불만을 품고 있었던 자들이었기에, 그들의 시에는 자포자기의 심정도 배어 있었다.

쇼쿠산진과 히라가 겐나이

가라고로모 깃슈, 요모노 아카라와 더불어 교카의 3대 인물 중 하나로 손꼽히는 아케라 간코는 안에이 시대에 자신의 집에 사람들을 불러 술판을 벌였을 때, 등롱에 "나 홀로 마시며 혼자 멍하니 있네."라고 쓴 데서 자신의 호를 취하게 되었다고 한다. 그 역시 막부 관리였는데, 아카라 즉, 쇼쿠산진과는 서로 격려하는 좋은 의미에서의 라이벌이었다.

1775년, 아카라가 가난과 병으로 괴로워하던 때가 있었다. 당시의 막부 관리는 누구나 생활고에 시달리고 있었지만, 아카라의 경우는 아주 심했다. 차마 보고만 있을 수 없어서, 야마우치 시쿤(山內士訓)과 야마자키 도호(山崎道甫) 즉, 아케라 간코가 그룹의 친구들과 돈을 모아 돕기도 했다. 간코와 아카라는 그런 사이이기도 했다.

이 두 사람은 함께 샤레본(洒落本)[161]도 많이 썼다. 술을 사랑하고, 유곽에 푹 빠져버린 점도 같았다. 유곽과 관련해서는 아카라의 『심천신화(深

川新話)』라는 작품이 있다. 후카가와(深川) 기생의 마음씨 좋은 것은 후대까지 찬사를 받았는데, 이 세계의 깊은 정서를 이 작품이 내보이고 있다. 그 서문을 간코가 썼는데, 아카라는 이 작품에서 야마테노 바카히토(山手馬鹿人)라는 필명을 썼다.

쇼쿠산진은 정말이지 작품이 많은 사람으로 폭넓은 활동을 했지만, 당시에는 그의 저술활동이 거의 알려지지 않았다. 발행소로부터 얻는 수입이 어떤 것이었는지도 확실치 않다. 글을 쓰고는 마시고, 쓰고는 마시는 모습을 보면, 아마도 발행소는 술값을 대 주는 것으로 사례금에 대신했던 것이 아닐까 싶다.

그는 샤레본 창작에 열중하면서 여러 분야의 문인, 학자와의 교류를 넓혀갔다. 5대 이치카와 단주로(市川団十郎)와의 교우도 두터웠다. 가난했던 그는 옷차림도 검소하여 풍모의 어디에 화려한 곳을 드나들 만한 여지가 있는지 의심스러울 정도였지만, 사교장에 가면 항상 주위 사람들을 리드하는 중심인물로 대우받았다.

술자리에서 거드름피우는 말을 하는 것도 아니다. "그저 술을 즐기고, 그저 쓸데없는 말을 뱉어낸다. 술은 밑도 끝도 없이 마셔 언제나 크게 취한다. 낭비는 얽매이는 일을 없애 자포자기하는 것에 가깝다. 너를 세상에 쓸모없는 자라고 한다. 어떤가."라고 스스로를 조롱하는 문장이 있다. 그래도 "활달하게 움직이는 화통한 사람이 될 것인가, 아니면 묵묵히 세상 물정 모르고 살아가는 촌사람이 될 것인가?"라고 하면, 촌사람이 아니라 화통한 사람으로 살아가고자 했다는 점에 그의 본심이 자리잡고 있는 것

---

161 에도 시대 중기에 주로 에도에서 간행된 화류계에서의 놀이와 익살을 묘사한 풍속 소설책.

이다(하마다 기이치로[浜田儀一郎], 『쇼쿠산진(蜀山人)』).

쇼쿠산진은 젊은 시절 기인학자인 히라가 겐나이(平賀源內)에게 인정받았는데, 겐나이의 언행에는 상당히 주의를 기울였던 것 같다. 서로 교류하는 사이기는 하더라도 선배였기 때문에 서로 가벼이 장난치는 관계는 아니었다. 하지만 내심 겐나이를 스승으로 여기고 있었던 것은 아닐까 싶다. 이 뛰어난 박물학자도 당초에는 사누키(讚岐)에서 에도로 나와 쇼헤이코(昌平黌)[162]에서 유학에 뜻을 두고 공부했다. 하지만 어리석은 일이라 여겨 독자적인 학문을 구축하는 한편, 희곡을 만드는 일에도 빠져들어 세상을 풍자하기에 이르렀다.

히라가 겐나이, 규케이(鳩溪)[163], 혹은 후라이 산진(風來山人)[164]은 한때 나가사키로부터 진기한 외국물건을 주문하여 이를 다누마에게 보내 입신출세를 꾀했다고 한다. 하지만 그것은 다누마의 식산흥업을 위한 적극적인 정책에 호의를 품었기 때문이었다. 그것이 파산하자, 방랑생활을 하기로 결심했던 것이다.

쇼쿠산진이 교카, 샤레본으로 활약하기 시작하던 무렵, 미치광이가 된 히라가 겐나이는 결국 투옥되었으며, 이윽고 1779년에 죽었다. 쇼쿠산진으로서는 큰 충격이었음에 틀림없다. 그의 저서 『일화일언(一話一言)』에는 종종 겐나이가 언급되고 있다. "시가는 방귀와 같이"라는 겐나이의 말을 인용하면서 시가는 준비하거나 꾸미지 않은 것, 즉 즉흥적으로 떠올려야 하는 것이라고 주를 달고 있다. 쇼쿠산진도 동조했을 것이다. 또 겐나이가 "소설은 놀이이지만, 사실에 근거하여 말하지 않으면 유치하게 들린다."고 한 것에 공감했다. 이와 관련하여 쇼쿠산진은, 바늘을 봉이라고 둘러대는 것은 새빨간 거짓말이라 안 되고, 젓가락을 봉이라고 말하는 정도가 좋으며, 봉을 봉으로 만들며 깎는 것 혹은 봉을 봉인 채로 사용하는 것도 금물이라고 겐나이가 이야기했다고 소개하고 있다. 젓가락을 봉이라고 하는 정도의 희극이 쇼쿠산진에게도 목표였던 것 같다.

『일화일언』은, 학자가 학자답게 처신하는 것은 된장에서 된장냄새가 난다고 하는 것과 같은 이야기로, 절대 안 될 말이라고 겐나이가 이야기했다고 전한다. 예전에 동학이었던 다카마쓰(高松) 번사(藩士) 기쿠치(菊池)와 에도에서 우연히 만났을 때, 겐나이는 시종일관 학자답게 행동하는 기쿠치를 요리집에 데리고 가서 엄청 마셨다. 그때 어느 돈 많은 상인의 심부름꾼이라고 칭하는 자가 겐나이를 찾아 왔다. 용건은 그 상인이 손에 넣은 진기한 물건을 봐줬으면 하는 것이었다. 이름도 산지도 모른다는 것이었다. 겐나이는 한번 보더니, 이것은 서양의 어느 곳에서 나는 이러이러한 것이라고 즉시 대답해 주었다. 심부름꾼은 크게 기뻐하며 그 자리에서 감정료를 내고 사례를 표하고는 자리를 떴다. 겐나이는 이 돈이 있으면 더 마실 수 있다며 쭉쭉 마시라며 기쿠치에게 권했고, 기쿠치는 크게 감탄하며 겐나이의 박식함을 칭찬했다.

겐나이는 "아무도 모르는 그런 걸 내가 알 리가 없다. 영웅이란 그렇게 해서 사람을 속이는 것이다."라며 거짓말을 했다는 양 이야기했다. 둘 다 점점 유쾌해져 마음껏 술을 마시고는, 그런 일들에 대해 이야기꽃을 피웠다고 한다.

겐나이가 죽고 난 후 얼마 지나지 않아 덴메이(天明) 시대(1781-1789)로

---

162 에도막부의 학문소.

163 히라가 겐나이의 아호.

164 히라가 겐나이의 필명.

넘어가는데, 지방의 흉작으로 인한 기근은 더욱 심해지고 다누마의 정치도 평판이 나빠지게 되었다. 급기야 다누마 오키쓰구의 아들, 다누마 오키토모(田沼意知)가 사노 마사고토(佐野政言)에게 살해당했다. 이에 오키쓰구가 급속도로 실각하게 되었으며, 마쓰다이라 사다노부(松平定信)의 간세이(寬政) 개혁기로 들어간다.

술에 취한 사람을 포졸들이 말리는 모습

20장. 인생을 술에 바친 기인들

붕붕(文武) 모기소리에 밤에도 잠 못 이루고[165]

에도 시대 정치과정에서 다누마 오키쓰구(田沼意次)의 정책에도 나름의 의미가 있었다는 평가도 있다. 중상주의적 시책은 당시의 사회발전으로 보아, 타당한 시책이었다고도 평가되는 것이다.

하지만 그가 앞장서서 퍼뜨린 뇌물수수의 관행, 무사들의 퇴폐풍조, 나아가 계속되는 천재지변과 이에 따른 기근, 물가폭등, 이 모든 것이 마치 다누마의 잘못된 정치에서 비롯된 것인 양 인식되었다. 이처럼 악평이 자자하던 와중에 하타모토(旗本) 사노 마사고토(佐野政言)가 개인적인 원한에서 오키쓰구의 아들 다누마 오키토모(意知)에게 칼부림을 하는 사건

---

165 분부(ぶんぶ)는 원래 문무(文武)를 의미하지만, 여기서는 문무를 장려하는 정책을 모기소리 즉 붕붕(ぶんぶん)에 비유하여 정책을 비꼬고 있다.

이 발생했다. 이 사건을 계기로 다누마 정권은 급속도로 몰락의 길을 걷기 시작한다. 사노가 오키토모의 목숨을 끊게 만들었다고 알려지자, 세상 사람들은 돌연 사노를 '세상을 바꾼 위대한 신'이라 부르며 칭송했다. 우연히도 쌀값이 하락하기 시작하여 정말이지 세상이 바뀌는 시기가 도래했다고 여겨졌던 것이다.

농민봉기나 도시에서의 약탈소동을 통한 민중의 정치비판, 항의는 계속 격렬해질 뿐이었다. 그 과정에서 시라카와(白河) 번주 마쓰다이라 사다노부(松平定信)가 로주가 되었다. 사다노부는 막부 최고 수뇌부의 중심에 앉아 간세이의 개혁이라 일컬어지는 반동 정치를 펼쳐나갔다. 다누마 오키토모의 죽음이 1784년, 부친 오키쓰구의 로주 사면이 1783년, 그에 대신하여 사다노부가 로주에 취임한 것은 1784년의 일이다. 사다노부는 다누마파를 주요 직책에서 추방하고, 조부인 요시무네(吉宗)의 정신에 입각한 시책을 내놓기 시작했다. 1789년에는 하타모토, 고케닌(御家人)이 구라마에(蔵前)의 상인들에게 진 빚을 탕감해 준다는 취지의 기연령(棄捐令)를 발포했다.

상인의 자유로운 활동을 제한하고 무사들에게 근검절약을 명하는 한편, 무사도의 진작을 도모하고 문무의 장려에 힘썼다. 같은 맥락의 시책은 이후에도 계속 이어졌다. 다누마의 태만한 정치 하에서 도시의 향락생활에 익숙해진 무사와 조민들에게는 전혀 재미나지 않은 세상이 되었다. 세세한 것에 시끄러울 정도로 간섭을 했다. 그런 세상에서 막부의 고케닌이자 술꾼으로 풍류를 즐기던 쇼쿠산진 등은, 필시 정이 뚝 떨어졌을 것이다. 더군다나 교카의 달인이기도 했던 점에서 간세이의 정치를 풍자하는 노래를 만들었는데, 이로 인해 처벌을 받을 뻔하기도 했다. 마쓰라 세이잔(松浦静山)의 『갑자야화(甲子夜話)』 2권에 다음과 같은 구절이 있다.

노회한 시라카와 공이 쇼군을 보좌했을 때는 근래에 보기 드문 선정이라고 칭했다.

누가 지었는지 세상에 노래 한 수가 퍼졌다.

어디든 가려운 곳을 긁어주는 덕 있는 주군(요시무네)의 효자손일세.

이때 무사들에게 문무에 힘쓰게 했는데, 오타 나오지로(大田直次郎)(세상에서 잠꼬대 선생이라고 부름. 교카 시인으로는 요모노 아카라라고 함)라는 오카치(御徒土, 하급 무사)는 다음과 같은 노래를 읊었다.

세상에 모기만큼 시끄러운 건 없네. 붕붕거려[166] 밤에도 잠 못 이루네.

당시 사람들 사이에서 이 시가 유행하자, 구미가시라(組頭)[167]가 주의 깊지 못하다 생각하여 오카치가시라(御徒土頭)[168]를 통해 오타를 불러들여 시를 지은 이유에 대해 물었다. 대답하기를, "이렇다 할 의도는 없었습니

---

166 이 부분의 원문은 'ぶんぶ(文武)といふて'임. 모기가 붕붕거리는 소리와 '문무'의 발음을 중첩시켜 당시의 세태를 비꼰 것.

167 에도 시대에 나누시(名主)를 도와서 마을의 일을 맡아 보던 직분.

168 에도막부의 직책. 가미구치(徒組. 쇼군 출타 시에 도보로 선구에 서서 지휘하거나 길가 경비 담당)의 우두머리.

다. 아무 생각 없이 읊었을 뿐입니다. 굳이 물으신다면 하늘이 명한 것입니다."라고 말하니 웃고 말았다고 한다.

"모기만큼 시끄러운 것은 없네" 운운의 교카 혹은 낙서는 세상사람 모두가 지금도 알고 있는 유명한 구절로, 쇼쿠산진의 작품이라고 여겨져 왔다.『갑자야화』의 작자도 그렇게 여기고 있던 것 같다. 단지 본인이 얼이 빠진 듯 속였다는 정도로 다루고 있지만, 실제로는 그런 것 같지도 않다. 그는 스스로『일화일언』에서 "이는 오타가 지은 풍자시가 아니다. 위작이다. 오타의 풍자시에 세상을 비난한 시는 없다. 낙서처럼 읊은 일이 없다."라며 이를 부정했다. 이 유명한 노래가 쇼쿠산진이 지었을 것이라고는 일찍부터 전해져 왔던 것 같다. 하지만 이 시대의 교카 시인들은 유달리 시류를 풍자하는 낙서 같은 글을 싫어하고 경멸했기 때문에, 쇼쿠산진이 이런 노래를 지었을 리 없다고 하마다 기이치로(浜田儀一郎,『쇼쿠산진(蜀山人)』)도 단언한 바 있다. 이에 대한 판단을 필자는 내리기 어렵지만, 그의 성격이나 언행에 비춰볼 때, 쇼쿠산진은 내심 사다노부의 엄격한 개혁 정치를 성가시게 여기고 있었을 것이라고 생각한다.

술꾼의 우두머리, 우치다 간세키(内田頑石)

앞서 언급했듯이, 에도 시대를 통틀어 술을 좋아하는 술꾼 중에 눈에 띄는 것은 학자와 문인이다. 오늘날에도 그럴지 모르겠다. 이러한 부류의 사람들에게는 일상생활의 설계가 비교적 자유롭다. 관리나 샐러리맨으로 일하는 이들에 비해 시간의 배분이 자유로운 것이다. 일반인들이 일할 때 잠자고, 세상 사람들이 잠들어 있을 때 공부하거나 글 쓰는 것이 가능하다. 다른 것으로부터 그다지 구속 받지 않는다. 그런 점에서 다음 날을 걱정하지 않고, 마시고 싶을 때 철저하게 마시기 십상이다. 그들 사이에 술꾼이 눈에 띄게 되는 이유이다.

마쓰다이라 사다노부라고 말하자면, 〈간세이 이학의 금(寬政異學の 禁)〉[169]이라는 통제령을 내린 것으로 알려져 있다. 막부가 공식적으로 무사교육의 중추기관으로 삼고 있던 성당, 쇼헤이코(昌平黌)에서의 교육은, 주자학에만 한정하기로 한 것이었다. 소라이학과 그 밖의 것을 이학으로 규정하고 이를 배제했으나, 실제로는 그 이학에 종사하는 학자가 많이 있던 시대이다. 그도 여러 입장의 학파가 있는 것이 좋다고는 생각했다. 하지만 봉건 정치의 정신적 지주로서 주자학이 가장 강력하다고 여겨 무사 관리의 교육에 이를 정통으로 삼았던 것이다.

이리하여 주자학자는 점점 어용학자의 성격을 띠게 되었는데, 이에 대해 이학 계열의 학자는 자유인의 신분을 즐길 수 있었다. 그 중에는 술을 즐긴다기보다는 하루 종일 술을 벗 삼아 시류를 논하고 학문을 강구하는 이들이 있었다. 고학파(古學派)[170]의 우치다 간세키(內田頑石)도 그 중 한 사람이다.

그의 집안은 엔슈(遠州) 출신인데, 아버지와 할아버지는 일찍이 에도로 나와 의업에 종사하고 있었다. 간세키는 호이며, 본명은 쇼(升), 자는 슈쿠메이(叔明)라 했다. 날 때부터 말이 없었고 하루 종일 멍하니 정좌하고

---

169 1790년 7월6일, 에도막부 로주인 마쓰다이라 사다노부가 간세이의 개혁에서 행한 학문 통제를 말한다.

170 고학(古學)은 주자학을 부정하는 에도 시대 유교의 일파이다.

있어서, 사람들이 바보 아니면 천재일 것이라고 평하는 일도 있었다. 학문을 시키고자, 마침 에도에 와 있던 이토 진사이(伊藤仁斎)의 아들 지쿠리(竹里)에게 보냈다. 간세키는 지쿠리 문하에서 고학(古學)을 배웠다. 결국 학명이 천하에 알려지게 되고, 다누마 시대부터 문하생이 많아졌다. 그런데 그는 완고하게 결혼을 거부하고 관직에 종사하기를 거부했으며, 타인으로부터 구속받는 생활을 옳게 여기지 않았다. 무모하게 술을 마셨으며, 마시고 취하는 만큼 세속에 대한 역겨움이나 노여움을 웃어넘기고 철저히 세속을 벗어난 사람으로 살아가고자 했다.『선철총담속편(先哲叢談續編)』에 나오는 전기에 따르면, 자신의 신변에는 술과 관련된 도구들을 반드시 갖추고 있었으며, "아침, 저녁 할 것 없이, 항상 술 냄새를 풍겼다."고 한다.

그는 풍토와 거기에 사는 사람들의 기질에 따라 술맛이 다르다고 생각했다. 예전에 셋쓰(攝津) 이타미(伊丹)에 있는 양조가에 부탁하여 '순수한 술'을 빚어 가져오도록 했다. "그 맛과 향이 맑고도 진하여, 예전의 은근히 달달하고 담백한" 것과 정취를 달리하는 것이었다. 이에 이것이야말로 "근심을 없애고 우울함을 털어내어 황천을 비치는" 좋은 술이라 하며, 진실로 간토 사람에게 잘 맞는다고 칭송했다. 그리고 이 술을 빚는 일을 에도 도처에 권장하여, '천천(泉川)'이라 이름 지어 널리 알렸다고 전해진다. "황천(黃泉)을 비치고, 산천(山川)을 적시는" 좋은 술이라는 의미에서 '천천(泉川)'이라고 명명했다고 한다.

요컨대 드라이한 맛의 강한 술을 칭송하고, 이를 간토지역의 표준적인 술로 여겼을 뿐만 아니라, 이를 널리 알린 것이다.『선철총담(先哲叢談)』에는 "70년간 술 마시러 온 손님 가운데, 천천을 사랑하지 않은 자 없다."라며 높은 평판을 전하고 있다.

간세키는 간세이의 개혁이 진행되던 시기에 만년에 이르렀는데, 주량은 나날이 더 늘어날 뿐이어서 주위 사람들로부터 술을 줄이라고 권유받기도 했다. 하지만 간세키는 이를 완고하게 뿌리치고, 자신의 몸을 생각하는 이라면 "항아리를 가지고, 술통을 안고 오라."고 호언할 따름이었다. 그리고 스스로를 "취향(醉鄕)의 태수, 혹은 감악(酣樂)의 도독"이라고 칭할 만큼 지독히도 술을 사랑했다. 나야말로 술주정뱅이의 우두머리라는 자각을 지니고 있었던 것이다. 1796년, 60살의 나이로 세상을 떠났다.

풍류를 즐긴 주선(酒仙), 가메다 보사이(龜田鵬斎)

간세이의 개혁을 통해 퇴폐풍조가 일신되었는지는 의심스럽다. 에도의 유흥가는 꽤나 번성한 듯, 취객의 왕래도 매우 빈번했다고 한다. 조민의 생활에 여유가 생긴 것과도 맞물리고, 한편으로 다이묘 무사가 힘을 쓰기도 하여 스모계가 유래 없이 번영했다. 1789년에 다니가제(谷風)와 오노카와(小野川)가 요코즈나(横綱)[171]에 오른 이래로, 스모계에는 활기가 넘쳐났다.

술을 빚는 것에 대해 막부는 양을 제한하고자 했지만, 아무래도 막부의 통제는 제대로 지켜지지 않은 듯하다. 술을 "과하게 빚는 일, 숨어서 빚는 일이 없도록 엄중히 단속한다."는 지령이 나오기는 했지만, 실제로 술이 줄어든 상황이라고는 인정하기 어렵다. 오히려 술자리가 성황을 이

---

171 스모꾼의 최고 지위

루었으며, 쇼쿠산진도 스모선수나 예능인을 상대로 자주 술잔을 주고받
곤 했다.

예능인으로는 배우, 기생, 북치는 이들과 친밀히 교제했는데, 술을 같이
마신 학자로는 가메다 보사이가 있었다. 그는 에도에서 태어나 간다(神
田) 쓰루가다이(駿河台)와 시타야(下谷)에 살고 있던 에도 토박이 학자
로, 의협심이 강한 것으로 알려져 있었다.

에치고(越後)로 여행할 때마다 늘 머물던 숙소 주인장의 딸이 너무나도
궁핍한 가계를 돕기 위해 유곽으로 팔려가게 되었다. 가메다는 이를 차마
볼 수 없어 그 자리에서 가지고 있던 100량을 주었다고 한다. 서예에도 조
예가 깊었던 가메다는 에치고의 곳곳에서 글을 쓰고 돈을 받았는데, 100
량은 이렇게 해서 얻은 돈 등을 모은 것이었다. 그래서 가마도 타지 못하
고 걸어서 에도로 돌아온 것이 마침 설날에 가까운 연말이었다. 집도 궁
핍한 상태였고, 설날 준비도 전혀 못한 상태였다. 부인에게 내밀 낯도 없
어 아무 말도 하지 않고 아프다며 잠을 잤다는 이야기가 있다. 부인은 원
래 기생이었다고 한다.

다누마 시대에 기근이 계속되었을 무렵, 난민을 걱정하여 안절부절한
끝에 장서를 모조리 내다팔아 의연금을 보내기도 했다고 전해진다. 하지
만 자신의 생활이 결코 편한 것은 아니었다. 절충학파(折衷學派)[172]의 이
노우에 긴가(井上金峨)를 스승으로 섬기며 학업에 정진하여, 구마모토의
사가라(相良) 공 등도 그 문하에서 배우기도 했다.

하지만 꽤나 놀기 좋아하는 사람이기도 해서, 문하생들을 상대로 강의
하던 중에 요시와라 유곽의 심부름꾼이 와서 잘 아는 기생의 편지를 전하
자, 이를 읽고는 "나는 지금 요시와라에 다녀오겠다. 모두들 푹욱 휴식을
취하도록 해라."라는 말을 남기고는 하타모토 무사와 그 외의 문하생들을

그대로 남겨둔 채 외출했다는 일화 같은 것도 있다.

 간세이 이학의 금으로 인해 가메다 보사이와 같은 학자에게 가르침을 받고 있던 하타모토들의 출세가 어려워졌기 때문에 문하생들은 점점 감소하여 서당은 쇠퇴해갔다. 하지만 이노우에 긴가가 오와리(尾張)의 관직을 담당하도록 권해도, 자유로움이 없는 것을 한탄하며 분개할 뿐 지위를 높이고 출세하는 길을 생각하지는 않았다.

 그런 만큼 보사이의 기량은 높이 평가받았고, 그가 쓴 글의 값은 점점 올라갔다. 하지만 아무렇게나 막 글을 쓰지는 않았다. 글 한 자 한 자를 아주 공들여 썼으며, 만족할 때까지는 다른 이에게 넘겨주지 않았다고 한다. 그는 또한 상당한 술꾼이었다. 스스로『주덕경(酒德經)』이라는 불교경전 같은 것을 만들었는데, 거기에는

 요시노 다쓰타(吉野竜田)여, 스미다가와(墨田川)여!
 술이 없으면, 평범한 곳.
 유백륜(劉伯倫)이여, 이태백이여!
 술을 마시지 않으면 평범한 사람.
 술에 취해 술에 취해 술에 취하리라.

 라고 적혀 있었다고 한다. 또,

---

172 에도 시대 유학의 일파. 학파라 해도 주자학파의 경우와 같이 일정한 학설에 근거한 유파가 아니라, 에도 중기에 배출된 절충학자들을 총칭하는 것으로, 일인일학설(一人一學說)이 이 학파의 특색이다.

취해서 와서 마시고 취해서 와서 잠들도다.
이는 신선이라 그런 것도 아니요, 선에 따른 것도 아니네.
100량 황금인들 어찌 이와 바꿀 텐가.
이것이야말로 타고난 기질인 것을.

　이라고 하여, 정말이지 주선(酒仙)다운 시를 지어 술과 함께 살아가는 자
신을 자찬했다. 술을 과하게 마셨음에도 장수하여 만년에는 의사 이자와
란켄(伊沢蘭軒)에게 신세를 졌는데, 애당초 금주는 생각지도 않았던 모양
이다. 가메다는 죽을 때까지 술을 마셨다고 한다.
　마침내 죽음을 자각했을 때, 아침 일찍부터 큰 벼루 가득 먹을 담아 교겐
의 막간에 사용하는 막을 꺼내게 하고는 "오늘은 여기까지"라고 큼지막하
게 쓴 뒤, 그날 74살의 나이로 생애를 마감했다. 1826년의 일이다.

오고쇼(大御所) 시대[173]와 주호

　다누마의 방만한 정치에 익숙해진 무사들과 서민들도 마쓰다이라 사다
노부가 계속해서 내놓는 검약정책에는 좀처럼 따라가지 못했으며, 제멋
대로 살아가려는 자들은 변함없이 존재했다.

　시라카와(白河, 사다노부)의 청명함에 물고기들도 살기 어려워, 예전의
탁한 다누마를 그리워하네.

　라는 노래는 사다노부의 개혁노선이 무의미하게 끝났음을 통렬하게 풍

자하고 있다. 제11대 쇼군 이에나리와의 관계도 원만하지 않게 되었다. 자신의 한계를 깨달은 사다노부는 1793년 로주직에서 물러났으며, 다누마 저리가라 할 만한 로주 미즈노 다다아키라(水野忠成)는 이에나리에 영합할 뿐, 기강은 전혀 잡히지 않았다.

이 시대의 오오쿠(大奧)는 모여드는 미녀들의 숫자부터 사치스러움이 극에 달한 화려함에 이르기까지 유별난 바가 있었다. 마치 이에나리가 여기에 빠져든 것이 에도의 저자거리에 영향이라도 준 것처럼, 에도에는 다양한 향락의 세계가 펼쳐졌으며, 그것은 상상할 수 있는 모든 관능을 만족시키는 데 부족함이 없을 정도로 번성했다. 오늘날에도 여운을 전하는 에도 정취의 대부분은 이 이에나리의 오고쇼 시대에 숙성된 것이라 할 수 있다.

『덕천실기(德川實紀)』의 부록에 따르면, 이에나리는 술을 좋아했을 뿐만 아니라 주량도 보통이 아니었다. 그는

장년 시절부터 술을 좋아하여 늘 즐기셨으며, 꽃놀이나 단풍놀이를 하실 때는 과음하시기도 했다. 그런 때에도 취기에 언행이 바뀌는 일은 없으셨지만, 연세가 드신 후에는 몸에 좋지 않을 것이라는 히토쓰바시 가(이에나리는 히토쓰바시 하루사다[一橋治済]의 아들임)의 은밀히 간언이 있었던 것인지, 이후에는 3헌(献)까지만 드셨다.

---

173 에도 시대, 간세이의 개혁과 덴포의 개혁 사이의 기간으로, 제11대 도쿠가와 이에나리(德川家齊)의 시대.

라고 기록되어 있다. 스스로 반성하여 술을 줄이는 데 노력했다고 칭양되고 있다. 하루는 매를 잡으러 근교에 나갔을 때 눈보라가 심하고 추위가 혹독하여, 같이 온 무리들에게 술을 듬뿍 주어 몸을 따뜻하게 하도록 했다. 시중을 드는 무사가 이에나리에게, 오늘만큼은 조금 과음하시더라도 추위를 달래기 위한 것이니 괜찮을 텐데요, 라며 마시고 싶어 하는 듯한 이에나리를 부추겼다. 하지만 이에나리는 "이 상황에서 마시지 않는 것이야말로 남자다."라고 장난기 섞인 말을 하고는 역시 3헌에서 멈췄다고 한다. 과연 쇼군님이라고 주위 사람들은 감탄했다고 한다. 사료의 성격을 감안할 때 과장하여 명군임을 칭송했을 가능성도 있지만, 이에나리가 고집을 꺾지 않는 성격의 소유자였던 것은 분명해 보인다.

이에나리 시대는 연호를 따서 분카(文化) · 분세이(文政) 시대(1804-1830)라고도 하는데, 다소 퇴폐적이고 향락주의적인 경향이 짙었던 때로, 터무니없이 술을 퍼마시는 무리도 도처에 있었다.

술꾼 모임

1816년 3월, 료고쿠(兩國) 야나기바시(柳橋)의 만야 하치로베(万屋八郎兵衛)[174]에서 술 마시기를 겨루는 모임이 있었다. 다키자와 바킨(滝沢馬琴) 등 12명이 공동 편집한 『토원소설(兎園小說)』에는 이를 이듬해인 1817년 3월의 '대주대식(大酒大食) 모임'이라고 기록하고 있지만, 그 해에는 센주(千住)에서 개최되었다.

『토원소설』에 따르면, 술 많이 마시기 경기에서 오다와라정(小田原町)의 사카이야 다다쿠라(堺屋忠蔵)가 68살의 나이로 석 되가 들어가는 잔

으로 3잔을 마셨다. 시바구치(芝口)의 고이야 리헤이(鯉屋利兵衛)는 30
살의 젊은 나이였는데, 같은 큰 잔으로 6잔 반이나 마시고는 그 자리에서
쓰러졌다. 잠시 휴식을 취하고 나서 눈을 뜨고는 밥공기로 물을 17잔 마
셨다고 한다.

다음으로는 고이시가와(小石川) 가스가정(春日町)의 덴만야 시치에몽(
天満屋七右衛門)이라는 70세 된 노인이 다섯 되가 들어가는 사발그릇으로
1잔 반을 마시고 나서는 곧장 귀로에 나섰으나, 오차노미즈 성당의 제방
에 넘어져 그대로 다음날 아침 4시까지 뻗어있었다고 적혀 있다.

혼조(本所) 이시와라정(石原町)에 사는 미노야 기헤이(美濃屋儀兵衛)는
5홉이 들어가는 잔을 사용하여 11잔을 마시고, 기분이 좋아졌는지 고다
이리키(五大力)를 읊고 나서 차를 14잔 마셨다. 고다이리키는 교토방면
이나 그 부근의 속요(俗謠)라고도 전해지나, 이 시절이라면 나미키 고헤
이(並木五瓶)가 고쳐 에도에서 유행한 긴 호흡의 속요일 것이다.

그밖에 가나스기(金杉)의 이세야 덴베(伊勢屋傳兵衛)는 3홉이 들어가
는 잔으로 27잔을 마신 후, 밥 3그릇, 차 9잔을 해치우고는 진쿠(甚句)[175]
를 불렀다고 한다. 이 시합에는 야마노테(山の手)에 사는 어느 번의 무사
도 참가했던 모양이다. 나이는 63살로 한 되 들어가는 잔으로 4잔을 비우
고 나서, 이곳저곳에서 유행한 노래를 부른 뒤 인사를 하고 곧장 귀가했
다고 한다. 또한 역시 무사로 아키야시키(明屋敷)를 담당하던 자, 즉 막부
의 관리로 다이묘들의 빈 저택을 관리하던 자가 석 되가 들어가는 잔으로

---

174 에도의 문인들이 즐겨 이용하던 요리가게.

175 7·7·7·5의 4구(句)로 된 일본 민요의 하나

3잔반을 들이키고 쓰러졌다가 잠시 후에 눈을 뜨고는 설탕물을 밥공기로 7잔 마셨다고 한다. 이들 두 무사에 관해서는 이름을 밝히고 있지 않으며, 아키야시키의 관리자에 대해서는 나이도 숨기고 있다.

그밖에 술 마신 자가 30-40명 있지만, '과자 그룹', '밥 그룹', '메밀국수 그룹' 등, 대식가들을 열거하고 있다. 이 시합에 모인 자들의 주량은 아주 대단하여, 2~3되 정도로는 문제시되지 않았던 것이다.

쇼군 이에나리 치하의 분카·분세이 시대는 대도시 에도의 조민생활이 끝없이 번성하던 시기이다. 더군다나 겐로쿠의 시대와는 달리, 무사의 의식이 다분히 조닌에 가까웠던 시대이다. 야나기바시에서 이런 터무니없는 술 시합이 벌어진 것 자체가 놀랍지만, 시합에 참가한 이들이 술을 마시는 모습 또한 호탕하고 쾌활했다.

그런 가운데 술로 인해 터무니없는 추태를 보인 무사도 있었다. 역시나 이에나리 쇼군의 시대였는데, 활 쏘는 기술을 쇼군이 보는 행사가 있었다. 대개 활을 쏘는 무사는 극도의 긴장상태에 놓여 행사 전에는 술을 마시며 마음을 가라앉히곤 했다. 그런데 어떤 무사가 그만 술을 과하게 마시고 말았다. 그는 술에 취한 채 활을 겨눴지만 손이 덜덜 떨려 과녁을 노릴 만한 상황이 아니었다. 결국 뒤로 벌러덩 넘어지고 말았다.

이거야 말로 큰일이라며 사람들이 달려 나와 그 남자의 몸을 일으키고 병을 이유로 퇴장시키려고 했다. 하지만 그는 활 쏘는 기술을 쇼군이 참관하는 의식에 출장한 자로서 물러설 수 없다며 다부지게 분투했다. 다시 화살을 시위에 메기고는 목표를 향해 겨눴지만, 손끝이 좀처럼 마음먹은 대로 움직이지 않았다. 어디로 화살이 튀어나갈지 알 수 없었다. 위험하다고 판단한 조장과 감찰관이 나와서 그를 붙들고 휴게소로 돌려보냈다. 그리고는 자택으로 돌려보냈다.

술에서 깬 무사는 자신의 행동거지에 관해 듣고는, 너무 놀라고 부끄러워 이후 하릴없이 멍하게 지내고 있었다. 며칠이 지난 후 각오를 새로이 하여, 자신이 쇼군 앞에서 그런 추태를 벌인 이상 도저히 살아 갈 수 없다고 결의를 다졌다. 술에 취해서 실패한 일이기 때문에 술을 많이 마셔서 죽을 것이라는 묘한 결심을 했던 것이다. 『갑자야화』에 따르면,

　하루하루 술 마시는 것이 끊이지 않았다. 면학에 힘쓰고 술을 많이 마신 끝에 병을 얻어 죽었다고 한다.

　라고 기록되어 있다. 이 정도의 결의라면 다른 선택지라 있었을 텐데 라며 필자 마쓰우라 세이잔은 비평했다.

깊어지는 외압 속에서

　봉건제도의 막번체제가 점점 붕괴되기 시작한 것은 이 시기이다. 이런 시대에는 상식적인 삶의 방식을 싫어하여 제멋대로 사는 것을 별로 부끄럽게 여기지 않는 이가 많이 나오기 마련이다. 기성질서에 대한 가치를 생각할 수 없는 현실 하에서 상식을 깨뜨리는 일은 아무렇지 않게 행해진다.
　다카야마 히코쿠로(高山彦九郎), 하야시 시헤이(林子平), 가모 군페이(蒲生君平)는 간세이의 3대 기인이라고 일컬어진다. 다카야마, 하야시는 마쓰다이라 사다노부가 로주에서 물러난 해에 사망했는데, 매우 독특한 생애를 보냈다. 하야시와 가모는 술꾼이기도 했다. 술에 빠져 시류를 한

탄하기도 하고, 내뱉고 싶은 말을 거침없이 뱉어내는 사이였다.

　1792년에 러시아 사절인 라스크만이 네무로(根室)로 내항하여 다이코쿠야 고다유(大黑屋光太夫)[176]를 넘겨주며 통상을 요구했다. 쇄국 일본의 창문을 두드린 최초의 내항으로, 사다노부에게 큰 충격을 안겼다. 이후 해방론(海防論)이 돌연 들끓었으며, 에조지(蝦夷地) 문제가 심각한 화두로 떠오르기도 했다. 북쪽지역에 대한 식자들의 관심에서 여러 가지 담론들이 횡행했다. 이에 더하여 1808년에는 영국 배 휘튼호가 나가사키에 입항하여 나가사키부교 마쓰다이라 야스히데(松平康英)의 분사를 초래한 바, 일본열도 전역이 들썩이게 되었다.

　이와 같은 동향은 학자와 문인의 술자리에서 안주거리가 되었다. 막부의 요리키(與力)[177] 도신(同心)[178]으로 근무하고, 무예에도 정통했던 히라야마 고조(平山行藏)는 학자라기보다도 무인에 가까웠는데, 러시아인이 에조지에 들어왔다는 소리를 듣고는 좀이 쑤셨다. 술김에 한 말이라고는 하지만, 자신을 토벌군으로 임명해 준다면 남김없이 날려버릴 텐데, 라며 늘 한탄했다고 한다.

　어떤 의미에서는 호걸이었던 히라야마는 키 작은 것을 커버하기 위해 칼을 길게 하고, 세 칸 길이의 긴 창을 몸에 지니고 있었다. 겨울에도 여름용 기모노 같은 옷을 걸치고는 정어리를 구워서 통째로 먹으며, 술을 마시는 것이었다. 머리를 묶는 데에 상투는 사치라고 하여, 모시 줄로 묶었다. 사다노부에서 이에나리 시대에 걸쳐 70세까지 살았으나, 이 시기에는 이색적이고 화려한 것을 싫어하는 경향이 있었다.

　이제 쇄국 하에서 유유자적 태평하게 있을 수 없다는 생각이 양식 있는 사람들 사이에서 퍼져나갔다. 봉건제의 신학이라고도 할 수 있는 어용의 학문, 주자학 등의 영향력이 약해졌으며, 양학과 국학, 유학의 다른 문파가 활발하게 움직이기 시작했다. 그 중에서도 일본의 고전부흥을 염원하여 국문과 와카 연구에 뜻을 둔 국학자의 활약이 눈에 띄었다. 『근세기인전(近世畸人傳)』의 저자 반 고케이(伴蒿渓) 같은 자는 호탕한 술꾼으로, 논쟁을 즐기는 달변가였다. 곁에 있는 사람들에게 엄청나게 침을 튀겨가며 이야기했다고 한다. 그를 만날 때는 비를 막는 용도로 쓰이는 겉옷과 삿갓을 걸쳐야 한다고 할 정도였다.

---

176 에도 시대 후기, 이세국 시라코(현 미에현 스즈카시)항구를 거점으로 한 운송선의 선장.

177 에도 시대에 부교(奉行)·쇼시다이(所司代) 등의 휘하에서 부하인 도신(同心, 경찰·서무를 담당한 하급 관리)을 지휘하던 사람

178 경찰, 서무를 담당한 하급관리.

근대국가 최초의 천황인 메이지 천황이 대신들과 술을 마시며 호기로운 영웅 이미지를 만듦

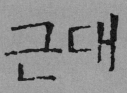

근대 시대 개관

일본근대의 시작은 통상적으로 1867년 12월에 단행된 왕정복고 선언 이른바 메이지유신이다. 시대의 흐름을 바꾼 유신은 어느 날 갑자기 이루어진 것이 아니다. 에도 시대 후기 좀 더 구체적으로 보면 1700년대 후반에 에도 시대는 여러 가지 이유로 정치, 사회, 문화적인 면에서 막번체제의 동요가 시작되었다. 막부제정의 악화, 하급무사들의 몰락, 상인과 농민의 성장, 각지에서 일어나는 농민들의 저항 등 여러 가지 이유로 지배체제가 동요하자 이를 바로잡기 위한 다양한 개혁정치가 실시되었는데 이것이 교호(享保), 간세이(寬政), 덴포(天保)개혁으로 불리는 에도 후기 3대 개혁이다.

에도 후기에 들어서면서 농업생산력이 발전하고 상품작물 재배가 증가하면서 이를 전국적으로 유통시키기 위한 상업자본이 급속하게 발전하였다. 이러한 상황 속에서 상인들의 높은 경제력에 어울리지 않는 낮은 사회적 지위는 이들을 술과 유희의 세계로 이끌기도 했다. 이처럼 에도 후기에 들어서면서 농민과 상인의 사회적 영향력은 성장하였으나 봉록으로 생활하던 하급 무사들은 점차 경제적으로 몰락해갔다. 특히 도시생활에 따른 사치적 소비재가 증가하면서 막부의 재정이 점차 악화되었다. 이러한 가운데 1782년에서 1788년까지의 대기근이 발생했다.

이러한 위기 상황을 탈피하기 위해 막부는 상인자본을 이용하여 막부의 재정 재건을 꾀하는 한편 유통과 물자를 통제하여 상인자본을 억제하려는 모순된 정책을 집행하는 등 시대적 변화와 어울리지 않는 정책을 추진하였다. 1830년대부터 농촌의 궁핍은 더욱 심각해졌으며 일본 각지에서 농민폭동이 빈발해져 사회불안은 점차 고조되었다. 이러한 시대적 변화의 바람 속에서 활약한 유신 지사들이 21장과 22장에 걸쳐 소개된다. 이른바 유신 지사들은 정계와 재야에서 활약한 인물을 막론하고 대체적으로 시문과 그림을 시작으로 다양한 학문을 통해 세상에 이름을 알렸으며 그리고 이러한 활동에 항상 술이 뒤따랐다.

아편전쟁을 전후한 중국의 상황이 일본에 전해져 서양에 대한 경계심은 점차 확대되었으며 지배질서 재편을 구상하는 이들이 증가하였다. 특히 지배계층에 속하면서도 점차 몰락의 길을 가고 있던 하급무사들은 시대적 변화에 민감하였다. 이러한 움직임은 일본의 다른 지역에 비하여 서양과 교류가 빈번하던 사쓰마와 조슈번에서 먼저 일어나고 있었다. 이들은 유곽에서 술을 즐기면서 정치와 외교를 논하고 자신의 주장이야말로 세상을 구할 정답인 양 의기양양하게 떠들어대곤 했다. 이후 이들이 메이지 유신의 중심인물이 되고 신정부의 요직에 취임해서도 정치에 관한 논의를 고급 술집이나 요정에서 진행하던 관행은 어떻게 보면 이전 시기에 이미 그 원형이 만들어졌다고도 할 수 있다.

서구의 위협에 대항하고 막부의 혼란을 극복하기 위한 운동을 주도한 세력은 주자학을 기초로 한 존왕양이를 주장하였다. 그러나 막부는 이들의 주장에 귀를 기울이기보다는 개혁파들을 적대시하였다. 그러자 이들은 막부를 타도하여 서구적 형태의 새로운 국가를 건설하지 않고는 시대적 위기를 극복할 수 없다고 판단하면서 도막으로 방향을 전환한다. 이러한 전환의 선두주자가 대단한 술꾼으로 알려진 사이고 다카모리였다. 그는 서양 각국이 가진 군사력과 경제력의 힘을 실감하고 양이를 포기하면서 이들과의 교류를 추진하는 개국을 선택하였다. 이를 위해서도 막부를 타도하고 새로운 국가를 건설하는 것은 시급한 임무였다. 이러한 구상이

유신 지사들 사이에서 논의되고 암묵적으로 합의를 거치는 시기가 대체적으로 게이오 연간인 1865년 전후의 시기였다. 이러한 움직임이 먼저 일어난 곳이 사쓰마와 조슈번이었다. 이러한 두 번의 움직임을 중계한 인물이 나타났는데 그가 바로 도사번 출신의 사카모토 료마이다. 그는 존왕과 개국을 주장하면서 사쓰마와 조슈번의 유신 지사를 중개하였는데 이 때도 매개의 중요한 역할을 한 것 가운데 하나가 술이었다고 한다. 이들이 정치적으로 민감한 비밀회의를 할 때면 세간의 관심을 피해 여관이나 술집을 자주 이용하였다.

무쓰히토 친왕의 부친인 고메이 천황이 죽자 무쓰히토는 메이지 천황으로 즉위하였다. 그의 나이 15세였다. 이를 전후하여 정국은 급변하여 사쓰마와 조슈번은 도막을 결의하고 연합하였다. 그리고 마침내 1867년 12월 막부를 타도하고 천황을 중심으로 하는 국가체제로의 복귀인 왕정복고를 선언하였다. 이제부터 이들의 과제는 서구적 형태의 새로운 국가체제를 세우는 것이었다. 여기에 힘을 쏟은 인물들이 23장과 24장을 중심으로 등장한다.

유신의 주역들은 우선 천황이 기거하는 궁에서 여성들을 배제하였다. 이들은 천황의 시중을 드는 역할을 모두 남성으로 바꾸었으며 궁정을 남성적 분위기로 변화시켰다. 이러한 이미지 창출 작업은 팽창과 개발을 근간으로 하는 근대적 군주에게 요구되는 것이었다. 그리고 이러한 작업을 보다 원활하게 추진하기 위하여 유신의 주역들은 천황가와 밀접한 관계에 있는 공가(公家)출신의 인사를 전면에 내세우기도 했다. 이러한 인물 가운데 한 사람이 사이온지 긴모치이다. 그는 공가 명문 출신으로 정치적 식견이 매우 높았다고 정평이 나 있다. 특히 그는 유신 이후 프랑스에 유학하면서 서구문물을 직접 접한 선각자이기도 했다. 귀국 이후 그는 파리의 살롱이나 카페에서 술과 유흥을 즐기면서 사귄 일본의 다양한 지식인들과 근대 일본을 창출하기 위한 각종의 일을 추진하였다. 일본 각계의 유명인사나 외국과의 중요한 외교절충에 관한 일을 추진하는 과정에서 그는 술을 통한 풍류와 인간적 신뢰를 바탕으로 유연하게 처리하기로 정평이 나있었다.

메이지 유신을 성공시킨 사람들은 천황의 권위를 활용하여 지배력을 강화하고 이를 통해 식산흥업, 부국강병을 꾀하고자 했다. 이를 위해 서양의 다양한 제도와 사상을 도입하였다. 그러나 이러한 사상과 제도는 여당뿐만 아니라 야당에게도 유익한 무기를 제공하였다. 특히 정한론의 논의과정에서 정치권력의 저변으로 밀려난 인사들이 자유민권을 주창하면서 일본에서도 서구와 같은 의회를 설치할 것을 요구하였다. 이에 대하여 이토 등 집권파는 10년 후에 헌법제정과 궤를 같이하여 의회를 구성할 것을 약속할 수밖에 없었다. 이제 시대적 사명은 막부타도가 아니라 보다 완전한 서구적 근대국가를 만들어가는 것이었다. 이토 히로부미는 일본헌법을 만들기 위한 업무에, 야마가타 아리토모는 근대적 군대 만들기에, 노기 마레스케는 청일전쟁과 러일전쟁에서, 각자는 자신에게 주어진 업무를 수행하였다. 이러한 과정에서 술과 여흥은 중요한 촉매제로 기능하였다. 본문에서도 소개되고 있듯이 가쓰라 타로는 1911년에 남북조 시대의 정통에 관한 논쟁인 남북조정윤론이 발생했을 때 과격한 연설을 준비한 의원을 요정으로 불러 접대하면서 자신을 비판한 그의 연설 원고를 훔치기도 했다고 한다.

주요 용어 해설

리장

라이 산요(賴山陽, 1780-1832)

에도 후기의 유학자, 근왕가. 교토에 사숙(私塾)을 열어 제자들을 기르는 한편, 일본각지를 돌며 많은 문화인들과 교류한다. 저서 『일본외사(日本外史)』는 막말의 존왕양이파에게 큰 영향을 끼친다.

하나와 호키이치(塙保己一, 1746-1821)

에도 시대의 국학자. 7살에 실명. 노래는 하기와라 소코(萩原宗固), 국학은 가모노 마부치(賀茂真淵)·야마오카 묘아미(山岡明阿弥)에게 배웠다. 놀라운 기억력으로 일본과 중국의 학문에 정통했으며, 막부의 보호 아래 화학강담소(和學講談所)를 세워 석학들을 배출했다.

나카야마 노부나(中山信名, 1787-1836)

에도 후기의 국학자. 16살에 에도에 와서 하나와 호키이치(塙保己一)에게서 수학한다. 26살에는 나카야마 가문의 양자가 되어, 서물어용출역(書物御用出役)과 화학강담소(和學講談所)의 교수를 역임했다. 또한 『군서류종(群書類從)』의 편찬에도 참여한다.

오시오 헤이하치로(大塩平八郎, 1793-1837)

에도 후기의 양명학자. 가숙(家塾) '세심동(洗心洞)'을 열어 제자들을 배양했다. 덴포(天保)의 기근(1836년) 때 난민 구제를 마치부교(町奉行)에 요청했으나 묵살된다. 그러자 자신의 장서를 팔아 난민들을 도왔다. 1837년에 막정(幕政)을 개선시키고자 거병했으나 실패하고 자살한다.

미즈노 다다쿠니(水野忠邦, 1794-1851)

에도 후기의 로주(老中). 가라쓰번주(唐津藩主)에서 하마마쓰번주(浜松藩主) 등을 거쳐 교토의 치안담당하는 교토쇼시다이(京都所司代)을 역임한다. 1834년에는 로주수좌(老中首座)에 올라 덴포의 개혁을 단행한다. 엄격한 사치단속과 조세 증세에 대한 반발이 심해 2년만에 실패하고 일선에서 물러난다.

도쿠가와 이에요시(德川家慶, 1837-1853)

에도막부 제12대 쇼군. 미즈노 다다쿠니(水野忠邦)를 중용하여 덴포의 개혁을 단행해 내우외환의 위기를 타개하지만 급격한 개혁방식으로 실패한다. 특히 재임 중에 대외적 위기가 심각해졌고 1853년 페리 내항 직후 병사한다. 상당한 주호(酒豪)로 밥공기의 뚜껑이나 큰 접시에 직접 술을 따라 마셨다고 한다.

아베 마사히로(阿部正弘, 1819-1857)

막말의 로주. 빈고 후쿠야마번주(備後福山藩主). 도쿠가와 나리아키(德川斉昭), 시마즈 나리아키(島津斉彬) 등 유력한 다이묘와 연대해 복잡한 해방정책(海防政策)에 대응했다. 1853년 미국사절인 페리의 개국요구에 대해 여러 다이묘, 막신들에게 자문을 구해 1854년에 일미화친조약을 맺는 등 개국정책을 추진했다. 양학소(洋學所)·해군전습소(海軍傳習所)를 설립하고, 가쓰 가이슈(勝海舟) 등 우수한 인재들을 많이 등용했다.

이이 나오스케(井伊直弼, 1815-1860)

에도 말기의 다이로(大老), 히코네번주(彦根藩主). 쇼군 계승문제로 미토파(水戸派)와 대립하며 14대 장군으로 도쿠가와 이에모치(德川家茂)를 옹립한다. 1858년 칙허(勅許)도 없이 미국, 네덜란드, 러시아, 영국, 프랑스와 순차적으로 통상조약을 체결한다. 이에 반대하는 다이묘, 공경, 지사 등을 탄압하는 안세이의 대옥(安政の大獄)을 단행한다. 1860년 미토 낭인들에게 암살당한다. 선(禪), 국학, 와카 등 여러 학예에 능통하고 풍류인으로도 유명하다.

다카스기 신사쿠(高杉晋作, 1839-1867)

에도 말기의 근왕주의자. 조슈번(長州藩) 소속으로 기병대를 조직했다. 미·영·불·네덜란드 4개국 함대의 시모노세키 포격사건(四國艦隊下關砲擊事件)에서는 정사로 화의를 체결했다. 이후 조슈번의 의견이 토막으로 통일되자, 제2차 조슈정벌을 위해 온 막부군을 패퇴시켰다.

후지타 도코(藤田東湖, 1806 –1855)

에도 말기의 사상가. 미토번(水戸藩) 소속. 미토번주인 도쿠가와 나리아키(德川斉昭)를 도
와 번정개혁을 담당하는 한편, 열렬한 존왕양이(尊王攘夷) 논자로 근왕주의자들을 이끌
었다. 나리아키의 막정참여를 계기로 막부의 해방괘(海防掛) 등으로 부임한다. 1855년의
에도대지진 때 사망한다.

후지타 고시로(藤田小四郎, 1842–1865)

막말 지사. 도코의 4남. 근왕양이파 지사들과 폭넓게 교류하며 존왕양이운동에 활발히 참
여한다. 1864년 양이(攘夷) 연기에 반발해서 쓰쿠바산(筑波山)에서 거병했으나 가나자와
번(金沢藩)에 항복한 뒤 참수된다.

하시모토 사나이(橋本左内, 1834–1859)

막말의 지사. 후쿠이(福井) 번사(藩士). 오가타 고안(緒方洪庵)의 난학숙(蘭學塾)에 들어가
난학과 의학을 배워 번교(藩校)인 명도관(明道館)의 학감(學監)이 된다. 페리 내항의 혼란
의 와중에 에도에서 미토, 사쓰마의 여러 번사들과 교류하며 시절을 논한다. 쇼군계승문
제로 이이 나오스케(井伊直弼) 등과 대립하다 실각된 후 참수당한다.

사이고 다카모리(西郷隆盛, 1827–1877)

유신 삼걸 중의 한 사람. 사쓰마번(薩摩藩)의 하급번사 출신. 제2차 조슈정벌 이후 토막운
동의 지도자가 되어 삿초동맹(薩長同盟)에 진력했다. 대총독부참모로 정동군(征東軍)을
지휘해 에도성에 무혈입성했다. 유신 이후, 참의(參議)가 되어 정한론을 주장했으나 받아
들여지지 않자 사퇴한 뒤 세이난(西南)전쟁에서 패해 자결한다.

도쿠가와 나리아키(德川斉昭, 1800–1860)

에도 말기 미토번주(水戸藩主). 개혁파 인재를 등용하고 서양식 군비를 도입하는 한편, 민
정을 중시해서 번의 재정기반의 재건을 꾀한다. 또한 번교인 흥도관을 설립해 번의 문무
를 장려한다. 페리 내항 이후 해방참여(海防參與)로 막정에 개입하면서 존왕파로서 입장

을 일관하지만 이이 나오스케(井伊直弼) 등과 대립하면서 근신처분을 당한다.

사쿠라 진조(桜任蔵, 1812 – 1859)

막말의 존왕양이 운동가. 미토번 번사. 근신처분을 받은 번주 도쿠가와 나리아키의 사면 운동을 펼쳤다. 이후 나리아키로부터 소개를 받아 사이고 다카모리 등과 교제한다. 안세 이의 대옥 때 검거를 피해 잠복 중이던 오사카에서 병사한다.

하시모토 다이지(橋本大路, 香坡, 1809 –1865)

고즈케 누마타번(上野沼田藩) 번사. 시노자키 쇼치쿠(篠崎小竹)에게 사사받고 이타미(伊丹) 명륜당(明倫堂)의 초대 교감이 된다. 후에 오사카에서 사숙(私塾)을 연다. 하기번(萩藩) 의 근왕파를 도운 혐의로 신선조(新選組)에게 체포되어 옥사한다.

기도 다카요시(木戸孝允, 1833 –1877)

정치가. 조슈 번사. 유신 3걸의 한사람. 존왕양이운동에 참가해서 삿초동맹을 이루어 도 막운동을 지도했다. 유신정부의 중심이 되어「5개조의 서문(五箇條の御誓文)」의 기안에 참여하고, 판적봉환(版籍奉還)・폐번치현(廃藩置県)을 추진했다. 정한론, 타이완정벌에 반대했다.

구사카 겐즈이(久坂玄瑞, 1840 –1864)

막말의 조슈 번사. 번론(藩論)을 공무합체에서 존왕양이론으로 통일시켰다. 영국공사관 습격, 시모노세키 외국선박포격사건에 가담했으며 금문의 변을 지도하다 부상당한 후 자결했다.

요시다 쇼인(吉田松陰, 1830 –1859)

막말의 존왕 사상가. 조슈 번사. 병학을 익혀 나가사키와 에도에 유학해 사쿠마 쇼잔(佐久間象山)에게 사사받았다. 페리가 두 번째로 내항했을 때 밀항을 기도하다 투옥되었다. 이후 자택에 '쇼카손주쿠(松下村塾)'을 열고서 다카스기 신사쿠(高杉晋作), 구사카 겐즈이(久坂玄瑞), 이토 히로부미(伊藤博文) 등 유신 지도자들을 육성했다. 안세이의 대옥(安政の大獄)에 연루되어 옥사했다.

후지이 란덴(藤井藍田, 1816 – 1865)

막말의 유학자. 존왕양이 운동가. 히로세 단소(廣瀨淡窓)에게 사사받고 오사카에서 사숙을 연다. 요시다 쇼인(吉田松陰) 등 하기(萩) 번사들과 교류하다가 1865년에 신선조(新選組)에게 체포되어 옥사했다.

사카모토 료마(坂本竜馬, 1835 – 1867)

막말 지사. 도사(土佐) 번사. 번을 이탈해서 가쓰 가이슈의 문하에 들어가 해군조련소(海軍操練所) 설립에 힘을 쏟았으며, 해원대(海援隊)를 조직했다. 삿초동맹 체결을 중개하여 도막파를 결집시켰고, 이전의 번주 야마우치 도요(山内容堂)를 설득해 대정봉환(大政奉還)을 성공시켰으나 교토에서 막부측으로부터 암살당한다.

아리마 신시치(有馬新七, 1825 – 1862)

막말의 사쓰마 번사. 존왕양이론자. 1862년 후시미(伏見)의 데라다야(寺田屋)에서 관백 구조 히사타다(九條尚忠) 등을 제거하고 구니노미야 아사히코 친왕(久邇宮朝彥親王)을 내세워 거병하려 했으나 사쓰마번의 시마즈 히사미쓰(島津久光)에 의해 진압된다.

시마즈 히사미쓰(島津久光忠義, 1817 – 1887)

막말, 유신기의 정치가. 사쓰마번(薩摩藩) 소속. 조카인 사쓰마번주 시마즈 다다요시(島津忠義)를 도와 번정의 실권을 잡는다. 공무합체를 주장하며 병사를 이끌고 교토로 들어가 데라다야(寺田屋)에서 존왕양이파를 탄압했다. 금문의 변(禁門の変) 이후 공무합체파의 중심이 되고 막정개혁을 실행한다. 메이지 신정부에서는 좌대신(左大臣)에 임명된다.

22장

고메이 천황(孝明天皇, 1831–1866, 재위 1847 – 1866)

제121대 천황. 에도막부 마지막 무렵의 천황. 격렬한 양이주의자였으나 존왕양이파 지사들의 과격한 도막운동에는 반대하고 공무합체의 입장을 취했다. 와카에 능숙했고 어집(御集)으로 『차화영집(此花詠集)』이 있다.

이와쿠라 도모미(岩倉具視, 1825 -1883)

공경 · 정치가. 공무합체를 주장하며 오쿠보 도시미치(大久保利通) 등과 왕정복고를 획책한다. 유신정권이 수립된 이후에는 참여(參與), 대납언(大納言) 등을 역임하면서 폐번치현을 단행한다. 우대신에 올라 조약개정 교섭과 구미시찰을 위한 특명전권대사로 외국을 시찰. 귀국 후에는 정한론을 배제하고 내치우선 · 천황제 확립정책을 수행하며 헌법체제의 기본방침을 정한다.

메이지 천황(明治天皇, 1852-1912, 재위 1867-1912)

이름은 무쓰히토(睦仁). 천황친정 하에 왕정복고를 실현하고 메이지 신정부를 성립시킨다. 군인칙유(軍人勅諭), 대일본제국헌법(大日本帝國憲法), 교육칙어(教育勅語)의 발포 등을 통해 근대 천황제국가를 확립했다.

이토 히로부미(伊藤博文, 1841-1909)

조슈번 출신. 요시다 쇼인(吉田松陰)에게 사사받고 도막운동에 참가한다. 메이지정부에서 제국헌법을 입안하고, 1885년 내각제도를 창설해 초대 총리대신에 오른다. 추밀원, 귀족원의 초대의장을 역임한 이후 입헌정우회를 조직해 총재에 취임한다. 러일전쟁 이후 초대 한국통감이 되지만 하얼빈에서 한국의 독립운동가 안중근에게 저격당한다.

오쿠보 도시미치(大久保利通, 1830-1878)

사쓰마번 출신. 유신 3걸의 한사람. 도막파의 중심인물로 삿초동맹의 추진자였다. 유신정부의 참의가 되어 판적봉환(版籍奉還) · 폐번치현(廃藩置縣) 등을 단행. 사이고 다카모리 등의 정한론에 반대했으며 메이지정부에서 지도적 역할을 하였으나, 불평 사족에 의해 암살당한다.

오쿠마 시게노부(大隈重信, 1838-1922)

정치가, 사가번 출신. 유신 이후 재정면에 종사했으며 외상으로 조약개정을 담당했다. 1898년에 입헌개진당을 창립하여 총재가 되어 자유민권운동의 일익을 담당한다. 이토 내각 등에서 외상이 된 후, 이타가키 다이스케(板垣退助)와 함께 헌정당(憲政党)을 결성해 최초의 정당내각을 조직한다. 동경전문학교(현 와세다대학) 설립자.

산조 사네토미(三條實美, 1837-1891)

막말 · 메이지기의 공경, 정치가. 존왕양이파 공경의 중심인물이 되지만 아이즈(會津) · 사쓰마(薩摩)를 중심으로 한 공무합체파의 쿠데타로 조슈(長州)에 도망간다. 메이지유신 이후 신정부에서 중용되어 태정대신 · 내대신 등을 역임하는 등 국가건설에 진력한다.

사이온지 긴모치(西園寺公望, 1849 -1940)

정치가, 공작. 1867년 왕정복고 때에는 참여가 되어 도바후시미(鳥羽伏見) 전투에 참전한다. 크레마소(G. Clemenceau), 나카에 조민(中江兆民)과 교류하며 자유사상의 세례를 받는다. 10년간 프랑스에서 유학하고 돌아와 메이지법률학교(현 메이지대학)를 창설하고, 문상 · 외상 등을 거쳐 러일전쟁 이후 가쓰라 다로(桂太郎)와 번갈아가며 정권을 담당했다.

나카에 조민(中江兆民, 1847 -1901)

자유민권사상가. 번교에서 한학, 나가사키와 에도에서 프랑스학을 배운 후 프랑스에 유학간다. 귀국 후 도쿄에서 프랑스학숙을 개업하고 외국어학교 교장에 취임하지만 사직한다. 사이온지 긴모치 등과 『동양자유신문』을 창간하고 주필이 되고, 루소의 『민약역해(民約訳解)』 등을 번역간행하면서 자유민권운동에 인민주권의 이론을 제공해 '동양의 루소' 라고 불렸다. 제자로는 고토쿠 슈스이(幸德秋水) 등이 있다.

이노우에 가오루(井上馨, 1835 -1915)

정치가, 공작. 난학과 포술학을 익혔고 이토 히로부미 등과 영국에 유학하고 귀국한 다음, 기도 다카요시(木戸孝允) 등과 삿초연합에 힘썼다. 유신 이후에는 신정부에 참여가 되어 외교 · 재정을 담당했으며 이로 히로부미 내각에서는 외상 · 내상 등을 역임한 후, 원로로서 국정에 관여했다.

23장

이노우에 고와시(井上毅, 1843 -1895)

관료정치가. 구마모토번 출신. 이와쿠라 도모미, 이토 히로부미 등에게 중용되어 법제관료로 대일본제국헌법, 황실전범, 교육칙어 등의 법령의 초안에 관여했다.

마키노 노부아키(牧野伸顯, 1861-1949)

정치가, 외교관. 오쿠보 도시미치의 차남. 이와쿠라 사절단에 유학생으로 수행하며 미국으로 건너간다. 문상 · 외상 등을 역임하고 내대신이 되어 천황 측근의 실력자가 되었으나 2.26사건 때 습격당한 후 은퇴했다.

가쓰라 다로(桂太郎, 1847-1913)

메이지 시대의 군인 · 정치가. 독일에서 수학 후, 육군에 독일식 병제를 도입하고 육상(陸相)을 역임한다. 3번 수상에 올라 영일동맹 · 러일전쟁 · 한국합병을 주도한다. 대역사건을 비롯해 사회운동을 탄압했다.

다케코시 요사부로(竹越與三郎, 1865 -1950)

정치가, 역사가. 게이오의숙 졸업후 신문기자가 되어 시사신보사, 국민신문사에서 활약하였다. 사이온지 긴모치의 눈에 들어 문부성에 들어간다. 이후 입헌정우회에 소속되어 1902년부터 5차례 중의원 의원에 당선된다.

기노시타 나오에(木下尚江, 1869 -1937)

사회운동가 · 소설가 · 신문기자. 1888년 도쿄전문학교 법률과를 졸업한 다음 귀향해서 젊은 나이에 『시나노일본(信濃日報)』의 주필이 된다. 지방정치가의 부정을 폭로한 탓에 박해를 받다가 변호사로 개업한다. 그 후 도쿄로 상경해 『마이니치신문』 기자가 되고, 기독교신자로 보통선거운동과 사회주의 계몽운동에 종사한다. 러일전쟁 때에는 반전운동을 일으켰다. 소설 『불기둥』(火の柱) 등이 있다.

야마가타 아리토모(山県有朋, 1838 -1922)

군인 · 정치가. 유신 이후 유럽의 군사제도를 시찰하고 육군창설, 징병령시행, 군인칙유 발포 등 군제 정비에 활약했다. 법상 · 내상 · 수상 · 추밀원 의장을 역임하며 야마가타 파벌을 만드는 등 전형적인 번벌정치가로 메이지정부를 지배했다.

노기 마레스케(乃木希典, 1849 –1912)

육군대장. 독일에 유학하고 군제 · 전술을 연구한다. 타이완총독을 거쳐 러일전쟁에서는 제3군사령관으로 여순 공략을 지휘한다. 전후 군사참의관 · 학습원원장이 된다. 메이지 천황이 죽었을 때 아내와 함께 순사(殉死)한다.

오자키 유키오(尾崎行雄, 1858 –1954)

일본 근대의 대표적인 자유주의 정치가. 게이오의숙을 중퇴한 후 기자가 되어 1882년 입헌개진당 창립에 참가한다. 제1회 총선거이후 연속으로 25회 당선. 도쿄시장 · 문상 · 법상을 역임하고 제1차호헌운동(1913)에서는 선두에 서서 활약했다. '헌정의 신'이라고 불렸다.

고다마 겐타로(児玉源太郎, 1852–1906)

육군대장. 육군대학교 교장으로 독일의 군제 · 전술 이식에 노력한다. 타이완총독 · 육상 · 내상 등을 거쳐 러일전쟁 때에는 만주군 총참모장, 이후 참모총장에 오른다.

시부사와 에이치(渋沢栄一, 1840–1931)

실업가, 자작. 히도쓰바시(一橋) 가문에 종사하다 이후 막신이 된다. 유신 이후 대장성에 근무했고 유럽을 시찰한 뒤에는 재계의 지도적 역할을 수행한다. 제일국립은행을 비롯해 일본 최초의 사철(私鐵)인 일본철도회사, 오사카방적 등 5백여 회사를 창립하고, 시부사와 재벌을 형성해 교육 · 사회사업에도 공헌했다.

24장

우에키 에모리(植木枝盛, 1857–1892)

자유민권운동의 지도자. 이다가키 다이스케(板垣退助)나 명육사(明六社)의 영향을 받아 자유민권운동에 참가한다. 1876년 『원인정부(猿人政府)』가 신문지조례위반에 의해 감금당하고 1877년 입지사(立志社)에 참가한 다음, 국회 개설운동 · 자유당 결성에 힘썼다. 저서로 『민권자유론』, 『천부인권변』 등이 있다.

다오카 레이운(田岡嶺雲, 1870-1912)

사회평론가 · 한학자. 교사 생활을 한 다음 『만조보(万朝報)』, 『규슈일보(九州日報)』의 기자가 된다. 일찍이 자유민권운동의 영향을 받아 문예비평에 있어서 혁신적 평론을 썼다. 현대문명의 비인도성을 규탄한 〈비문명〉 사상을 주장했고, 1900년 전후의 사회소설의 융성에 앞서 사회문학을 제창하였다.

하가 야이치(芳賀矢一, 1867-1927)

일본 국문학자. 도쿄대 교수, 제국학사원 회원, 국학원대학 학장 등을 역임. 독일에서 유학하고 문헌학적 국문학을 제창. 일본 국문학연구의 개척자라고 일컬어진다. 저서로는 『국학사개론(國學史槪論)』, 『국민성십론(國民性十論)』 등이 있다.

요시다 도고(吉田東伍, 1864 -1918)

역사 · 지리학자. 소학교 교원과 홋카이도청 서기를 하면서 독학으로 일본사를 연구해 다구치 우키치(田口卯吉) 주재 『사해(史海)』에 투고하고, '낙후생(落後生)' 이라는 익명으로 요미우리신문에 사론을 게재했다. 또한 인문지리학적 입장에서 『대일본지명사전(大日本地名辞書)』을 편찬해서 문학박사가 된다. 이후 와세다대학 교수로 취임.

미나카타 구마구스(南方熊楠, 1867-1941)

생물학자 · 민속학자. 대학예비문 중퇴. 대영박물관 동양조사부원. 점균(粘菌)학자로 균류의 채집연구에 힘을 쏟아 약 70여 새로운 균종을 발견한다. 또한 일본민속학에 공헌했고, 박람강기(博覧強記) · 기행(奇行)의 인물로 알려져 있다.

야나기타 구니오(柳田國男, 1875-1962)

일본 민속학의 창시자. 도쿄대 법과정치과 졸업. 농상무성에 들어가 법제국 참사관 · 궁내서기관 등 귀족원 서기관장을 마지막으로 관계에서 물러난다. 아사히신문사 객원이 되어 논설위원으로 독특한 사설을 집필한다. 일본 국내를 여행하면서 민속 · 전승을 조사하고

서 일본 민속학 확립에 힘썼다.

오리구치 시노부(折口信夫, 1887-1953)

일본국문학자 · 민속학자 · 가인(歌人). 국학원대 · 게이오대 교수. 일본문학 · 고전예능을 민속학의 관점에서 연구했다. 가인으로서도 독자적인 경지를 열었다. 시집『고대감애집(古代感愛集)』, 소설『사자의 서(死者の書)』, 연구서 『고대연구(古代研究)』등이 있다.

구로이타 가쓰미(黑板勝美, 1874 -1946)

역사학자. 도쿄대 국사학과 졸업 후, 다구치 우키치(田口卯吉) 아래서『국사대계(國史大系)』의 교정출판에 종사한다. 1919년 도쿄대 교수로 취임. 일본고문서학을 확립시킨다. 1929년부터 『신정 증보 국사대계(新訂增補國史大系)』의 교정출판에 착수하고, 일본고문화연구소를 창립한다. 또한 일본의 에스페란토어 개척자이다.

미야케 세쓰레이(三宅雪嶺, 1860 -1945)

철학자 · 평론가. 시가 시게타카(志賀重昂) 등과 정교사(政教社)를 결성하고 잡지『일본인』을 창간한다. 국수주의에 바탕을 두고 사회비판을 하는 한편 철학적 저술로도 이름을 떨쳐『중앙공론(中央公論)』등에 다채로운 논설을 발표했다. 이후 정교사와 멀어져 나카노 세코(中野正剛)와『아관(我観)』을 창간한다.

오쿠라 기하치로(大倉喜八郎, 1837-1928)

실업가. 막말의 에도에서 총포점을 운영해서 성공하고 메이지유신 이후에는 육해군의 어용상인으로 재산을 늘렸다. 1873년 무역상으로 오쿠라조(大倉組)상회를 설립해서 해외무역, 관공청 조달사업을 발전시키며 정상(政商)으로서의 기초를 다진다. 이후 오쿠라재벌(大倉財閥)을 형성했다.

리장. 유신 태동기의 술꾼들

겐비시(劍菱)[179]를 사랑한 라이 산요(賴山陽)

에도 시대의 학자, 특히 유학자 중에는 술꾼이 적지 않았다고 앞서 언급한 바 있다. 막부와 번주를 위해 어용학을 강설한 자는 별개로, 재야의 학자들은 대개 술을 좋아하는 주호였다. 라이 산요 등도 꽤 술을 마셨다고 전해진다. 술버릇을 전하는 일화도 많은데, 과장된 이야기도 많아 보인다.

그의 본명은 라이 노보루(賴襄)이다. 아버지 슌스이(春水)도 유학자였다. 1780년에 아키(安芸)에서 태어났다. 앞에서도 이야기했듯이, 막번체제의 동요가 다누마 오키쓰구 시대의 방만한 정치를 거치며 한층 거세지고, 농민의 저항운동이 각지에서 일어나던 때이다. 간세이 개혁기 때부터 이에나리 쇼군의 오고쇼 정치 시기까지 살았는데, 당시에는 마시거나 먹거나 하며 소란을 떠는 유흥 기분이 번화가에 넘쳐나고 있었다. 그 역시

384

그런 분위기에 다소 물들지 않을 수 없었다.

아버지 슌스이가 1816년 2월 갑작스런 병으로 사경을 헤매고 있다고 들은 것은, 산요가 교토의 기야(木屋) 거리의 서당에서 『장자(莊子)』를 강설하고 있을 때였다. 부랴부랴 밤낮을 가리지 않고 5일 밤낮으로 히로시마로 달려갔다. 하지만 아버지는 이미 숨을 거두었다. 안타까운 심정에 눈물에 젖어, 이후에는 『장자』만은 강설하지 않았다고 한다. 아쉬운 대로 효도할 요량으로, 그는 어머니를 모시고 여행을 가서 위로해 드렸다. 또, 교토의 시마바라(島原)에도 어머니를 모시고 갔다. 고급 요리점에 가서 기생 여럿을 불러들이고, 술을 퍼붓듯 마시며 어머니에게도 최고의 만찬을 대접했다.

너무나도 화려하게 노는 것을 보고, 곁에 있던 접대부가 다가와서 속삭였다. "손님, 지갑 사정은 괜찮으십니까?"라고 말이다. "문제없어."라며 산요는 가슴을 두드렸다.

가슴으로 말하자면, 그는 1830년 결핵으로 가슴에 병이 들어 괴로워하다 3년 후인 53살 때 피를 토하고 사망했다. 병에 걸렸다는 것을 어머니가 절대 알지 못하도록 주의하며, 집안사람들에게 당부했다. 편지를 쓰더라도, 학업달성의 의지를 관철하기 위해 정진하고 있다고 전할 뿐이었다. 병에 걸리고 나서는 금주를 해야 했지만, 방문객이 있으면 술자리를 마련했으며 담소를 나눌 때는 아무렇지도 않은 듯한 태도를 취했다고 한다. 건강했을 때부터 방문객이 꽤 많았다. 그의 명성을 좇아 많은 학도들이 각지에서 방문했지만, 아무나 만나주지는 않았다.

---

179 오랜 전통을 가진 효고현의 전통주

독서중이거나 집필중이라고 하며 거절하는 경우가 많았다. 단, 자신이 직접 가르치는 문하생에 대해서는 밤낮 할 것 없이 종종 초대해서 술잔을 기울였다. 하지만 그는 취해 쓰러질 정도로는 마시지 않았다. 이 정도면 충분하다 싶을 즈음에 딱 멈추고, 다시 일을 시작했다. 그것이 일상적인 습관이 되었다.

좋아하던 술은 이타미(伊丹) 술로, 특히 겐비시(劍菱)를 사랑했던 것은 그의 시 〈희작섭주가(戲作攝州歌)〉에도 나와 있다. 당시의 에도 토박이들이 겐비시를 가장 좋아했다는 것은 『부세풍려(浮世風呂)』(三ノ上)에도 나오며, 이 시대의 센류에서도 엿볼 수 있다.

산요의 자존심

산요의 학문적 명성이 높아지자 여기저기에서 벼슬길에 오르기를 권유하는 일이 적지 않았다. 하지만 산요는 관직에 구애받는 일 없이 자유로운 생활을 계속하고 싶어 했다. 지위가 높은 사람으로부터 강의를 의뢰받아도, 예의범절을 잘 알지 못하는 자신은 그런 일에 어울리지 않는다며 거절했다. 다만 교토에 있는 히노 대납언 스케나루(日野大納言資愛)로부터 거듭 부탁을 받자, 자신과 같이 비루하고 예의 모르는 자도 괜찮은 지 확인한 후, 생선은 비와호(琵琶湖)의 신선한 것 외에는 먹지 않으며, 술은 이타미(伊丹)의 술 외에는 마시지 않는다며 이를 제공해 달라고 요청했다. 만약 이런 안하무인격의 조건을 맞춰준다면 강의하겠다고 했다. 비와호의 생선과 이타미의 술은 도저히 지방 다이묘가 감당할 만한 조건이 아니었던 것이다.

히노 대납언은 산요와의 계약이 성사되자, 이튿날 인사차 심부름꾼 편에 큰돈을 보냈다. 산요는 봉투에 히노의 이름을 득의양양 크게 쓰고, 자신의 이름을 조그맣게 써 넣은 것이 마음에 들지 않았다. 문하생에게 명하여 곧장 되돌려 보냈다. 히노 공은 아주 황송해하며 정중하게 사과했다. 산요에 대한 존경심이 더욱 커져, 결국 산요의 집을 직접 방문하고 인사했다고 한다.

스케나루 대납언이 학문을 좋아했던 관계도 있어서, 그 저택에는 많은 유학자들이 모여들었다. 함께 술자리에 앉으면, 대부분이 잘난 듯이 자랑거리를 늘어놓으며 우쭐댔다. 산요는 그런 무리들과는 어울리기 어렵다고 생각하여 자리를 뜨고 말았다. 이후 대납언은 산요 한 명만을 데리고 연회를 열었다고 한다.

산요의 자존심이 강했음을 전해주는 일화는 상당히 많다.

산요는 술에 취하면 상당히 깊이 있는 그림을 시원시원하게 그려내기도 했다. 히노 공은 이를 기쁘게 여겨, 어느 큰 번의 다이묘에게 이를 보여주었다. 저명한 문인 라이 산요가 취미로 그린 그림이라는 것을 알게 되자, 이 다이묘는 자기에게도 그려 주었으면 하고 생각했다. 중개인을 통해 조선의 천 두 폭을 산요에게 전달하고, 부디 그림을 그려달라고 청했다. 산요는 격노했다. 나는 화가가 아니니 바보 취급 말라며, 그 천에 시를 두 구절 크게 써서 돌려보냈다. 이 구절이 의미하는 바는 자신에 대한 무례함을 문책하는 풍자였는데, 다이묘는 그것을 알지 못했다. 단순한 글에 지나지 않는다고 여겼다. 계속해서 이번에는 선생의 글을 어느 고귀한 분에게 드리고 싶으니 써 달라고 말해서 다시 한 번 산요의 노여움을 사고 말았다. 자신은 권문세가에게 아부하는 일은 못한다고 하며 강하게 이를 거절했다.

그는 어쨌든 기분파였던 것 같다. 문장을 써달라는 의뢰가 들어와도 좀처럼 쓰지 않았다. 3년이나 내버려둔 일도 있었다. 중개한 문하생이 곤란해진 적이 한두 번이 아니었다. 산요에게 집요하게 재촉하면, 자신은 글의 첫머리를 중시한다, 문장이라는 것은 실제로 그런 것이다, 첫머리에 뭐라고 써나갈지 머릿속에서 사투를 벌인다, 그런 일로 시간을 잡아먹는다, 의뢰받은 일을 소홀히 여기는 것은 아니다, 라는 식이었다. 과연 그의 명저 『일본외사(日本外史)』, 『일본정기(日本政記)』의 용어 선택과 표현은 매우 훌륭하며 충분히 다듬어진 것이었다.

그의 딸이 노모(산요의 아내 리에)로부터 들었다는 이야기에 따르면, 39살의 나이에 나가사키(長崎)에서 놀기 시작한 무렵부터 술에 조금씩 손을 댔기 때문에 대단한 술꾼은 아니었다. 원래는 술을 좋아하지 않는 성격이며, 구운 떡, 팥떡, 콩가루를 묻힌 떡과 같은 것을 좋아했다고 한다. 술은 양보다도 그 정취를 사랑했을 뿐이라고 한다. 술자리에서 노는 것은 좋아했지만, 자신의 한계를 잘 아는, 분별력이 있는 술꾼이었던 것이다.

나카야마 노부나(中山信名)와 난잔(南山)

에도의 하나와 호키이치(塙保己一)의 제자 가운데 나카야마 노부나라는 훌륭한 고증학자가 있었다. 라이산요와 동시대인이다. 통상 헤이시로(平四朗)라고 불린 그는 소년 시절부터 역사를 좋아하여 『태평기』 등을 곧잘 암기하여 태평기 동자승이라는 별명으로 불렸다. 오늘날 우리들이 활용하고 있는 가토리신궁(香取神宮)과 가시마신궁(鹿島神宮) 소장의 중세 고문서와 기록류의 정리편집은, 바로 나카야마가 공무로 수행한 것이다.

눈이 먼 하나와 호키이치를 도와 『군서유종(群書類從)』의 교정편집 사업에도 협력했다. 출신이 히타치국(常陸國)인 관계도 있어서 『상륙국지(常陸國誌)』라는 저서를 출간하기도 했는데, 이 역시 지방향토사의 연구 자료로서 오늘날 아주 유용하게 이용되고 있다.

나카야마는 산요와 달리 막부의 업무도 담당했으면서도 매일같이 호탕하게 술을 마신 것으로 알려져 있다. 봉급은 거의 술로 다 써버려서, 약간의 서적, 그리고 술과 관련된 몇몇 물건 외에는 집안에 아무 것도 없었다. 그런데도 열심히 공부하여 부지런히 자료노트를 만들었다. 그 용지로는 폐지의 뒷면을 이용했는데, 콩알만큼 작은 글자를 썼다고 한다. 이런 술꾼 학자는 당시 각지에 있었다. 시문과 그림으로 명성을 얻었던 난잔 선사(禪師)라는 승려도 그 중의 한 사람이었다. 센다이(仙台) 마쓰시마(松島)의 즈이간사(瑞巖寺) 주지였는데, 주구장창 술을 마시고는 그림을 그리거나 시와 교카를 지었다. 작은 것에 구애받지 않는 성격으로, 자신이 죽고 나면 생선의 먹이로 삼아 달라는 유언을 남겼다. 바닷물에 뿌려 달라고 명했던 것이다.

유신 지사(志士)의 술과 여자

라이 산요가 1832년(덴포(天保) 3년), 나카야마 노부나가 1836년(덴포 7년), 난잔이 1839년(덴포 10년)에 생을 마감했다. 덴포(天保)라고 하면, 메이지 사람(明治人)들은 덴포센(天保錢)이라고 해서 어리석은 사람을 가리키는 단어를 떠올렸던 모양이다. 유신 이후에 덴포통보(天保通寶)라는 100문짜리 동전을 80문의 가치밖에 없다고 평가 절하하여 유통시켰기 때문에, 무능한 사람을 조소하는 데 사용하는 용어로 쓰이기도 했던 것이다.

이와 같은 덴포의 시대(1830-1844)에 농민 폭동의 빈도는 급격하게 상승했다. 그만큼 농촌은 매우 궁핍했던 것인데, 1830년과 1831년의 흉작, 기근은 그 정도가 아주 심했다. 쌀과 술의 가격인상에 견디지 못한 민중이 각지의 곡물가게와 술가게로 들이닥쳤다. 저렴한 가격에 술을 마시지 못하는 것은 이 시대 정치의 궁색함을 통감케 하는 계기가 되었다. 특히 오사카의 곤궁함은 민심을 험악하게 만들어, 결국 막부의 관리로서 요리키(與力)를 역임한 바 있는 오시오 헤이하치로(大塩平八郎)가 인민구제를 부르짖으며 마치부교쇼(町奉行所)에 반기를 들었다. 1837년의 일이다. 사회불안은 점점 심각해졌다. 이 무렵부터 유신의 도래가 필연이라고 할 만한 정세가 형성되어 간다.

막부 최후의 몸부림이라고도 할 만한 온갖 개혁이 로주 미즈노 다다쿠니(水野忠邦)의 휘하에서 시작되었다. 1841년, 쇼군 이에요시(家慶)는 모든 로주들을 불러 모아, 교호(享保)·간세이(寬政) 시기의 제도를 참고하여 개혁에 착수하라고 명했다. 이는 물론 다다쿠니가 연출한 것으로, 쇼군이 직접 지령하는 형태를 취한 것뿐이었다. 유흥, 오락은 물론이거니와 이를 자극하는 출판물 역시 점차 금지되었다. 위반자에 대해 엄벌 조치를 함으로써, 민중을 벌벌 떨게 만들었다. 그 외에 재정개선을 도모하는 온갖 정책이 시도되었지만, 2~3년 정도 지나 돌연 파탄에 이르러 막부정치 재건의 효과는 전혀 거두지 못했다.

당시 아시아의 정세는 급박했다. 청국은 영국의 침입을 받은 아편전쟁으로 타격을 받았다. 일본도 결코 좌시할 수 없는 외압이 다가오고 있었다. 이윽고 유신의 주체 세력이 되는 조슈번(長州藩)과 사쓰마번(薩摩藩)

에서도 봉건적 질서가 심하게 동요하고 있었다. 두 번 모두 덴포기의 개혁으로 인해 번의 재편성을 도모하지 않을 수 없게 되었으며, 하급무사의 천하국가에 대한 관심이 깊어졌다. 이른바 지사(志士)의 활약이 시작되었다.

덴포의 개혁이 좌절된 후에 등장한 아베 마사히로(阿部正弘)의 시대에 대외관계는 한층 긴박해졌다. 1853년 6월, 페리가 막부에서 지척인 우라가(浦賀)에 내항하여 큰 소동이 일어났다. 미일통상조약 칙허문제를 둘러싸고 이이 나오스케(井伊直弼)에게 반발하고 막부를 강하게 비판한 지사들의 움직임, 이에 대한 막부의 가혹한 탄압-안세이(安政)의 대옥(大獄)[180]-등 일본 열도의 정세는 바야흐로 풍전등화와 같았다.

천하의 정세를 논하는 젊은 무사들은 가끔 유곽에 가서 술을 들이키며 의기양양하게 앞날을 헤아렸던 것이다. 술과 여자를 사이에 두고 정치, 외교를 논한 자들이 많았다. 조슈의 쇼카손주쿠(松下村塾)[181] 출신의 지사는 더욱 그러했다. 다카스기 신사쿠(高杉晋作) 같은 자는 그런 일상을 나무라면 오히려 분개했다. 유곽에서 기생과 놀지도 못하는 약골이 양이(攘夷)운동을 하겠느냐며 강한 어조로 이를 긍정했다.

훗날 메이지 정부의 요인 중에는 막부말기 유신기의 지사 출신이 많았다. 그들을 중심으로 하는 정치논의는 고급술집이나 요정에서 이루어지곤 했으며, 자유민권운동가들에게도 그런 일은 관행화되었다. 이와 같은

---

180 1858년에 에도막부의 다이로(大老) 이이 나오스케(井伊直弼)가 미일(美日)수호통상조약 체결 및 쇼군의 후사(後嗣) 문제로 그의 정책에 반대한 다이묘 등을 벌하고 요시다 소인(吉田松陰) 등의 지사를 탄압한 사건.

181 일본 야마구치현 하기시에 있는 에도 시대 후기의 사숙(私塾)

정치와 술, 여자의 관계는 오늘날까지 이어지는 일본사회의 특징이라고 여겨진다. 그것은 막부 말기 지사들의 관행까지 거슬러 올라간다고 보아도 좋을 것이다.

유신기의 지사들이 술에 취하고 여자에 탐닉했던 것은 언제 죽을지 모르는 신세라는 비장한 찰나주의적 삶의 방식이라는 맥락에서 이해된다. 그들은, 예컨대 조슈번사라면 야마구치(山口)에서 가까운 유다(湯田) 온천에서 의견을 나누고, 술과 여자를 사는 일이 많았다. 하지만 천하 지사의 중심은 역시 교토였다. 기온(祇園)의 이치리키(一力) 등에서는 종종 그런 모임의 술자리가 열렸다.

주호, 후지타 도코

하시모토 사나이(橋本左內)와 사이고 다카모리(西鄕隆盛) 등의 지사로부터 두터운 신망을 얻었던 미토번(水戶藩)의 후지타 도코(藤田東湖)는 주호라 불린 학자이다. 주자학을 기초로 한 명분론의 입장에서 존왕양이(尊王攘夷)주의를 취했던 그는, 몸집이 크고 피부색이 검은 멋진 풍모로 사람들을 매료시키는 바가 있었으며, 능란한 말솜씨로 이치를 따지는 논리를 펼쳤다. 무술도 뛰어났다고 한다.

존양파를 이끌 대들보로 여겨지던 도쿠가와 나리아키(德川齊昭)를 미토(水戶)번주로 세워 운동에 성공한 뒤, 나리아키의 신임을 얻어 덴포기에 번의 정치개혁에 공헌하고 번의 중신이 되었다. 나리아키가 막부로부터 문책을 받아 근신에 처해지자, 그도 칩거를 명받았다. 하지만 이윽고 주군과 함께 사면된 후, 나리아키가 도쿠가와 쇼군가를 보좌하게 되자, 그 역시 막부의 해방(海防) 업무를 담당했다. 이로 인해 에도에 머물러 있었는데, 1855년의 대지진으로 인해 50살의 생애를 뜻하지 않게 마감했다. 고이시가와(小石川) 고라쿠엔(後樂園)의 번저(藩邸)가 크게 흔들리자 그는 일단 뛰쳐나왔다. 하지만 어머니의 모습이 보이지 않자 무리하게 저택 안으로 돌아가 어머니를 구출하고 자신은 압사하고 말았다.

상당히 시원시원한 기질이어서 평소에도 많은 술을 즐겨 언제든 태연하게 마셨다. 보통 술이 취하면 말이 많아지기 마련이지만, 도코는 오히려 묵묵히 잔을 입에 대는 모습이었다. 칩거 중에 제자이기도 했던 지사 사쿠라 진조(桜任蔵)가 항상 술과 음식을 보냈다고 하는데, 도코는 크게 감격하여 그 술그릇을 소중히 했다. 사쿠라 진조도 스승에 지지 않는 술꾼으로, 취하면 막무가내로 사람들에게 시끄럽게 떠들어대는 나쁜 술버릇이 있었다. 하지만 도코는 그에게 상냥하게 대하며 꾸짖는 일이 없었다고 한다.

도코의 네 번째 아들인 고시로(小四郎)가 어렸을 때, 도코와 손님이 술을 주거니 받거니 하는 자리에 있었다. 술이 다 떨어지자 도코는 손을 치며 재촉했다. 부인이 무슨 일이냐며 들어오자, 고시로는 "아버지가 손을 치면 술병 추가라는 뜻이에요."라고 말했다고 한다. 무척이나 깜찍한 고시로를 아버지는 특히 귀여워했던 모양이다. 사실 청년시절에는 아버지 이상으로 기량 있는 인물로서 장래가 촉망되었다. 고시로는 존양파가 몰락하고 있던 1864년, 초조해진 미토번사들이 쓰쿠바산(筑波山)에서 거병

---

182 에도 후기, 미토번(水戸藩)에서 번주(藩主) 도쿠가와 나리아키(德川斉昭) 의 번정개혁(藩政改革)을 계기로 결성된 존왕양이(尊王攘夷) 급진파

했을 때 우두머리 격이 되었다. 하지만 그 한 패-덴구당(天狗党)[182]이라 불렸다-가 민중에 대한 폭행과 강탈을 일삼았던 까닭에 거병은 실패했다. 고시로는 서쪽으로 향하던 도중에 가나자와번(金沢藩)에서 사로잡혀 이듬해인 1865년 처형되었다.

조슈의 동조자, 하시모토 다이지

덴구당의 봉기가 있었던 해에 존양파 지사는 세력만회를 도모하여, 교토의 여관 이케다야(池田屋)에 모였다. 막부 반대파를 진압하던 신센구미(新撰組)는 이들을 습격하여, 많은 이들을 살상했다. 훗날 기도 다카요시(木戸孝允)로 개명하는 조슈번사 가쓰라 고고로(桂小五郎) 역시 힘겹게 탈출하여 이후 격정적인 존양운동에서 발을 뺀다. 이케다야 사건 이후 얼마 지나지 않아, 조슈의 지사 구사카 겐즈이(久坂玄瑞) 등은 하마구리고몬(蛤御門) 부근에서 아이즈(會津), 구와나(桑名), 사쓰마(薩摩)의 병사와 조슈번사 사이에 격전이 치러지는 가운데 전사했다. 과격한 존양주의가 시류에 뒤쳐진다는 것은 이 무렵부터 점차 이해되기 시작했다. 가쓰라와 구사카는 자주 술판을 벌였다. 가쓰라가 이쿠마쓰(幾松), 구사카가 히데오(秀男)라는 기생과 깊은 사이였다는 것은 잘 알려진 사실이다.

하마구리고몬의 변에서 조슈를 물리친 기세를 몰아, 막부는 이듬해에 조슈번의 저택을 깨부수도록 명했다. 이에 분개한 사람이 하시모토 다이지라(橋本大路)라는 유학자이다. 그는 오사카에 살고 있었는데, 그의 집은 쓰러져 가는 볼품없는 곳이었다. 조슈의 요시다 쇼인(吉田松陰), 기타 지사와 친교가 있던 후지이 란덴(藤井藍田)과 다이지는 사는 곳이 가까워

사이가 좋았다. 그래서 조슈에 대해서는 호감을 느끼고 있었던 것이다. 다이지는 조슈번의 저택을 깨부수는 것을 슬피 여기고 분개하며 시를 지었다. 이 사실이 밝혀져 투옥되었으며, 1865년 옥중에서 죽었다.

다이지는 궁핍한 생활에 비해 술 마시는 것은 화려했다. 놀기 좋아해서인지, 조금이라도 알고 지내게 되면 마을의 서민 누구라 할 것 없이 불러서는 요정에서 놀고 술을 마셨다. 노령이 되어서도 기생을 상대로 즐거운 듯 술을 마셨다고 전해진다. 민중을 사랑했지만, 우쭐대거나 잘난 체하는 사람에 대해서는 불친절했을 뿐만 아니라 매도하기도 하여 원한을 사기도 했다고 한다. 그의 시가 막부에 알려진 것도 다이지에게 반감을 품은 어떤 사람의 밀고에 의한 것이었던 것 같다.

괘남아, 사카모토 료마

막부가 사쓰마와 조슈의 연계를 분단하고 조슈 공격에 정력을 기울이고 있던 때, 마침내 조슈 내부에서도 존양보다 도막(倒幕)을 지향하며 새로운 국가통일 정권 수립을 꾀하려는 자들이 지도력을 가지게 되었다. 그런 노선이라면 사쓰마도 힘을 합칠 수 있다며 공작을 벌인 것이 사이고 다카모리였다. 세계열강의 뛰어난 군사력을 체험한 이들은, 영국의 근대적 장비를 모방하기 위해 무기를 구입해야 한다, 그러기 위해서는 외국상인을 상대하는 교역을 진전시켜야 한다, 는 식으로 양이에서 개국으로 노선을 바꾸며 에도막부의 지배력을 무너뜨리는 데 집중했다. 막부 타도를 공통 목표로 삼는 웅번(雄藩)의 연맹이라는 구상이 지사들 사이에서 무르익어 가던 것이 바로 게이오 연간(慶應年間, 1865-1868)의 일이다. 농민폭동의 건수도 이 시기에 더욱 늘어나, 봉건질서의 해체, 막부의 소멸은 점차 시간문제로 보이기 시작했다.

사쓰마와 조슈 사이를 중재한 것으로 알려져 있는 것이 도사(土佐)의 사카모토 료마(坂本竜馬)이다. 당시의 지사 중에는 특정 번에 묶여 있으면 나랏일을 도모하기 어렵다 하여 일부러 소속 번에서 이탈하는 자들도 있었다. 사카모토도 그런 인물 가운데 하나였다. 일찍부터 존왕과 개국을 주장하여, 신형의 배를 조종하며 상업 활동에 열중했다. 도사인 중에 술꾼이 많다는 것은 잘 알려진 사실이다. 지금의 고치현(高知県) 사람들도 술을 잘 마신다. 술잔을 기울이며 이야기 나누는 일에 질릴 줄 모르는 도사인의 전형적인 기질을 보여주는 것이 료마이다.

교토의 후시미에 데라다야(寺田屋)라고 하는 여관이 있었다. 1862년, 사쓰마의 존양파 지사인 아리마 신시치(有馬新七) 등이 다른 번의 동지와 도막에 관한 비밀회의를 하던 중, 사쓰마번의 국부인 시마즈 히사미쓰(島津久光)가 보낸 번사들의 급습을 받아 살해된 곳이다. 이곳은 도사번의 저택에 가까웠던 이유로, 료마가 자주 드나들고 있었다. 그곳의 여주인인 오토세(お登勢)는 지사들을 잘 보살펴 주었다. 료마는 그곳의 양녀인 오료(お竜)의 명민함에 반했다. 1866년 정월에 삿초(薩長) 연맹의 약조를 이끌어낸 후, 료마는 크게 기뻐하며 데라다야에 머무르고 있었다. 예전부터 료마를 노리고 있던 자들이 습격했는데, 이때 오료의 기지로 료마는 간신히 목숨을 구할 수 있었다. 이에 두 사람은 부부가 되었다.

사카모토는 오료에게 한편으로는 일본적인 가정주부의 모습을 요구했으나, 독서와 권총 쏘는 일에도 익숙해지도록 하는 등, 천하국가에 대한 관심을 가지게 하기도 했다. 가쓰라 고고로의 부인 이쿠마쓰 등도 그러한데, 정말이지 유신 전야의 여성다운 풍모라 할 것이다. 사이고 다카모

리가 반해서 교제했던 오토라(お虎)에게도 그런 기개가 있었다. 오토라는 술 한 되는 가뿐하게 마시는 여성으로, 유명한 나라토미(奈良富)의 접대부였다.

데라다야에서 도움을 받은 료마였지만, 이듬해인 1867년 교토 시조가와라정(四條河原町)의 오미야(近江屋)라는 간장가게에 숨어 있던 것이 발각되어, 우익테러리스트라고도 할 만한 야마토(大和) 도쓰카와(十津川)의 낭사에게 살해당했다. 같은 도사 출신의 걸출한 무사 나카오카 신타로(中岡慎太郎)도 운명을 같이 했다. 사카모토가 33살, 나카오카가 30살이었다. 그들의 숙원이었던 왕정복고를 한 달여 앞둔 시기의 일이었다.

22장. 유신 귀공자들의 음주 백태

이와쿠라 도모미의 권모술수

1867년 정월, 이제 막 만15세가 된 사치노미야(祐宮) 무쓰히토친왕(睦仁親王)이 즉위했다. 전년도 말에 부친 고메이 천황(孝明天皇)이 돌연 서거했기 때문이다. 어머니의 조부인 나카야마 다다야스(中山忠能)의 일기에는 천황의 죽음이 심상치 않은 일로, 세간에 독살설이 나돌고 있다고 기록되어 있다. 그 범인이 이와쿠라 도모미(岩倉具視)일 것이라는 소문도 일찍부터 있었다. 술을 좋아하는 천황의 술병 안에 독약을 몰래 넣었을 것이라는 후문도 전해지고 있다.

실제로 고메이 천황은 술을 즐겼다. 가장 총애하던 나카야마 요시코(中山慶子)를 상대로 매일 밤마다 술을 마셨는데, 술자리도 아주 길었다고 한다. 무엇보다 당시 궁정 경제가 궁핍하여 고급주를 입에 대는 일은 적었다. 기무라기(木村毅)는 그의 저서 『메이지 천황(明治天皇)』에서, 질이 좀 떨어지는 술이어서 매일 밤 술자리가 자연스레 길어졌을 것이라고 추정한 바 있다. 고메이 천황이 입에 댄 것은 '물이 7, 술이 3'으로 평가되는 조잡한 술이었다고 한다.

여하튼 나카야마 요시코(훗날 아에[安栄]라는 이름을 하사받음)와의 사이에서 사치노미야가 태어난 것이다.

고메이 천황의 평탄치 못한 죽음 이후, 정국은 급변했다. 이와쿠라를 중심으로 삿초(薩長) 두 번(藩)이 손을 맞잡은 형태로 도막의 길이 펼쳐지게된다. 이런 정세를 바라보며 도사의 번주 야마우치 요도(山內容堂) 등은 쇼군 요시노부(慶喜)에게 자발적으로 정권을 내려놓으라고 촉구했다. 시류를 달관하고 있던 요시노부는 1867년 10월 14일을 기하여 대정봉환(大政奉還)[183]을 조정에 청했다.

하지만 이와쿠라는 도쿠가와씨가 자주적으로 정권을 내놓아버리면, 자신이 새로운 시대를 개척하는 주역이 될 수 없다고 판단했다. 그래서 끝까지 도막노선의 맥락에서 사태를 마무리 지을 요량으로, 어린 천황의 이름하에 도막의 취지를 담은 이른바 밀칙(密勅)을 준비했다. 그리고 12월 9일에 '왕정복고'를 선언하고, 쿠데타 형식으로 좌막파(佐幕派)와 비판파를 배제하면서 사후처리 회의를 그날 밤 궁궐에서 개최했다. 이때 정면상단에 드리워진 발 안쪽에는 메이지 천황이 옥좌에 앉아 있었다.

소집된 공경(公卿)[184], 번주, 번의 무사들 가운데 도쿠가와씨 관계자가 없는 것은 당치 않다며 이들을 소집해야 한다고 야마우치 요도가 말했다.

---

183 막부가 통치권을 조정에 반납한 사건
184 조정에서 정삼품·종삼품 이상의 벼슬을 한 귀족.

이와쿠라 등은 도쿠가와씨는 처벌해야 할 적이라고 단언하며 이를 일축했다. 요도는, 도쿠가와씨가 오랫동안 정치를 잘 해왔으며, 오직 국가를 생각하는 입장에서 오늘날의 봉환에 이른 것이다, 그런데 이를 물리쳐 멸망시키려는 소수의 사람들이 "어린 천자를 옹립하여" 권력을 빼앗고자 이 회의를 주최한 것은 전혀 이치에 맞지 않다고 주장했다.

정말이지 요도가 지적한 그대로였기 때문에 이와쿠라는 노발대발하여 큰 소리로 고함쳤다. "지금 천자를 앞에 모신 회의에서, 영명하신 천자의 발의로 이처럼 모인 자리에서, 어린 천자를 옹립하여…따위의 무례함을 말하는 것은 용서할 수 없다."라고 말했다.

당시의 메이지 천황에게는 의견을 말하거나 의안을 내놓을 권리도 없었다. 야마우치가 주장한 바와 같은 경위에서 궁궐회의에 이끌려나온 것이었다. 이와쿠라는 천황의 이름을 자신의 권력 강화에 적극적으로 이용했다. 그런 점에서 이와쿠라라는 인물은 천황제의 역사를 돌아볼 때, 극히 중요한 의미를 지닌다. 그 후에도 계속적으로 '천황의 의사', '천황의 말씀'을 날조하고 이를 공표하여 정적을 함구하게 함으로써 자신의 권력을 공고히 했다. 예의 정한론을 둘러싼 각의 자리에서도 천황의 의사를 들고 나와, 사이고 다카모리파를 뭉개버렸다. 소에지마 다네오미(副島種臣)가 이와쿠라의 그런 수법을 불쾌하게 여겨, 천황에게 책임을 돌리는 일을 해도 좋은가라고 나무랐으나, 오히려 소에지마가 불경하다는 취급을 받기도 했다.

이와쿠라 도모미는 이런 방식으로 메이지유신 정부의 삿초 파벌의 중핵에 앉아 일본 근대정치사의 향방을 좌지우지한 중요인물로, 자유민권을 혐오했다. 국회개설과 헌법제정도 자유민권파의 창끝을 무디게 하기 위해 부득이하게 취하는 수단이라고 여겼을 뿐, 본심에서 입헌정치를 추구했던 것은 아니다. 1875년 4월 14일의 일기에 '입헌정체(立憲政体)'라고 하는 제목 하에 "이는 국체를 뒤흔들 수 있는 요소라는 점에서 시종일관 불가함을 주장했다."고 적고 있을 정도였다. 이 이와쿠라의 부하가 이토 히로부미(伊藤博文)였다는 사실도 잊어서는 안 된다. 이와쿠라는 술을 마시고 탈선한 일이 전혀 없다.

이와쿠라의 일기를 보면, 단 것을 좋아했던 것 같다. 과자를 선물 받는 일이 눈에 띄는데, 막부 말기에 지사를 초대하여 한 잔 정도 가볍게 마시는 술자리는 열곤 했다. 만나서 재밌거나 유쾌한 사람은 아니었다.

컵에 술을 따라 마신 메이지 천황

부친 고메이 천황을 닮아서인지, 메이지 천황의 '말술'은 잘 알려진 이야기이다.

아버지 고메이 천황이 어머니 나카야마 요시코와 마주 앉아 마셨다면, 메이지 천황은 시종들을 같은 식탁에 앉게 하여 역시나 느긋하게 같이 술을 마셨다. 이 역시 대체로 이와쿠라와 오쿠보 도시미치(大久保利通)의 생각에서 나온 것인데, 궁정 내의 여성적인 느낌을 메이지 시대가 되어서는 불식시키려고 했다. 이른바 여관들이 낮에 천황이 머무르는 곳에 출입하는 것을 못하게 하고, 헤이안 조 이래의 궁정기분을 없앤 뒤에 많은 여관들의 저항을 물리치고 대궐 안에서 여성들을 제거해 나간 것이다. 그 대신 남자 신하를 안쪽 방에 배치했다. 그들은 사쓰마와 조슈의 호걸 무사였거나 구 막부의 신하 야마오카 데쓰타로(山岡鐵太郎)와 같은 자들이었는데, 여하튼 궁정의 분위기는 구 막부 시대와는 사뭇 달랐다. 호쾌한 남성적 분위기 속에서 천황을 남성적 황제로 추앙하는 것이 이와쿠라의 목적이었다.

메이지 천황은 이런 신하들을 상대로 매일 밤 술을 마셨다. 하지만 신하 가운데는 사쓰마 무사이면서도 술에 약한 다카시마 도모노스케(高島鞆之助)와 같은 이도 있었다. 다카시마는 천황을 상대하는 데 무척 애를 먹었다고 술회한 바 있다. 천황은 통상 큰 컵에 담긴 술을 마셨다. 매우 서민적인 음주방식이었다.

이런 천황과 잘 맞는 상대가 야마오카 데쓰타로였다. 그의 호걸스러운 면은 유명하여 천황과 스모를 해도 진짜로 넘어뜨릴 정도였으며, 천황이 마시라고 할 때도 사양치 않고 받아 마셨다.

너무 과음하여 천황이 침소에 들지 못하고, 시종들의 공용공간이었던 학문소(御學問所)에서 그들과 함께 새우잠을 청하기도 했다고 한다.

신하들은 내심 두렵기도 했을 것이다. 하지만 천황에게 강의를 하는 교육 담당자를 비롯하여 모두 천황은 호기로운 영웅이어야 한다는 생각을 지니고 있었기 때문에, 그런 천황의 행동에 대해 의식적으로 개의치 않으려 했다. 이렇듯 천황으로서도 거리낌 없이 남자들과의 교류를 즐기게 된 것이다.

그때쯤이면 메이지 10년대(1878 ~ 1887)대에 들어간 시기인데, 천황은 이미 이와쿠라의 생각대로 조종되는 사람이 아니게 되었다. 인물을 보는 안목도 길러져서, 무턱대고 정략적으로 이용되는 일은 없어졌다.

삿초와 이와쿠라가 결집하여 오쿠마 시게노부(大隈重信)를 참의에서 쫓아내려 했을 때, 이와쿠라는 오쿠마의 참의 파면 건을 천황이 몸소 처리해 줄 것을 요청했다. 이 문제는 저명한 홋카이도 개척사장관 구로다 기요타카(黑田淸隆)의 관유물불하사건 [185] 에 대해, 오쿠마가 공사(公私)를 혼동한 오직(汚職)사건이라고 강력하게 비판했던 것에서 비롯되었다.

오쿠마가 음모를 꾀하고 있다는 이와쿠라의 이야기에 대해, 천황은 "그렇다면 증거를 보여라."라고 말했다. '어린 천자'를 계속 옹립하면서 자신의 생각대로 일을 처리해온 이와쿠라 앞길에 이제 천황이 두터운 벽이 되어 등장했던 것이다. 그러자 이번에는 읍소하는 형태로 시종일관 '천황의 재가'를 바랐다. 결국 이 건은 인정되었지만, 이와쿠라도 삿초 측도 이 이상 오쿠마의 완전추방을 꾀하는 일은 삼갈 수밖에 없었다.

산조 사네토미와 사이온지 긴모치

메이지유신 정부가 실질적으로 이와쿠라 도모미와 삿초 출신 지사의 연합정권이었던 것은 분명하지만, 그들의 바로 위에는 공가(公家) 출신인 산조 사네토미(三條實美)가 있었다. 그 시대에는 이와쿠라보다도 사회적으로 서열이 훨씬 높은 명문가 출신이었다. 이와쿠라가 천황을 옹립하여 정권을 강화시키기 위해서는, 천황과 자신의 사이에 격이 높은 공경을 앉힐 필요가 있었다. 그런 관점에서 보자면, 막부 말기에 조슈의 동조자이자 양이파 공경의 대표 격이었던 산조를 요직에 앉히는 것이 안성맞춤이었다. 이와쿠라의 도막계획에는 산조도 참가했던 것이다.

유신 후에는 우대신(右大臣), 나아가 1885년에 내각 제도가 생기기 직전

---

185 개척사관유물불하사건(開拓使官有物払下げ事件)은 홋카이도 개척사장관의 구로다 기요타카가 관유물불하를 결정하자, 세간의 혹된 비판을 받아, 불하중지가 된 사건을 말한다.

까지 태정대신(太政大臣)의 지위에 있었다. 처진 어깨에 몸집이 작은 정말이지 공가 출신다운 귀공자로, 예의범절도 상당히 바른 단정한 사람이었다. 천황의 신임도 두터워서, 예컨대 지방순행에 나갈 때는 "부재중에는 나를 대신하여 잘 부탁하오."라며 옥새를 맡길 정도였다.

마른 체형에 가느다란 수염을 턱 아래로 늘어뜨린 점잖은 산조는 굉장한 술꾼이었다. 아무리 마셔도 자세를 흐트러뜨리지 않고, 얼굴색도 변한 적이 없다. 정치가로서는 이와쿠라와는 전혀 다른 타입이었다. 딱히 뭐라 하는 일도 없는 무능에 가까운 인물이었지만, 술에 있어서만큼은 걸출했다.

공가 명문 출신으로 정치가로서도 뛰어난 식견을 가진 인물로는 사이온지 긴모치(西園寺公望)를 빼놓을 수 없다. 사이온지는 헤이안 시대 이래로 비파(琵琶)의 종가라고도 할 만한 가문이다. 긴모치는 본래 그보다 격이 높은 섭관가(攝關家) 다카쓰카사 긴이토(鷹司公純)의 자식인데, 도쿠다이지(德大寺) 가문에 한번 들어갔다가 사이온지 가문을 계승했다. 왕정복고 직후에 지사 출신의 무사들을 궁궐의 건물 안으로 들일 것인지 여부를 놓고 공경들 사이에서 논쟁이 벌어진 적이 있다. 당시 19살이던 긴모치는 이와쿠라 도모미, 사이고 다카모리, 오쿠보 도시미치 등과 함께 이제 막 신정부의 참여(參與)에 임명되었던 때였다. 긴모치는 무사든 아니든 참여를 건물 안으로 들이는 것은 문제없다고 주장했다. 그 주장에 여타 보수적인 섭관가의 공경들은 졸도할 정도로 놀랐다고 한다.

그만큼 상급 공경들은 융통성이 없었던 것인데, 그에 비해 사이온지 긴모치는 일찍부터 문명개화의 생각을 가졌으며 진보적이었다. 삿초의 군대가 도쿠가와씨를 쫓아내려고 동쪽으로 정벌에 나섰을 때, 많은 공경들은 삿초 대 도쿠가와의 사투 같은 것이니 조정은 책임지지 않아도 좋다고 주장했다. 하지만 긴모치는 그런 견해를 지니고 있다면 천하의 대사는 허무하게 사라져 버릴 것이라고 논하며 조정으로서 밀고 나가야 한다고 주장했다. 그러자 이와쿠라는 기뻐하고, "사이온지를 제대로 봤구나."라며 크게 감탄했다고 한다.

20살의 사이온지는 무진전쟁(戊辰戰争)에서 산인도(山陰道) 진무총독(鎮撫總督)[186]으로 출정했다. 산인에서 호쿠리쿠(北陸)로, 아이즈(會津)까지 들어가 구 막부군을 진압했다.

1869년에는 공경으로서의 의관, 총독으로서의 군복을 내팽개치고, 인간 사이온지 보이치로(西園寺望一郎)가 되어 프랑스로 건너가려는 계획을 품고 있었다. 그가 오무라 마스지로(大村益次郎)와 깊은 관계를 맺고, 서로 신뢰하고 있었다는 것은 유명한 이야기이다. 1869년 9월 교토에 온 마스지로와 만나고 싶어 외출 준비를 하고 있었는데, 마데노코지 미치후사(万理小路通房)가 찾아와서 한잔 같이 하고 싶다고 했다. 오무라를 만나러 가야 해서 안 된다고 거절하자, 오무라가 곧바로 도쿄로 돌아가는 것도 아니니 내일 저녁에 만나도 되지 않겠느냐고 미치후사가 말했다. 그럴듯하게 여긴 사이온지는 미치후사와 함께 요정으로 가서 술을 많이 마셨다. 사이온지는 풍류를 즐기던 술꾼으로, 무진전쟁 후 교토로 돌아간 뒤로는 연일 술을 마셨다고 한다.

그런데 마데노코지와 술을 마신 그날 저녁, 오무라는 숙소에서 자객에게 습격당해 목숨을 잃었다. 만약 이날 사이온지가 오무라를 방문했더라

---

186 1868년 1월 무진전쟁이 시작되었을 때, 지방진압을 위해 메이지 신정부에 의해 임명된 임시정벌군의 장관.

면 함께 살해되었을지도 모르는 것이다. 그는 감개무량한 기분이었다.

파리에 간 풍류귀공자

사이온지는 누구나가 호감을 가지는 인물이었다. 사이온지는 1869년에 치고부(越後府) 지사(知事)라는 관직에 임명되려 했으나, 학문을 연마하고자 한다는 이유로 이를 거절했다. 이후 상경하여 기도 다카요시(木戸孝允)를 만나 의기투합했다. 기도도 지사 시절 이래의 술꾼이었다. 야나기바시(柳橋)나 하마마치(浜町) 근방의 요정에 틀어박혀 숙박을 했기 때문에 술을 좋아하는 사이온지로서도 고마운 일이었다. 항상 그곳을 방문하여 함께 유흥에 빠졌다고 한다. 이와쿠라나 오쿠보 도시미치, 사이고 다카모리보다도 문명 개화적이고 서양의 근대정치체제도 잘 알고 있던 기도는 일본에서도 입헌정치가 이루어져야 한다고 생각하고 있었다. 이런 기도의 생각은 사이온지의 사상과도 상통하는 바가 있었을 것이다.

일찍이 교토에 리쓰메이칸(立命館)이라는 학당을 열고, 부인으로는 공가가 아닌 사람을 맞아들이겠다고 공언하고, 양복을 입고 궁궐에 들어가는 등, 옛 공가의 세계로부터 일탈된 행보를 거듭하던 그였다. 그리고 나가사키에 유학하여 프랑스어를 배우고, 1871년 정월에는 마침내 서양으로 향하는 등, 청년 사이온지의 꿈은 이루어져갔다. 일반적인 유신기의 정치가와는 사뭇 다른 기질을 보여주고 있었다.

프랑스 파리에 체재 중일 때도 자주 유흥을 즐겼다. 일본에서 파리로 온 사람 중에 나카에 조민(中江兆民)이 있었다. 그때의 인연으로 평생 친교를 맺었는데, 술친구로도 잘 맞는 두 사람이었다. 긴모치는 파리생활에 완전히 익숙해져, 프랑스어 문법에 관해서는 조민이 가르치는 경우가 있었지만 파리생활 그 자체는 긴모치가 지도하는 부분이 더 컸다. 일본공사관에서 아르바이트를 하고 봉급을 받으면, 전부 술 마시는데 써버렸다고 한다.

스오(周防) 출신으로 1870년에 프랑스로 건너간 고묘지 사부로(光妙寺三郎)는 훗날 사이온지가 맡은 동양자유신문의 기자가 되었다. 고묘지와 사이온지는 파리의 카페에서 알게 되었다.

어느 날 저녁, 사이온지가 술을 마시러 어느 가게로 들어가 자리를 잡았는데, 곁에서 일본남자 한 명이 시중드는 여성을 상대로 난잡하게 마시며 놀아나고 있는 것이었다. 긴모치는 처음에 상대하지 않으려 했으나, "아, 이건 일종의 풍류입니다."라며 그 남자가 말을 걸어왔다. "성가시게 구는 것도 풍류라는 것이군요."라며 사이온지가 그를 비꼬아 말했다.

그 남자는 껄껄거리며 웃고는, 술 마실 줄 아는 보기 드문 지기를 얻었다는 듯 친근하게 다가왔다. 이렇게 인연을 맺은 것이 고묘지 사부로이다. 고묘지는 술버릇이 좋지 않았다. 난폭하다는 점에서 사이온지와는 아주 다르다. 하지만 둘이 같이 자주 마시러 다녔다. 어느 날 카페에서 취해, 실수로 창문 유리 한 장을 고묘지가 깨고 말았다. 종업원이 화가 나서 따지러 와서는 변상하라고 했다. 사이온지는 "변상만 하면 문제없는 거죠?"라며 다짐하듯 물었다. "물론 변상만 해주신다면"이라고 종업원이 말했다. 이 말을 듣자마자, 사이온지는 갑자기 일어서서 가게 안의 유리라는 유리는 전부 깨뜨렸다. 막대를 휘두르며 깬 것이다.

종업원은 아연실색하여 변상금액을 제시하며 돈을 지불하게 했다. 사이온지는 돈을 지불하면서, 돈만 내면 유리는 내 것이다, 라며 종이에 파편을 싸서 가져가겠다고 말해 가게 안에 있던 사람들을 놀라게 했다는 일화가 있다.

고묘지는 일본으로 돌아가 검사가 되기도 하고, 고토 쇼지로(後藤象二郎)를 따라 체신성(遞信省)[187]에 들어간 적도 있다. 짐짓 파리 신사인 양 향수를 뿌리기도 했다고 하니 거들먹거리는 면모도 있었던 것 같다.
제1회 제국의회에는 중의원으로 참여했지만, 정치가로서는 성공하지 못했다. 그래서 줄곧 사이온지에게 민폐를 끼쳤던 것이다.

'스님'의 요정놀이

1880년에 사이온지는 일본으로 귀국했다. 실로 10여 년에 걸친 프랑스 유학이었으니 근대정치가로서 좋은 공부가 되었을 터이다. 그 결과 그는 자연스레 자유주의 사회사상의 주창자가 되어 나카에 조민 등과 함께 행동하며 세상을 계몽하는데 힘썼다. 그리고 동양자유신문을 이듬해부터 발간했다. 사장 겸 주필이었다. 이때도 풍류와 유흥을 즐기는 타고난 기질을 발휘하여 자주 화류계에 드나들었다. 그 후 칙령으로 신문업에 종사하는 일을 그만두게 되어, 따분함을 푸념하는 신세가 되었다.

지금의 신바시(新橋) 화류계에 해당하는 산짓켄보리(三十間堀)의 요정에 빈번하게 드나들며 술에 빠져 여자들을 상대로 놀아나는 생활을 계속했다. 그러던 와중에 다시 유럽에 출장을 가게 되어 법률제도에 관한 조사를 하게 되었다.

언뜻 보면, 사이온지는 열심히 공부하는 사람으로는 보이지 않는다. 유유히 놀러 다니며 가지고 있을 법한 재능을 좀처럼 겉으로 드러내지 않는다. 그래서 유신정부의 요직에 앉기는커녕 할 일 없이 빈둥빈둥 돌아다닌 듯하다. 대개 정주할 집을 가지고 있지 않았고, 여관이나 요릿집, 조닌 첩의 집이던 곳을 빌려 생활했다.

1887년 무렵에는 오스트리아 공사 등을 지냈지만, 유럽에서도 힘을 다해 열심히 일하는 모습은 보이지 않았다. 하지만 중요한 외교절충에 관련해서는, 평소 술로 사람들과 잘 어울리는 본성을 가지고 있던 관계로 베를린에서도 브뤼셀에서도 잘 지냈던 듯하다. 일본에서 온 사람 가운데 세련되게 술을 즐기는 풍류인으로서 서양인들로부터 높은 평가를 받았던 것이다.

사이온지가 일본에 정착한 것은 1891년부터이다. 하지만 당초 상훈국(賞勲局)[188] 총재라든지 민법상법시행취조위원장이라는 그다지 바쁘지 않은 직책을 담당했기 때문에 요정에서의 유흥은 계속되었다. 최후의 원로로서 대단한 권력을 쥐고 있던 사이온지였지만 노년시절에도 여성편력에 관한 이야기가 회자되었다. 그것은 그의 청, 장년시절의 유흥생활이 세상 사람들의 머릿속에 박혀 있었기 때문이다.

얼마간은 도테산반정(土手三番町)에 있던 마데노코지(万里小路)의 집을 빌리거나 다카나와(高輪)에 있던 이토 히로부미의 집을 빌려 생활했는데, 불이 밝혀질 무렵이 되면 홍등가로 나가는 것이었다. 화류계에서는 '스님'이라는 별명이 붙어 있었다. 물론 화류계의 풍류를 아는 최고급 손님이었다. '스님'라는 별명은 필시 '사이온지(西園寺)'라는 성에서 비롯되었을 것이다.

---

187 예전에 일본에 존재하던 우편과 통신을 관할하던 중앙관청이다.

188 내각부의 내부부국의 하나. 훈장 등 영전에 관한 사무를 소관한다.

메이지 후기(대략 1905-1912년)에 들어서자, 각 방면에서 전쟁준비가 진행되었으며, 거칠고 강한 것을 칭송하고 연약함을 물리치려는 분위기가 짙어졌다. 그래서 요정 놀이에 눈살을 찌푸리는 강한 기질의 사람들이 기세를 얻게 되었다. 그런 분위기 속에서 요정을 단속하는 경관의 움직임도 분주해졌다.

당시 이토 히로부미와 이노우에 가오루(井上馨)도 요정에서의 유흥을 빈번히 즐기던 상황이었는데, 정치가의 타락이라며 이를 공격하는 담론도 널리 퍼져 있었다. 유신 지사는 미녀의 무릎을 베개 삼아 호언장담하며 국사를 논했다. 그 당시의 마음가짐이 이토와 이노우에에게 아직 남아 있었다. 아니 권력의 자리에 앉고 나서, 한층 그러한 경향이 심해졌다. 그래서 미풍양속이라 칭하며 내무성, 경시청의 영향 하에 경찰관이 요정 단속에 나섰을 때 이토 등을 발견하여 당황했던 일도 없지 않았다. 사이온지도 같은 상황이었지만, 그의 목적은 술에 있었지, 국사 등을 논하는 것이 아니었다. 야심이 거의 없었던 사이온지로서는, 당시의 권력자가 요정에서 기생들과 놀아나는 것을 들켜 당황하는 모습이 우스꽝스러울 정도였다. 여느 때처럼 요정에서 놀 때, 사이온지는 농담 삼아 지은 노래 한 수를 부채에 적었다. 그 구절이 상당히 평판이 좋아 널리 알려졌다고 한다. 그 노래는

바람에 원한은 요정의
처마 사이로 흔들거리는 넉줄고사리
살랑거리는 소리도 이러쿵저러쿵
마음이 전율하는 다다미 넉장 반의 방

이라는 멋들어진 것이었다.

23장. 술 마시며, 나라 세우며

시끌벅적했던 히로부미의 술판

개인적인 호불호는 여하튼, 이토 히로부미는 메이지 국가건설의 추진자로서 거물 중의 거물이었다. 독일인 의사 벨츠는 메이지 정계 제1인자이며 비스마르크에 견줄 만한 인물이라고 평한 바 있다. 이 거물은 술과 유흥에서도 걸출했던 인물로 알려져 있다.

이토의 사생활은 폭로된 것이 적지 않다. 그에 대한 정치상의 증오심이 더해지는 만큼, 좋지 않은 품행을 가진 자라는 세간의 평가는 짙게 퍼졌다.

일본도 이제 입헌체제를 단행해야 할 시기가 되었다. 이토는 이와쿠라 도모미의 뜻을 이어, 헌법, 특히 프러시아의 헌법을 공부했으며, 이를 바탕으로 일본국의 헌법초안 작성을 진두지휘했다. 국민의 행복을 보장하는 것보다 유신 이래의 삿초를 축으로 하는 지배체제를 강고하고 흔들림

없는 천황제국가로 전환시키기 위한 헌법작성이 과제였다. 따라서 초안 작성이 일반인에게 새어나가서는 곤란했다. 이토 등은 이노우에 고와시(井上毅), 이토 미요지(伊東巳代治), 가네코 겐타로(金子堅太郞) 등과 함께 가나가와현 나쓰지마(夏島) 해안의 여관에 머물며 극비리에 헌법 기초를 다진 것이다.

당시 일본에 체재하며 개진당 신문 등에 정치적인 그림을 그리고 있던 프랑스 화가 비고가 이런 상황을 통렬하게 풍자했다. 이토가 여성의 무릎을 베개 삼아 팔꿈치를 괴고 있다. 그 여성이 부채질을 해 준다. 엎드려 누운 이토의 오른쪽 손에는 술잔을 쥐어져 있고, 다른 여성이 술을 따르고 있다. 그 앞에 도미가 놓인 밥상과 술병이 하나 더 놓여 있다. 이 저명한 만화에는 "나랏일은 제쳐두고, 여자를 소중히 하는 이토 히로부미"라는 코멘트가 달려 있다.

여자와 술로 밤을 지새우고, 헌법 등에 관해서는 적당하게 내팽개쳤던 나쓰지마의 상황을 압축해서 그려낸 것이다. 정말이지 혹독한 비판인데, 설마 그 정도까지는 아니었을 것이다. 하긴 헌법초안 작성의 기본정신을 이토(伊東) 등 3명의 수하에게 설명해 두면, 그 자신이 구체적인 사안에 손을 댈 일은 없었을 테고, 미녀를 불러서 술을 마시는 일이 많았을지도 모른다.

쇼와(昭和) 초기에 원로 사이온지 긴모치가 오키쓰(興津)의 자교장(坐漁莊)에 체재했을 당시, 정계의 요인들이 이곳을 드나드는 움직임이 계속해서 눈에 띄었다. 그러자 어딘가 모르게 정변이 일어날 듯한 분위기가 연출되었다. 쇼와 시대에 사이온지 저택 방문이 있었다면, 메이지 시대의 고관대작들은 종종 오이소(大磯)의 이토 저택에 출입했다. 이곳은 예루살렘이라 불리기도 했다. 이토는 저택의 창랑각(滄浪閣) 2층에서 손님들을 맞아 술잔을 기울였는데, 이런저런 말을 쉴 새 없이 내뱉으며 상대를 압도하는 일이 많았다고 한다.

히로부미는 묵묵히 홀로 술을 즐기지 않았다. 상대를 고르지 않고 누구와도 교우하고, 마시기도 하고 담소를 나누기도 했다. 하지만 상대가 자신의 이야기를 정말로 이해하는지 못하는지는 캐묻지 않았다. 천하국가에 관한 것, 고금의 영웅과 위대한 사람들에 관해 논하는 것이었다. 술의 종류나 상표도 특별히 어떤 것을 즐긴다는 것도 없이 평판이 높은 것은 무엇이든지 모아서 마셔보는 식이었다. 사람에 대해서도 술에 대해서도 그다지 가리는 성격은 아니었다.

오쿠보 도시미치의 자식으로 유명한 마키노 노부아키(牧野伸顕)의 『회고록』에는 "이토씨는 상대가 대신이든, 서기관이든, 노인이든, 청년이든, 그런 것에 전혀 신경을 쓰지 않아 친해지기 쉬운 사람이었다. 누구든지 상대가 말하는 것을 경청하고, 때로는 말하는 것이 틀렸다는 것을 거리낌 없이 지적하는 식이었다."라고 적혀 있다. 마키노는 자신이 이토 히로부미를 상당히 존경했음을 군데군데 쓰고 있다. 그리고 마키노에 의하면, 이토와 사이온지는 비슷한 성격으로 뒤끝이 없으며, 그런 점에서 가쓰라 다로(桂太郎)의 나서기 좋아하는 것과 다르다고 말하고 있다. 필시 이토는 자신의 후계자는 사이온지라고 생각하고 있었던 것 같다. 술에 대해서도 밤의 유흥에 대해서도, 즉, 마시고 즐기는 부분에서도 둘은 죽이 잘 맞았던 것 같다.

여성과의 사이에 일정한 선을 긋다

이토와 사이온지가 닮았다고는 해도, 전자는 조슈번의 농가 출신으로 엄청나게 자수성가한 자이며, 후자는 앞에서도 말했듯이 한다하는 명문가 출신의 귀공자로, 성장과정은 상당히 다르다. 이토가 사이온지보다 싹싹한 면도 가지고 있었다.

일본의 3대 하이컬러 중의 한 사람이라고 자타가 공인했던, 그리고 늘 프록코트를 입고 다니던 다케코시 요사부로(竹越與三郎)(산시[三叉])는 언론계의 중진으로 이토와도 교우관계가 있었다. 잘난 척 하길 좋아하는 다케코시가 오이소(大磯)의 군학관(群鶴館)이라는 숙소에 머물고 있을 때, 바깥에서 다케코시 있는가, 라는 소리가 들렸다. 창문을 열자, 이토 히로부미가 왼쪽 어깨에 수건을 걸치고 서 있었다. 놀라서, 이토를 불러들여 방석을 깔고 차를 낼 준비를 하자, 이토는 "차는 필요 없네. 술을 내주시오."라고 했다. 이토라면 그것도 당연하다 싶어 차를 생략하고 술을 내어 주거니 받거니 몇 잔이고 마셨다. 이토는 두서없는 잡담부터 동양의 대세에 걸친 큼지막한 문제에 대해 이야기를 하고, 적당히 취했을 쯤 숙소의 여주인에게 안내받아 목욕탕에서 들어가 몸을 담그고는 돌아갔다고 한다.

이런 일화에 이토 히로부미의 진면목이 생생히 드러난다. 이토가 술과 함께 천하의 문제를 이야기하는 것은 일종의 버릇이었는데, 평소에 정계의 정점에 있었기 때문에 어쩔 수 없이 의식은 그쪽으로 집중되기 마련이다. 그렇다고 해도 장소를 가려가며 술자리에서는 술자리다운 이야기를 한다는 사이온지 식의 풍류에는 도달하지 못했던 사내인 듯하다. 정계인사의 미묘한 사정에 대해 언급하는 경우도 꽤나 있었기 때문에 주위 사람들을 섬뜩하게 만들었다고 한다.

기노시타 나오에(木下尚江)의 『불기둥(火の柱)』 같은 것은 러일전쟁 개전 당시 지배자층의 부패타락상을 철저하게 폭로한 바 있는데, 그 가운데는 술과 여자를 둘러싼 이토의 사생활에 관한 소문을 원천으로 한 것도 있었다. 이토의 성격에 비춰볼 때, 그런 이야깃거리를 스스로 뿌리고 다녔다고 일컬어져도 어쩔 수 없는 구석이 있다. 놀고 있는 것을 숨기지 않았고, 상대를 가리지 않고 술과 여자 이야기를 하는 경향이 있었기 때문이다.

이토의 여성관계에 관해서도 이런저런 세평이 있었는데, 그는 대략 여성을 낮게 보았다. 여자는 사적 존재이며, 남자에게 봉사하고 섬긴다는 점에서 그 존재의미를 인정했던 것 같다. 그래서 직접 여성이 국가와 사회에 관한 것, 정계인사에 관한 것 등에 참견하는 것을 싫어했다. 이 점에서는 유신의 이른바 원훈들인 이와쿠라 도모미 등의 생각과 같았다. 그래서 궁중에서 여성들의 세력이 생겨나지 않도록 조치한 것이다.

역시 마키노 노부아키의 『회고록』에 나오는 이야기인데, 이토 히로부미가 오이소로 가는 길에 열차에 같이 탄 부인이 자기 남편의 정치적 공적을 장황하게 늘어놓은 뒤, 때가 오면 입각시켜달라고 염치도 없이 떠들어 댔다. 이토는 대체로 남자들이 말하는 것은 상대의 신분이나 직업에 관계없이 귀 기울여 듣는 편이었지만, 이 부인의 말은 견딜 수 없었던 모양이다. 이토는 "나는 여자가 정치에 대해 입을 놀리는 것을 싫어합니다."라고 한마디 하고는 대화를 딴 데로 돌렸다고 한다. 아무리 여자를 좋아해도 여자가 국사에 관해 진언하는 것은 민폐라고 여긴 것이다. 사이온지도 비슷한 일을 겪은 적이 있다. 그가 이카호(伊香保)의 별장에 머물고 있을 때, 도쿄에서 유명한 기생이 찾아와 다음 내각후계자에 관해 추천운동을 한 적이 있다. 사이온지 역시 이를 물리쳤다. 정치가의 화류계 출입이 성행한 만큼, 비열한 야심가는 그런 색의 길을 통해서까지 운동을 한 것이다. 하지만 이토와 사이온지는 여성들과의 사이에 일정한 선을 긋고 지냈던 것이다.

사이고 쓰구미치, 가바야마 스케노리

지금까지 공가에서 사이온지, 조슈에서 이토와 같은 술꾼을 살펴보았는데, 그에 이어서 이제 사쓰마 출신의 술꾼들을 점검할 차례가 된 것 같다. 사쓰마 사람들은 도사 사람들과 더불어 술을 잘 마신다는 정평이 나 있다. 오쿠보 도시미치나 사이고 다카모리가 술자리에서 탈선했다는 이야기는 남아 있지 않지만, 마키노 노부아키에 의하면, 두 사람에 이어 사쓰마를 이끌었던 구로다 기요타카(黒田清隆)에게는 '술버릇'이 있었다. 그는 술버릇이 나빠서 친해지기 힘들었다고 한다. 구로다가 수상이 되었을 때, 마키노는 비서관의 물망에 올랐다고 한다. 마키노는 구로다의 '술버릇'을 이유로 사퇴하고자 했지만, 결국 공과 사는 별개라는 이유에서 떠맡았다.

구로다라는 인물은 사쓰마가 낳은 인재 중에서 B급 인물이라고 생각한다. 무사적인 측면으로 보자면 그 단순함에 이끌리는 바가 있지만, 신중한 정치가로서는 기량이 부족한 점이 있었다. 걸핏하면 싸우려 들었고, 술자리에서도 이성을 잃어버리거나 해서 비난받았다.

사이고 다카모리의 동생 사이고 쓰구미치(西郷従道)는 일본 최초의 원수부(元帥府)[189]에 참여했으며, 정계에서도 활약했다. 그도 두말할 나위 없는 술꾼이었다.

1884년에 청과 프랑스가 베트남 북부에서 격돌하여 전쟁에 이른 적이 있다. 청은 프랑스의 압력을 받아, 결국 안남(安南)을 프랑스의 보호국으로 인정하지 않을 수 없었다. 이노우에 가오루(井上馨) 외무장관은 이런 약점을 노렸다. 예전부터 청·일간에는 조선을 둘러싸고 이해관계가 대립했던 터라, 이번 기회에 프랑스와 손을 잡고 청을 치자는 것이었다. 이 구상에 대해 화를 낸 것이 사이고 쓰구미치였다. 상대의 약점을 이용해서 군대를 보내는 것은 신의에 어긋나는 비열한 짓이라며 이노우에 등의 움직임을 엄격하게 통제했다. 당시 꿈틀거리고 있던 군부를 억누르는데도 관록을 발휘한 것은 쓰구미치였다.

그래서 이토 히로부미가 조선 문제로 청의 이홍장과 외교절충을 위해 나섰을 때 사이고 쓰구미치를 동반했다. 천진에서의 담판이었는데, 1885년 천진조약이라 불리는 것에 조인한 것이다.

천진 체재 중에 이홍장은 이토 전권 이하를 융숭히 대접하고, 중국소주를 내어서 대접했다. 사이고는 가고시마(鹿児島) 사람으로 소주 아와모리(泡盛)[190]로 단련된 사내였으므로, 의례용의 작은 잔으로 홀짝홀짝 마시는 것을 귀찮게 여겨 큰 컵에 이것을 부어서 단숨에 마시기를 계속했다고 한다.

끊임없이 마시고 있을 때 이홍장에게 "나는 천진에 와서, 여자를 한명도

---

189 천황의 군사상의 최고 고문기관이며, 육해군의 대장급으로 조직됨.

190 류큐(지금의 오키나와)에서 마시는 쌀로 담근 소주의 한 종류

보질 못했는데, 귀하의 나라에서는 남자가 아이를 낳습니까?"라고 물었다. 이홍장은 아연실색했는데, 사이고의 지극히 진지하고 시치미를 떼는 듯한 얼굴은 볼 만했다고 한다.

메이지 시대의 호걸다운 호걸은 바로 이 사이고였다. 술 마시며 박장대소하기도 했고, 배짱도 이를 데 없이 좋았다. 평생 전면에는 나서지 않고 삼가는 듯한 태도를 보였지만, 술에 취하면 "국가 비상시에 폐하는 반드시 나를 부를 것이다."라고 공언하는 등 자신감을 가지고 있었다. 그의 입장에서 보자면, 이토 히로부미는 중요한 국가대사를 처리할 때 판단미스를 범하기 쉬운 사람이었던 것이다.

사쓰마는 해군을 좌지우지하며 육군의 조슈와 대립했다. 사쓰마 출신의 해군대장으로, 청일전쟁 때 군령부장이었던 가바야마 스케노리(樺山資紀)도 술꾼이었다.

체구가 당당하고 용모도 수려하여, 영웅다운 면모를 갖추고 있었다. 하지만 얼굴에 어울리지 않게 맑고 아름다운 목소리를 가지고 있었다고 한다. 본래 육군 군인으로, 서남전쟁[191] 등에서는 다니 다테키(谷干城) 아래에서 구마모토성을 수호하기도 했다. 그의 인물됨을 알아본 사이고 쓰구미치가 해군에서 마음껏 일을 해보라고 권유했다. 그에 대해 가바야마는, 이제 일 좀 해보려는 나에게 죽으라는 소리인가, 나는 들판에서 죽는 것이 좋다고 생각한다, 라며 육군에 대한 애착을 보이며 거부했다. 하지만 사이고가 "그렇다니까"라며 단호하게 밀어붙이자, 결국 이를 받아들이고 이후 해군 군제의 정비, 확충에 큰 업적을 남겼다.

가바야마가 문부대신을 맡은 적이 있다. 1898년, 제2차 야마가타 아리토모(山県有朋) 내각 때의 일이다. 재임 중에 시코쿠(四國) 시찰을 돌며, 마루가메(丸龜)의 사단본부를 방문했다. 사단장은 노기 마레스케(乃木

希典)였다. 장교집회소에서 노기는 대량의 맥주를 준비하여 환영의 연회를 베풀었다.

군인의 모임답게 잔에 "맥주를 부어라!"라는 호령과 함께 병졸이 각 장교 앞의 잔에 맥주를 붓고, "맥주를 마셔라!"라는 호령과 함께 단번에 들이켰다. 그것을 열 몇 번 정도 반복했다. 하나 둘 장교들도 쓰러졌는데, 마지막까지 바로 선채로 태연히 마시고 있던 것은 노기와 가바야마였다.

노기 장군과 가쓰라 타로

조슈의 육군군인 가운데 가장 화려한 존재는 누가 뭐래도 노기 마레스케이다. 그는 굉장히 풍류를 즐기던 사람으로, 요정 놀이도 자주 했다. 그와 관련된 일화도 많다. 기생들 사이에서도 인기가 좋았던 듯하다. 러일전쟁 직전에 모구사엔(百草園)을 방문하여, 그곳의 도자기에 휘호를 남기기도 했다. 술병에는 '만물정관(万物静観)'이라 하여 술을 입에 대었을 때의 심경을 쓰고, 세 치 정도 지름의 녹차그릇에는 '주다공적(酒茶共適)' 즉, 술에도 차에도 어울리는 좋은 그릇이라고 써서 모구사엔의 주인을 놀라게 했다. 노기의 이미지가 술을 잘 마시는 것과는 멀었기 때문에, 그런 말이 나오리라고는 생각지 않았기 때문이다. 이후로 노기에게는 오직 술로 대접하고, 친하게 지냈다고 한다.

그에 앞서 노기는 청일전쟁 때 히로시마의 대본영에 머물게 되었다. 전

---

191 1877년 규슈 남부에서 발생한 사족들의 무력 반란

장에 나서지 못해 좀이 쑤시자, 노기는 다음과 같은 한시를 지었다. "살찐 말과 큰 칼은 여전히 황은에 보답하지 못한 채 헛되이 여러 봄을 보냈네. 한 말이 들어가는 큰 잔을 기울여 취한 나머지 중국 400여 주를 내달리는 꿈을 꾼다."라는 시이다. 쓸데없이 이곳에서 연일 술만 엄청나게 마셔대고, 술에 취한 나머지 꿈에서밖에 중국의 벌판을 뛰어다닐 수 없는 것은 참을 수 없다, 라는 의미이다. 실제로 그런 일상이었는지는 의문이지만, 어쨌든 술은 상당히 좋아했던 듯하다.

그에 비하면 조슈의 육군이라기보다도 일본의 군국화를 진전시킨 우두머리라고도 할 만한 야마가타 아리토모는 복잡한 성격에 신중함도 있고, 문화인으로서의 소양도 갖추고자 했던 인물로, 유쾌한 술꾼은 아니었다. 마찬가지로 조슈의 육군을 통솔했던 후배 가쓰라 다로(桂太郎)는 다이쇼(大正) 초기에 번벌정치(藩閥政治) 타도노선을 밟기 시작한 정치인들과 도쿄시민의 맹렬한 공격을 받은 것으로 저명하다. 이른바 호헌운동으로 크게 상처를 받고 싸움에 져서 물러났던 것이다. 오자키 유키오(尾崎行雄)가 의회에서 규탄했듯이, 기성의 권력관념에 갇혀 있던 인물이었다. 상대방의 회유에 종잡을 수 없이 끌려들어가는 일이 많아 자존심 없는 예스맨이라는 악평을 받았다. 대놓고 상대방의 뜻을 거스르지 않고 우물쭈물하고 있던 것도, 어떤 의미에서는 유연한 사고에서 비롯된 것이라고도 여겨진다.

그런 가쓰라도 적당히 술을 마시며 사람들과 사귀기도 했다. 이 역시 정말로 술을 좋아해서라기보다도 정치수단으로 삼고 있었던 것으로 보인다. 예컨대, 의회에서 1911년에 남북조정윤론(南北朝正閏論)[192]이 발생하여 시끄러운 논의가 전개되었을 때의 일이다. 당시에 과격한 질문연설을 준비한 의원이 있었는데, 가쓰라는 여러 사람들을 이용해서 그 의원을 누그러뜨린 뒤 요정으로 불러 접대했다. 자신도 술을 마시고는 간살을 부리며 그 의원의 힘을 뺐다. 결국에는 가쓰라를 비난하는 연설의 초고를 훔치듯이 숨겼다. 이런 교활함이 가쓰라에게는 있었던 것이다. 이에 그 의원은 의회에 등단할 방도를 잃어버렸던 것이다.

풍류인 취객

가쓰라와 같은 사내에게는 육군대장의 이미지가 떠오르지 않는다. 진짜 군인의 술은 더 산뜻하고 담박한 것이었다. 술에 세속의 야심을 거는 비겁함은 없다.

같은 야마구치현에서도 조슈가 아닌 스오(周防) 이와쿠니(岩國) 출신으로, 명 참모장의 평판이 높은 육군대장 고다마 겐타로(児玉源太郎) 같은 사람은 호화롭다고도 할 수 있는 방식으로 술을 마셨다. 청일·러일전쟁에서 육군의 동향 점검에 여념이 없던 때는 취할 정도로 마실 수 없었지만, 청일전쟁에서 평양 함락의 전보를 받았을 때만큼은 홀로 기쁨에 들떠 마음껏 술을 마셨다.

장소는 신바시(新橋) 가스모리(烏森)의 고게쓰(湖月)였다. 홀로 들어선 고다마의 곁에 기생이 10여 명이나 모여, 마셔라 노래를 불러라 떠들썩거리며 춤을 추고 소동을 피웠다. 그 전까지 그는 육군대신 대리로서 눈이 돌아갈 정도로 바빠, 좋아하는 술을 마음껏 마시지 못했다. 그랬던 만큼,

---

192 14세기에 병존했던 두 개의 조정 가운데 어느 쪽이 정통이냐는 논쟁

이날 밤은 즐겁게 술을 많이 마신 것이다.

메이지 국가의 형성기에 정치와 군사 일을 한 자들은 대부분이 상당한 술꾼이었다. 수뇌부가 그렇다면, 중견층도 이에 따르기 마련이다. 히젠번(肥前藩) 히라도(平戶)에서 온 고테다 야스사다(籠手田安定)는 유신정부의 원로원 의관, 니이가타(新潟)현과 시가(滋賀)현의 지사도 맡았으며, 말년에는 귀족원 의원까지 되었다. 검술에서는 야마오카 데쓰타로를 잇는 명사였는데, 니이가타현 지사로 부임했을 때, 지역 유지의 환영연회에서 술을 많이 마셨다.

진지한 체하며 굳어 있는 지역의 무리들이 현의 정치 방침을 물었지만, 여기는 그것을 이야기하는 장소가 아니라는 듯, 히죽거리며 대답하지 않았다. 그런 것은 분위기 깨기로는 더할 나위 없는 이야기였기 때문이다. 잔을 거듭해 마시고 취해 갈수록, 그는 큰 소리로 속요(俗謠)같은 것을 불렀다.

속일 테면 속여라, 속임을 당하기도 할 테지만,
난 너를 속이지는 않을 거다.

여기에 그의 현정 방침이 있다는 것을 내보인 것이다.

이런 풍류인은 실은 지방무사 출신인 대신, 관료, 군인 가운데는 적은 편이었다. 역시 에도 토박이의 기맥을 이은 구 막부의 관료들이 그런 면에서는 걸출했다. 그들은 극단적으로 촌스러운 것을 싫어했다. 촌스러운 남자를 앞에 두면 확실히 술맛은 떨어진다.

구 막부의 관료 중에는 정부요인으로서 임관하지 않고 재야의 언론인이 되어 새로운 시대의 여론을 이끌던 이도 적지 않다. 그 중의 한 사람으로,

에도 혹은 에도 토박이의 풍정이나 기개를 사랑하고, 도쿄가 시골스러워지는 것을 안타까워한 구리모토 조운(栗本鋤雲)이 있다. 1867년 도쿠가와 아키타케(德川昭武)가 사절로 프랑스에 향했을 때, 시부사와 에이치(渋沢栄一)와 함께 이를 수행했다. 좋은 감각을 지니고 있던 그는 유럽의 공기를 맘껏 들이마시며 메이지 일본에서 자신이 어떤 역할을 해야 할지 충분히 자각했던 것이다. 그런 타고난 기질을 바탕으로 우편보지신문(郵便報知新聞)의 기자가 되어 종횡무진 활약했다.

구리모토는 풍류를 아는 술꾼으로, 어떤 방문객이라도 맞아들여 자주 술을 마셨다. 돈이나 지위 따위에 집착하지 않으며 호탕하고 유쾌하게 술을 즐기면서 박식한 교양에서 나오는 통쾌한 말을 쾌활하게 내뱉기도 했다. 몸도 상당히 튼튼하여 무술도 예사롭지 않았다. 또한 각지를 곧잘 돌아다녔다. 술뿐만이 아니라 음식도 배터지게 먹었다.

술자리에서 싫은 말, 비웃는 말 등은 하지 않았다. 술에 취하게 되면 인형극 놀이의 소리를 내는 것이 버릇이었다. 하지만 깔끔하게 가락이 맞지 않았다. 음치가 오히려 좌중의 흥을 돋우어 주위 사람들을 많이 웃기고, 평소의 근심거리를 떨쳐 내게 하는 데 도움이 되었다. 기생들도 구리모토와 같은 손님이 정말로 재미난다고 말했다고 한다. 본격적인 예능인인 그녀들에게는, 프로 같은 개인기는 오히려 민폐이다. 평소부터 스승이나 선배의 훌륭한 예능에 익숙해져 있으면, 술자리에서 흥이 난 손님이 숨은 장기를 보인들 감탄하지 않는다. 조운의 장기는 서툴렀던 만큼 뒤끝이 개운했던 것이다.

언론계에서 가장 선구적인 지도력을 발휘한 후쿠자와 유키치(福澤諭吉)는 유소년 시절부터 술을 좋아했다. 그 자신 다음과 같이 술회한 바 있다.

내가 선천적으로 술을 좋아하긴 했지만, 고향에 있을 때는 소년이었기 때문에 자유롭게 마시지 못했다. 오사카에 나와서는 꽤 마셨지만, 궁핍한 처지라 생각만큼 마시러 다니지는 못했다. 에도로 온 이래로 주머니 사정도 조금 좋아져서 술을 사는 것이 가능해졌다. 학문에 힘쓰는 한편으로 술 마시는 것을 첫 번째 즐거움으로 삼았다. 친구 집에 가면 마시고, 아는 이가 오면 바로 술을 내게 하여 시도 때도 없이 마셨다. 32~33살 무렵이었다고 기억한다. 이렇게 마셔서는 명대로 살기는 힘들 것이라 생각했지만, 갑작스런 금주는 일시적인 것으로 오래가지 못할 테니 평생에 걸쳐 끈기 있게 술을 줄일 수밖에 없다고 결심했다. 우선 아침술을 없애고, 다음으로 낮술을 금하고, 그 다음에는 저녁술을 금한다는 방식이었는데, 전부 없애는 것은 도저히 힘들어 차츰차츰 양을 줄여나갔다. 다소 평온해지기까지 3년이나 걸렸다.

정말이지 지독한 술꾼이었던 것이다.

24장. 근대를 열어젖힌 술꾼들

홍등가에서 폐창론?

도막(倒幕)을 거쳐 성립한 메이지 유신정부는 재정기반의 면에서도, 세상의 신망을 모으는 방식에서도 상당히 약체였다. 여러모로 힘이 부족했던 메이지정부는 민의의 신장과 비판의 확대를 두려워했으며, 전제적인 지배력을 강화하고자 했다. 천황의 신비적인 권위를 강조하고, 이를 바탕으로 하는 정부라고 말하면서 비판의 화살을 피하려고 한 것도 약체임을 자각한 데서 비롯된 것이다.

실제로 유신 이래의 정부에 대해, 그 전제적인 모습을 참지 못하고 공격하는 언동이 적잖이 계속되었다. 한편에서는 문호를 개방하여 진전된 문명을 도입하고, 이를 국가권력 강화의 수단으로 삼고자 흡수했지만, 문명이라는 것이 그저 기술적으로 식산흥업, 부국강병을 진전시킨 데서 멈추는 것이 아니었다. 그와 더불어 계몽사상, 자유사상도 흘러들어 왔다.

교양 있는 지성을 중시하는 식자층에 이것들이 급속도로 흡수되어 갔다. 그런 신사상을 이론적 무기로 삼아 정부와 체제를 비판하는 움직임도 활발해졌다.

이와쿠라, 오쿠보 라인을 축으로 하는 유신정부 내에서 사이고 다카모리와 이타가키 다이스케가 이탈하자, 사이고 파와 같은 무력항거를 지향한 사족 집단이 있었던 것과 평행하여, 일부 반체제세력은 자유민권을 제창하고 개명사상을 내세우며 국회개설을 요구하고 헌법제정을 요구해 갔다. 이른바 자유민권운동이 1877년 전후에 격렬하게 전개된 것은 잘 알려진 바와 같다.

이 운동의 전개방식에도 여러 가지 변화와 격렬함의 정도 차이를 발견할 수 있지만, 대개 당시의 정권과 정책에 대한 혹독한 비판과 저항에 다름 아니었다. 민권운동의 이론적 지도자의 한 사람이었던 도사 출신의 우에키 에모리(植木枝盛)에 관해서는 이에나가 사부로(家永三郎)의 총괄적이고 세밀한 연구가 있다. 진보적 이론을 바탕으로 여권의 신장 확립을 논하고 폐창과 가족제도의 타파를 부르짖었던 우에키이지만, 1885년 무렵까지는 지극히 방탕한 생활을 하고 있었다. 일기가 남아있는데, 우에키는 실로 정성껏 유곽에서의 놀이를 기록했다. 폐창론을 쓴 것도 고치(高知) 제일급의 창녀가게 금파루(金波楼)에서의 일이라는 전승도 있다. 세상 사람들이 그에게 이런 모순을 질책해도 "폐창주의지만, 창부가 존재하는 동안은 이를 이용하겠다."라고 말했다고 한다.

이른바 유신 지사의 방탕한 모습에 대해서는 앞에서도 말했지만, 메이지의 반체제주의자에게도 다분히 그런 면이 있어서, 자주 술을 마시고 여자를 사는 이도 있었다. 다오카 레이운(田岡嶺雲)이나 기노시타 나오에(木下尚江)에게도 그런 점이 있었다. 그렇다고 해서 그 사상에 의문을 던지는 태도를 필자는 취하지 않는다. 술과 여자를 탐닉하는 남성의 심적 동기는 여러 가지이며, 일률적으로 비판하기는 어려운 것이다. 어떤 이는 그로부터 모종의 자신감을 찾고자 했고, 어떤 이는 제약이 많은 현실에서 멀리 떨어져 그저 거기에서만이라도 자유를 확인하려고 한다. 그런 점이 지사와 민권운동가에게 있었다고 여겨진다.

여하튼 우에키의 유흥은 상식을 벗어나는 것이었다. 이에나가의 저서에 인용되어 있는 것인데, 1880년에 그가 쓴 문구로 "즐거움은, 뒤에 기둥, 앞에 술, 좌우에 여자, 주머니에는 돈"이라는 것이 있다. 설마 그의 신조였던 것은 아닐 테지만, 쾌락주의자임을 자처하는 듯한 발언이다.

그는 술과 여자로 밤을 새는 날들을 보냈는데, 어떤 이유에선지 이에 대해 세밀하게 일기에 남겼다. 하지만 주량은 그리 대단치는 않았던 것 같다. 여자에게 접근하기 위한 술이었던 것으로 보인다. 임질에 걸린 것까지 일기에 기록하고 있다. 25~26살 무렵에는 도쿄의 요시와라의 대문자루(大文字楼)에 들락거리며 하쿠로(白露)라는 여자와 친하게 지냈다. 각지에서 정치 이야기 등을 하며 연설여행을 했는데, 어딜 가든 술자리에서 떠들어대며 여자를 안고 있던 그였다. 몸이 튼튼했는가 하면, 그렇지도 않다. 자주 병치레를 하는 체질이었던 듯, 잊을 만하면 설사를 하고 감기에 걸렸다.

그런 우에키도 30살 무렵에는 노는 것에 질렸던 모양이다. 폐창운동도 실천하는 몸이라 멋쩍기도 했는지, 방탕한 생활이 크게 잦아들었다. 그리고 일기에는 사회운동가로서의 활발한 움직임을 읽을 수 있다. 하지만 35살의 나이로 요절했다. 때마침 메이지헌법이 공포되고, 교육칙어가 발포되고 얼마 지나지 않은 1892년의 일이었다. 메이지 정부가 과제로 삼았던 천황제국가가 확립된 후, 자유민권을 요구하는 기운이 크게 꺾인 시기였다.

주선(酒仙)이었던 대학자

1892년으로 말하자면, 국문학자 하가 야이치(芳賀矢一)가 도쿄제국대학 문과대학을 졸업한 해이다. 대일본제국헌법의 배경에 이토 히로부미 등의 독일헌법 연구가 존재했던 점에서도 미루어 짐작할 수 있듯이, 일본의 학술문화 전반에도 독일의 학술문화가 큰 자극을 주었다. 하가 야이치도 독일에서 유학했다. 귀국 후에 문과대학의 교수가 되었는데, 위스키를 즐긴 애주가라는 점에서는 학계의 선구자라 해도 좋을 것이다. 위스키 1병반을 탄산수로 섞어서 한 자리에서 마셔버리는 술꾼이었다. 그밖에 니혼슈(日本酒)도 즐겨 마셨는데, 이 역시 컵으로 벌컥벌컥 마시는 식이었다. 당시의 하이컬러가 즐기는 주법이었던 듯하다.

한번은 시바(芝)의 이궁(離宮)에서 개최된 궁중의 벚꽃놀이 연회에 초대받았다. 하가는 얼추 제공되는 양주를 마신 것 외에도, 함께 간 다카노 다쓰유키(高野辰之)에게 샴페인과 포도주를 더 받아오도록 시켰다고 한다. 도중에 다카노가 꾸물꾸물하고 있자, "우리와 같은 테이블에 서양의 귀부인이 동석해 있다. 그 분들을 위해서라고 말하면 부끄럽지 않게 가져 올 수 있으니"라고 알아듣게 말하고는 느긋하게 계속 마셨다고 한다.

그다지 겉모양에는 신경 쓰지 않아 옷차림은 추접스럽고, 언뜻 봐서는 예의에 벗어난 듯한 행동도 종종 했다. 옷자락을 걷어 올려서 엉덩이를 긁으며 걷는다든지, 손을 씻기 위해 화장실에 놓아 둔 물을 위스키에 섞는 등 기괴한 행동도 했다. 하지만 근본이 온후한 성격이어서 후배와 문하생들로부터 크게 존경받았다.

하가에 비해 학력은 낮지만 독학으로 상당한 연구를 거듭하여 훗날 와세다대학의 교수가 된 역사가 요시다 도고(吉田東伍) 역시 술꾼이었다. 그의 『대일본지명사전(大日本地名辞書)』은 대단한 역작으로, 지금도 주요 참고문헌으로 기능하고 있다.

밤낮으로 공을 들여 사료를 발췌하는 한편, 자주 술을 마셨다. 술이 힘을 내게 하는 원천이었다고 할 수 있을 정도였다. 일하지 않는 밤에는 새벽까지 술을 많이 마셨지만, 술에 취해 흐트러지는 일이 없었다. 하지만 1918년에 54살의 나이로 숨을 거두었다. 하가 야이치도 1927년 60살의 나이로 숨을 거두었는데, 좀 더 오래 살았으면 좋았을 인물들이다. 이들의 단명은 과음이 원인이었던 것은 아닐까 싶다.

학자로서 뛰어났지만 대학과는 무관했던 술꾼이자 기인이었던 미나카타 구마구스(南方熊楠)는 74살까지 살았다. 1941년, 태평양전쟁 개전 직후에 사망했다. 그는 점균학(粘菌學)의 전문가였을 뿐만 아니라, 초인적인 독서와 암기력을 바탕으로 민속연구에서도 훌륭한 업적을 남겼다.

와카야마(和歌山)현 사람으로, 고등학교를 중퇴한 후 미국과 영국으로 건너갔다. 런던에 체류하여 대영박물관에 근무하기도 했다. 그 무렵부터 술과 기괴한 행동에 얽힌 우스꽝스러운 이야기를 남기고 있는데, 1900년에 귀국한 뒤로는 고향인 다나베(田邊)에 거처하며 오직 학문에만 정진했다. 다수의 영문 논문을 저술하여 국제적으로 그 성과를 인정받았다. 민속학으로 통하는 미나카타 구마구스였기에, 야나기타 구니오(柳田國男), 오리구치 시노부(折口信夫) 등 이 방면의 선구자들도 미나카타를 찾아가 이야기를 나누려 한 적이 있는데, 학문이야기보다도 그 기괴한 버릇에 접하고는 아연실색하여 물러갔다고 한다.

야나기타는 1914년 봄에 미나카타를 찾아갔다. 분위기를 조금 띄우고 나서 이야기를 할 요량으로 멋대로 술을 마시기 시작했는데, 벌컥벌컥 마시는 사이에 술에 취해서 이야기도 하지 못했다고 한다. 다음 날 아침 일찍 다시 찾아가니, 미나카타는 아직 침소에 있고, 이불을 덮은 채로 잠옷 옷자락 사이로 소리를 내며, "술을 많이 마셔서 눈이 보이질 않소. 얼굴은 내밀지 못하지만, 이야기는 가능하오."라고 했다고 한다. 야나기타는 어이없어 하며 30분 정도 이야기하다 떠났다고 한다.

오리구치가 방문했을 때에도 술을 마시고 있었다고 하는데, 무릎부터 아래가 칠칠치 못하게 벌어져 있던 그를 상대했다. 훈도시[193]로부터 미나카타의 성기가 삐져나와 있어서, 눈을 어디다 둘지 난처해하다가 결국 제대로 이야기도 못했다고 한다.

메이지와 다이쇼 시대의 학자들 중에는 기괴한 술꾼들이 많았다. 국사학계의 거두급인 구로이타 가쓰미(黑板勝美)도 그랬다. 전날 밤 곤드레만드레 취해서 요정에서 잠을 잔 뒤, 다음 날 도쿄대학 강의에 요정의 잠옷차림 그대로 헐레벌떡 뛰어온 적도 있다. 당시에는 그런 교수야말로 거물급으로 보았던 것이다.

세속을 초월한 기벽의 술꾼

외교관으로, 훗날 벨기에 공사, 마쓰야마(松山) 시장도 지낸 가토 쓰네타다(加藤恒忠) 같은 사람도 평소에는 세련된 신사였다. 풍채도 좋아 외무장관이 될 만하다고 일컬어지던 인물이었는데, 천진난만하게 술을 즐길 뿐, 속된 야심이 없는 풍류인이었다.

야나기타 구니오가 대학생일 때, 가토를 방문한 적이 있다. 언뜻 보기에 프랑스 유학을 경험한 스타일리스트로 보였지만, 자세히 알고 보니 실로 대단한 사람으로 풍류를 아는 소양이 있는 것에 감탄했다고 한다. 담백한 성격으로, 돈이 별로 없어 나가야(長屋)[194]에서 살고 있었는데, 상대의 신분이나 빈부에 상관없이 누구든 유쾌하게 집으로 불러들여 술잔을 기울였다고 한다. 정월에는 현관에 "주인은 집에 있음. 따로 안내인은 없음. 새해인사 온 분들은 어서 들어오시라."라고 붙여놓았다. 그리하여 젊은이들이 줄지어 나타나 방으로 들어갔는데, 가토는 태연한 기색으로 대례복을 입은 채 술을 들이키며 이야기와 토론을 활발히 하는 모습이었다는 것이다.

저널리스트 중에서도 특이한 술꾼들이 적지 않았다. 술을 마시면, 천하국가에 관한 것을 태연하게 논하는 경향은 누구에게나 있으나, '천하의 기자'로 평판이 높았던 야마다 이치로(山田一郎)는, 미야케 세쓰레이(三宅雪嶺)의 말을 빌자면, "수재이자 변태, 천재이자 괴짜, 조물주의 걸작이긴 하지만 결함품"인 인물이었다.

술을 마시면 곧장 벗은 채로 춤을 추었다. 그리고 술병을 던지거나, 세상에 무서울 것 없다는 듯, 안하무인격의 태도를 취했다. 행실이 나쁘다는 비난과 충고를 받으면 다시는 그런 짓을 하지 않겠다고 맹세하고는, 그 맹세를 내보이는 술자리를 어느 요정에서 열고 친구들을 불렀다. 거나하게 술을 마시고 있는 사이에 야마다의 모습이 보이지 않게 되었다. 손님들이

---

193 남성의 음부를 가리기 위한 폭이 좁고 긴 천.

194 칸을 막아서 여러 가구가 살 수 있도록 만든 집.

어찌된 일인지 걱정하고 있자, 나체가 된 야마다가 나타났다. 배에 눈과 코를 그리고, 배꼽 밑에 입을 그리고는 미친 듯이 춤을 추었다. 모두가 이 것에 기가 막혀 입을 딱 벌리고 말을 못했다고 한다.

이처럼 갖가지 기괴한 행동을 했던 야마다가 시즈오카에 있을 때, 어느 요리가게에서 자신의 결혼피로연을 열기로 하고 지인들에게 연락했다. 초대를 받은 이들은 축의금을 지참하고 집합했다. 드디어 연회가 시작되 려고 할 때, 야마다는 "실은 오늘 저녁 모인 것은 현의 중요한 문제에 관해 이야기를 들어주었으면 해서이다. 결혼 피로연이라고 하지 않으면 많은 이들이 모일 것 같지 않았기 때문에 이런 방법을 취했다. 용서해주기를 바란다. 오늘 받은 축의금은 훗날 결혼식을 열 때까지 맡아 둘 테지만, 오 늘 저녁의 연회비는 각각 받겠으니 잘 부탁한다."라고 인사했다. 모두 벌 어진 입을 다물지 못하고, 분개하는 것을 넘어 멍하니 쳐다보고 있었다. 선을 넘어선 기괴한 행동이라 하더라도 그저 손가락질만 하는 것이 아니 라, 어딘가 좋은 구석이 있으면 재미난 인물이라고 받아들이던 좋은 시 대였다. 그런 만큼 세상에 여유가 있었고, 틀에 박히지 않은 삶의 방식을 상당 수준까지 우겨댈 수 있었던 것이다. 오늘날처럼 일정한 패턴이 굳 어지고 어른스러운 사람들로만 구성된 사회에서는 이런 인물은 미움만 받을 뿐이다.

스모계의 영웅 술꾼

그런 점에서 보자면, 스모계에서도 메이지의 스모꾼과 같은 특이한 걸 물은 오늘날 얻기 어렵다. 모두가 신사적이고, 빈틈없는 처세술을 몸에 익히고 있다.

스모꾼은 술꾼이라는 것이 일반적인 상식이지만, 예전의 스모꾼들은 무턱대고 술을 마시고도 스모를 할 수 있는 여건을 가지고 있었다. 예전에는 1년에 두 번 혼바쇼(本場所)[195]가 있었다. 더군다나 1909년에 국기관(國技館)이 생기기 전에는 마쿠우치(幕內)[196]가 한 번의 흥행을 9일간, 주료(十兩)[197] 이하가 5일간 행했다. 그런 느긋함에 비해, 오늘날에는 스모꾼들이 연간 90일간의 혼바쇼 스모에 몰두한다. 도저히 술에 취해 곤드레만드레 할 수 없는 것이다.

요코즈나(橫綱) 다마니시키(玉錦)와 사가노하나(佐賀の花)의 스승이었던 니쇼노세키(二所ノ關) 감독은 메이지 후기의 가이잔(海山)이다. 뛰어난 호걸 히타치야마(常陸山)가 오제키(大關)[198] 시절에 그에게 두 번 패한 것으로 유명한데, 그는 희대의 술꾼으로 이름을 날렸다. 두되, 석 되의 술을 가뿐히 마셨으며, 늘 술독에 빠져 있었다고 전해진다.

청일전쟁 무렵 이제 막 마쿠우치(幕內)에 오른 어느 날, 혼바쇼의 스모장에 모습이 보이지 않았다. 스승인 도모즈나(友綱)가 크게 걱정하여 짚이는 곳을 찾게 했더니, 자주 다니던 요정에서 전날 밤부터 계속 술을 마셔서 아주 기분 좋게 보내고 있던 것을 발견했다.

이를 데리고 와서 겨우 시합 시간에 맞췄다. 만취한 듯 비틀거리며 샅바

---

195 스모꾼의 순위와 급료 등을 정하기 위해 벌이는 흥행.

196 스모꾼의 계급의 하나. 대전표의 맨 윗단에 이름이 쓰여지는 스모꾼.

197 스모꾼의 계급의 하나. 마쿠우치(幕內)와 마쿠시다(幕下)의 중간.

198 스모꾼의 등급의 하나. 요코즈나 다음.

를 메고 스모판에 올랐다. 그런데 일단 맞붙을 태세를 취하자, 반듯하게 훌륭히 마주서서 상대방을 냅다 꽂아버렸다. 그대로 태연히 물러나서는 후다닥 예의 요정으로 돌아가 다시 술을 마시며 밤을 지샜다.

그 다음날 아침이 되어 "아, 큰일이다. 어제 스모판에 가는 것을 깜빡했다! 이거 큰일인걸."이라며, 황급히 단체숙소로 돌아와 도모즈마 감독 앞에 무릎을 꿇고 "어제는 스모판을 쉬어서 죄송합니다."라고 기가 죽은 얼굴로 사죄하고 또 사죄했다. 도모즈나는 말했다. "무슨 소리냐. 너는 어제 스모를 잘하고, 이기지 않았느냐."라고 하여, 가이잔은 크게 당황하며 물러났다. 전날의 스모는 술이 깨지 않은 상태에서 무의식적으로 했던 것이다.

가이잔에 관해서는 더욱 잘 알려진 이야기가 있다. 유명한 오쿠라 기하치로(大倉喜八郎)가 무쿠시마(向島)의 별저에 몸집이 큰 외국인과 스모꾼들을 초대했다. 그 서양인은 계속 힘자랑을 하며 스모꾼들을 깔보는 모양새로 힘겨루기를 청했다. 그렇지만 상대를 하지 않고 조용히 술만 즐기고 있었다. 오쿠라 가문을 생각해서라도 삼가는 게 좋겠다고 생각했기 때문이다.

그런데 이 외국인이 어지간히 끈질겨서, 힘겨루기에 응하지 않는 것은 약점이 있기 때문일 것이라며 점점 불손해졌다. 그래서 술도 충분히 들어갔겠다, 가이잔이 참지 못하고 갑자기 바둑판을 하나 가져와서 이 위에 서라고 외국인에게 가리켰다. 외국인이 거기에 서자, 가이잔은 바둑판의 안쪽으로 오른손을 넣고는 한 번 힘을 주며 조용히 들어올렸다. 바둑판 위의 외국인을 비틀거리게 하는 일도 없이 높이 쳐 올린 것이다. 이 괴력에는 그 외국인도, 같이 있던 무리들도 아연실색하여 감탄할 뿐이었다고 한다. 메이지 후기에 히타치야마가 제2대 우메가타니(梅ヵ谷)와 나란히 요코

즈나가 될 때까지, 스모꾼들의 행동에는 다소 조폭 같은 분위기가 있어서, 스모꾼은 신사가 상대할 바가 아니라고 여겨지기도 했다. 스모꾼은 협객에 가까운 느낌으로, 의상 등도 화려했다.

이런 경향에 대해 히타치야마는 이른바 숙청을 단행했다. 그 당당한 관록으로 지도력을 발휘하여 스모꾼(力士)이라는 것은 '힘(力)이 있는 신사(士)'라고 강조하며, 엄격한 예의범절을 강조했다. 1907년에는 구미일주 여행도 할 정도로 해외로 진출한 스모꾼으로서 선구자이기도 했으며, 상당히 세련된 신사였다. 술이 센 것으로도 정평이 나 있었다. 위스키도 대개 잔에 아무 것도 섞지 않고 마신다기보다는 들이부었다. 시원시원했던 그의 스모와 마찬가지로 술 마시는 것도 호탕하고 유쾌했다. 또한 금전에 집착하지 않고 잘도 썼다. 스모계의 최고 보스가 되어 많은 요코즈나와 오제키를 문하생으로 배출하기도 했기 때문에 반감을 품은 자들도 적지 않았지만, 실력으로 데와노우미베야(出羽海部屋)[199]의 황금시대를 열었을 뿐 아니라 스모도(相撲道)를 크게 향상시키는데 진력했다.

다치야마(太刀山)와 고마가타케(駒ヶ嶽)

히타치야마를 목표로 삼아 쭉쭉 출세하여 라이덴 다메에몽(雷電為衛門)[200]에 필적하는 비할 데 없는 힘을 보인 것이 다치야마이다. 오제키,

---

199 일본스모협회 소속의 스모방. 현존하는 방 중에서는 최대 9인의 요코즈나를 양성하는 등, 스모계 유일의 명문으로 일컬어진다.

200 에도 시대의 스모꾼. 스모사상 미증유의 최강 스모꾼으로 불린다.

요코즈나가 되고나서는 더 이상 히타치야마에 패하는 일도 없었다. "다치야마의 45일(한 달 반, 즉 히토쓰키한一突き半)[201]"이라는 말이 있었을 정도로, 일방적으로 상대를 밖으로 밀어냈는데, 너무나도 강해서 인기는 없었다.

다치야마와 대전하는 상대 스모꾼의 후원자가 어떻게 해서든지 다치야마를 무너뜨리고 싶다고 생각하여, 전날 밤 몰래 다치야마를 불러내어 미녀들이 둘러싼 자리에서 음식을 실컷 먹게 하고 술을 마시게 한 뒤, 여자를 보내 잠을 자게 했다. 최고의 대접으로 비틀거리게 만들어, 다음 날의 스모대결에서 기력을 못 쓰게 하려던 것이다.

그런데 다음 날, 다리와 허리를 단단히 하고 스모판에 올라선 다치야마는 역시 아무 문제 없이 상대를 밀어내 버리고는 이렇다 할 동요가 없었다. 후원자의 편들기는 유흥비 탕진으로 끝나버린 것이다.

히타치야마의 맞수가 우메가타니였던 것처럼, 다치야마와 팽팽하게 맞설 만한 실력을 가진 이가 고마가타케였다. 오제키까지 승진했으나, 너무나도 과음을 계속한 탓인지 그 이상 스모실력이 향상되지 않았다. 결국에는 지방을 흥행하며 돌아다니는 여행 중에 다음 지방으로 옮겨 가는 마차 안에서 심장파열로 죽었다.

그는 호탕한 성격으로 술을 마시면 칠칠치 못하게 행동하는 버릇이 있었다. 히타치야마가 스모꾼들을 독려하여 손님과 상대할 때에는 문양이 들어간 겉옷과 하의를 걸치도록 시킨 일이 있었다. 어느 날 조선에 흥행하러 가게 되어, 열차로 당시의 경성, 지금의 서울로 향했다. 기차가 플랫폼에 도착할 때까지 차 안에서 스모꾼들은 문양을 넣은 일본예복으로 갈아 입었다. 더운 8월이었는데, 술에 취한 오제키 고마가타케만이 옷 갈아입는 데 시간이 걸려 유카타 차림으로 홈에 내렸다. 홈에서는 총독부의 총감 이하 요인 일동이 엄숙하게 줄을 서서 스모꾼들을 맞이했다. 고마가타케의 그런 모양새를 본 히타치야마는 격노하여 고마가타케에게 다가갔다. 멱살을 잡고는 사람들 앞이라는 것을 개의치 않고 날려버렸다. 고마가타케는 히타치야마 쪽의 오제키였다. 큰 성공을 기대한 히타치야마가 아주 귀여워했던 만큼, 고마가타케의 예의에 벗어난 행동은 크게 노여움을 샀던 것이다.

이렇게 예의범절을 중시하게 된 스모계도, 제2차 세계대전 이래의 황폐함이 계속되는 가운데 상당히 문란해졌다. 최근에 점점 예의범절을 강조하게 되었지만, 시대의 조건이 달라서 히타치야마가 취했던 방식으로는 제대로 정리가 되지 않는다. 그래서인지 다이쇼 이래의 스모꾼들 중에서도 술꾼은 계속해서 나왔지만, 기발한 일화를 전하는 자는 적다. 이 점은 다른 계층이나 업종에서도 마찬가지이다. 세상이 평균화되고 유형화되고 있는 현대에서는 더욱 그러하다.

---

201 '一月半'과 '一突き半'의 일본어 발음이 같은 것을 이용한 말장난. '突き'는 상대방을 손으로 밀어 밖으로 내모는 기술.

맺음말

　음주 인구는 정말이지 많이 늘어났다. 특별한 기회에만 술을 마실 수 있었던 시대에서 저녁반주를 즐기는 무리가 등장하는 시대로, 이어서 시도 때도 없이 원하기만 하면 언제고 술잔을 입에 댈 수 있는 시대로 발전해 왔다. 신에 대한 신앙을 표현하는 축제에서만 맛보던 술이 어느새 사교의 도구가 되었고, 마침내 홀로 술잔을 손에 들고 반주를 즐기기에 이르렀으며, 이윽고 술맛을 즐기기 위해 술을 마시는 사람들이 거리 곳곳에 흘러넘치는 현대사회가 되었다. 그런 만큼 술꾼은 어디에서나 볼 수 있게 되었고, 소문난 주당들도 많다. 그렇지만 그들 인물에 대해서는 다른 사람들이 가끔 지난 일을 추억하며 이야기하기도 하고, 한편으로는 술 마시는 것이 프라이버시라는 사회일반의 인식이 있기도 하다. 건재한 당사자와 그 주위 사람들에게 민폐가 될 지도 모르겠다는 마음이 앞선다. 이쯤에서 붓을 놓는 것이 좋을 듯싶다.

해 설

옛날에는 술을 '구시' 혹은 '미키'라고 했다. 『고사기』에는 '에구시(笑酒)'
라고도 되어 있다. 술을 마시면 신이 나서 끊임없이 웃음이 흘러넘치고
유쾌해진다는 의미이다.

취기는 긴장을 풀리게 하고 부교감신경을 활성화하여 행복 호르몬인 세
로트닌을 증가시키는 성질을 지니고 있다. 술은 정말이지 '에구시'이다.
고대인들이 신바람 났던 것도 까닭 없는 일이 아니다.
인간이 발견한 것 가운데 인생에 행복감을 가져다주는 것으로는 술만한
것이 없다고 역사학자인 저자는 시종일관 역설한다.

술은 정말이지 웃음을 가져다주는 그 무엇이다.

취하면 웃거나 춤을 추거나 하게 되는데, 이 묘한 현상에서 영적 힘을 느
끼고 신의 힘을 직감했던 인간들은, 술은 신이 마시는 것이라고 여겼다.
즉, '오미키(御神酒)', '미키(神酒)'인 것이다.

신에게 올리는 음식물 가운데 가장 중요한 것은 오늘날에도 술이다. 새
술이 완성되면, 술을 만든 곳에서는 우선 이를 신에게 바치며 감사하는
것이 관례이다.

신에는 재해를 퍼뜨리는 거친 신과 평화의 신이 있다. 무서운 황신(荒
神)을 인간 편으로 끌어들이기 위해 필요한 것이 술이고 신찬이었다. 그
런 과정을 거쳐 거친 신들을 진정시키면, 그 신은 평화로운 신이 되어 마
을의 수호신으로 진좌하는 것이었다.

이와 같은 신화의 술에서 출발하는 『술이 이야기하는 일본사(酒が語る
日本史)』(본 도서의 원제목)는 술이 화자가 되어 근세까지의 취기와 술꾼

의 드라마를 펼쳐나간다. 나라 시대로 들어가서는 『만엽집』에 수록되어 있는 야마노우에노 오쿠라(山上憶良)의 저명한 〈빈궁문답가(貧窮問答歌)〉를 소개하고, 거기에 보이는 가스유자케(糟湯酒)를 소개하고 있다.

눈 내리는 밤은 너무나 추워,
소금을 핥고 술지게미를 홀짝이면서…

눈 내리는 밤에는 추위를 이겨내고자 술지게미를 따뜻한 물에 녹여 마시며 몸을 따뜻하게 한다는 빈자의 한탄이다. 저자는 어린 시절 추운 밤, 술지게미로 만든 아마자케(甘酒)를 자주 마셨다고 회상한다. 그리고 그것은 결코 빈자의 음료가 아니라 맛있는 음료였다고 적고 있다. 술지게미를 뜨거운 물에 불려 끓이고, 여기에 설탕과 생강즙을 더하면 맛있는 만엽 시대의 술을 간단하게 체험할 수 있다.

헤이안 시대의 공가사회에서는 큰 잔 하나를 돌려가며 술을 마시는 음주법이 유행했다. 저자는 이런 음주법이 신에 대한 제례를 마친 후 제사 음식을 나눠먹던 음복잔치에서 비롯된 것이 아닐까 추정하고 있다. 같은 잔의 술을 신과 사람이 함께 맛보는 것이 전화하여 음복잔치가 되었다는 것이다.

하지만 후세에는 음복잔치의 의식이 흐려지고, 하나의 잔으로 함께 마시는 친목회처럼 되어 버렸다. 음복잔치야말로 술잔치의 근원이다. 유래를 이해하지 못하면 예법이건 뭐건 무시해버린 그저 술 마시고 떠드는 야단법석이 되어버린다.

가마쿠라 시대의 아주 초기에 오반(椀飯) 풍습이 생겼다. 고케닌(御家人)이 쇼군을 초대하여 향응하는 행사인데, 가마쿠라의 무사답게 쌀밥

을 밥그릇에 담아놓은 것에 불과했다. 이것을 안주 삼아 술을 큰 잔에 돌려 마신다. 그 답례로 쇼군이 진수성찬을 대접한다. 이것이 '오반부루마이(椀飯ぶるまい)', 즉 성대한 향연인데, 용어 자체는 지금도 남아 있다.

센고쿠 시대가 되자, 각지의 많은 영웅들이 깃발을 올려 천하의 정권을 잡는 것을 목표로 삼았다. 그 선두에 섰던 오다 노부나가는 술을 아주 잘 마셨는데, 부하였던 아케치 미쓰히데는 술을 못했다. 연회가 한창일 때 노부나가가 미쓰히데에게 술을 권했는데, 술을 못 마신다며 거절하자 격노한 노부나가는 긴 칼을 들이대고는 술이냐 칼이냐, 라며 윽박질렀다. 얼굴이 새빨개진 미쓰히데는 어쩔 수 없이 술잔을 비웠다. 이런 원한이 쌓여 혼노사(本能寺)의 습격으로 이어졌으며, 노부나가는 목숨을 잃었다. 술에 얽힌 원한이 역사를 바꿔버린 것이다.

노부나가, 히데요시의 뒤를 이에야스가 이어, 도쿠가와 시대가 되었다. 평화가 계속되고 음주 문화도 무르익어 갔다.

55명의 자식을 낳은 11대 쇼군 이에나리는 호색 쇼군으로 불렸다. 이 시대는 에도의 향락 시대라고도 일컬어지는 분카 · 분세이기(文化 · 文政期, 1804-1830)로, 주량을 자랑하는 자들이 속출했다. 어느 해 료고쿠(兩國)에서 술 많이 마시기, 음식 많이 먹기 대회가 열렸다. 대단한 호황이었다. 이에 대해서는 본서에서도 상세히 언급하고 있다. 어느 30살 먹은 사내는 석 되가 들어가는 큰 잔으로 단숨에 6잔반이나 마셔버렸다. 아니나 다를까 쓰러졌지만, 이윽고 눈을 뜨고는 물을 17잔이나 마셨다고 한다. 퇴폐의 시대가 새로운 문화를 낳는다는 것도 부정할 수 없다. 덴푸라와 가바야키(장어 따위를 양념에 발라 구운 요리), 덮밥류, 초밥 등이 술과 함께 태어나 유행한 것들이다. 지금은 세계적으로 애호가 층을 넓히고 있는 대표적인 일본음식이다.

메이지의 술꾼은 정치가 중에 많았다. 나랏일을 논하면서 여성에게 시중들게 하고, 술을 들이키는 자들이 많았다. 대표적인 인물이 메이지 시대의 주역 이토 히로부미였다. 이토는 상당한 술꾼에 놀기 좋아하는 탕아였다. 정치가이므로 천하를 이야기하는 것은 당연하지만, 술이 들어가면 상대가 누구든 술과 여자 이야기까지 내뱉어버리는 경향이 있었다.

음주 문화는 실로 시대를 비추는 거울이라 할 수 있다. 인간은 취하면 본성을 드러내기 마련이어서 재미있다. 그런 인간이 역사를 형성하고 있는 것이다.

본서 초판의 후기에서 저자는, 술 마실 수 있는 가게의 숫자는 일본이 세계에서 으뜸(1975년 시점)이지 않을까라고 말한 뒤, "그런 만큼 술 취한 모습도 각양각색이다. 하지만 그 어느 것이든 역사 속 누군가의 술 취한 모습과 중첩되는 것 같다."라고 적고 있다. 본서를 읽는 독자들도 누구나 한번쯤 자신이 도대체 누구의 술 취한 모습과 닮은 것인지 생각해 보게 될 것이다. 이런 유쾌한 경험의 기회를 제공해 주는 점도 본서가 지닌 또 다른 매력이라 할 수 있을 것이다.

- 나가야마 히사오
  (永山久夫, 식문화사 연구가 · 세이부분리(西武文理)대학 객원교수)

술로 풀어보는 일본사

초판 1쇄 펴낸날 2017년 2월 15일

지은이   와카모리 타로
펴낸이   이상규
편집인   김훈태
디자인   조덕희
마케팅   김선곤

펴낸곳   이상미디어
등록번호   209-06-98501
등록일자   2008년 9월 30일
주소   서울시 성북구 정릉동 667-1 4층
대표전화   02-913-8888
전자우편   leesangbooks@gmail.com

ISBN 979-11-5893-032-5 03910